MAXIME KOVALEVSKY

MEMBRE CORRESPONDANT DE L'ACADÉMIE DES SCIENCES DE S.ᵗ PETERSBOURG

LA
FIN D'UNE ARISTOCRATIE

TRADUIT DU RUSSE

PAR

CASIMIR DE KRAUZ

TURIN

BOCCA FRÈRES ÉDITEURS

MILAN FLORENCE ROME

Dépôt pour la Sicile: O. FIORENZA, Palerme

Dépôt pour la France:

MM. GIARD ET BRIÈRE, 16, RUE SOUFFLOT, PARIS

LA FIN D'UNE ARISTOCRATIE

MAXIME KOVALEVSKY

MEMBRE CORRESPONDANT DE L'ACADÉMIE DES SCIENCES DE PETERSBOURG

LA
FIN D'UNE ARISTOCRATIE

TRADUIT DU RUSSE

PAR

CASIMIR DE KRAUZ

TURIN

BOCCA FRÈRES EDITEURS

MILAN   FLORENCE   ROME

Depôt pour la Sicile: O. FIORENZA, PALERME

Depôt pour la France:

MM. GIARD ET BRIERE, 16, RUE SOUFFLOT, PARIS

Pignerol, Imprimerie Chiantore-Mascarelli.

PRÉFACE

On a reproché souvent à la Grande Révolution
d'avoir supprimé autant, si non plus, de républiques,
que de monarchies. Gênes et Venise, la Confédération Néerlandaise, les vieux cantons de la Suisse,
tombèrent sous ses coups, ou virent du moins leur
indépendance et leur autonomie considérablement di-
minuées. Ce qui restait encore de la République Po-
lonaise ne fut pas défendu par la France, longtemps
son amie. Aussi, malgré la défense héroïque de Kosciuszko, cette république tomba sous les coups de Sou-
voroff et dût subir un nouveau et dernier partage.

Comment expliquer cette indifférence et parfois
cette hostilité à l'égard de coréligionnaires, du moins
apparents? On la met presque toujours sur le compte
des exigences de la politique, qui font sacrifier les
principes aux intérêts; on l'attribue également au
désir secret des hommes d'Etat de la Révolution
d'assurer en Europe non seulement le triomphe de

la liberté, de l'égalité et de la souveraineté populaire, mais aussi la prépondérance de la France. Je ne partage point cette opinion; je ne vois pas qu'il y ait contradiction à supprimer des oligarchies pour élargir les bases du gouvernement, pour abolir les privilèges, civils et politiques, pour faire triompher l'égalité, même au prix de l'autonomie locale. La distinction, établie déjà par Rousseau, entre la souveraineté et le gouvernement, entre la forme de l'organisation politique et la forme du pouvoir, m'aidera à faire comprendre pourquoi la contradiction n'est qu'apparente.

L'évolution politique, dont la Révolution française fut un des principaux facteurs, s'est traduite, non par un changement dans la machine gouvernementale, mais par l'élargissement des bases de la souveraineté. Qu'importe que la France républicaine ait, par ses traités de paix, contribué à l'affermissement de la monarchie prussienne, à la disparition, par voie de sécularisation, des petits États ecclésiastiques de l'Allemagne, à l'extension des possessions privées de la maison d'Autriche au détriment, non seulement de l'Empire, mais aussi de la République de Saint Marc! Qu'importe que Gênes et Venise, que deux confédérations séculaires, comprenant des villes et des communautés rurales, la Suisse et la Hollande, aient disparu momentanément pour faire place à des formations nouvelles, du moment que partout en Europe, sous l'action directe ou indirecte de la France, la souveraineté passait des mains de la noblesse, du clergé et de l'oligarchie bourgeoise, si non au peuple tout entier, du moins à toute la classe des propriétaires (grands, moyens et petits, propriétaires terriens ou capitalistes industriels).

Sans doute le suffrage universel restait encore une aspiration pour l'avenir, et le peuple était toujours aux yeux du législateur non seulement la foule, mais même la « canaille ». Mais en revanche la classe moyenne dans toute son étendue se trouva élevée au rang de classe gouvernante et eut effectivement le pouvoir en main.

Ce côté du programme revolutionnaire, tout comme la lutte contre l'absolutisme, était le produit de l'évolution antérieure des idées politiques. Rousseau, Mably, Raynal, Seyès sont pour autant que la chûte de la monarchie absolue dans l'indifférence que la France républicaine témoigna devant le sort de la Pologne aristocratique et de la non moins aristocratique Venise. Lorsque la Convention répondait à Kosciuszko, qui lui demandait de l'aider a combattre l'ennemi commun, que les Polonais ne comprenaient pas les principes de la souveraineté populaire (1), elle n'agissait pas moins dans le sens des principes de 1789, que lorsqu'elle supprimait en Hollande, non seulement le pouvoir du stadhouder, mais aussi celui des oligarches bourgeois qui s'étaient appropriés les droits de la souveraineté. Tout en proclamant publiquement le principe de la non-intervention dans les

____

(1) Sorel, *L'Europe et la révolution française*, t. IV, p. 51.

affaires intérieures des nations qu'elle émancipait, la République française favorisait en Lombardie comme en Hollande les menées secrètes de ses agents et provoquait par leur intermédiaire des révolutions plus ou moins artificielles, qui faisaient triompher son principe de démocratie indivisible, égalitaire et souveraine. La lutte « avec la féodalité » se continuait même là où elle était morte depuis longtemps. L'agent français à Amsterdam, Noël, appuyait les patriotes dans leur assaut contre les aristocrates, qui ne voulaient pas « sacrifier l'intérêt privé à l'intérêt public », et croyaient la liberté possible sans une proportion exacte entre la représentation et la population (1).

En 1799 Mallet-du-Pan protestait, avec aussi peu de raison que de succès, contre la guerre aux républiques suisses et contre la suppression des oligarchies bourgeoises de Berne, Bâle et Zurich. Quelques années plus tôt Barzoni avait vainement essayé d'ameuter l'Italie contre le Directoire et Bonaparte supprimant la constitution séculaire, qui avait assuré au patriciat de Venise la domination sur le tiers état et la noblesse provinciale. En réponse à ces accusations la France créera des républiques démocratiques, égalitaires et centralisées: les républiques Batave, Helvétique, Lombarde, Ligurienne, sans parler de celles, plus éphémères, de Rome, de Naples et de Bologne. Dans aucune d'elles on ne trouve trace ni de

____

(1) *La révolution française en Hollande, la république Batave.* Paris 1894, pp. 122, 123, 125.

privilèges de naissance, ni de privilèges historiques des provinces, ni des rapports de sujétion qui reliaient autrefois les pays annexés, tels Appenzell et Vaud, aux vieux cantons de la Suisse [1], le Brabant et les Flandres aux principaux états de la Ligue néerlandaise, ou les villes et provinces de la Terra ferma à Venise. « Démocratie tempérée sans patriciat et sans privilèges » — c'est ainsi que le patriote hollandais Schiemelpening définit la République Batave, et Benjamin Constant salue la République Helvétique, parce qu'elle promet d'assurer à Lausanne, sa patrie, les bienfaits de l'égalité et la délivre de la tyrannie de Berne [2].

C'est ainsi que la démocratie contemporaine naît sous l'influence directe des principes de 1789. Elle se fait connaître, non seulement par le triomphe du parlementarisme, mais aussi par la disparition des oligarchies. Après la Pologne périt l'ancienne reine des mers, Venise; sa rivale heureuse, la République unie des Pays-Bas, entre dans une nouvelle phase de développement. Des années se passent et le même sort est réservé non seulement aux oligarchies bourgeoises de la Suisse, mais aussi a celles de la Ligue Hanséatique. Tous ces phénomènes, de même que l'établissement des nouvelles républiques démocratiques en Italie, au détriment non seulement de l'Empereur et du Pape, mais aussi de la vieille bourgeoisie des communautés lombardes et romagnoles, sont des

(1) V. Bluntschli, *Geschichte der schweizerischen Eidgenossenschaft.*
(2) *Lettres de Benjamin Constant à sa famille.*

étapes diverses d'une même évolution, qui consista à faire passer la souveraineté de la minorité privilégiée à la majorité égalitaire. C'est la fin des oligarchies, dont la chûte de la République de Saint Marc constitue le point culminant.

Ses amis et ses ennemis, Montesquieu et Raynal, avaient été d'accord pour la proclamer le type le plus parfait du gouvernement aristocratique; ils avaient même basé sur son exemple toute une théorie de la modération dans l'usage du pouvoir comme du principe vital de cette forme du gouvernement. Si la chûte de l'ancien régime en France peut être considérée comme un tournant de l'histoire, la chûte des oligarchies, et en particulier, de celle de la République de Saint Marc, a la même signification pour l'évolution des formes politiques, qui finit de s'accomplir de nos jours. C'est là ce qui donne à ce fait, d'apparence locale, une portée universelle, c'est là ce qui lui assure une place à part dans l'histoire générale des origines de la démocratie.

CHAPITRE I.

Opinion des publicistes italiens et étrangers sur la constitution vénitienne.

§ 1.

La monarchie constitutionnelle et le parlementarisme sont devenus à ce point la règle des gouvernements contemporains depuis que les publicistes des deux derniers siècles nous ont accoutumés à trouver en Angleterre le modèle de l'organisation politique, qu'il nous est difficile de nous reporter même en pensée à l'époque où l'Europe entière, sans en excepter l'Angleterre, allait chercher des leçons de sagesse politique en Italie, et plus particulièrement chez les Vénitiens. Et cependant deux ou trois siècles à peine nous séparent de cette époque.

Un contemporain d'Elisabeth, Harrison, dans la description qu'il a laissée de sa patrie, s'applique encore à critiquer ses compatriotes qu'il traite d'« italianisés » (1). Alberic Gentilis, italien de naissance, professait alors à Oxford. Par son enseignement et par ses traités mi-anglais, mi-latins, il répandait en Angleterre non seulement les principes du droit international, mais encore la théorie du souverain absolu, construite par Machiavel, qui le premier systématisa les procédés habituels aux dictateurs populaires, toutes les fois qu'il s'est agi de détruire la liberté des républiques démocratiques de la Péninsule Apénnine.

Avant de recommander à sa patrie une pratique analogue, un autre contemporain d'Elisabeth, Melvil, avait cru de son

___

(1) *Italionates. Description of England.*

devoir de visiter l'Italie et de profiter de tout ce qu'il y avait vu et entendu. Un demi siècle plus tard, au moment où s'ouvre une lutte aiguë entre le parlement el le roi, l'auteur futur de la « Défense du peuple anglais », Milton entreprend également un voyage en Italie; il y trouve, à côté du triomphe de l'absolutisme auquel les Stuarts avaient lié leur sort, la sage combinaison de l'aristocratie, de la démocratie et de la monarchie dans la république de Saint Marc.

Ce qu'on propose, au milieu du XVII siècle, comme modèle aux républicains anglais, inclins à copier les institutions de Venise, c'est l'exemple de Raguse qui avait su concilier le respect des anciennes coutumes de caractère démocratique avec les emprunts faits au gouvernement de la métropole.

En Hollande aussi, devenue depuis longtemps un foyer de la liberté de la presse, les institutions italiennes, et en particulier les vénitiennes, sont, dès le XVII siècle, l'objet d'une attention particulière. En 1631 l'imprimerie elzévirienne fait paraître la traduction latine du celèbre ouvrage du florentin Donato Gianotti et du traité du cardinal Gaspar Contarini, qui déclarent, tous les deux, trouver dans les institutions vénitiennes la plus heureuse combinaison de la monarchie, de l'aristocratie et de la participation du peuple aux affaires du gouvernement. A Amsterdam et à Utrecht paraissent sans cesse de nouveaux ouvrages consacrés aux institutions de Venise.

L'Italie, écrit le français Frochot dans la dédicace de sa « Nouvelle relation de la ville et république de Venise » (1), a toujours attiré l'attention de toutes les nations du monde; elles y apprenaient le bon goût, les manières, les arts et les sciences. Venise, en particulier, est depuis longtemps devenue l'école où tous les souverains cherchent des exemples et des enseignements.

De retour d'une mission diplomatique à Venise, les envoyés de l'empereur allemand ne peuvent cacher leur admiration pour la sagesse de son gouvernement. Ce n'est, disent-ils, ni une monarchie, ni une aristocratie, ni une démocratie, et on

____

(1) *Utrecht chez Guillaume van Poolsum.* 1709.

ne saurait la classer si ce n'est parmi ces républiques mixtes dont s'enorgueillissait l'antiquité.

Bien que la France de Louis XIV fut peu portée à priser un gouvernement modéré, ses écrivains, même les plus sévères pour les institutions vénitiennes, déclaraient volontiers que l'organisation politique de la république était une copie de celle de Lacédémone et par conséquent la forme de gouvernement la plus parfaite.

Amelot de la Houssaye, dénoncé comme calomniateur devant le sénat et enfermé par ordre du roi, écrit: Le sénat donne au peuple la faculté de vivre dans la paresse et les plaisirs, ce qui est le meilleur moyen de le rendre docile. Ce que les vénitiens appellent liberté, c'est le dérèglement. Le bas peuple vénitien loue la charité et l'humanité de ses patrons et est fort attaché au gouvernement, d'autant plus que celui-ci place la noblesse continentale sur le même niveau que lui, en la privant également de toute participation aux affaires. Les sujets de la Terre Ferme, c'est-à-dire des provinces situées sur le continent de l'Italie, trouvent l'administration de la seigneurie vénitienne fort douce et très-juste, à cause de l'accessibilité de ses gouverneurs (podestes) et de ses inquisiteurs d'Etat, toujours attentifs aux plaintes du peuple contre la noblesse. Pour éviter le reproche d'oligarchie, le gouvernement vénitien, non seulement appelle tous les nobles de Venise à faire part du Grand Conseil, mais encore fait entrer au sénat, renouvelé annuellement, trois cents nobles au moins. Les Conseils de la république parlent une langue compréhensible au peuple; l'emploi du latin a toujours rencontré des résistances, dont le motif était que tout le monde ne manie pas cette langue avec la même perfection et que par conséquent tous les citoyens n'auraient pas ainsi la même faculté de faire entendre

(1) Voir *Relazione ed esame della Serenissima Republica di Venezia fatto da S. E. il sig. Conte della Torre, ambasciatore appresso la medesima per Sua Maestà Cesarea dell'anno 1695* (manuscrit de la bibl. Querini-Stampalia. Class. IV, cod. 596).

(2) *Histoire du gouvernement de Venise.* Introduction.

leur opinion et leur conseil. L'absence du droit de primogéniture maintient l'égalité parmi les nobles; c'est dans le même but que la propriété féodale est interdite sur la Terre Ferme. Pour empêcher la formation d'un parti clérical au sein des Conseils, les membres du clergé, qu'ils soient nobles ou non, sont privés du droit d'y paraître. Cette interdiction atteint aussi les parents les plus proches des cardinaux et des autres hauts dignitaires de la curie romaine.

Cette approbation conditionnelle, accordée au gouvernement vénitien par un écrivain français, se transforme au XVIII siècle en une sympathie plus prononcée. Au cours de son voyage en Italie Montesquieu s'arrête assez longtemps à Venise. A peine entré sur le territoire de la république de Saint Marc, il est frappé par le bien-être considérable de ses habitants. Un regard suffit, écrit-il à propos du Frioul, pour vous convaincre que ce pays est dans l'abondance et que le peuple n'est pas accablé d'impôts. Il n'y a pas de pays au monde où les sujets soient mieux traités; ils payent peu de contributions. Les nobles de la Terre Ferme refusent souvent tout versement et sont soutenus à cet égard par les nobles de Venise qui, eux aussi, sont contents de ne pas porter le poids des impôts. Cela rend l'Etat moins puissant qu'il ne pourrait l'être. On peut citer des cas où, non seulement les nobles, mais les paysans eux-mêmes, doivent au fisc des arriérés de vingt ans. La noblesse est débitrice à la république de plus de vingt millions.

Les habitants de la ville de Venise, dit Montesquieu, sont le meilleur peuple du monde. Dans les théatres, il n'y avait pas de police parceque tout se passait en ordre, sans querelles ni rixes. Les hommes du peuple, lorsqu'ils étaient créanciers des nobles, supportaient patiemment leur insolvabilité; mais d'autre part aussi, un noble qui avait promis sa protection à un homme du peuple, tenait sa parole en toutes circonstances. Il est dificile de trouver où que ce soit autant de respect et d'obéissance aux autorités. Un sénateur pauvre pouvait, sans craindre la moindre résistance, s'emparer d'un poisson au marché et le mettre dans sa poche. Montesquieu, comme Amelot de la Houssaye, ne voit point d'autre liberté à Venise que celle qui consiste dans le dérèglement; c'est une liberté que la majorité des honnêtes gens ne voudrait pas posséder: celle d'aller au beau milieu de la journée chez des femmes de légère conduite, de se marier avec elles, de ne pas observer les Pâques et d'être complètement indépendant « dans ses affaires privées », en d'autres termes, la liberté sociale. Montesquieu note aussi l'impression produite sur lui par les institutions politiques de Venise. Admirateur de la constitution anglaise, il n'est pas avare d'éloges pour celle de Venise. Mais ce qui est remarquable, c'est son indulgence pour les actes du Conseil des Dix. Cette assemblée, qui a autrefois inspiré l'universelle reprobation, lui semble ne plus la mériter. Le terrible Conseil des Dix, écrit-il, a cessé d'être terrible. Un gentilhomme, qui par pusillanimité avait livré une forteresse inexpugnable en Morée, ne fut condamné par ce Conseil qu'à la détention perpétuelle. Les décrêts du Conseil ne sont plus éxécutés avec l'ancienne sévérité. Personne ne gardant plus d'un an la fonction de membre, il n'est pas étonnant que le titulaire craigne la vengeance des parents de sa victime. Tout le mal vient du changement continuel des gouvernants et du tirage au sort des fonctions (1).

Ces notes d'un passant nous laissent déjà deviner ce que Montesquieu dira de Venise et de ses institutions dans son « *Esprit des lois* ». Il louera la modération de l'aristocratie vénitienne, modération qui lui vaut les sympathies du bas peuple; mais il critiquera son système électoral et le renouvellement fréquent des dignitaires par la voie du sort.

Ayant érigé la modération dans l'exercice du pouvoir en principe vital de l'aristocratie, Montesquieu approuvera les Vénitiens (*Esprit des lois*, livre V, chap. VIII) d'avoir voulu, autant que possible, diminuer les privilèges de la noblesse. De là, écrit-il, l'interdiction qui lui est faite de s'occuper du commerce, interdiction qui ne permet pas aux patriciens de

---

(1) *Voyages de Montesquieu*, publiés par le baron Albert de Montesquieu, t. 1, pp. 21-26.

Venise d'accumuler des richesses excessives; de là aussi l'absence des majorats et le partage égal des successions, qui empêche les trop grandes inégalités de se produire. Les lois doivent dompter la tendance à la domination et l'orgueil des nobles; c'est pour cela qu'il est nécessaire d'instituer un tribunal, qui fasse trembler devant lui tout le monde sans distinction. Tel fut le tribunal des éphores à Lacédémone et tel apparaît le tribunal des inquisiteurs à Venise. Ils ne sont pas liés par des formalités et peuvent employer les moyens les plus extrèmes. *Bocca di leone,* une boîte enchassée dans le mur, reçoit les dénonciations de tout le monde (1).

Revenant aux heureuses qualités de l'aristocratie vénitienne, dans un chapitre consacré aux lois somptuaires, Montesquieu déclare qu'à Venise l'Etat lui-même force les nobles à mener une vie modeste. Ils sont tellement habitués à économiser, que les courtisanes seules sont capables de les exciter à la prodigalité. Les femmes les plus méprisables dissipent l'argent, tandis que ceux qui les entretiennent mènent une vie modeste (2). Dans le chapitre consacré à l'étude des causes de la décadence des aristocraties, Montesquieu remarque encore que Venise a su, mieux que tout autre république, affaiblir par les lois les défauts de la noblesse héréditaire (3).

(1) L'*Esprit des lois,* l. V, ch. VIII.

(2) La source de ces affirmations n'est pas difficile à trouver. Dans le journal du voyage on lit la note suivante : les filles publiques, dont le nombre atteint 10.000, sont d'une grande utilité pour Venise; elles seules sont capables d'exciter les jeunes gens aux dépenses, et il faut dire que les marchands ne reçoivent de l'argent que d'elles seules. La même observation avait été faite, avant Montesquieu, par Frochot, l'auteur de la « Relation de la ville et république de Saint Marc ». En défendant les vénitiens contre le reproche d'avarice qui est dirigé contre eux par Amelot de la Houssaye, Frochot remarque que la noblesse de Venise s'abstient des dépenses folles pour donner le bon exemple. Elle comprend que la modération est la condition du salut des républiques, qui, par contre, sont menacées par l'inégalité, cette source de discordes et de perturbations intestines (p. 289). C'est là le germe de la doctrine qui fait de la modération le principe vital de toute aristocratie, doctrine dont le troisième livre de l'*Esprit des lois* donne le développement. (« La modération est l'àme des gouvernements aristocratiques », l. III, ch. IV).

(3) L. VIII, ch. V.

Cependant, si Montesquieu admire l'art dont les créateurs de la constitution vénitienne ont fait preuve en assurant à la noblesse la faveur du peuple et en empêchant que le gouvernement de la république ne dégénéra en oligarchie, il ne critique pas moins assez vivement le mécanisme de ses institutions. Il est adversaire déclaré du tirage au sort qui régit à Venise les nominations à toutes les dignités. Ce procédé lui parait nécessaire dans une démocratie, où il maintient l'égalité des citoyens. Mais dans un Etat aristocratique, où l'on est en présence des plus fâcheuses inégalités, un homme nommé à la faveur du sort n'en sera pas moins haï. A part ce reproche, dont on peut trouver le germe dans les notes de voyage, nous ne trouvons, dans les considérations de Montesquieu sur la forme aristocratique du gouvernement, aucune observation, qui puisse faire supposer que Venise ne réalise point pour lui le type le plus parfait d'une pareille constitution. Les institutions qui conviennent le mieux à la nature de l'aristocratie sont, selon lui, précisément celles dont la République de Saint Marc offre l'exemple. Telles sont : la noblesse formant tout entière la classe règnante ; la haute direction des affaires concentrée aux mains d'une assemblée plus restreinte, une part de souveraineté réservée au peuple par le fait que certaines fonctions publiques sont accessibles à ses élus ; enfin, la conduite de la noblesse surveillée, dans l'intérêt de la conservation de l'ordre établi, par un organe spécialement constitué à cette fin et disposant d'un pouvoir illimité, analogue à celui du dictateur romain. Le Grand Conseil, dont font partie plus de 2000 nobles (1) ; le Sénat, composé de 300 membres du même ordre, et qui exerce les fonctions essentielles du gouvernement ; la dignité de chancelier, ainsi que celles d'ambassadeurs et certaines autres de moindre importance conférées à des hommes d'origine plébéienne, enfin, le Tribunal tout puissant des Inquisiteurs, qualifié pour appeler devant lui quiconque attenterait à la paix publique, c'est là ce que Montesquieu avait surtout en vue dans ses

(1) C'est le chiffre indiqué dans les notes du voyage.

considérations générales sur la concordance des lois avec la nature de l'aristocratie (1).

Un autre publiciste célèbre, Raynal, n'est pas moins favorable aux institutions vénitiennes. Dans son « Histoire des Deux Indes », ce fervant de la démocratie appelle le gouvernement vénitien la plus parfaite de toutes les aristocraties, en faisant toutefois cette réserve, qu'en général, l'aristocratie est le pire des gouvernements (2).

Tous les pouvoirs à Venise, écrit-il, sont répartis entre les nobles et se font équilibre avec une harmonie admirable. La noblesse gouverne sans bruit, observant une certaine égalité, pareille en cela aux étoiles dans le silence de la nuit. Le peuple admire ce spectacle et se contente du pain et des jeux. La distinction des plébéïens et des patriciens provoque à Venise un antagonisme moins violent que dans les autres pays, parceque les lois ont tout fait pour inspirer la crainte à la noblesse et lui imposer la responsabilité de ses actes.

L'auteur du « Contrat social », le fondateur de la théorie de l'inaliénabilité et de l'indivisibilité de la souveraineté populaire, Jean Jacques Rousseau lui-même, est loin de montrer pour les institutions vénitiennes une hostilité égale à celle que lui inspire la constitution anglaise. Ce serait une erreur, écrit-il, de prende Venise pour une véritable aristocratie. Car, si le peuple ne participe pas au gouvernement, la noblesse elle-même apparaît ici comme peuple. Un grand nombre de familles appauvries, connues sous le nom de barnabotes (de la paroisse S.ᵗᵉ Barbe, où demeurait là plupart de ces gentilshommes), n'ont pas d'accès aux dignités et aux privilèges, sauf au titre d'illustre et à une place au Grand Conseil. Ce conseil est aussi nombreux que celui de Genève; ses membres n'ont pas plus de prérogatives sociales que ceux du conseil de Genève; en un mot, abstraction faite des différences qui existent entre ces deux républiques, on peut dire que la bourgeoisie de Genève, composée qu'elle est de citoyens, corres-

(1) L'*Esprit des lois*, L. II, ch. III.
(2) Le gouvernement de Venise serait le meilleur de tous, si l'aristocratie n'était peut-être le pire. — *Histoire politique des Deux Indes*, t. VII, p. 176.

pond aux patriciens de Venise, ses « manants et domiciliés » — à la bourgeoisie vénitienne, et ses paysans — aux serfs de la Terre Ferme; en fin de compte, le gouvernement de Venise n'est nullement plus aristocratique que celui de Genève. Si l'on se rappelle l'éloge que Rousseau fait de la constitution genevoise, dont les principes lui paraissènt tellement parfaits qu'il les proclame les plus conformes aux lois naturelles et les plus favorables à l'ordre public et au bien-être individuel, on devra convenir que le philosophe genevois peut, tout comme Raynal, être placé au nombre des admirateurs décidés de la constitution politique de Venise.

§ 2.

Qu'est-ce donc qui a valu à Venise une si flatteuse réputation? Qu'est ce qui a porté même les écrivains démocratiques à faire des réserves en sa faveur, et quelle est la source première de la théorie qui a fait des institutions de cette république un modèle pour toutes les autres?

Si l'on considère que les trois derniers siècles qui ont précédé la Révolution française avaient vu partout le triomphe de l'absolutisme sortir de la lutte du pouvoir royal contre les ordres féodaux, on comprendra aisément pourquoi la société européenne montrait tant de faveur pour une aristocratie, qui avait su, non seulement triompher dès le début de toutes les tentatives de césarisme, mais encore conserver pendant cinq siècles sa domination pacifique (1). Je dis: cinq siècles, et pas plus, car il faut voir l'origine du triomphe de l'aristocratie dans l'exclusion du Grand Conseil, en 1297, par le doge Pietro Gradenigo, de tous ceux qui n'y avaient point pris part au cours des cinq années précédentes.

(1) C'est là qu'il faut chercher également la cause déterminante de l'admiration que professe, à l'égard du gouvernement de Venise, le contemporain de Cromwell Harrington. L'auteur de l'Océana prétend avoir trouvé dans la constitution de la République de Saint Marc le système des balances, si cher aux « levellers » ou niveleurs du XVII siècle et qui des pamphlets de John Lilburne passa dans les écrits de Sidney, de Locke et un siècle plus tard dans ceux de Montesquieu.

Avant cet évènement, la bourgeoisie vénitienne, qui plus tard a donné naissance au patriciat, avait déjà réussi à s'approprier au dépens des doges, qui étaient une sorte de rois électifs, la plus grande partie du pouvoir; mais elle était encore obligée de compter avec le bas peuple, qui se réunissait à l'église et sur la place de Saint Marc pour la proclamation des doges. Ce peuple, qui s'agitait souvent, pouvait facilement, à l'exemple de ce qui se passait dans la plupart des villes républicaines de l'Italie, conclure avec le doge, qui était chef de l'Etat à vie, une alliance dangereuse pour la liberté et la domination de l'aristocratie.

Le soulèvement de Bajamonte Tiepolo pour la défense des coutumes abolies par Gradenigo montre que le peuple, qui l'a suivi, n'a pas été insensible à la perte de ses droits et qu'il était prêt à se choisir pour chef un représentant populaire de la noblesse du sang, qui, en cas de succès, serait facilement devenu un tyran analogue à tant d'autres : à Taddeo Pepoli à Bologne, aux Scaligers à Vérone, aux Carrare à Padoue et aux Gonzague de Mantoue. Même après le triomphe des tendances aristocratiques et la fermeture du Grand Conseil, un des successeurs de Gradenigo, le doge Marino Faliero, ayant su, par de longs services, se concilier l'amour du peuple, a failli remporter la victoire sur la noblesse et fonder le césarisme populaire. Le supplice de Faliero n'a pas guéri les aristocrates vénitiens de la peur que leur inspirait l'antipathie croissante du peuple pour leur domination et cela au moment même où Florence, tant attachée à sa liberté, était prête, par haine de la noblesse gibelline, à se livrer au gouvernement personnel d'un étranger, le comte d'Athènes, soutenu par la maison d'Anjou, qui, grâce à l'appui du pape, triomphait alors à Naples. C'est cette peur qui les a poussés à ajouter, aux rouages gouvernementaux existants, le célèbre Conseil des Dix, dont la fonction consistait en une sorte de police d'Etat. Le Conseil devait en effet veiller à la défense de la constitution établie contre toute conspiration tendant à la détruire. A partir de ce moment, le pouvoir ne se trouve plus concentré entre les mains du doge, assisté du collège de ses conseillers

les plus proches, du Grand Conseil, investi de l'initiative des
lois et nommant à toutes les fonctions, et du Sénat, qui avait
acquis une existence propre, avec la haute direction de la politique extérieure et intérieure, mais continuait à être choisi
annuellement dans le sein du Grand Conseil. Le Conseil des
Dix élu pour un an, par et parmi les nobles, eut lui aussi une
part de surveillance suprême de la chose publique. Ce Conseil
avait en effet des pouvoirs extraordinaires, rendus nécessaires
par l'intérêt de la sécurité publique, mais qui jamais, ni avant,
ni après, ni à Rome, ni chez les peuples contemporains, ne
furent conférés à quiconque si ce n'est temporairement et à
des moments où l'ordre et la tranquillité intérieure se trouvaient gravement menacés.

Il se forma à la longue au sein du Conseil des Dix une
sorte de commission éxécutive, composée de trois membres,
qui, sous le nom d'Inquisiteurs d'Etat, en devinrent les chefs,
et dont la fonction était d'arrêter et d'interroger immédiatement les suspects. Cette commission s'attribua aussi peu à
peu le droit de rendre des jugements, en sorte que dans la
langue des actes officiels du XVIII siècle elle porte déjà le
nom de Tribunal Suprème.

Ajoutons à ces organes unipersonnels et collectifs les « procureurs de la commune » *(procuratori del comun)*, sorte de
censeurs, investis du droit de *veto* vis-à-vis des lois contraires
à la constitution, les commissions des sages, chargées de l'administration des possessions maritimes et des provinces du
continent *(savi del mare e savi della Terra Ferma)*; deux
chambres de justice (la « quarantie » civile et criminelle); les
collèges de police des « seigneurs de la nuit » *(signori della
notte)*, qui veillaient à la sécurité de la ville et des canaux,
les procureurs de Saint Marc, préposés non seulement à la police intérieure du temple, à la gérence de ses biens, mais aussi
à l'assistance publique, à laquelle, en partie, ces biens devaient
servir, enfin, les nombreux organes, constitués également sous
forme de collèges, qui se partageaient les diverses branches de
l'administration intérieure, et nous aurons le tableau de l'ensemble des institutions, politiques de la République de Saint

Marc. Il nous reste encore à nommer la fonction, plus honorifique qu'effective, du secrétaire d'Etat, ou chancelier, chef des nombreux corps de secrétaires, qui se recrutait non au sein de la noblesse siégeant au Grand Conseil, mais dans les sphères supérieures de la bourgeoisie et parmi les membres des familles appauvries, qui avaient été exclues du patriciat par le fait de la fermeture du Grand Conseil ou de leur participation à la conspiration de Bajamonte Tiepolo. Les fonctions d'ambassadeurs étaient habituellement remplies par les membres de cette classe intermédiaire entre la noblesse et le bas peuple; c'est dans son sein que l'on choisissait également les gouverneurs des provinces et des villes, les nombreux podestes, à qui Venise, par défiance envers la noblesse indigène des provinces conquises ou réunies de leur propre gré, livrait l'administration locale tout entière. Le même souci jaloux de défendre la République contre les conspirations des provinciaux faisait que l'armée et la flotte étaient confiées aux soins exclusifs des patriciens et secrétaires vénitiens. La noblesse de la Terre Ferme n'y était pas admise.

Depuis le XIV siècle, époque à laquelle tout ce mécanisme compliqué s'était formé, la constitution vénitienne n'a subi que des changements relativement peu importants. Le même esprit conservateur se retrouve dans le droit civil et criminel de la République, droit dont un statut rédigé au XIII siècle était la source. Les décisions du Grand Conseil, dites *parti*, et les serments faits par les doges lors de leur installation, serments connus sous le nom de *promissioni ducali*, devinrent les sources principales des changements, que nulle constitution, obligée qu'elle est de s'adapter aux conditions du temps et aux exigences de l'opinion publique, ne saurait eviter.

C'est par cette voie que de nouvelles bornes furent posées au pouvoir du doge, et que le Grand Conseil fut augmenté par l'admission de quelques riches familles de la bourgeoisie vénitienne et de la noblesse de la Terre Ferme, qui consentirent à payer cher ces privilèges au trésor vide de l'Etat. C'est également par cette voie que le nombre de tribunaux et de collèges administratifs fut augmenté, et que, entr'autres, furent créés la seconde quarantie civile, les « sages » pour l'administration de l'arsenal, et la *consulta*, composée du doge, des membres de son collège et des sages élus par le Grand Conseil, et qui était destinée à jouer un rôle important dans les dernières années de l'existence de la République. Le pouvoir des Inquisiteurs d'Etat eut aussi de l'extension, au dépens non seulement du Conseil des Dix, mais encore de tous les autres organes unipersonnels ou collectifs; ceci se fit également moins par voie législative que par la pratique. Une pareille usurpation, contre laquelle nous verrons lutter en vain certains réformateurs de la seconde moitié du XVIII siècle, imprima peu à peu aux institutions vénitiennes un caractère oligarchique, qui leur était étranger à l'époque de leur plein épanouissement.

Cette époque coïncide avec la renaissance des arts et des sciences et le triomphe complet du principe monarchique dans toute l'Italie, sans en excepter Florence, qui si longtemps était restée fidèle au régime démocratique. Il n'est donc pas étonnant que les publicistes florentins, demeurés attachés aux principes républicains, se sentissent tout particulièrement attirés vers l'étude des institutions de Venise, et que le premier systematisateur, sinon le premier théoricien de la constitution vénitienne, ait été un de ces publicistes. Je veux parler de Donato Giannotti. Son ouvrage « De la république des vénitiens » parut en 1526 sous forme d'un dialogue entre un florentin et un citoyen de la République de Saint Marc. S'étant rencontrés dans la maison de l'historien Pietro Bembo, les deux interlocuteurs passent leur temps à échanger des opinions sur le caractère de la constitution vénitienne et sur le mécanisme même de son fonctionnement. Le vénitien Triphone Gabriello déclare que les institutions de sa patrie non seulement sont exemptés de la corruption du temps, mais encore peuvent à bon droit passer pour les plus parfaites. Il serait difficile selon lui de trouver des lois mieux faites pour modérer les excès de la république et assurer l'existence d'un gouvernement calme et pacifique. Les Vénitiens ignorent les discordes civiles et tout ce qui cause la ruine des Etats. Le bonheur des citoyens n'est

pas, d'ailleurs, déterminé par l'étendue du territoire, mais par
la possibilité de vivre en paix et dans l'ordre sous la protection des lois. A cet égard la république vénitienne dépasse
même celle des romains. L'Etat ressemble au corps humain;
il est créé par la nature et n'est que perfectible par l'art. Tout
comme le corps humain, l'Etat a ses organes; dans un corps
toutes les parties sont coordonnées; il en est de même dans
un Etat, où les divers organes doivent se conformer à une
certaine proportion, sans quoi l'harmonie intérieure devient
impossible. A cet égard encore Venise peut servir de modèle
parfait. Sa constitution évoque l'image d'une pyramide, dont
la large base est formée par le Grand Conseil; vient ensuite le
Sénat, ou *Pregadi*, et le sommet c'est le Doge avec son collège. Le Conseil des Dix n'est pas considéré comme participant
au pouvoir; ce n'est pas une institution organique, mais une
excroissance qui peut être comparée à la dictature romaine.

L'auteur avoue que ce Conseil, par son pouvoir illimité,
a souvent provoqué une telle haine qu'il était difficile de
trouver des hommes prêts à recueillir la succession des membres sortants. Il consacre une notable partie de son traité à
la description des institutions judiciaires de la république, en
insistant sur les garanties dont sont entourés les plaideurs
pauvres par la gratuité de l'assistance judiciaire, par l'arbi-
trage dans les actions ne dépassant pas 50 ducats et par des
commissions mobiles spéciales, composées chacune de trois
auditeurs et visitant tous les deux ans les villes et provinces
du continent italien, autrement dit Terre Ferme, pour recueillir les plaintes contre la justice locale et les transmettre,
dans l'ordre prescrit pour les appels, à une des trois quaranties (1).

Combien les institutions vénitiennes semblent à Giannotti
dignes d'être imitées, nous le voyons par son autre traité
sur la constitution politique de Florence. Il y recommande à
ses concitoyens la réforme de leur gouvernement et leur con-

(1) *Libro della republica de' Veneziani* (Opere politiche e letterarie di
Donato Giannotti. Firenze, Felice le Monnier, 1850, t. II, p. 13 et les suivantes, pp. 123, 135, 141).

seille de confier la souveraineté populaire à quatre organes principaux : le Grand Conseil, le Sénat, le Collège et le Prince. N'est-ce pas là la reproduction des traits principaux de la constitution vénitienne (1)? Giannotti se conforme au modèle vénitien jusque dans l'organisation et la répartition des fonctions entre ces divers organes collectifs ou individuels. Ainsi, par exemple, il attribue au Grand Conseil l'élection de tous les dignitaires, et y fait admettre des jeunes gens de moins de 25 ans, avouant lui-même suivre en cela la coutume des vénitiens, qui avaient autorisé les procureurs de la commune à envoyer chaque année à l'assemblée générale de la noblesse la cinquième partie des jeunes gens de 20 à 25 ans, qui se feraient inscrire sur les protocoles de ces procureurs (2).

Nous arrêterons là l'énumération des analogies que l'on peut relever entre les institutions vénitiennes et celles que Giannotti recommande aux Florentins. Il nous suffira de dire que les premières sont citées comme exemple presque dans tous les chapitres du livre que cet auteur consacre à la réforme des institutions politiques de sa patrie. C'est ainsi qu'il parle de limiter les droits du prince, à l'exemple de ce qu'on a fait à Venise à l'égard du pouvoir du Doge (3), de créer des procureurs spéciaux, rappelant les célèbres censeurs des lois nouvelles ou *avocatori del comun* (4), et un Collège des Dix, qui ressemble par ses fonctions au redoutable tribunal de la république de Saint Marc (5).

Les étrangers ne sont pas seuls à admirer et à louer les institutions vénitiennes. Les publicistes indigènes en font autant, notamment le célèbre Paolo Paruta, auteur des « Dissertations politiques sur les actes des princes et des républiques, anciens et nouveaux ». Cet ouvrage, paru pour la première

(1) Sarà, adunque, la nostra Republica composta di quattro membri principali: del Consiglio Grande, del Senato, del Collegio e del Principe. — Discorso intorno alla forma della Republica di Firenze. Opere, t. I, p. 175.

(2) Ibid., t. I, p. 182; t. II, pp. 60 et 61.

(3) Ibid., p. 201.

(4) Ibid., p. 189.

(5) Ibid., pp. 190 et 191.

fois en 1599, traite aussi de la nature des institutions vénitiennes. Venise, y est il dit, s'est donnée une constitution politique parfaite, mais cela ne s'est pas fait d'un coup : cette
république n'a pas toujours été gouvernée par les lois qui y
sont actuellement en vigueur. Diverses circonstances, ajoute-
t-il, ont exercé la sagesse de ses citoyens ; des institutions
nouvelles furent substituées aux anciennes, ce qui, à la longue,
a donné à sa constitution la perfection qui la distingue aujourd'hui. On a pu réaliser tout cela, parceque cette ville est
née libre et fut constituée de manière à servir non pas les
buts de la conquête, mais ceux de la vie civique, tels que
la paix, la concorde et une communauté étroite entre les citoyens (1).

Suivant cet auteur, Venise, à l'encontre de Florence, a évité
la corruption des autres Etats grâce aux sages dispositions
de sa constitution, qui peut être considérée comme un mélange de démocratie et d'aristocratie, avec une prépondérance
notable de l'élément aristocratique. Rien n'est venu troubler
le cours paisible de sa vie civique, les institutions elles-mêmes
étant opposées à ceux qui conspiraient contre la liberté politique. C'est ainsi que cette république a pu demeurer im-
muable, tandis que celles dont les institutions ne reposaient
pas sur des fondements aussi solides, étaient exposées à des
dangers et à des révolutions continuelles (2).

Paruta revient sur les particularités de la constitution vénitienne également dans un autre ouvrage, encore plus connu
et intitulé « De la perfection de la vie politique ». Il y fait
la comparaison des institutions de Sparte et de Venise. A
Sparte les rois avaient l'autorité suprème dans tout ce qui
concernait l'administration militaire ; quant aux affaires civiles leur pouvoir était limité par le sénat et les éphores. Le
sénat était aux mains de la noblesse, les éphores dépendaient
du peuple. De cette manière, toutes les parties de la ville-ré-

(1) *Discorsi politici*, libro I, discorso I. Opere politiche di Paolo Paruta,
Firenze, Le Monnier, 1852, t. II, p. 27.
(2) Ibid., p. 103, libro I, discorso VIII.

publique participaient au gouvernement, chacune dans le domaine qui convenait le mieux à son caractère. C'est pourquoi tous les citoyens étaient contents et attachés par dessus tout à la liberté et à l'indépendance de la patrie. Tout comme celui de Sparte, le gouvernement de la république de Venise posséderait aussi les caractères d'un gouvernement parfait. Le Doge y représenterait le pouvoir monarchique, puisque une fois élu, il reste à son poste jusqu'à la fin de ses jours, constament entouré d'un respect universel; aussi tous les décrets sont promulgués, toutes les dépêches envoyées et reçues en son nom. Il est le chef, qui représente la république.

Le Sénat, le Collège (des conseillers du Doge et des chefs des quaranties), le Conseil des Dix, que sont-ils, à leur tour, si non des autorités aristocratiques, des organes de la domination des optimates ?

D'autre part, le droit du Grand Conseil de choisir tout les fonctionnaires et de faire les lois fondamentales peut être considéré comme une manifestation de la souveraineté populaire, étant donné que tous les citoyens jouissant de leurs droits sont membres de ce conseil. La réunion à Venise des principes des divers gouvernements se manifeste encore dans la constitution de ses autorités subalternes, en ceci, notamment, que les nominations aux fonctions se font en partie par voie d'élections, ce qui est une garantie pour le choix des plus dignes (des aristocrates), en partie par la voie du sort, ce qui satisfait les exigences de la souveraineté populaire. On le constate également dans ce fait, que, parmi les dignités, les unes n'apportent que l'honneur, et les autres — du profit (1).

A la suite de Paruta, un piémontais, qui a passé la plus grande partie de sa vie en Lombardie et en Espagne, Giovanni Botero, le célèbre auteur des « Dissertations sur la raison d'Etat », traite, dans une relation spéciale, « Sur la république vénitienne », de la politique internationale, de la législation économique, ainsi que de la nature de ses institutions. Laissant de côté la partie purement descriptive, qui occupe chez

____

(1) *Della perfezione della vita politica*, libro terzo. — Opere, t. I, p. 397.

Botero comme chez Giannotti la place principale, nous retiendrons seulement cette observation générale de l'écrivain piémontais, que Venise a passé de la démocratie, qui a été son gouvernement primitif, à une des formes les plus parfaites de l'aristocratie qui aient jamais existé.

Contrairement à Giannotti et à Paruta, et en conformité avec les faits historiques et la classification des formes du gouvernement adoptée par Aristote, Botero appelle Venise une aristocratie, parce que seuls les membres de certaines familles nobles prennent part à son gouvernement intérieur, aussi bien qu'à l'administration de ses provinces, soit qu'ils y fussent appelés dès l'origine de la République, soit qu'on les eut admis plus tard pour des raisons diverses (1).

Les renseignements donnés par Botero sur les sentiments de la noblesse inférieure et des paysans envers les institutions de la république, sont particulièrement importants. Tous étaient dévoués à Saint Marc, notamment les originaires de Vicence, et cela parcequ'il leur était permis de se gouverner par leurs propres lois, qu'un grand nombre de provinciaux était appelé aux fonctions municipales électives, et avant tout parceque le gouvernement de la république était empreint de bienveillance envers tous ses sujets et que la justice criminelle, égale pour tous, était administrée sans sévérité. La peine de mort n'était que rarement appliquée; on observait une distinction stricte entre les crimes commis avec ou sans préméditation (2).

Au XVII siècle il faut ajouter à tous ces glorificateurs des institutions vénitiennes le cardinal Gasparo Contarini, dont l'ouvrage « De la république de Venise et de ses magistrats » est bientôt devenu classique et nous est parvenu dans des éditions nombreuses et avec des commentaires de publicistes postérieurs. En opposition complète avec Botero, Contarini parle de Venise comme du modèle des gouvernements mixtes.

(1) *Relatione della republica venetiana* di Giovanni Botero. Venetia. Appresso Giorgio Varino, a. 1605, folio 28.
(2) Ibid., folio 43 et 44.

L'auteur reproduit en cela les opinions exprimées antérieurement par Giannotti et Paruta, mais il les développe d'une manière plus ou moins originale.

Tous les écrivains, dit-il, qui ont touché à l'histoire de
Venise, ont hautement vanté cette république, et ils ont eu
raison, puisqu'elle a su, pendant les onze siècles qui se sont
écoulés depuis sa fondation, non seulement conserver son indépendance, mais encore devenir une des villes les plus riches
du monde. Cependant sa grandeur n'est pas encore là. Ce qu'il
faut mettre au-dessus de tout, c'est la perfection de son organisation politique. Une république ne se maintient pas par la
force des armées, mais par la vertu; et seul mérite des éloges
le législateur qui a su faire converger vers ce but toutes les
institutions.

Ainsi parle Gasparo Contarini, longtemps avant Montesquieu,
faisant, comme l'auteur de l'Esprit des lois, de la vertu le principe vital non seulement des démocraties, mais en général de
toutes les républiques. La monarchie ne jouit pas de sa sympathie. Un troupeau n'est pas gouverné par un de ses membres, mais par un être d'un ordre plus élevé; de même les
hommes ne doivent pas être gouvernés par un personnage, un
autocrate, mais par l'impersonnelle loi, ne laissant à la décision des hommes que les cas, peu nombreux, qui ne peuvent
être réglés d'avance. C'est en vue de ces cas que les gouvernants sont établis; leur devoir consiste à interpréter les lois
de façon à les élargir et à faire rentrer dans la sphère de leur
application les cas, abandonnés à leur jugement. « Bien que
un grand nombre de gens croient qu'il convient de confier
la garde des lois à un seul individu, cependant, la vie étant
courte, et l'erreur — le propre de l'homme, le gouvernement d'un grand nombre me paraît plus désirable ». C'est ce
qui est également prouvé par l'expérience, par le fait, qu'aucune monarchie n'a pu durer chez les anciens sans dégénérer en tyrannie. La même observation s'applique également
ment aux peuples modernes. Nombre de républiques ont, au
contraire, duré des siècles, tant dans la paix comme dans la
guerre. Cependant, il est indubitable que la foule, considérée

dans son ensemble, est incapable de former un bon gouvernement.

Il ne saurait y avoir par conséquent, dit Contarini, de gouvernement populaire, qu'à condition que le nombre de ceux qui y participent ne s'accroisse pas. On peut voir dans ces paroles une allusion aux constitutions, dans lesquelles seules les familles anciennes conservent entre leurs mains le pouvoir politique, les nouveaux venus y demeurant étrangers. Contarini est partisan d'une certaine concentration du pouvoir; pour lui la vie sociale périrait, s'il était impossible de donner même à la multitude une certaine unité. Voilà pourquoi les philosophes les plus éminents ont cru nécessaire de faire contrebalancer le pouvoir de la foule par celui de la noblesse, de façon à ce qu'aucun de ces deux éléments n'obtienne sur l'autre une prépondérance décisive, et qu'ainsi soient écartés les inconvénients de la démocratie pure en même temps que ceux de la pure aristocratie. Tel est, déclare Contarini, le principe qui guida nos pères lors de l'établissement de la république vénitienne. Aussi, y trouve-t-on un chef monarchique, le gouvernement de la noblesse et une organisation populaire, en d'autres termes, un mélange de toutes les formes régulières du gouvernement (1). Ceux qui détiennent le pouvoir suprême, qui renferme le pouvoir législatif et celui de nommer à toutes les fonctions, de celle du sénateur jusqu'à celle du dernier juge ou employé, ce sont précisément *tous les citoyens nobles* (tutti i cittadini nobili) ayant atteint l'âge de 25 ans, plus la cinquième partie de jeunes gens entre 20 et 25 ans, désignés par le sort pour faire partie du Grand Conseil.

Voici comment Contarini défend l'exclusion du bas peuple de ce conseil : Tous ceux dont une ville a besoin et qui vivent dans son enceinte, ne peuvent, écrit-il, être considérés comme

---

(1) Nostri maggiori .... fecero quella mescolanza di tutti li stati che giusti sono acciochè questa sola republica havesse il principato Regio, il governo de' nobili, el reggimento di cittadini, di modo che paiono con una certa bilanzia eguale haver mescolato le forme di tutti. (*Della republica e Magistrati di Venezia*, libri cinque di Gaspare Contarini. Venetia, 1678, p. 28).

ses citoyens. Il n'y a point de ville qui n'ait besoin d'artisans, d'hommes de peine, de gens de service, mais aucun parmi eux ne peut, en vérité, être considéré comme citoyen. Un citoyen, c'est un homme libre, et tous ceux-là sont des hommes asservis. L'animal est créé par la nature, comme l'Etat par l'art des hommes, mais dans l'animal il se trouve beaucoup de parties qui n'ont pas d'âme, bien qu'elles soient nécessaires à sa vie. Dans la vie d'un Etat beaucoup d'hommes sont également nécessaires, qui ne peuvent pourtant être considérés comme en faisant partie en qualité de citoyens; pour toutes ces raisons nous pouvons dire que nos ancêtres ont agi prudemment, en décidant que le peuple dans son ensemble ne jouirait point du pouvoir suprême. Par cela seul ils ont assuré à la république une existence durable. Les désordres et l'agitation sont inévitables là où le pouvoir souverain repose entre les mains du peuple; l'exemple d'un grand nombre de républiques le démontre tout comme les œuvres des philosophes. Même les Etats qui ont admis les riches à l'exercice du pouvoir, se sont créé de grandes difficultés; car voici ce qui peut se produire dans ces conditions: les hommes de basse origine s'adonnant aux entreprises lucratives, s'élèveront peu à peu au préjudice des nobles, qui consacrent leur activité aux professions élevées et dédaignent de s'enrichir. Tandis que les hommes de basse extraction deviendront ainsi citoyens grâce à leurs richesses, les nobles se verront forcément dépouillés, ce qui provoquera l'agitation et le trouble dans l'Etat.

C'est donc pour éviter de pareilles conséquences que la sagesse de nos pères a réservé à la noblesse du sang, non à la richesse, la prépondérance dans les affaires publiques — prépondérance qui n'est cependant point un monopole. — C'est pourquoi les familles nobles n'ont pas été seules admises aux affaires du gouvernement: tous ceux qui, dès l'origine, étaient connus par leur valeur et les services rendus à la république, y ont eu accès. D'autres ont plus tard acquis ce droit, en recompense des services qu'ils ont rendus à la patrie à l'aide de leur fortune. Il a été également accordé à certains étrangers, soit à cause de leur haute naissance, soit en reconnaissance de leur dévouement à la république. Toutes ces catégories de personnes ont formé le Grand Conseil, qui détient le pouvoir suprême. C'est là le gouvernement du peuple (1). Quant au Doge, dit encore Contarini, nommé à vie et ne sachant point d'autre terme à son pouvoir, il peut avec raison être assimilé à un roi; on l'entoure des mêmes honneurs; toutes les lois et tous les actes officiels sont faits en son nom, comme ailleurs au nom du roi. Le Sénat, les chefs du Conseil des Dix, les membres du Collège Ducal, enfin ceux qui portent chez nous le nom de « Sages », représentent la noblesse ou l'aristocratie, élément, qui intervient de pair avec les deux précédents dans la formation de notre constitution. Contarini insiste sur la nécessité de l'égalité des droits pour tous les nobles, sans aucune distinction entre les riches et les pauvres. Cette égalité est assurée par l'interdiction aux membres d'une même famille d'occuper plus d'une fonction; sans cela, dit-il, le pouvoir pourrait se concentrer entre les mains d'un petit nombre, et la république dégénèrerait en oligarchie (2).

Les conseilleurs postérieurs de la seigneurie vénitienne ne partagent point l'optimisme de Contarini, notamment Paolo Sarpi, celui-là même à qui l'on prête, avec plus ou moins de raison, une influence décisive sur la marche de la politique intérieure de la république au cours de tout le XVII et XVIII siècles. Selon lui, le danger que court Venise grâce à sa constitution provient de ce que « les gouvernants y sont trop nombreux; cela l'empêche d'être une aristocratie ». Sarpi en sa qualité de « conseil », officiellement reconnu par l'Etat *(consultore di Stato)*, recommande à Venise de profiter de toutes les occasions pour amener l'assemblée de la noblesse ou le *Maggior Consiglio* à déléguer la plus grande partie possible de son pouvoir au Sénat et au Conseil des Dix (3). Il faut y

(1) Questo Gran Consiglio, appresso il quale la somma autorità di tutta la Republica, dà alla Republica similitudine dell'stato popolare. (Ibid., p. 31).

(2) Ibid., p. 48.

(3) Il diffetto della Republica è l'esser troppo numerosa, per voler esser aristocratica, onde sarà sempre bene con ogni artifizio fare sì che il Mag-

parvenir par des moyens secrets et peu à peu. Une disposition, d'abord temporaire, pourra devenir ensuite permanente. De cette façon on aura l'occasion d'apporter des améliorations essentielles à l'organisation de tous les pouvoirs, sans en excepter le pouvoir judiciaire.

En général, les conseils de Sarpi tendent à affaiblir l'importance de l'élément populaire dans les affaires du gouvernement. De là, par exemple, des préceptes comme celui-ci : éviter, comme la peste, toute assemblée nombreuse, même celle composée par des nobles. Les éléments dissolvants, qui existent dans chaque corps, sont inoffensifs tant qu'ils demeurent isolés, mais réunis ils peuvent devenir mortels; or, ce qui se produit dans le corps de l'homme, a lieu également dans ce corps social qu'est l'Etat. C'est pourquoi il est nécessaire de surveiller étroitement les discussions, même celles qui ont un caractère abstrait, dès qu'elles visent à la critique des actes du gouvernement. L'hérésie, qui a fait tant de mal à l'Eglise, a-t-elle été, à l'origine, autre chose qu'un objet de curiosité, affectant la forme d'une simple plaisanterie?

Le « conseil » de la république l'engage, dans le même but, à choisir les « avocats de la commune » parmi les membres du Sénat ou du Conseil des Dix, et non parmi les jeunes patriciens, cherchant la popularité. Il critique aussi le remplacement annuel des sénateurs par voie d'élections, et le pouvoir étendu des quaranties judiciaires, qui lui paraissent être des institutions par trop démocratiques. Il est d'ailleurs moins inquiet de ce que la matière civile est déférée à leur compétence, qu'il ne l'est de leur juridiction criminelle. Il conseille au sénat et à la seigneurie de ne plus leur déléguer aucune fonction nouvelle; il est de beaucoup préférable d'élargir par la même voie de délégation les attributions du Conseil des Dix.

gior Consiglio deleghi quando più grande autorità si può al Senato, ed al Consiglio de X (*Ricordi del P. Paolo Sarpi nell'ordine de' Servi al Principe e senato veneto intorno il modo di regolare il governo della Republica*. Friburgo, 1767, p. 22 et 23). — Cet ouvrage est souvent considéré comme apocryphe, mais personne ne va jusqu'à nier que les idées qui y sont exprimées ne se trouvent disséminées dans les œuvres de Sarpi.

Ce qui paraît à Sarpi particulièrement dangereux, c'est que les décisions de ce Conseil soient critiquées par les « avocats de la commune ». Il désirerait que ce Conseil ne fût plus soumis au renouvellement annuel. Il vaut mieux, écrit-il, obéir à un petit nombre de vrais seigneurs, qu'à une foule d'hommes inférieurs (1).

Les « Avis » de ce nouveau Machiavel ont, en général, un caractère fort pratique et sont pénétrés d'un esprit d'égalité, auquel les monarchies de l'ancien régime sont toujours restées fermées. Il est de la plus haute importance, dit-il, que les impôts atteignent les nobles à l'égal du reste des citoyens : Le poids des impôts se fait moins sentir, lorsqu'il est supporté en commun. Une imposition est juste, tant qu'elle reste exempte de partialité (2).

Sarpi réclame aussi des mesures pour assurer l'alimentation du peuple ; car elles rendent le gouvernement sympathique aux sujets et éloignent de lui les dangers dont il pourrait être menacé par des ventres affamés, toujours capables de faire naître chez les hommes la résolution de risquer leur vie d'un coup, pour ne pas l'exposer à une souffrance lente, mais non moins mortelle. Pour assurer un gagne-pain à tout le monde, Sarpi voudrait voir interdire à la noblesse de se livrer au commerce. Le propre du commerce est de pouvoir, en peu de temps, enrichir ou ruiner un homme avec toute sa famille, mais ni l'une ni l'autre de ces éventualités n'est désirable pour la république. Le commerce fait de l'homme un cosmopolite ; or, un gentilhomme ne doit point aimer une autre patrie que la sienne. Le luxe excessif est également dangereux ; tant que les riches s'y livrent seuls, c'est bien, car dans ce cas ils contribuent à l'établissement de l'égalité. Mais les moins riches imitent les plus riches par amour-propre et par point d'honneur, ce qui ne peut qu'occasionner la ruine générale (3). Dans l'intérêt de cette même égalité Sarpi demande que les lois

(1) Molto meglio ubidire a pochi grandi che a molti inferiori. (Ibid., p. 48).
(2) Ibid., p. 4.
(3) Ibid., pp. 27-34.

soient strictement appliquées à tous sans distinction, que les honneurs ne soient accordés qu'en échange des services rendus et que les traitements des fonctionnaires soient peu élevés. Cette dernière mesure est conforme, selon lui, au but, qui anime tous ses conseils, et qui consiste à abaisser la noblesse inférieure en faveur de la haute noblesse. Sarpi se préoccupe aussi de l'impartialité qui doit règner dans l'administration de la justice civile. Quant à la justice criminelle, il incline à recommander plus de sévérité dans la répression des crimes commis contre les nobles, car cela serait une sorte de frein pour les classes inférieures (1).

Combien l'éxécution de pareils conseils devait favoriser la transformation de l'aristocratie vénitienne en oligarchie, nous pouvons en juger par les observations du ministre plénipotentiaire d'Allemagne, le comte della Torre. Etant donné la prépondérance du sénat dans les affaires du gouvernement et la non-intervention de la plupart des nobles dans les questions d'impôts, de paix et de guerre, et même de conventions internationales, le comte de la Torre croyait pouvoir appeler Venise, déjà à la fin du XVII siècle, une sorte d'oligarchie; oligarchie, il est vrai, trop nombreuse, disait-il, pour être parfaite (2). Que les conseils de Sarpi ne restèrent point lettre-morte, cela nous est d'ailleurs affirmé par tous ceux qui ont visité la République de Saint Marc dans la seconde moitié du XVIII siècle. C'est ainsi que Montesquieu parle de l'émulation et de l'envie, qui existent entre l'ensemble de la noblesse et la catégorie des seigneurs, dont se compose habituellement le sénat. Nulle part — écrit-il — je n'ai aussi bien compris, pourquoi le peuple romain aimait César, que pendant mon séjour à Venise (3). Cette république connaît toutes les luttes intestines que les poltrons sont capables de provoquer. Il se produit entre les nobles des compétitions continuelles; chacun s'efforce de contre-carrer les desseins ambitieux du voisin.

(1) Ibid., p. 14.
(2) Relazione et esame della serenissima Republica di Venezia, 1695.
(3) *Voyages de Montesquieu*, v. I, p. 30.

Personne n'est plus expert que les vénitiens dans l'art de dresser un embuche à leurs semblables. Sarpi a conseillé de tenir la noblesse inférieure, et surtout celle de la Terre Ferme, le plus loin possible des affaires publiques; aussi Montesquieu constate-t-il que cette noblesse ne remplit aucune fonction, ni civile ni militaire, sauf quelques charges insignifiantes dans la magistrature ou dans l'administration municipale, et cela seulement dans les villes qui ont gardé certains privilèges et libertés. C'est ainsi qu'à Padoue, par exemple, les fonctions de podesta, de capitaine ou commandant la force armée de la ville, ainsi que de deux camerlingues délégués à l'administration des finances, sont aux mains des gentils hommes vénitiens. Les familles aristocratiques de Padoue n'ont de représentants qu'au tribunal inférieur; toutes les affaires d'une certaine importance dépendent de vénitiens. La noblesse continentale, en général, est voisine de la ruine, et seules quelques familles riches, appartenant à son milieu, ont été admises dans les rangs de la noblesse vénitienne (1).

Sarpi recommandait aux juges d'être plus indulgents envers les nobles qui auraient commis des crimes contre un homme du peuple et plus sévères dans le cas opposé. Montesquieu nous prouve que ce conseil a été suivi, lorsqu'il déclare: bien que les lois de la république ordonnent la confiscation des biens des meurtriers, cela ne s'applique en fait qu'aux cas où la victime du meurtre est un patricien de Venise ou un magnat de la Terre Ferme; tandis que si un noble tue un marchand ou, en général, un homme de condition moyenne, on chercherait en vain à obtenir justice (2).

Frochot, l'auteur de la « Nouvelle relation de la République de Venise » écrite en 1709 pour refuter les calomnies d'Amelot de la Houssaye contre la noblesse vénitienne, n'en reconnaît pas moins que Venise est déjà devenue le gouvernement de la seule noblesse, et pas même de toute la noblesse, comme c'est le cas en Hollande, mais uniquement de celle qui habite

(1) Ibid., pp. 83 et 88.
(2) Ibid., p. 90.

la capitale. Quoi qu'il n'y ait pas encore cent ans, dit-il, que l'avis (de Paolo Sarpi) ait été donné, on peut dire cependant qu'il a eu quasi tout son effet, car tout le gouvernement effectif est entre les mains d'un petit nombre de familles, ce qui constitue une véritable oligarchie (1).

Cet effet a été fortement favorisé par l'état de dépendance matérielle où se trouvent les familles appauvries, qu'on appelle « barnabotes », vis-à-vis de la noblesse plus riche et plus influente. Pour rendre impossible toute corruption des barnabotes par les puissances étrangères, raconte Frochot, les nobles riches ont le devoir de porter aux plus pauvres des secours en argent, en vin, en blé, etc. Mais ces secours leur sont rendus au centuple grâce à l'influence, que les clients leur assurent, non seulement aux élections du Grand Conseil, mais encore dans des cas aussi indifférents, en apparence, que le choix du curé par l'assemblée des paroissiens. Il n'y a qu'à Venise, que les prêtres sont choisis par les fidèles. Or les barnabotes proposent généralement à la cure tel ou tel candidat, en se conformant au vœu de leurs patrons (2).

Frochot met très bien en évidence ce fait que, par suite de l'appauvrissement d'une partie des familles nobles, et de l'enrichissement des autres, le pouvoir politique s'est concentré aux mains d'un petit nombre de personnes. Ceux qui en jouissent, écrit-il, ne le doivent pas, il est vrai, à la violence, mais à la nécessité où se trouve la majorité des citoyens de suivre leur direction. Il s'est produit là le même fait qu'en Pologne, où les membres de la noblesse appauvrie sont devenus les clients de quelques familles aristocratiques qu'ils servaient, en leur donnant leurs voix. Comme en même temps les gouvernants, de crainte d'un coup d'Etat, se défièrent fort de quiconque jouissait d'une certaine popularité dans le peuple, il n'est pas étonnant que cet accroissement de la puissance d'un petit nombre de familles nobles aie produit des effets funestes pour toute la politique intérieure. Déjà Amelot de la Houssaye avait

(1) *Du Gouvernement de Venise,* p. 256.
(2) Ibid., p. 258.

remarqué que la popularité était un crime à Venise. Frochot dit, il est vrai, qu'il n'y avait point de punition à ce crime, mais il est forcé de convenir que la popularité suffisait pour provoquer des craintes et des défiances, et que le gouvernement surveillait avec une vigilance toute particulière quiconque avait su gagner les sympathies du peuple, ne fût ce que par une libéralité excessive. Il cite, à l'appui de ses dires, des cas où le gouvernement avait forcé des donateurs généreux à se servir d'intermédiaires, de peur que les dons directs ne leur créassent des dévouements dangereux pour l'état (1).

Paolo Sarpi exhortait la noblesse à s'abstenir d'un luxe excessif, qui peut éveiller le sentiment d'envie, toujours latent dans la foule. Pour se conformer à ses conseils, les nobles vénitiens, non seulement admettent l'égalité dans les vêtements, en autorisant les hommes de position moyenne à porter la toge, mais s'abstiennent encore, du moins dans l'enceinte de Venise, d'aller aux festins en trop grande compagnie, surtout en ville; en revanche, dans leurs villas d'été, sur les bords de la Brenta, ou à Mestre et dans les environs de Trevise, ils passent leur temps en réjouissances incessantes, ne le cédant en rien, par l'éclat, à celles de la noblesse continentale (2).

Frochot prouve que si les Vénitiens ne veulent pas renoncer à leur vie modérée, ce n'est point par avarice, comme croit Amelot, mais par sagesse et par prudence, car dit-il, la modération est le principe vital d'une république.

Jalouse de ses droits, l'oligarchie vénitienne craignait toute ingérence du clergé. L'inquisition, dit Frochot, est admise; mais sa sphère de compétence s'étend uniquement aux hérésies. Elle est en plus privée de l'arme dangereuse de la confiscation, dont elle dispose dans d'autres Etats, par exemple, en Espagne. A Venise l'Etat seul peut s'approprier les biens des comdamnés. Nulle part, si ce n'est en Toscane, les grecs et les juifs ne joiussent d'une plus ample liberté religieuse que dans la République de Saint Marc. Les luthériens et les

(1) Ibid., p. 271.
(2) Voir pp. 259, 278, 281.

calvinistes ne sont pas reconnus officiellement, mais ils vivent
en paix sur tout le territoire de l'Etat; leurs corps ne sont
même pas privés de sépulture, seulement la cérémonie de l'enterrement, est accomplie par les prêtres catholiques (1). Cette
disposition a pour but de conserver dans l'esprit du peuple
l'idée de l'unité de la foi. Tout ce qui pourrait faire naître
des doutes sur cette unité est sévèrement prohibé. L'accomplissement public de leur culte est ainsi interdit aux luthériens et aux calvinistes, sans pourtant l'être aux grecs, qui
ont été attirés à Venise par de larges faveurs, longtemps
avant la chute de Byzance. Mais tous, sans excepter même
les arméniens et les turcs, peuvent accomplir leurs cérémonies
religieuses dans des maisons privées. Les turcs ont leur quartier à eux, qui est fermé pendant la nuit, comme les ghettos
juifs. Ce n'est pas sans raison, ajoute Frochot, que les romains appellent Venise une grande Genève, à cause précisément de sa tolérance pour toutes sortes d'« abominations » (2).

L'influence des conseils de Sarpi est visible aussi dans la
procédure judiciaire. Pour ne pas diminuer les nobles aux
yeux du populaire, les vénitiens évitaient des éxécutions publiques. Pendant les six ans de mon séjour à Venise, écrit
Frochot, je n'ai vu qu'une seule fois le gibet sur la place publique. Les arrestations ordonnées par le Conseil des Dix sont
elles-mêmes effectuées la nuit, pour éviter tout bruit. L'individu saisi, dès le moment de son arrestation, disparaît des yeux
de la foule; même dans le cas où son innocence aurait été reconnue il doit quitter le territoire de la république (3).

Le changement qui s'est produit au cours du XVIII siècle
dans la nature des institutions et de la politique intérieure
de Venise, apparaît encore plus clairement dans l'ouvrage d'un
autre français, paru en Hollande vers 1780, j'entends le « Traîté
de la ville et de la république de Venise » de Saint-Didier; son
importance a déjà été signalée par Bachet dans un ouvrage

(1) Voir pp. 323, 306, 309, 382, 383.
(2) Ibid., p. 384.
(3) Ibid., p. 389.

très estimé sur la diplomatie vénitienne. Saint-Didier fait connaître les caractères de chacun des corps qui se partagent le pouvoir suprême et exprime sur la constitution de Venise une opinion, qui rappelle par plus d'un trait la théorie de Gaspare Contarini, que nous avons exposée plus haut. Il insiste, à ce propos, sur le développement pris dans les derniers temps par l'institution des inquisiteurs d'Etat. Ce tribunal, écrit-il, est le plus terrible qu'on puisse imaginer. Les questions soumises à sa jurisdiction sont des plus délicates et exigent une action prompte et énergique; aussi n'est-il pas étonnant que les inquisiteurs usent d'une sévérité presqu'inexorable. Ces fonctions étaient dévolues à deux membres du Conseil des Dix et à un des conseillers du Doge; ces trois personnages disposaient, assure Didier, de la vie de tous les sujets de la république sans en excepter même celle du chef de l'Etat. En cas d'unanimité, ils ne sont tenus de rendre compte de leurs actes à personne, en dehors du Conseil des Dix. Les sentences de ce tribunal sont éxécutées dans le plus grand secret. Pour éviter les recriminations provoquées par le supplice de personnes, coupables d'avoir prononcé seulement un mot irréfléchi, les inquisiteurs ordonnent souvent de noyer le condamné durant la nuit. La décision parfois est prise uniquement sur le témoignage des espions, et après une simple confrontation des témoins entr'eux. A l'aide de leurs agents les inquisiteurs entendaient et voyaient tout ce qui se faisait dans la ville. Du moment qu'un homme était dénoncé aux inquisiteurs, il était irrévocablement perdu. Les plaintes, qui s'étaient fait entendre contre l'injustice d'une pareille procédure, avaient provoqué, à la fin, la défense aux inquisiteurs de condamner à mort un *noble,* sans l'avoir entendu au préalable; cette mesure permet de juger quel était le sort des inculpés des autres classes. Le soupçon seul d'un crime contre l'Etat pouvait entraîner à Venise des conséquences plus graves que des méfaits notoires ailleurs. Le port d'armes, par exemple, qui constitue partout une simple contravention aux règlements de police, était puni comme un crime contre l'Etat. Le moindre danger qu'encourût un étranger ayant eu le malheur d'attirer sur lui

des soupçons des inquisiteurs, était d'être expulsé de Venise.
On lui donnait vingtquatre heures pour quitter le territoire
de la république.

La crainte des inquisiteurs faisait que la noblesse vénitienne
obéissait strictement à la défense qui lui était faite d'entrer
en rélations quelconques avec les ambassadeurs étrangers. Elle
allait plus loin encore et renonçait spontanément à toute relation avec les étrangers, toujours par peur de la suspicion.
Saint-Didier parle des éxécutions secrètes, ordonnées par les
inquisiteurs. Souvent, observe-t-il, on attribuait à un accident
malheureux une mort, qui, en réalité, était le fait de l'éxé-
cuteur des sentences de ce tribunal suprême. C'est ainsi qu'on
a cru Leonardo Loredan tué par un coup, qui lui aurait été
porté par une gondole, au moment où, dans les ténèbres de
la nuit, il s'embarquait dans la sienne; en réalité, il avait
été poussé dans le canal par un sbire, par ordre des inquisiteurs, qui le soupçonnaient d'avoir chez une courtisane des
rendez-vous avec l'ambassadeur d'Espagne (1).

Les historiens récents de Venise, et Fulin à leur tête, ont
soumis à un examen minutieux les archives des inquisiteurs,
dont, malheureusement, il est resté bien peu de chose après la
révolution de mai 1797. Complétant ces lacunes par l'analyse
des actes du Conseil des Dix, Fulin a par ses nombreux articles
posé les bases d'une future histoire documentaire de cette institution. Nous lui devons, entr'autre, d'avoir prouvé par des
faits que la création des inquisiteurs ne remonte pas à 1529,
comme on l'admettait jusque là, mais à 1310, c'est-à-dire qu'ils
ont apparu au même moment que le Conseil des Dix.

Etant donné que l'époque du plein épanouissement de la
procédure inquisitoriale, introduite par les canonistes, va de
la seconde moitié du XIII au commencement du XIV siècle,
il n'est pas étonnant, que cette procédure ait été, dès le début,
adoptée par le Conseil des Dix, ainsi que par les deux personnages, qui remplissaient auprès de lui les fonctions éxécutives.
Ce fait est constaté par les termes mêmes d'un décrêt de 1313,

(1) *La ville et république de Venise,* II partie, pp. 230-237.

le plus ancien où il soit question des inquisiteurs ; il y est
dit qu'ils avaient le devoir « d'examiner les affaires qui leur
étaient confiées et de poursuivre par tous les moyens la mort
des traîtres (1) ».

Fulin ne nie pas que les inquisiteurs usassent de la torture
et de peines sévères, qui étaient : la mutilation et la décapi-
tation sur une place publique, la pendaison, la strangulation,
l'empoisonnement ou la noyade en secret (2).

Les condamnés étaient aussi parfois roués ou enterrés vifs ;
mais ces faits remontent aux XV et XVI siècles, époque où
ces supplices étaient en usage dans tous les autres Etats de
l'Europe. Plus tard les éxécutions de ce genre deviennent
beaucoup plus rares. Cependant, le professeur Lamansky, et
après lui Mas Latrie, ont pu trouver des exemples de suplices
non moins cruels dans des temps plus rapprochés de nous (3).

Ces châtiments secrets frappaient presque toujours des personnages vivant en dehors de l'Italie, entre autres les im-
posteurs et les conspirateurs nombreux de l'Albanie et de la
Dalmatie. La peine la plus commune était l'emprisonnement,
souvent perpétuel dans ce qu'on appelait les *pozzi* et les
piombi ; les recherches du même Fulin prouvent que les *pozzi,*
c'est-à-dire les prisons souterraines, qui sont montrées encore
aujourd'hui aux visiteurs du palais des Doges, étaient destinées à recevoir les criminels de droit commun, tandis que les
piombi, cellules disposées immédiatement sous le toit en plomb
du même palais, étaient réservées aux prisonniers d'Etat.
Quoiqu'Augustin Sagredo affirme, dans son ouvrage bien connu
sur « Venise et ses lagunes », que lorsqu'on a ouvert les *pozzi,*
le 5 mai 1797, on n'y a trouvé aucun détenu, cela ne prouve
guère, cependant, que la République de Saint Marc les eût

(1) « Examinare, inquirere et facere facta sibi commissa perquirere et trac-
tare omnibus modis qui sibi videbantur necem proditorum ». Voir « *Gl'inquisitori dei dieci,* memoria di Rinaldo Fulin ». Archivio Veneto, n. 1, p. 21.

(2) Ibid., p. 19.

(3) Voir *Secrets d'état de Venise* par Vladimir Lamansky, Pétersbourg,
1884 ; surtout les pages 114-154 ; aussi la communication de Mas Latrie à
l'académie des inscriptions et belles lettres de Paris, en 1894.

fermés déjà au début du XIII siècle (1). Les inquisiteurs, qui prévoyaient la fin prochaine de l'aristocratie et dont Napoléon avait déjà demandé l'extradition, avaient tout simplement fait transporter les détenus dans les autres prisons.

Les noms des quatre dernières victimes du terrible tribunal, sont parvenus jusqu'à nous ainsi que des renseignements sur la nature des crimes qui leur avaient été imputés. Tous étaient accusés soit de faux témoignage, soit de calomnie, soit de crimes contre nature, ou encore de blasphème et d'incrédulité; un seul, le nommé Antonio Brun de Portogruaro, se voyait reprocher en outre le goût des doctrines françaises, en d'autres termes son amour pour les principes de liberté, d'égalité et de fraternité, dont la révolution de 1789 poursuivait la réalisation (2).

Quant aux *piombi*, leur nom évoque celui du célèbre intrigant Giacomo Casanova, qui y a payé ses exploits par un emprisonnement de cinq ans. Arrêté en juillet 1755, Casanova s'évada au su et avec l'assentiment des inquisiteurs eux mêmes, comme le démontre Fulin; ensuite, en 1780, il devint leur agent, un de ces *confidenti*, que Saint Didier appelle les yeux omniprésents du tribunal suprême. Les lettres de Casanova, reproduites par Fulin, nous montrent, on ne peut plus clairement, la nature des engagements que prenaient ces serviteurs de l'inquisition. Le 28 octobre Casanova leur annonce que désormais il fera attention à tout ce qui a trait à la réligion, à la vie quotidienne des citoyens, au commerce et aux manufactures, en général à tout ce qui peut intéresser la sûreté publique. Il promet de surveiller étroitement ceux qui tiendraient des propos irrespectueux sur les inquisiteurs. L'homme qu'un autre *confidente* représente en 1754, comme « un aigrefin, vivant dans la société des débauchés, à leurs frais, et excitant leurs vices », s'engageait à pourchasser les

----

(1) C'est ce que soutient Romanin dans sa *Storia documentata di Venezia*, t. III, p. 77, et t. VIII, p. 48.

(2) *I prigionieri nei pozzi al cadere della Republica* (Studi nell'archivio degli inquisitori di Stato). Venise, 1868, par R. Fulin, p. 74.

débauches et les atteintes aux bonnes mœurs dans les théâtres et les clubs; cet impie promettait de dénoncer tout ce qui lui semblerait subversif ou séditieux; tout ce qui portera la marque de nouveauté lui sera suspect, disait-il, et il le dénoncera aux inquisiteurs sans omettre le moindre détail, si innocent qu'il puisse paraître (1).

Ces citations permettent déjà de juger de l'utilité des « confidenti » au point de vue de la sûreté de l'Etat. Leur nombre, très restreint en 1780, lorsque Casanova se partageait ces fonctions avec un nommé Angelo Tamiazzo, s'est accru rapidement à partir du moment où la révolution, triomphante en France, est devenue menaçante pour l'ancien régime de l'autre côté de la frontière des Alpes. On a trouvé dans les archives des inquisiteurs des rapports annuels concernant les mesures prises pour empêcher la propagation des principes nouveaux et maintenir les sujets dans' l'obéissance. Le secretaire du tribunal, Giuseppe Gradenigo, écrit en 1793, que dans ce but tous les français présents à Venise, ne fût-ce que de passage, furent étroitement surveillés. Ceux d'entre eux qui se laissaient aller à des propos libertaires étaient immédiatement expulsés du territoire de la république. Un sujet vénitien, qui manifestait ouvertement de la sympathie pour les nouvelles erreurs, était appelé pour être reprimandé, et en cas de récidive, puni plus ou moins sévèrement. Les gouverneurs des provinces, surtout de celles qui, situées de l'autre côté du Mincio, étaient plus atteintes par le « venin jacobin », étaient invités à informer les inquisiteurs de l'impression produite sur leurs administrés par les évènements de France, car, observe Gradenigo, on peut juger par là même du degré de leur attachement à l'ordre établi. En même temps on commença à surveiller les restes des loges maçonniques, dispersées depuis peu et qui étaient autant d'éléments de fermentation intérieure. Afin de pourvoir à l'alimentation du peuple, des provisions considérables de blé furent réunies dans les magasins

(1) Voir *Giacomo Casanova e gl'inquisitori di Stato* di Rinaldo Fulin. — Venise 1877, pp. 5, 27 et 28.

publics, ce qui permit de maintenir assez bas les prix de cet objet de première necessité (1).

Dans les années qui suivent, les inquisiteurs étendirent leur surveillance à quiconque s'était fait connaître auparavant par le libéralisme de ses opinions ou de ses actes. On ordonna la confiscation de tout livre dirigé contre la réligion ou le gouvernement. Les agents diplomatiques envoyés à Milan, Turin, Naples et Gênes furent consultés sur la conduite des vénitiens demeurant à l'étranger. Le résident à Bâle, San-Fermo, reçut l'ordre de s'enquérir si une partie de l'argent, envoyé par les français en Suisse, n'était pas destinée à préparer des insurrections en Italie, et spécialement dans les possessions vénitiennes. Les propriétaires des hôtels et des restaurants furent invités à surveiller la conduite de leurs hôtes. On demanda aux gouverneurs des provinces des rapports sur le nombre et les noms des étrangers qui y étaient établis; à Venise Giuseppe Gradenigo forma une sorte d'indicateur géméral de tous ceux qui résidaient dans les limites de la république et mentionnant les faits qu'on avait pû relever à leur charge. Le nombre considérable de prêtres, trouvés parmi les émigrés français, éveilla les soupçons des inquisiteurs, d'autant plus que dans d'autres Etats de l'Italie beaucoup de mécontents se cachaient sous la soutane de prêtre. On manda aux évêques de ne pas admettre les personnes de cette espèce à l'accomplissement des sacrements de la confession et de la communion. Les fonctionnaires de l'arsenal, de l'armée et de la flotte furent l'objet d'une surveillance spéciale. Dans un grand nombre de cafés la lecture des journaux fut interdite, et cette interdiction fut étendue à tous les villages de la province de Bergame. On donna des ordres pour ouvrir les lettres adressées de l'étranger aux sujets de la république, ce qui, ajoute le nouveau secretaire des inquisiteurs, Giovanni Andréa Fontana, a fourni au tribunal suprême beaucoup de renseignements utiles. « Grâce à toutes ces mesures, et avec l'aide de Dieu, les possessions vénitiennes ont évité jusqu'ici, ajoute-t-il, tous les

(1) Archivio di Stato in Venezia. *Inquisitori di Stato*. Busta 209.

funestes effets des doctrines pernicieuses qui de la France se sont répandues dans les autres Etats de l'Italie. Le tribunal a pu se convaincre du dévouement et de la reconnaissance des sujets (1) ».

Cet heureux résultat n'affaiblit point le zèle des inquisiteurs. Le rapport de leur secretaire en 1796 parle de l'augmentation du nombre des *confidenti*. Mais comme ce personnel était difficile à recruter, et comme les personnes choisies pour cet emploi n'avaient pas été à la hauteur de leur charge, on résolut de ne confier aux nouveaux engagés que des fonctions déterminées. Ainsi, Luigi Zuffo fut chargé de veiller à ce que les étrangers, qui venaient habiter à Murano et sur les îles voisines, ne propageassent point des principes dangereux parmi la population de ces localités; et le marquis Francesco Agdolo reçut la mission de surveiller la conduite des français, venus à Vérone avec l'aîné des frères du roi Louis XVI, qui y habitait sous le nom de comte de Lille (2).

D'accord avec le gouverneur de cette ville, Foscarini, l'ordre fut donné au marquis Agdolo de visiter les cafés où les étrangers fréquentaient de préférence, et de se mêler à leurs entretiens afin de pénétrer le caractère et les tendances de chacun. Il reçut 15 sequins par mois pour couvrir ses dépenses. La surveillance de la presse fut renforcée; l'entrée des journaux étrangers interdite à Milan et à Crémone. Les libraires furent soumis à des perquisitions répétées, ayant pour but la découverte de brochures et de livres dangereux pour la tranquillité intérieure, en particulier des pamphlets, publiés à Nimègne, par le célèbre abbé Curti, sous le pseudonyme du citoyen Botan. On observait avec une attention toute particulière la conduite des jeunes nobles de Brescia, sur qui pesait le soupçon d'avoir des tendances à la révolte.

Trois d'entre eux, qui se préparaient à partir pour la France, furent arrêtés, et Nicolini seul pût gagner Paris, où il s'empressa de faire au Comité de Salut public la proposition de

______

(1) *Inquisitori di Stato*, filza 209.
(2) Le comte de Provence, plus tard Louis XVIII.

-soulever les brescians contre Venise; ce projet, selon les renseignements des inquisiteurs, ne trouva d'ailleurs point d'écho. Afin de pouvoir mieux surveiller les étrangers, on leur interdit d'habiter ailleurs que dans les centres administratifs. Les monastères reçurent l'ordre de ne pas admettre de moines étrangers. Toutes ces mesures, au dire du secrétaire des inquisiteurs, eurent cette fois encore l'effet auquel on s'attendait. Il ne se produisit aucun désordre dangereux pour la paix et la prospérité de la république, ni du côté des résidents étrangers, ni parmi les sujets de la Vénitie.

Ces résultats consolants sont constatés presque à la veille des insurrections de Bergame, de Brescia et de Crémone. Une année ne s'était pas écoulée qu'il ne restait plus trace, non seulement des mesures spéciales de sûreté publique, mais encore du tribunal même qui les avait prescrites.

CHAPITRE II.

L'état économique de Venise
et les doctrines sociales qui y dominaient
dans la seconde moitié du XVIII siècle.

§ 1.

Une locution courante attribue à Venise l'empire des mers; elle résume tout à la fois la raison de sa grandeur et de sa décadence. Tant que la Méditerranée avec ses dépendances, la mer de Marmara et la mer Noire, resta le seul chemin des Indes, Venise, n'ayant d'autre rivale que Gênes, avec laquelle elle avait conclu des traités qui établissaient, après de longues et ruineuses guerres, un *modus vivendi* plus ou moins stable, fut l'intermédiaire commerciale entre l'Orient et l'Occident et l'entrepôt des marchandises venant des Indes, de Bagdad, d'Alep, de la Syrie ed de l'Egypte, de Byzance, de la Morée, de la Dalmatie et des îles de l'Archipel. Forcée dans ses débuts à se contenter du seul commerce des sels et même de faire des guerres et de conclure des traités afin de l'interdire aux voisins (1), Venise devient au XV siècle, et surtout après la chute de Constantinople, le presque unique fournisseur de tissus précieux et de brocarts d'or, de perles, de cristaux, de brillants, d'émeraudes, d'articles de pharmacie, de parfums

(1) En 1341 Venise conclut un traité avec le roi de Hongrie, qui s'engagea, en échange d'une annuité de 7000 ducats d'or, à abandonner l'exploitation des salines de Croatie et de Dalmatie. Encore avant cette date elle s'empara des salines de Cervia, et dans le courant du même siècle elle força les princes de Ferrare à cesser l'exploitation des salines de Comachio. — *Sulla grandezza della Repubblica Veneta e sulle cause principali della sua caduta.* Memoria di L. Z., 1797, p. 15.

et d'épices orientaux. Chypre, la Candie et la Morée, trois royaumes qu'elle avait conquis, lui servaient d'entrepôts pour ces marchandises, qui ne pouvaient d'ailleurs être portées aux marchés et aux foires de l'Europe, avant d'avoir payé une taxe élevée à la douane vénitienne (1). Les navires allaient les transporter dans les ports d'Italie, de France, de Catalogne, d'Angleterre et des pays limitrophes à la Baltique (2): les navires étrangers étaient obligés, avant leur départ, de fournir mille ducats de caution en garantie de l'obligation qui leur était imposée, de ne point écouler leurs marchandises dans les limites des mers vénitiennes. Cette mesure suffisait à paralyser leur concurrence, qui autrement serait devenue dangereuse.

De Venise, où les commerçants hanséatiques avaient une factorie permanente, dite *fondaco dei tedeschi*, les marchandises orientales étaient également dirigées par voies de terre, à travers le Tyrol, par Ratisbonne, ou Villach et Augsbourg, en Allemagne. Là on les échangeait contre les produits allemands, scandinaves et russes, qui arrivaient à la celèbre foire de Nuremberg. Venise défendait encore plus jalousement en Orient son monopole de commerce exclusif en ce qui concerne les marchandises occidentales. « Mercanciae de Ponente non conducantur ad partes levantis nisi prius conducantur Venetias », dit un décret bien connu, émis sur la proposition « des avocats de la commune » (3).

Tout comme aux temps des phéniciens et des marchands grecs, qui leur avaient succédé, le monde finissait au milieu

---

(1) Mercantiae caricatae per Venetias non possint per scalas exonerari. — MARIN, *Storia del commercio dei veneziani*, t. VII, p. 343.

(2) Le navi venete hanno prerogativa per decreti pubblici d'essere in questo porto anteposte nel caricare alle forastiere, le quali per ciò sono sforzate a partire vuote, e prima di partire han obbligo di dar piggiaria di ducati 1000 di non caricare in golfo. Scrittura inedita di Simone Giogalli, negoziante veneto del secolo XVII, intorno alla decadenza del commercio di Venezia. — Edition de Emmanuele Cigagna, 1856 (à l'occasion d'un mariage entre les membres des familles Reale et Berretta).

(3) MARIN, *Storia del commercio dei veneziani*, t. VII, documenti, p. 343.

du XV siècle sur les rives de l'océan Atlantique, des mers du Nord et de la Baltique. Au Nord les Vénitiens ne se trouvaient pas encore en présence d'une puissante flotte anglaise, et seuls les navires flamands et allemands étaient leurs concurrents pour la cabotage des marchandises entre les ports affiliés à la célèbre ligue hanséatique. La France, engagée dans des guerres interminables contre sa rivale séculaire qui lui avait pris Calais et Bordeaux, ne pouvait se livrer elle-même à l'échange de ses marchandises contre celles de l'étranger, que par les ports du Sud, et particulièrement par Marseille. L'Espagne, encore aux prises avec les Maures, n'avait qu'un seul port, Barcelone, ouvert à l'exportation de sa laine. Naples, devenu depuis Alphonse V une colonie aragonaise, commençait à peine à conquérir une place considérable dans le commerce méditerranéen. Livorne et Ancone, qui n'étaient pas encore des ports francs, ne songeaient même point à faire concurrence à Venise. Les circonstances étaient par conséquent on ne peut plus favorables aux intérêts de la République de Saint Marc. L'occupation de la Crimée par les Tatares, en restreignant l'activité des factories gènoises, contribua pour sa part au développement du commerce vénitien. Il n'est donc pas étonnant qu'au XV siècle, avant la découverte des nouvelles voies de mer et de l'Amérique, Venise dépassa toutes les autres puissances dans le commerce maritime et que des milliers de travailleurs, appartenant a quatorze corporations indépendantes, y fussent occupés uniquement à la construction des navires (1).

Le commerce maritime avait encore à cette époque un caractère, pour ainsi dire, aventureux, ce qui le rendait dépendant de l'épanouissement de la flotte de guerre. Les navires qui allaient à Tana et en Syrie étaient accompagnés par des

(1) On trouve des renseignements à ce sujet dans une relation manuscrite, écrite, sur l'ordre des autorités, par un certain Gian Andrea Bon en 1737; elle se trouve à la bibliotèque de Saint Marc à Venise, Class. VII, cod. 1531, et a servi de source principale à Giuseppe Occioni Bonafons dans son étude sur le commerce venitien au XVIII s. Voir *Les mémoires de l'Istituto veneto di scienze* etc., année 1891, p. 751.

galères les protegeant contre les corsaires de l'Afrique et de l'Archipel. On comptait jusqu'a sept flotilles de commerce ; les plus importantes étaient celles qui visitaient les bouches du Don, l'Asie mineure et les rivages des Flandres (1). Le commerce des Vénitiens, par voies fluviales, avec l'intérieur de l'Italie, n'était pas moins développé. Plus de trente mille bateliers en vivaient, et ce fait seul augmentait en proportion le contingent des matelots expérimentés dont la république pouvait disposer en cas de guerre. Le nombre de tous les navires, grands et petits, galères flamandes et galions allant en Syrie, n'était pas inférieur à 3500 à l'époque du plus grand épanouissement du commerce vénitien. Du moins c'est là le chiffre que donne en 1717 le rapport officiel d'une commission extraordinaire, composée de cinq « sages » préposés à la direction de la politique commerciale de la république, et de cinq délégués spéciaux, attachés à ce département (2).

Cet état florissant du commerce coïncidait avec le développement de l'industrie intérieure. Venise et Chypre devinrent deux centres de la production en grand des draps dorés, des velours brodés de fleurs, du brocart. Presque toute la soie produite en Italie passait dans les fabriques de Venise, mais souvent elle ne suffisait pas à la demande qui en était faite, et on comblait le déficit avec les soies du Levant. Les Vénitiens avaient appris la fabrication de la soie des Lucquois, mais ils les dépassèrent par l'étendue de leur production. Quant à la fabrication de la laine, ils n'avaient d'autres rivaux que les Florentins (3).

Au commencement du XVIII siècle, les autorités préposées au commerce déclaraient officiellement qu'à l'époque de sa plus

---

(1) *Del commercio di Venezia nel secolo XVIII*, p. Bonafons, p. 5 du tirage à part.

(2) Scrittura del 22 settembre 1717 dei deputati al commercio e V savi alla mercanzia, inserta nel decreto di approvazione del Senato 7 ottobre successivo, tratta dal manoscritto originale del R. Archivio veneto, filza Senato, Rettori. N. 181, pubbliée par Cognati en 1872 (per le nozze Bisacco-Palazzi).

(3) *Sulla grandezza della Repubblica veneta e sulle cause principale della sua caduta*, 1797, p. 16.

grande prospérité la fabrication de la soie et du velours avait procuré à Venise du travail à 3000 ouvriers, et que le nombre des pièces de drap produites en une seule année s'était élevé à 28.000. Plus de dix millions de ducats étaient dépensés annuellement pour l'achat de marchandises étrangères, dont la plus grande quantité était composée de matières premières, destinées à être apprêtées à Venise, ou bien dans ses possessions d'outre mer (1).

Les circonstances changèrent complètement après la découverte du chemin maritime des Indes et du continent américain. Le commerce de Venise, d'abord, et son industrie, ensuite, durent essuyer la concurrence des Portugais et des Espagnols, et plus tard celle, plus redoutable encore, de la flotte hollandaise, et des manufactures flamandes, françaises et anglaises. Ces évènements eurent sur les destinées du commerce et de l'industrie des effets d'autant plus funestes qu'ils coïncidaient avec d'autres faits non moins alarmants. La prise de Constantinople par les Turcs, et surtout les victoires de Soliman et de Selim, entraînant la perte des îles de l'Archipel et de Chypre, portèrent au commerce vénitien un coup, dont il ne put plus se relever même après la défaite des Turcs à Lepante (2). Les Anglais et les Hollandais, désireux de s'emparer du commerce lucratif du Levant, se mirent à fonder des compagnies marchandes et obtinrent du sultan des privilèges spéciaux au détriment de Venise.

Giovanni Andrea Bon, qui a écrit en 1737 une relation sur les origines, le développement et la décadence du commerce vénitien, explique très exactement, pourquoi il avait été impossible à ses compatriotes de conserver le monopole du trafic, ne fût-ce que dans l'Asie Mineure, la Syrie et l'Egypte: « Com-

(1) Scrittura del 22 settembre 1717 dei deputati al commercio e V savi alla mercanzia, publiée par Cognati, p. 10.

(2) Dans son étude récente sur l'état économique de l'Italie, au moment de la découverte de l'Amérique et du chemin des Indes, Jéhan de Iohannes dit expréssement que ces événements sont loin d'avoir été la cause principale de la décadence du commerce vénitien (V. *La vita italiana nel cinquecento*, I, p. 176 et suiv.).

ment veut-on, dit-il, que les pays de l'Occident se conten-
tassent de recevoir les marchandises du Levant de seconde
main, du moment qu'ils ont reçu la faculté de les tirer directement » ?

Pour nous rendre compte de la valeur de cette assertion,
il faut avoir en vue que toutes les marchandises, apportées
jusque là de l'Orient, en partie par les caravanes, en partie
par voie de mer, mais toujours exclusivement par l'entremise
des Vénitiens, purent arriver maintenant avec moins de frais
directement des Indes et des colonies americaines; que ces
marchandises étaient obtenues presque gratuitement des indigènes, qui échangaient de l'or, de l'argent, des perles et des
pierres précieuses, contre des objets de quincaillerie et qui
payaient leurs impôts en épices, comme par exemple dans les
colonies portugaises de l'Inde. Lorsque les peaux rouges de
l'Amérique, sans resistance au travail, furent remplacés, sur
l'initiative de Las-Cases, par des nègres plus endurants à la
fatigue, lorsque les Espagnols, les Portugais, et ensuite les
Hollandais et les Anglais, eurent inondé les marchés européens
des produits du Nouveau Monde, et que les richesses de l'Orient
furent canalisées par l'entremise des compagnies formées aux
Indes par les Français et les Anglais, il devint difficile à Venise
de conserver le rôle de principal intermédiaire entre l'Orient
et l'Occident, rôle qu'elle avait détenu depuis les Croisades
et la fondation de l'Empire Latin à Byzance. Même dans les
limites de la Méditerranée, son commerce vint se heurter,
d'une part, à l'hostilité persistante des Turcs, de l'autre, à la
concurrence des Hollandais et des Anglais, à laquelle ne tarda
pas à s'ajouter au XVII siècle celle des ports francs établis
à Ancone et à Livorne.

Le XVI siècle est considéré comme l'époque de la plus grande
décadence du commerce vénitien. Voici comment la cause de
ce phénomène était expliquée dans la deuxième moitié du siècle
suivant par des écrivains, qui étant en même temps des négociants, avaient l'expérience du trafic et en connaissaient
les conditions dans les autres pays. Sur la demande des dignitaires chargés des intérêts du commerce vénitien, selon

toute probabilité, des cinq *Savi* qui y étaient déléguès, un particulier du nom de Simon Giogalli présenta à la date du 27 août 1671 un rapport « Sur les causes de la décadence du commerce vénitien et les moyens de le relever ».

« La navigation dans la direction de l'Orient, aussi bien que de l'Occident, écrit-il, rencontre des difficultés de la part des Anglais et des Hollandais. Les uns et les autres parviennent à réduire les frais de transport dans une mesure beaucoup plus grande que nous-mêmes; ce qui leur est profitable, est ruineux pour nous. Autre fois l'Orient envoyait ses marchandises à Alexandrie et dans les ports du Levant, d'où nous les transportions à Venise pour en faire ensuite la distribution aux nations de l'Europe: notre ville pouvait être appelée l'entrepôt de toutes les richesses de l'Asie. Aujourd'hui ces avantages ont passé aux mains des Hollandais et des Anglais; leurs navires contournent les rives de l'Afrique et vont jusque dans les Indes Orientales, dont ils transportent les marchandises dans tous les pays du monde. De plus, ces mêmes Hollandais et Anglais pénètrent, par le détroit de Gibraltar, dans la Méditerranée et enlèvent aux Vénitiens jusqu'au commerce de cette mer. Le zèle de la navigation et la science de réduire les frais, leur assûre une supériorité décisive sur nous. Dieu fasse que je me trompe, mais dans les conditions actuelles il me semble impossible de faire renaitre la navigation venitienne » (1).

À ces causes, pour ainsi dire naturelles de la décadence du commerce extérieur de Venise, il en faut ajouter d'autres, artificielles, créées par sa politique fiscale. En abusant de leur situation exceptionnelle, les Vénitiens, à l'époque de leur domination commerciale, avaient établi des taxes d'importation et d'exportation si élevées, qu'elles suffisaient presque à elles seules à couvrir les dépenses publiques, sans qu'il fût besoin de recourir à l'impôt direct. Mais lorsqu'intervint la concurrence hollandaise et anglaise, ces taxes devinrent précisément un obstacle à l'entrée des navires étrangers dans le port de Venise. Les autres pays de l'Italie, la Toscane et les Etats du

(1) Voir pp. 11, 12.

pape, n'eurent qu'à déclarer Ancone, Goro et Livorne ports francs, l'Autriche n'eut qu'à appliquer la même mesure à Trieste, et les navires étrangers délaissèrent l'inhospitalière lagune de Venise, se dirigeant vers d'autres ports, qui leur étaient plus ouverts.

En 1717 les autorités reconnurent elles mêmes les inconvénients de cet état de choses, en déclarant par la bouche des Sages du commerce, que grâce au libre accès des ports, accordé par la Toscane et projeté pour Trieste, grâce aussi aux traités de commerce conclus avec la Turquie par les Anglais, les Hollandais, les Français et les habitants de Raguse, les navires étrangers ont acquis la faculté de ne payer dans ces ports que trois pour cent sur le prix de la marchandise, tandis que les Vénitiens font payer tantôt cinq, tantôt neuf, quinze, et, même, vingt pour cent. Ces droits d'entrée n'avaient pas été aussi considérables au début, mais peu à peu, sous l'action des causes indiquées dans le rapport en question, elles s'étaient élevées. La plus ancienne des taxes existantes était, selon les Sages, celle perçue depuis 1400 comme droit d'ancrage; son fondement était la prétention de Venise à la domination exclusive de l'Adriatique, prétention que les Sages considérèrent comme fondée. Mais a côté de cette perception on en créa d'autres plus ou moins justifiées. Ainsi en 1595, sous pretexte que les navires étrangers ne se soumettaient pas à l'obligation d'amener toutes les marchandises provenantes de la Bosnie et de l'Herzégovine, exclusivement dans le port dalmate de Spalato, ils furent astreints à une taxe spéciale, connue sous le nom de « mezzi noli ». De même, en prétextant que les vaisseaux de commerce partant de Spalato avaient besoin d'une galère spéciale pour les protéger, les Vénitiens établirent, après la fin des guerres pour la Candie, l'impôt dit « quarto dei noli », que l'on continua à percevoir même lorsque les galères eurent cessé d'acompagner les navires de commerce. Enfin en 1688 on établit une contribution speciale, sous le nom d'« impôt nouveau du golfe », destinée a couvrir les frais de la défense de l'Adriatique contre les corsaires. Elle aussi continua à être perçue après la disparition de la cause qui en avait occasionné la création. Qu'on ajoute à ces dépenses encore les frais d'hôpital et les pots de vin aux nombreux fonctionnaires du port et de la douane, et on comprendra facilement pourquoi les navires hollandais, selon le témoignage des Sages eux-mêmes, ne paraissaient plus pendant des années entières dans les ports de la république, et pourquoi il en était a peu près de même des vaisseaux siciliens, napolitains et ragusains. Le nombre des navires qui entraient à Venise étant ainsi diminué, les rècettes perçues de ce chef par le trésor tombèrent peu à peu, au point qu'en 1717 les *mezzi-noli* ne donnaient pas plus de 700 ducats par an, et le *quarto dei noli* 800 ducats (1). Dans ces conditions il n'est pas étonnant qu'au XVII siècle on se mit à réclamer à Venise la liberté du commerce et qu'un de ses premiers champions fut Simon Giogalli, le même négociant et écrivain, à qui nous avons vu les autorités demander aide et conseil. « Il serait très sage, écrit-il, de renoncer à l'idée d'augmenter le commerce maritime, ce qui est une chimère, et d'abolir les obstacles qui empêchent les navires étrangers d'entrer dans nos ports. Je crains que les décrets édictés en faveur de nos navires et contre les navires étrangers ne fassent un tort considérable au commerce. Il me semble qu'il serait utile de faire tout ce qui est nécessaire pour que les étrangers puissent entrer dans nos ports avec leurs vaisseaux sans perte évidente. Que chacun exerce librement le trafic de ce qui lui plait et comme il l'entend. Le bien-être public peut être assuré aussi bien par nos sujets que par les étrangers, et dans l'état actuel des choses plutôt par ceux-ci que par ceux-là » (2). Si non, dit Giogalli, les navires étrangers iront de préférence à Ancone et à Goro, comme cela arrive déjà. L'auteur propose, non seulement d'ouvrir le port, mais encore d'abolir les taxes d'exportation sur le riz, le soufre et l'huile d'olives,

(1) Scrittura intorno al commercio veneto, 1717.

(2) Parerebbe adunque ottima risolutione il ridurre le cose in stato che ancora le navi forastiere potessero praticare questo porto senza aggravio, concedendosi che con libertà negotti chi sa e chi puo negotiare, dovendosi il bene pubblico tanto gradire da sudditi quanto da forastieri, massime nel tempo presente ch'è facile riceverlo da questi e difficile da quelli (page 13).

expediés en Occident par tous les vaisseaux qui touchaient à Venise. Il suffira de leur imposer une petite taxe de transit. « Chacun doit se contenter de peu, lorsqu'il ne peut pas avoir beaucoup ». Il serait très profitable pour Venise d'attirer les navires étrangers. Beaucoup d'ouvriers trouveraient à s'occuper à leur chargement et déchargement; les magasins ne resteraient plus inoccupés, et les marchands gagneraient à vendre tout ce qui est nécessaire à l'équipement des vaisseaux à long cours. La considération suivante mérite l'attention; comme la liberté du commerce, elle était une nouveauté à l'époque du plein épanouissement du mercantilisme, époque où les économistes ne se souciaient que d'accumuler le plus d'or et d'argent ou pour le moins d'assurer à leurs pays respectifs des avantages sérieux quant à la balance du commerce. Voici ce qu'écrit en effet Giogalli : « Les sources des profits que nous avons énumerées paraissent contribuer uniquement à enrichir les hommes privés, cependant en réalité elles sont également utiles au gouvernement. Plus les ouvriers, et en général les sujets, gagnent, et plus ils peuvent dépenser pour les achats d'objets de consommation fortement imposés par le fisc ». Giogalli prévoit encore une autre conséquence heureuse de l'ouverture du port vénitien aux navires étrangers. L'affluence de leurs marchandises abaissera les prix, ce qui permettra à Venise de soutenir la concurrence avec Livorne, où, grâce à la grande quantité des importations, les conditions de vente sont telles, que toute la Lombardie préfère y faire ses achats, bien que le transport de Livorne en Lombardie par voie fluviale soit plus coûteux que de Venise. Ne faut-il pas en effet charger les marchandises sur le dos des mulets et leur faire franchir de la sorte les Apénnins! Si malgré cela toute la Lombardie préfère s'adresser à Livorne, c'est encore parce qu'à Venise il faut payer neuf p. 100 à la sortie, tandis qu'à Livorne on ne paye presque rien. Ces 9 pour 100 couvrent complètement l'excédent des frais occasionné par le transport des marchandises de Livorne, ou plus exactement, ces frais sont de beaucoup inférieurs, surtout si la marchandise n'est pas lourde. Venise souffre aussi de la concurrence d'un autre port, Goro, où l'on a commencé dernièrement à envoyer l'huile d'olives provenant de l'Apulie, également à cause de la modicité des taxes.

La République de Saint Marc n'est pas restée indifférente à la décadence graduelle de son commerce extérieur. En présence du développement rapide du port d'Ancone, déclaré franc par le pape, sans que cela eût d'ailleurs empêché l'établissement d'un léger impôt sur les marchandises en faveur du fisc romain, la République de Saint Marc se décida en 1664 à abolir la taxe d'importation de 7 %, et à réduire de moitié les taxes d'exportation, qui s'élevaient à cette époque jusqu'à 10 %. Mais elle n'en obtint pas ce qu'elle esperait, surtout à cause du maintien des droits de port, qui continuèrent à tenir à distance les navires étrangers. C'est pourquoi en 1684 la taxe d'importation fut rétablie dans la proportion de 4 %, et celle d'exportation doublée.

Tout cela évidemment ne fit qu'augmenter les chances des concurrents de Venise, non seulement dans la Mediterranée, mais aussi dans l'Adriatique.

Pour attirer les navires étrangers à Ancone, Rome, qui jusque-là avait fulminé contre Venise à cause de sa tolérence envers les dissidents, promit la liberté de conscience aux marins hollandais et anglais pendant leur séjour à Ancone. Bien avant l'abolition definitive, par Clément XII, de toutes sortes de droits et de taxes d'exportation (14 février 1732), prélevés dans le port d'Ancone, Trieste fut declaré port franc (1717), ce qui eut, entre autres conséquences, celle d'augmenter sur les frontières de la République de Saint Marc la contrebande des marchandises provenant d'Istrie, telles que: huile d'olives, sel, poisson salé, vin et bois (1).

Lors du voyage de Montesquieu en Italie, c'est-à-dire en 1728, Venise éprouvait déjà toutes les conséquences de sa ruineuse politique fiscale. L'auteur de « L'esprit des lois » rapporte que les grands navires ne pouvaient approcher d'elle de plus de quatre lieues; souvent, même à cette distance, ils étaient

---

(1) Bonaffons (page 17).

forcés d'attendre la marée montante, tellement le port du Lido a été obstrué par le sable des canaux. Les dignitaires, lisons-nous dans le journal de voyages, se préoccupent exclusivement des élections; ils voient le danger qui les menace, mais ils n'entreprennent rien contre lui. La lagune s'ensable de jour en jour; ce qui était sous l'eau il y a dix ans, apparaît aujourd'hui à la surface (1).

Montesquieu dit que les impôts prélevés sur les navires étrangers ont contribué à faire abandonner le port. Il n'y entre pas plus de vingt navires français par an, et encore sont-ce des navires de fret, qui apportent le sucre de canne des îles et emportent du blé. A cela se réduit tout notre commerce avec la république. Le commerce de Venise avec les Etats italiens était également, au dire de Montesquieu, très restreint, et cependant la situation géographique de Venise s'y prêtait mieux que celle de Gênes ou de Livorne, puisque les marchandises pouvaient être transportées de là, non par voie de terre, mais en remontant le cours du Pô et de l'Adda (2). Venise ne souffre pas seulement, dit encore Montesquieu, de la concurrence d'Ancone, mais aussi, du moins depuis ces dix dernières années, de celle de la foire de Sénégalia, ou l'on peut acheter les mêmes marchandises à meilleur compte, puisqu'on n'y prélève aucune taxe et que les vivres y coûtent moins (3).

Le commerce entre l'Angleterre et la Vénétie s'est éteint pour des raisons analogues. Les Vénitiens occasionnaient aux Anglais tant de vexations, à l'occasion de l'exportation des raisins-secs de Zante, que ceux-ci ont préféré aller les chercher en Espagne et dans le Levant. La plupart des marchandises ne prendra plus le chemin de Venise, mais celui de Livorne, et les Vénitiens eux-mêmes y dirigeront leurs transports à destination de l'Orient, d'abord afin d'éluder les lourdes taxes de douane, ensuite pour se soustraire aux dispositions vexa-

(1) *Voyages de Montesquieu.* Tome I, p. 40.
(2) Ibid., p. 46.
(3) Ibid., p. 51.

toires que les autorités de la république continuent à appliquer dans leur commerce maritime avec le Levant. Les navires s'en vont pour les ports de l'Orient par groupes, sous la protection d'un vaisseau de guerre; mais il leur faut souvent attendre trois mois la formation d'une escadre, et ils ne reviennent pas avant un an, tandis que par Livorne on peut avoir la marchandise d'échange au bout de trois mois. Si les Vénitiens conservent précieusement toutes ces coutumes surannées, c'est uniquement parceque leur envoyé à Constantinople perçoit certains droits sur « le convoi » des navires. Ces convois ont un aspect misérable; rarement ils comprennent plus de cinq ou six navires chargés de verre ou d'autres marchandises lourdes et de peu de valeur (1).

Dans la deuxième moitié du XVIII siècle il n'y eut point d'améliorations sensibles dans la navigation et le commerce vénitiens. Le traité de Passarowitz, qui termina la pénible guerre avec la Turquie, finit par enlever aux Vénitiens leurs possessions dans le Peloponèse.

Désireux de se procurer de nouveaux marchés, ils envoyèrent à leur chargé d'affaires à la cour de Pétersbourg (2) des ordres pour négocier un traité de commerce avec la Russie, la quelle venait de s'emparer de la Crimée. Ils espéraient que les femmes russes, qui avaient l'habitude de porter des mouchoirs sur la tête et autour du cou, achèteraient en grande quantité les soieries italiennes, qu'on pourrait vendre dans le pays des tzars beaucoup d'eau-de-vie et de marasquin, d'huile d'olives, de safran et de raisins secs. On comptait moins sur le débit des cristaux et des glaces, puisque les Russes les recevaient habituellement d'Angleterre et de France. Cependant, les Vénitiens se fiaient à la qualité supérieure de leur marchandise; d'autre part ils espéraient provoquer en Russie une grande demande de leurs draps, grâce au bon marché de ces produits. En échange ils voulaient importer de la Russie des four-

(1) Ibid., p. 70.

(2) On l'appelait : « nobile di Pietroburgo ». Ce poste fut occupé successivement par Frederico Foscari, Pietro Grimani, Nicolo Venier.

rures, du lin, de la rhubarbe, cette dernière étant indispensable à la fabrication de la thériaque. Ils comptaient également beaucoup sur la possibilité de se procurer la cire à bon marché, ce qui devait leur assurer une supériorité décisive sur les fabriques de bougies, fondées en Autriche, à Trieste et à Fiume.

Le 17 juillet 1795 le dernier des ministres plénipotentiaires envoyés par la république en Russie écrivait: « La grande impératrice (Cathérine II) est prête à accorder toute sa protection aux marchands vénitiens; les ports de la Mer Noire nous enverront en abondance les objets nécessaires à nos manufactures; on peut les acquérir ici à meilleur compte que n'importe où. Jamais le moment ne fut plus favorable à la conclusion d'un traité de commerce. Il faut nous presser, car les autres nations veulent profiter de notre manque d'énergie et d'initiative pour s'assurer de sérieux avantages. Si les négociants venant de Zante et de Céphalonie font déjà dans les conditions actuelles d'excellentes affaires dans les ports russes, songez quels avantages nous pourrions retirer d'un commerce régulier, fait par des navires venant directement de Venise».

Nicolo Venier plaçait des espérances illimitées dans le succès des relations commerciales avec la Russie. Le bon marché des marchandises vénitiennes lui semblait leur garantir une vente étendue; il comptait surtout sur l'écoulement de certaines sortes de draps vénitiens, qui étaient connues sous le nom de «*londrines*». Une demande plus grande déterminerait l'augmentation de la production. Venise pourrait multiplier le nombre de ses métiers de tissage et se procurer dans les ports de la Mer Noire et de la Mer d'Azow les avantages dont elle avait joui dans les ports du Levant, presque perdus depuis pour son commerce (1). Le temps faillit à la réalisation de ces espérances. Avant que deux années se fussent écoulées, le souci des intérêts commerciaux de Venise allait incomber au gouvernement autrichien.

---

(1) Dispaccio di Nicolo Veniero, nobile veneto ambasciatore a Pietroburgo nel 1795, diretto al magistrato dei cinque savi alla mercanzia (Venezia 1767, ed. da G. B. Venier per nozze Emo — Capodilista — Venier).

§ 2.

Ce qui précède suffit à faire voir qu'au XVIII siècle la politique commerciale de Venise avait d'autres visées qu'au XV. Dans la période de son plein épanouissement le commerce de la république avait le caractère d'un monopole artificiel, maintenu par la force des armes et les traités et concentrant entre les mains des sujets l'échange des marchandises orientales avec l'Occident. Au XVIII siècle ce commerce prit la forme d'une concurrence normale avec les pays industriels de l'Europe en ce qui concerne la qualité et le bon marché des produits de fabrication indigène.

Ce changement devait exercer une action décisive sur le développement de l'industrie vénitienne, qui en effet a réalisé de grands progrès depuis le seizième siècle, grâce à la protection directe de l'Etat et malgré la dangereuse concurrence des manufactures anglaises et françaises. Le relèvement de l'industrie commence vers la fin du XVII siècle et continue pendant toute la première moitié du XVIII. Cependant, malgré tous ses efforts, Venise ne parvient pas à reconquérir son ancienne prééminence. Il est facile d'en saisir la cause. Les deux industries, pour lesquelles les Vénitiens avaient été au XV siècle supérieurs aux autres nations de l'Europe, l'industrie de la soie et du velours et celle des draps fins, se sont répandues au XVII siècle chez les autres nations. Colbert fonda les manufactures de Lyon. En Angleterre l'exportation de la laine brute dans les villes qui en avaient le monopole commercial, telles que Calais, Middelbourg, Anvers (on les appelait staple-towns), fut remplacée par la fabrication de draps indigènes, dont la qualité n'était pas inférieure à celle des draps aragonais et des draps vénitiens, qui autrefois avaient été fabriqués précisément avec la laine anglaise. Il ne faut donc pas s'étonner, si au début du XVIII siècle les autorités de Venise parlaient comme d'une époque depuis longtemps passée, de celle où trois milles tisserands avaient travaillé à Venise à la fabrication des tissus de soie, en produisant annuellement

jusqu'à vingthuit milles pièces de drap (1). En vain les autorités et les chefs des corporations s'efforçaient à empêcher la
diffusion des procédés industriels vénitiens dans les autres
pays; en vain les *proveditori del comun* ordonnaient qu'on
brûlàt les métiers à tisser trouvés dans les limites de la Terre
Ferme (2); en vain aussi les statuts de la corporation des
veloutiers, par exemple, menaçaient de peines sevères quiconque apprendrait le métier aux personnes étrangères à la
corporation, ou appartenant aux villes et provinces étrangères. La concurrence des draps anglais, moins chers, remarque Antonio Zanon, un des premiers économistes vénitiens,
tue la fabrication indigène, jusque dans des centres comme
Vérone (3), ce qui cependant n'empêche que cette industrie
ne subsiste à Padoue et même y prenne au XVIII siècle un
nouvel élan. A l'époque de la visite de Montesquieu, les draps
de Vérone commençaient à avoir une certaine notoriété et le
voyageur français les dit « assez bons » (4).

A la place de la fabrication de la laine apparut au XVIII
siècle celle de la soie. Les Véronais, dit le marquis Maffei (5),
se sont adonnés à l'industrie de la soie avec un tel succès
qu'ils en retirent chaque année jusqu'à 700.000 ducats. Ce
chiffre s'est accru jusqu'à un million dans la deuxième moitié
du XVIII siècle, quand Antonio Zanon écrivait ses lettres sur
l'industrie et les manufactures (6). Zanon lui-même a eu l'idée
d'implanter l'industrie de la soie dans le Frioul et a fondé à
Udine une fabrique de trois cents métiers. En 1738 il passa

(1) Scrittura intorno al commerzio veneto. 1797, p. 10.

(2) CECCHETTI. *Dell'introduzione dell'arte della seta in Venezia, per
nozze Agosti-Franceschini.* Venezzia 1866.

(3) Dans la deuxième de ses lettres sur l'utilité des manufactures et des
industries, Antonio Zanon écrit : « Vérone, comme les autres villes de la Lombardie, a perdu sa fabrication de draps, soit par sa négligence propre, soit
par l'effet de la concurrence étrangère ». *Scrittori classici italiani di economia politica,* parte moderna, t. XVIII, p. 193.

(4) *Voyages de Montesquieu,* t. I, p. 81.

(5) MAFFEI, *Verona illustrata.* Partie III, p. 27.

(6) ZANON, *Lettere,* p. 193.

à Venise et y créa la fabrication des velours (velluti alla piana) (1). Bien avant, en 1685, avait été fondée la fabrique des soies damasquettes à Udine.

La suppression des prohibitions qui entravaient l'industrie de la Terre Ferme a permis, presque au même moment, la fondation de fabriques analogues à Vicence, qui recevait du Frioul une partie de leurs matières premières. Ici le nombre des fabriques s'éleva bientôt à dix. Le gouvernement d'autre part dépensa environ quatre millions pour fonder à Padoue une industrie spéciale de rubans et de fichus.

A Venise même apparut la broderie sur soie, selon des desseins empruntés aux miniatures des manuscrits, et la fabrication des dentelles de soie, célèbres dans le monde entier. Le tissage de la laine, momentanément déchu dans la Terre Ferme, revécut dans les îles de l'Archipel, et particulièrement à Schio, où 25 fabriques reçurent des privilèges du gouvernement et se consacrèrent à la fabrication des tissus pourprés, rivalisant avec ceux de Leyde. Les draps « londrines », dont nous avons déjà parlé, étaient fabriqués en même temps à Foligno, et les draps « slaves » et « juifs », dont on faisait des mouchoirs pour couvrir les épaules pendant le service divin, à Venise même, dans la paroisse de la Madonna dell'Orto (2). La fabrication de la toile, pour laquelle on faisait venir le lin non seulement de la Lithuanie et de la Poméranie, mais de l'Egypte même, occupait en 1788 1100 tisserands dans la célèbre fabrique de Linoussio en Frioul.

Dans le troisième quart du XVIII siècle il y avait des fabriques analogues florissantes à Cividale, Bovolenta, Mirano et à Venise même. Avec de la laine d'Angora on fabriquait des « camellotti », vendus ensuite aux turcs, pour du drap fait avec la laine de chameau, d'où leur nom de camelotte. Un grand nombre d'ouvriers étaient occupés au travail du chanvre, à la fabrication des agrès de navires; autrefois cette industrie

(1) Ibid. *Notizie sopra la vita di Antonio Zanon*, écrites par Bianchini, t. XVIII, p. 6.

(2) Bonaffons, p. 24 et 25 du tirage à part.

ne pouvait fonctionner ailleurs qu'à Tana, c'est-à-dire aux environs d'Azov; mais depuis la culture du chanvre s'était implantée et avait prospéré dans le Bolonais et à Montagnana. Le XVIII siècle a vu aussi les succès de l'industrie verrière; Montesquieu parle déjà de la fabrication des cristaux de Venise qui n'ont jamais été égalés. Il rapporte d'après les récits des habitants, que la matière première nécessaire à cette industrie provenait de Vérone et de Vicence. Le futur auteur de « L'esprit des lois » en emporta des spécimens pour les comparer au gravier et à l'argile qui servent à la production des glaces de Saint Gobain (1). A ces industries principales il faut ajouter un certain nombre d'autres industries secondaires: telles, la fabrication des boutons dorés et argentés à Bergame, l'industrie des cuirs et du fer à Salo, celle de la porcelaine et des faïences dans les fabriques de la paroisse San Giobbe, à Novi, etc. (2).

Il se produisit, au courant du XVIII siècle dans toute l'Italie, de grands efforts pour développer l'industrie. On fit appel à la protection de l'Etat et même souvent à l'intervention gouvernementale directe. Les économistes pronaient ces mesures et soutenaient ouvertement qu'il fallait suivre, à cet égard, les exemples éclairés de Frédéric le Grand, de Joseph II et de Léopold de Toscane. Ce mouvement commença d'ailleurs hors de l'Italie. L'économiste français Melon, dont Antonio Zanon cite souvent l'ouvrage, déclare en effet dans la première moitié du siècle que les fabricants et les manufacturiers méritent toute l'attention du législateur. Il faut les soutenir et les récompenser, car ce sont eux qui créent des écoles, dont sortent sans cesse les créateurs du bien-être populaire. Une politique éclairée peut assurer de l'occupation à tous. Les philantropes donnent l'aumône, les hommes d'Etat procurent du travail (3). Mais en énonçant ces idées, Melon ne faisait que donner une expression théorique à la politique, dont Colbert a été l'ini-

(1) *Voyages,* t. I, p. 33.
(2) Bonaffons, pp. 26 et 27.
(3) MELON, *Essai politique sur le commerce,* p. 118.

tiateur. Les écrivains vénitiens ont suivi ses traces. Après avoir divisé tous les genres de métiers et de manufactures en utiles, indispensables et indifférents, et mis au dessus de tous ceux qui dispensent le pays de la nécessité de s'approvisionner chez l'étranger, Zanon déclare, à l'exemple de Locke, que les industriels augmentent plusieurs fois la valeur des matières brutes et que, par conséquent, il faut admettre qu'ils contribuent à la création des richesses. C'est grâce à eux qu'un pays peut recevoir des autres Etats, riches en métaux précieux, de grandes quantités d'or et d'argent. C'est une erreur de croire que seules la navigation et la guerre peuvent fournir au trèsor public un excédant métallique, dans lequel on voit la source de la suprématie économique d'un Etat. Le même but peut être atteint par les manufactures. Ainsi, les Espagnols donnent aux Français, en échange de leurs produits manufacturés, l'or et l'argent qu'ils reçoivent de leurs colonies; on peut donc dire que les richesses des Indes Occidentales se concentrent aux mains, non de ceux à qui elles appartiennent, mais de ceux qui sont les premiers en industrie (1).

Zanon croit qu'il n'est pas de ville au monde qui ait plus de métiers que Venise; il produit à l'appui une sorte de statistique «des industries sédentaires et nomades», auxquelles se livrent les Vénitiens. Il résulte des données par lui recueillies, qu'il n'y en a pas moins de 255. Il ne croit pas que la proximité de la mer ou des grands fleuves, favorables à l'écoulement des produits, soit nécessaire pour les manufactures. Florence et Lucques, Paris et Lyon, lui semblent prouver le contraire (2). L'initiative du gouvernement peut faire beaucoup pour le développement de l'industrie là où les conditions favorables à l'écoulement sont absentes. Zanon constate avec joie ce fait que de son temps tous les souverains de l'Europe se soucient des manufactures et du commerce et considèrent

(1) *Lettere dell'utilità delle arti e manifatture*. Lettera II, pp. 114, 115, 117, 118; lett. IV, p. 137.
(2) Ibid., pp. 152 et 153.

leur développement comme le premier devoir de l'Etat (1). L'exemple de l'Europe devrait être suivi par Venise, qui par la seule industrie de la soie pourrait déjà fournir une occupation à tous les sans travail et à tous les paresseux tant de la ville que de la Terre Ferme (2).

Zanon est d'avis qu'il est difficile, sans recourir aux peines et aux récompenses, d'assurer la prospérité des manufactures nationales et de les défendre contre la concurrence des étrangers, d'autant plus que ceux-ci font usage des mêmes mesures d'encouragement pour leur industrie propre. Si Venise ne veut pas entrer dans cette voie, indiquée par l'expérience des autres Etats, elle va, en achetant les marchandises étrangères, contribuer au succès de ses concurrents et leur permettre de priver ses propres sujets de pain et de travail; mais alors il lui faudra se résigner, non seulement à l'existence des vagabonds et des pauvres, mais encore à tous les désordres que peuvent causer les sans travail. Nécessité n'a pas de loi (3).

Un des moyens d'encourager l'industrie serait l'enseignement professionnel. Zanon se plaint beaucoup du tort causé à la croissance des manufactures par l'étude presque exclusive du latin. Les meilleures années de la vie, écrit-il, passent à approfondir les subtilités d'une langue morte, comme si l'on préparait les élèves à répliquer aux discours de Cicéron. Il est difficile de s'imaginer combien cela nuit à la science du commerce (4).

Chaque province, pense-t-il, possède des produits de première nécessité ou d'une utilité considérable, qui, en donnant naissance à des industries, peuvent assurer la vie des habitants et faire augmenter la population. Les manufactures, non seulement délivrent le pays de sa dépendance envers les étrangers, mais lui permettent encore d'augmenter le capital national, en attirant l'argent des autres nations. Or, d'une circulation mo-

(1) Ibid., p. 157.
(2) Ibid., p. 178.
(3) Ibid., pp. 179 et 180.
(4) Ibid., pp. 186 et 187.

nétaire constante et proportionelle à la population, dépend, non seulement le bien-être du peuple, mais aussi l'accroissement du nombre des habitants; tandis que, si l'argent tantôt afflue dans le pays, tantôt en émigre, sa population devra nécessairement décroître (1).

Si l'industrie a besoin d'encouragement, le commerce, au contraire, pourrait se passer de récompenses comme de peines, pourvu que la société fît disparaître le préjugé qui interdit, par exemple, aux patriciens de Venise de se livrer au trafic sous leur propre nom. « On entend parfois, écrit Zanon, des discours ayant pour but d'ébranler chez les hommes l'estime due à la classe méritante des marchands. Bien que ces discours soient dénués de tout fondement, cependant les personnes qui les tiennent montrent tant d'art et d'habilité qu'elles induisent en erreur même des hommes sages et bien intentionnés ». Pour les réfuter, Zanon s'efforce de démontrer que les marchands se sont toujours distingués par leur fidélité au gouvernement et leur amour de la paix. Le gouvernement ne peut s'attendre de leur part à de mauvais conseils, car ce qu'ils cherchent c'est uniquement la protection et la libertè, liberté non pas dans l'arbitraire, mais dans la soumission aux lois. Cette protection dont ils ont besoin ne doit consister qu'à les défendre tant à l'intérieur qu'au dehors contre toutes sortes de vexations (2). Les marchands aiment la paix par nécessité, qui devient ensuite chez eux une habitude et se communique aux autres citoyens. Zanon invoque à l'appui de ce qu'il avance les deux premiers chapitres du livre XX de *L'esprit des lois*, où il est dit, entre autres choses, que la conséquence naturelle du commerce est de disposer les hommes à la paix (3).

En cherchant les causes de la défaveur qu'un grand nombre de personnes montre à l'égard des marchands, Zanon parle

<hr>

(1) Ibid., p. 206.

(2) *Apologia della mercatura*. Lettere di Antonio Zanon udinese. — *Economisti classici italiani*, t. XIX, p. 38.

(3) Ibid., p. 43.

de l'envie inspirée par leur aisance. Comme ils s'abstiennent, observe-t-il, du luxe extérieur des nobles, cela leur permet d'orner leurs demeures. Mais ceux qui occupent une situation sociale supérieure croient que ces dépenses procèdent du désir des marchands de les égaler (1). Tout luxe ne peut pas être considéré comme nuisible à l'Etat, et par conséquant les lois contre le luxe, d'ailleurs difficilement applicables, ne méritent pas la faveur que beaucoup d'hommes leur accordent ». La liberté donne à chacun le droit de disposer comme il l'entend de sa fortune, pourvu qu'il ne viole point les lois divines et humaines. Quelle raison y aurait-il à limiter cette liberté, lorsq'il s'agit de commerçants? Pourquoi les humilier, pourquoi ne pas reconnaître que leur profession est aussi honorable que toute autre? Si elle est utile à la société, n'est-il pas de son intérêt d'assurer la considération aux marchands? » Zanon ne trouve pas chez les écrivains de la Renaissance cette hostilité à leur égard, qui caractérise certains de ses contemporains. Il cite un fragment de l'ouvrage écrit en 1758 par le ragusain Benedetto Cotruli. Ce livre fut réimprimé 115 ans plus tard sous ce titre : « Du commerce et du parfait commerçant ». — « La dignité du marchand est haute, écrivait l'auteur, et pour de nombreuses causes : son travail est utile à l'Etat, car il fournit aux habitants ce qui leur manque. Le commerce donne l'impulsion à l'industrie, l'occupation aux pauvres, pousse les paysans à se consacrer à l'élevage des troupeaux et enrichit le trésor public par les aides et les droits de douane ». — Après avoir cité ce passage, qui démontre à ses yeux que l'ancienne prospérité de Venise était intimement liée à la considération dont jouissait la profession des marchands, Zanon constate ce fait, que chez toutes les nations tant soit peu éclairées les commerçants ont été entourés d'estime et que leur profession ne passait point pour déshonorante ni indigne d'un gentilhomme. Les Vénitiens estimaient autrefois si haut le commerce, que la seigneurie elle même envoyait tous les ans des vaisseaux en Syrie et ailleurs pour acheter des mar-

(1) Ibid., p. 75.

chandises, se conformant à cet égard à l'exemple de l'ancienne
Athènes, où Solon, Thalès, Hippocrate, Platon, avaient exercé
le commerce. « Plus le monde devient éclairé, écrit Zanon, et
plus il éprouve le besoin des richesses; mais il n'est pas
d'autre moyen pour se les procurer que le négoce. Les pauvres
sont plus dangereux pour l'Etat que les gens aisés. La nécessité enseigne souvent le mensonge. Voilà pourquoi le gouvernement montre plus de faveur aux sujets riches, sachant que
ceux-là sont plus intéressés à sa conservation. C'est là aussi
la raison pour la quelle les fonctions publiques leur sont confiées: c'est qu'ils inspirent plus de confiance » (1).

Ainsi Zanon nous apparaît partisan décidé d'un retour à
cette politique de protection des classes commerçante et industrielle, qui a valu à Venise son ancienne prospérité. En
énonçant ces idées, il ne fait que suivre la tendance générale
qui à détérminé au même moment Antonio Genovesi, le plus
populaire des économistes italiens, à publier ses « Leçons sur
le commerce ». Zanon lui témoigne son admiration, non seulement par de nombreuses citations, mais aussi par le jugement suivant qu'il porta sur son œuvre en apprenant la mort
de « l'immortel abbé ». « C'est avec honneur et profit pour
l'Italie qu'il a publié ses savants ouvrages. Tous les habitants
de la péninsule se sont penétrés de ses leçons sur le commerce, quoique pas encore suffisamment. De nombreuses éditions s'en sont répandues et ont reçu l'approbation de tous
les gouvernements catholiques » (2). Mais qu'est ce que le célèbre abbé a enseigné, si non que ce qui détermine la grandeur et le bien-être des Etats et des nations, c'est l'activité
de l'agriculteur, du pâtre, du tisserand, du commerçant, du
navigateur, en d'autres termes, ce sont tous les travaux qui
tirent des richesses de la terre et de la mer? Plus il y aura
d'industriels, et plus grande sera la prospérité de l'Etat. Mais

____

(1) Lettre V, t. XIX, p. 74.
(2) Estratto del trattato dell'utilità morale, economica e politica delle accademie di agricoltura, arti e commercio. — Ibid., p. 172.

les industries ne peuvent prospérer que là où les personnes
qui s'y consacrent jouissent d'une complète liberté (1).

Ici Genovesi à son tour ne fait que réproduire l'économiste
français Melon, qui affirmait que l'industrie et le commerce
ont plus besoin de liberté que de protection, car, ayant la liberté, ils peuvent croître et se défendre eux mêmes, ce qui
leur est impossible sans la liberté.

Des appels analogues au relèvement du commerce et de l'industrie ont été plus d'une fois dirigés par les hommes d'Etat
de Venise. Nous en trouvons un exemple dans le discours célèbre prononcé par André Tron le 29 mai 1784 dans le plenum
du sénat. Après avoir constaté que le commerce et l'industrie
ne peuvent donner tous les avantages qu'on en attend que
lorsque les grands et les petits capitalistes s'y adonnent, Tron
observe, avec douleur, que le mépris de la noblesse vénitienne
pour ces professions fait rougir les hommes des autres conditions quand ils pensent à la source de leur revenu et les
pousse à initier leurs enfants à d'autres occupations. Je propose, dit-il, qu'on publie un manifeste spécial pour restaurer
la vieille tradition du sénat vénitien protecteur des arts, du
commerce et de la navigation, et pour engager non seulement les patriciens de la capitale, mais aussi la noblesse de
la Terre Ferme, à fonder des fabriques et des manufactures,
à construire des vaisseaux et à se livrer aux opérations mercantiles à l'intérieur et avec l'étranger. Avant tout il faut
déclarer une guerre ouverte à ce préjugé, qui fait que les
hommes, et surtout la noblesse, voient dans ces occupations
une dégradation. Ce préjugé explique pourquoi certaines personnes, s'occupant de la fabrication de la soie, se font remplacer
par des commis, de peur que le fait de s'être personnellement
livré à l'industrie ne les empêche d'acquérir la noblesse (2).

La liberté du commerce, préconisée par la plupart des économistes italiens, à l'exemple des écrivains français et anglais,
devait nécessairement trouver des obstacles sérieux dans l'or-

(1) *Lezioni*, première partie, p. 64.
(2) ROMANIN, *Storia documentata di Venezia*, t. XI, pp. 101, 102 et 107.

ganisation corporative des métiers et dans les privilèges que l'Etat leur avait concédés depuis le XII et XIII siècle. Les membres de ces associations fermées protestaient en effet aussi bien contre l'admission des étrangers à leurs professions, que contre l'abolition des restrictions qui pesaient sur l'industrie de la Terre Ferme. Les lois, promulguées dès 1714 dans le but d'encourager les manufactures et le commerce, entamaient directement ou indirectement les privilèges des corporations. Les économistes, pour défendre ces lois, furent amenés à se servir de la théorie surgie en France de l'antagonisme entre l'intérêt public et privé et de la nécessité de faire prévaloir celui-là sur celui-ci.

Les économistes italiens, comme par exemple Gian Battista Vasco et Pietro Verri, n'ont pas tardé, en conséquence, de se prononcer contre le maintien des corporations. Vasco, en répétant ce que Turgot avait dejà dit, démontre que les prohibitions corporatives empêchent le développement de l'industrie domestique, qui serait d'un grand secours aux agriculteurs et les occuperait pendant l'hiver. Il insiste sur la limitation artificielle par les corporations de la grandeur des entreprises industrielles et observe judicieusement que l'intérêt de l'entrepreneur le poussant à produire, non pas la meilleure marchandise, mais la plus lucrative, tous les règlements corporatifs qui imposent un certain ordre dans l'exercice du métier doivent rester nécessairement sans éxécution (1). On affirme que, si l'on laisse l'industrie à elle-même, elle produira des marchandises inaptes à la consommation; mais est-il un frein plus efficace contre la fraude que l'intérêt du vendeur et de l'acheteur (2) ?

La dissertation de Vasco fut écrite en réponse à une question posée par l'académie véronaise de l'agriculture, des métiers

_____

(1) VASCO, *Delle università delle arti e mesticri. Economisti classici italiani*, t. XXXIII, pp. 225, 227, 232, 235. La conclusion de l'auteur est la suivante: « Les règlements corporatifs, sans favoriser aucunement la perfection des produits manufacturés et le succès de l'industrie, ne font que gêner le commerce intérieur ».

(2) Ibid., p. 241.

et de l'industrie, et lui a valu la dignité de membre de cette académie. On retrouve les conclusions de Vasco dans les « Méditations sur l'économie politique » de Verri. Voici comment cet écrivain expose les inconvénients de la règlementation corporative des métiers. Elle gêne, dit-il, la production, elle la concentre entre les mains d'un petit nombre, elle grève les producteurs et les commerçants d'une foule de taxes et de payements, et empêche les perfectionnements de la fabrication. Querelles infinies des corporations entre elles, chacune revendiquant le droit de fabriquer tel produit, dépenses improductives pour la caisse corporative, perte de temps pour des formalités, rivalités, haine et hostilité ouverte envers quiconque s'efforce de dépasser les autres par son esprit d'initiative, — tels sont les résultats inévitables du régime des monopoles corporatifs. En réduisant artificiellement l'offre, les corporations provoquent le renchérissement des marchandises, diminuent l'énergie des industriels et la production annuelle des richesses (1).

Le même désir de voir supprimer l'organisation corporative des métiers n'est point partagé par le plus éminent des économistes italiens, Gianmaria Ortes. A une question de son correspondant vénitien, Michel Ciani, sur les meilleurs moyens de délivrer les arts industriels des chaînes que font peser sur eux les vieux statuts corporatifs, Ortes répond dans une lettre datée du 24 décembre 1785: « Si ces règlements donnent au commerce intérieur une supériorité sur le commerce extérieur, non seulement il faut les maintenir, mais encore renforcer. Car le commerce extérieur n'enrichit que peu de personnes, et laisse pauvre la plus grande partie de la nation, tandis que le commerce intérieur, en augmentant un peu la fortune des riches, est un soutien pour un grand nombre de pauvres ».

---

(1) Pietro Verri, *Meditazioni sulla economia politica. Economisti classici italiani.* Parte moderna, t. XV, § 7, pp. 68 et 69.

(2) Lettere al conte Francesco Algarotti ed al signore auditore Michele Ciani. Economisti classici italiani, t. XXIV, pp. 454 et 455.

En général, les théories courantes sur le développement artificiel des manufactures et du commerce avec le concours de l'Etat et sur l'utilité, à ce point de vue, du nouveau principe de la liberté économique, ne satisfont pas Ortes. Il se déclare adversaire des plus célèbres écrivains du siècle et ne croit pas pouvoir élever au rang de philosophes les rois et les empereurs, tels que Frédéric le Grand et Joseph II, qu'on glorifie pour leurs encouragements au commerce et à l'industrie (1). Le principe essentiel de sa doctrine économique est que la richesse des nations ne dépend pas de la quantité des monnaies circulant dans le pays, — car la monnaie n'est pour lui qu'un simple signe de l'échange, — mais du chiffre de la population productive (2). Chaque Etat possède une quantité de richesses égale aux autres, si l'on les considère en proportion de la quantité de la population. Ce principe, dit Ortes, que j'ai énoncé dèjà dans mon « Traité de l'économie nationale », j'ai hésité pendant quelque temps à le proclamer, mais aujourd'hui il me paraît incontestable (3). De ce que les valeurs réelles et consommables, qui constituent seules la richesse d'une nation, dépendent du nombre des habitants qui en font usage, il résulte qu'il est impossible de leur donner une nouvelle forme ou qualité sans détruire celles qu'elles avaient précédemment; en d'autres termes, on ne développe pas un genre d'industrie ou de commerce sans nuire aux autres genres. Voici pourquoi les lois, par lesquelles les gouvernants contemporains tendent à améliorer la situation du peuple, en créant artificiellement telle industrie ou tel genre de commerce, n'atteignent pas leur but. Ainsi en Toscane le développement de l'industrie de la soie se produisit au dé-

(1) Lettre du 9 juin 1786.

(2) Il denaro non è già ricchezza, ma sola immaginazione di ricchezza, (Lettre du 29 janvier 1785. Ibid., p. 455) vale a dire che le occupazioni economiche per arti e commercio, e i beni consumabili che le conseguono e che mantengono una nazione, son determinati dalla popolazione in essa che esercita quella occupazione e che consuma quei beni, e che non possono eccedere in alcuni senza mancare di altrettanto negli altri.

(3) Ibid., lettre du 14 juillet 1786, p. 462.

triment de celle de la laine. Un déplacement de richesses à eu lieu, non une création de richesses nouvelles. En général, le souci des économistes, de multiplier les richesses, semble tout à fait inutile à Ortes. A son point de vue, elles ne peuvent grandir autrement que par l'accroissement de la population et l'implantation artificielle des industries conduit, non pas à la création de richesses nouvelles, mais à l'enrichissement des riches et à l'appauvrissement des pauvres (1).

Ces idées apparaissent dans tous les ouvrages d'Ortes, mais nulle part elles ne sont exposées d'une manière plus systématique que dans les quatre premières lettres sur l'économie politique. Après avoir exposé son principe que la quantité des richesses possédées par une nation est déterminée par le nombre de ses habitants et y est proportionnelle, Ortes déclare que c'est une erreur que de juger de la prospérité des peuples d'après la quantité des richesses possédées par le petit nombre. Si les uns ont deux fois plus que les autres, cela signifie que ceux-ci ont deux fois moins. Or, tous les efforts des économistes tendent à augmenter les richesses de quelques-uns dans l'hypothèse que la prospérité de tous en résultera. Voici pourquoi ils préfèrent parmi les genres d'industries ceux qui produisent des objets ayant le plus de valeur et le commerce extérieur au commerce intérieur. Par cela ils ne font que contribuer à l'inégalité des conditions. Le commerce extérieur, en particulier, n'enrichit point, selon Ortes, toute la nation; la somme des richesses d'une nation étant déterminée par la quantité de la population qui les consomme, il s'en suit qu'une nation ne peut céder à une autre par voie d'échange, que l'équivalent de ce qu'elle en reçoit. Mais ce résultat est dissimulé par l'illusion des économistes contemporains qui voient une richesse dans la monnaie, ce qui leur permet de parler de la balance du commerce et de déclarer avantageux un commerce qui procure à la nation un excédent en argent. Que l'industrie et le commerce extérieur ne font qu'engendrer le contraste de la richesse et de la pauvreté, cela résulte

(1) Ibid., pp. 463, 464, 465; 730, 731.

aussi, selon Ortes, de ce qu'ils tendent à donner aux autres nations ce qui est à bon marché dans le pays ; cela provoque la cherté sur le marché intérieur, les consommateurs s'appauvrissent, en même temps que s'agrandit la fortune de quelques industriels et négociants se livrant à l'exportation. La conclusion générale est qu'aucune nation ne peut devenir plus riche que les autres par l'industrie et le commerce extérieur, que l'augmentation des richesses des uns va de pair avec l'appauvrissement des autres. Si en Angleterre il y a des hommes plus riches qu'en Toscane, cela ne veut pas dire que la Toscane soit plus pauvre que l'Angleterre, mais seulement que l'industrie et le commerce ont créé là une plus grande inégalité de conditions.

Ces principes généraux déterminent aussi l'attitude d'Ortes dans la question de la politique commerciale et industrielle. Il est un ennemi juré des privilèges créés en faveur de telle ou telle industrie, tel ou tel genre de commerce et partisan déclaré de la liberté qui « permet à chacun de choisir le genre d'occupation auquel il est le plus porté » (1). Ce principe s'applique également aux peuples. Il est mauvais de leur imposer telle industrie ou tel commerce ; il faut que chaque nation se consacre librement aux travaux qu'elle préfère.

L'initiative doit venir des peuples, non des gouvernants. Si les monopoles et les privilèges créent les richesses du petit nombre, la liberté économique doit, au contraire, déterminer une plus grande égalité de conditions. A cet égard l'Italie, croit l'auteur, est supérieure à tous les autres pays. Il y a en Italie moins de gros capitalistes, mais aussi moins d'inégalité de fortunes (2).

A cette doctrine fondamentale, que la richesse d'une nation est déterminée par le chiffre de sa population et l'étendue de sa consommation, se rattache aussi une autre solution originale qu'Ortes donne à la question de la suppression du vagabondage et du paupérisme. Les économistes disent que la pro-

<hr>

(1) Ibid., p. 117.
(2) Ibid., pp. 143, 145.

tection artificielle de l'industrie et du commerce peut donner du travail à tous les pauvres. Mais Ortes n'est pas de leur avis. L'économiste vénitien affirme juste.le contraire de Malthus : il dit que la production des objets de consommation n'absorbe pas tout le temps dont peut disposer une nation et que, par conséquent, pour donner du travail à tout le monde, il faut réduire celui de chacun en particulier; on rendra ainsi la distribution des richesses moins inégale.

Quelle est, s'écrie-t-il, l'inconséquence des économistes qui, pour diminuer la pauvreté, proposent de forcer les pauvres à travailler, et en même temps refusent de diminuer les richesses des riches par la réduction du temps de travail de chacun! Que diront-ils si les pauvres repliquent en réclamant le partage des biens et des capitaux (1)?

Ainsi Ortes, quoique partisan de la liberté industrielle, voudrait cependant introduire une certaine réglementation du travail des diverses classes de la société. Cela seul, à son avis, peut prévenir les grèves et la pauvreté. L'existence d'une classe particulière de nobles, comme aussi de celle du clergé, des artisans et du bas peuple, se justifie pleinement dans ce système. Ortes espère éviter le reproche d'être en contradiction avec lui-même, en déclarant que, dans les limites de chaque catégorie, le principe de la liberté économique devrait être admis d'une façon illimitée (2). La tendance à effacer les distinctions sociales est, selon lui, propre aux peuples les plus grossiers et procède de la soif des richesses, qui pousse chacun à se livrer aux occupations qui lui paraissent être le plus lucratives.

La même considération quant à l'impossibilité de faire travailler tout le monde à la production des valeurs d'usage, dont se compose la vraie richesse des nations, détermine Ortes à se prononcer pour l'interruption périodique du travail grâce à la stricte observance des dimanches et des jours fériés (3). En

(1) Ibid., pp. 151, 152.
(2) Ibid., p. 154.
(3) Ibid., p. 162.

cela encore il se place en adversaire de ses contemporains, qu'il accuse de se soucier, à l'inverse des anciens, moins de la distribution aussi juste que possible des richesses, que de leur accumulation illimitée (1).

Ortes recommande, au contraire, dans l'intérèt de la liberté et du bonheur public, la modération dans l'enrichissement et la justice envers nos semblables (2). Mais pour cela il faut renoncer au luxe et aux prix élevés des marchandises. Ceci l'amène à se prononcer en faveur de la règlementation des prix. Si les efforts faits antérieurement pour établir un taux moyen se sont montrés impuissants, c'est uniquement parceque le tarif ne s'était préoccupé que de certains articles de l'industrie manufacturière ét qu'on avait laissé les agriculteurs libres de fixer tels prix qu'ils voulaient pour leurs produits. Or, la contradiction est évidente; c'est elle qui engendre l'inéfficacité de ces préscriptions, puisque le prix des produits manufacturés dépend directement de celui des matières premières. Il faut donc établir des taxes sur le blé, le vin, le combustible, la viande, la laine, en général, sur tous les produits végetaux et animaux, taxe qui aurait pour base le prix moyen des années où les récoltes ont été également moyennes (3).

En général, la doctrine d'Ortes constitue plutòt un commentaire des bases du régime économique propre au Moyen Age avec sa théorie du *justum pretium*, sa règlementation des prix et des formes du travail domestique, qu'elle n'annonce des idées nouvelles, dont on doit voir les pères dans Locke, Hume, Montesquieu et Genovesi. Notre auteur les désigne lui-même à juste titre comme des adversaires (4). Autant ils sont les précurseurs du principe, dominant aujourd'hui, du *laissez-faire,* autant il peut être considéré comme un épigone des idées du passé. Dans la mesure où ces idées ont été reprises par le so-

(1) Ibid., p. 174.
(2) Ibid., p. 19.
(3) Ibid., pp. 242-247.
(4) Ibid., p. 260.

cialisme, Ortes nous apparait comme un précurseur des critiques de l'ordre économique actuel. C'est dans ses écrits qu'on peut étudier l'influence exercée par le catholicisme et sa doctrine sociale de la pauvreté, de la justice et de la charité, sur la formation des doctrines négatives de nos jours.

Personne ne se portera plus à la défense de cette thèse fondamentale d'Ortes que « tous les Etats sont également riches, parce que la richesse d'une nation ne dépend pas de la grandeur de sa production, mais de sa consommation, donc, en fin de compte, du chiffre de sa population ». Mais les différences de bien-être qui sautent aux yeux aujourd'hui, quand on compare, par exemple, la consommation de l'ouvrier ou du paysan anglais avec la consommation moyenne d'un italien, n'étaient pas aussi frappantes il y a cent ans, lorsque l'évolution rapide du machinisme et la formation de grandes propriétés bien closes qui commençait à se produire en Angleterre, venaient de créer pour la première fois une classe nombreuse de sans-travail ou de prolétaires (1). La pauvreté criante du paysan français, comparée au luxe du courtisan, pouvait également inspirer cette idée que la différence de richesse entre les divers pays n'est qu'apparente et repose entièrement sur une différence de répartition.

Il est curieux qu'à ce point de vue la description d'Ortes présente l'Italie sous un jour plus favorable que les autres pays de l'Europe, phénomène qu'il attribue à une politique économique moins artificielle. Tandis qu'en France le système auquel Colbert a attaché son nom, et plus tard la physiocratie qui l'a remplacé depuis le milieu du XVIII siècle, tendaient à transporter les capitaux, d'abord dans les mains des indus-

---

(1) Dans ses lettres à Michel Ciani Ortes compare l'Angleterre et la Toscane au point de vue de la richesse et dit: « Si l'Angleterre est considérée comme plus riche que la Toscane, sa force en est la seule raison; mais celui qui ne se laisse pas dominer par l'imagination, mais par la reflection, dira que, si les anglais riches vivent plus plantureusement que les riches toscans, c'est uniquement parceque les toscans pauvres vivent moins pauvrement et souffrent moins des calamités de la misère que les pauvres anglais ». T. XXIV, p. 463.

triels et des négociants faisant le commerce d'exportation, et plus tard des propriétaires terriens, en Italie, et en particulier en Vénétie, le commerce, l'industrie et l'agriculture étaient pour une grande partie abandonnés à eux mêmes. Ils jouissaient de cette liberté générale, hostile aux monopoles et aux privilèges (1), qu'Ortes déclare être le meilleur et le plus sûr auxiliaire de la nature, la source d'un accroissement régulier et d'une juste répartition des richesses. Cette idée, d'ailleurs, n'apparaît pas chez lui avec ce caractère exclusif qu'elle a reçu chez Gournay, Turgot et l'école « libérale » avec sa théorie du « laissez faire ». Ortes — et c'est là une autre particularité de sa doctrine — est d'avis que la nature, ayant créé les différences des besoins et des facultés, a en même temps établi entr'eux une certaine relation constante qui fait que chaque état a besoin dans une proportion déterminée tant d'agriculteurs que d'artisans, de marchands (distributeurs) et de personnes vouées à la profession militaire et ecclésiastique (administrateurs) (2). Il croit même pouvoir donner à cette proportion une expression numérique, évidemment tout-à-fait arbitraire. Précurseur en cela de Condorcet et de toute une école moderne qui croit la méthode mathématique applicable à l'économie politique, Ortes déclare que, non seulement on peut, mais qu'on doit se servir en économie de la méthode des géomètres (3). D'après son tableau, un tiers de la population ne prend aucune part au travail productif et les deux autres tiers sont inégalement départagés entre agriculteurs, artisans, marchands et administrateurs. Les agriculteurs sont moins nombreux que les artisans, mais plus nombreux que les marchands ou distributeurs; les moins nombreux sont les administrateurs (4). Sur deux millions d'hommes occupés à un travail pro-

---

(1) Ortes désigne ces monopoles par le terme de *libertà particolare*.

(2) *Della economia nazionale* (libri sei), livre III, spécialement chap. 24, t. XXI, pp. 215, 356.

(3) La geometria applicata all'economia nazionale ed a ogni altra specie di affari pratici è cosa invero utile e necessaria. Lettere a Michele Ciani, 14 janvier 1786. *Economisti classici italiani*, t. 24, p. 456.

(4) T. XXI, p. 356 (*Economisti classici*).

ductif, on compte, selon Ortes, 450.000 agriculteurs permanents, et 150.000 agriculteurs temporaires, 650.000 artisans
permanents et 215.000 temporaires, 83.000 marchands temporaires et 250.000 permanents, enfin 200.000 administrateurs,
dont 50.000 temporaires. Le principe de la liberté de profession
ne doit agir qu'au sein de chaque groupe.

Ainsi, si les rêves d'Ortes s'éloignent de la constitution sociale du Moyen Age, c'est seulement en ce que celle-ci avait
de trop méticuleux dans la règlementation de toutes les formes
les plus diverses de l'activité industrielle, commerciale, et
agricole. Mais, même à cet égard, il n'apparaît pas comme un
adversaire declaré de l'ancien régime et garde des corporations
et des guildes un de leurs traits les plus essentiels: la tendance
à fixer le prix légal des marchandises. A ce point de vue la
législation économique de Venise devoit le satisfaire. Le prix
des articles les plus nécessaires à la consommation du peuple,
comme le pain, le fromage, le poisson, continuait à ètre règlé
par les corporations des boulangers (pictori), des trente deux
marchands de fromage (formaggieri) et des revendeurs du
poisson de mer (arte di compravendi). L'Etat concédait à ces
derniers le privilège du commerce en gros, dans le but de
prévenir les fluctuations des prix (1). Gràce à ces monopoles,
le fromage, qui à Pesaro coûtait quatorze sous, se vendait à
Venise 26 et 28 sous et cela encore en 1797, lorsque Dandalo,
un des membres de la municipalité provisoire, proposa d'a-
bolir la corporation des marchands de fromage (2). En général, le principe de la liberté du commerce ne sera proclamé
à Venise qu'avec le triomphe de la démocratie, et même alors
pas encore entièrement, car le temps manquera pour faire
aboutir la suppression des corporations. Au sein de la municipalité provisoire on proposera, non seulement d'abolir les
monopoles des boulangers, des marchands de fromage et de

(1) Quadro sessioni publiche, N. 30, 35, 41, 48. La séance du 15 août 1797,
où l'on a proposé l'abolition de la guilde des marchands de poisson en gros,
p. 400.

(2) Ibid., N. 41, p. 236; v. aussi N. 44, pp. 370, 371.

poisson, mais aussi de donner à tout le monde le droit d'a-
cheter et de vendre n'importe quoi et au prix voulu (1).

§ 3.

La décadence du commerce extérieur, qui avait commencé
d'une part avec la découverte du chemin maritime des Indes
et du continent américain, et de l'autre, avec la conquête de
Constantinople et de tout le littoral sud-est de la Méditerranée par les Turcs, força les patriciens de Venise à chercher un
autre champ d'activité et à consacrer les capitaux accumulés
par le commerce à l'acquisition de propriétés terriennes.
L'expansion des possessions vénitiennes sur le continent, qui
s'est produite au même siècle, leur a permis d'acquérir de
vastes terres en Frioul, en Istrie, en Dalmatie, dans le Trévisan, le Bellunais et le Codorin, ainsi que dans des provinces
plus rapprochées, le Vicentin, le Véronais, le Padouan, les
districts de Brescia, de Bergame et de Crême. En 1337 et 1339,
Conegliano et Trévise passèrent les premiers sous la haute
domination de la république de Saint Marc, l'un spontanément, l'autre en vertu d'un traité conclu avec les gouvernants de Vérone et de Padoue, Albert et Martino de la famille des Scaliger.

Bellune, Vicence, Vérone et Padoue avec les terres attenantes
devinrent provinces vénitiennes en 1404 et 1405, le Frioul et
Feltre en 1420, Brescia, Salo et Bergame en 1424, 1426 et
1428, Rovigo en 1484. Mais, bien avant cela, la république
avait acquis les villes maritimes de l'Istrie et de la Dalmatie, et depuis la fondation de l'empire latin à Constantinople, outre la Morée, Chypre et la Candie, l'Albanie et les îles
Joniennes. Tout cet ensemble de possessions, excepté Chypre
et la Candie, formait encore en 1780 un vaste territoire peuplé
de 2.700.000 hommes, sans compter les 140.000 habitants de

(1) Ibidem, N. 55. La séance du 27 août Dandalo propone la libertà della
vendita senza tariffa abolita « l'arte de' Compravendi ».

Venise. La densité de la population était très différante dans les diverses provinces de cet Etat. La Terre Ferme avait à elle seule 2.097.000 habitants, mais là aussi le Trévisan et le Bellunais, le Frioul, le Feltrin, Salo, Rovigo, le Bressan et le Bergamasque, étaient moins peuplés que le Padouan, le Vicentin et le Véronais. On constatait les mêmes différences quant à la fertilité du sol. Le Frioul, ainsi que le déclare le rapport d'un gouverneur vénitien, et le Trévisan se distinguaient également par une fertilité exceptionnelle, mais dans le premier on comptait encore beaucoup de terres abandonnées, dites « *pustota* » (évidemment une transformation latine d'un terme slave, désignant un terrain inculte). Le système féodal qui s'était maintenu dans le Frioul, l'abondance des terres communales et des enclaves, donnaient un cachet particulier à la production locale, en favorisant l'élevage au détriment de l'agriculture (1). On peut dire la même chose du Feltrin, où l'industrie manufacturière était presque inconnue, et du Bellunais, pays pauvre et sans industrie (2).

Tout autre était l'état de l'économie rurale dans le Trévisan, et aussi dans les districts du Padouan situés dans les environs d'Este et de Montagnana (3). C'est là qu'étaient situées les villas suburbaines et les propriétés foncières de la noblesse vénitienne; on y voyait des parcs somptueux, des jardins et des plantations de chanvre, tandis que dans' le Vicentin et le Véronais on ne trouvait que des vignes, des champs de blé, des mûriers et des pâturages servant à élever des moutons. Ailleurs, dans la province de Rovigo, par exemple, le blé, le lin et le chanvre constituaient les principaux objets de l'économie rurale. Les conditions climatériques permettaient ici la culture des mûriers, mais quoique très lucrative, elle était encore relativement peu développée, en partie grâce à la négligeance des habitants, en partie par suite de

(1) Voir la relation de Domenico Mihiel, 1780.
(2) Relation d'Andrea Giustiniani, 1797.
(3) Relation de Francesco Querini, 1793. Des fragments de toutes ces relations sont cités par Romanin. T. IX, pp. 123, 124, 126.

l'interdiction faite aux juifs, très nombreux dans la région, de s'occuper de sériculture (1). Les rives du lac de Garde avec la ville principale de Sàlo et le Bressan produisaient peu de vin, mais possédaient des richesses minérales, des pâturages et des champs de lin (2).

Le Bergamasque et le Crémasque présentaient un contraste réel au point de vue de leurs conditions économiques. La province de Bergame, très montagneuse, ne récoltait pas assez de blé pour suffir aux besoins de ses habitants, mais était riche en pâturages, en plantations de mûriers, et aussi en mines de fer. Le Cremasque, au contraire, produisait beaucoup de blé, de chanvre et de soie, dont la qualité ne le cédait en rien à celle du Piémont (3).

Entre l'Istrie, la Dalmatie, l'Albanie et le Levant vénitien, par lequel on entendait vers la fin du XVIII siècle les îles Joniennes et quelques autres de l'Archipel, la différence des conditions économiques n'était pas moindre.

La faible densité de la population empêchait seule les progrès de l'agriculture en Istrie, car son climat y était propice, surtout à la culture de la vigne et de l'olivier (4). Quant à la Dalmatie et à l'Albanie, pays montagneux, peu fertiles et plus aptes à l'élevage, mais riches en arbres fruitiers, en oliviers et en vignes, voici ce qu'en écrivait le provéditeur général Francesco Faliero en 1796 : « La population montre peu de penchant pour la culture du sol ; les manufactures n'existent pas, le commerce est en pleine décadence ; les habitants peuvent à peine subvenir aux frais de leur existence (5) ».

Pour ce qui est des îles Joniennes, elles étaient fertiles et pouvaient donner tous les produits du midi, mais elles souffraient du mauvais état des routes, de la faible densité de

---

(1) Voir la relation de Flaminio Corner en 1790. Elle est citée en fragments par Romanin. T. IX, p. 126.

(2) Relation d'Odoardo Collalto, 1792.

(3) Voir la relation d'Ottavio Trenta en 1793, également citée par Romanin. Ibid., p. 126.

(4) Relation de Marino Badoer en 1795.

(5) Cette relation a été publiée par Cigoni.

la. population et de l'indolence des habitants, ainsi que de leurs moeurs peu policées, la vengeance familiale y tenant encore la place de la justice et la nécessité de se défendre contre les pirates et les Turcs nuisant aux travaux de la paix (1).

Les latifundia des patriciens ont trouvé dès le début un obstacle sérieux dans les vastes propriétés des nobles de la terre ferme et des seigneurs féodaux du Frioul. Les baux emphytéotiques et le métayage ont, dès le XIV siècle, remplacé dans la partie Nord-Est de l'Italie le servage des paysans; ils ont donné naissance au fermage à long terme, avantageux aux cultivateurs, mais préjudiciable à l'économie rurale.

Les tenures agricoles se rapprochaient du type connu dans la France méridionale sous le nom de champarts; Quesnay et les physiocrates avaient vu dans ces derniers l'obstacle principal à une culture plus intensive et aux perfectionnements agricols. Dans la plupart des cas les paysans, privés de capitaux, aménageaient leurs terres en se conformant au système des trois assolements, sans se résoudre à passer ni à la culture des plantes fourragères, ni à la création de prairies artificielles. Le tiers, rarement la moitié de la récolte brute, était dévolu au propriétaire, et il fallait des conditions spéciales pour que les semences fussent préalablement déduites du produit à partager. La récolte des vignes et des oliviers était habituellement partagée en deux moitiés égales, mais le paysan avait la jouissance gratuite de la varenne et du pacage, et parfois même du combustible (2). Au Frioul, qui jusqu'en 1420 continua à être un fief du patriarche d'Aquilée, subsistèrent jusqu'à l'époque de la Révolution française, et en partie même jusqu'à nos jours, les divers modes de tenures féodales, connus autrefois dans tout l'Occident, mais qui avaient déjà disparu non seulement en Angleterre, mais aussi en France, dans le courant du XVII et du XVIII siècles. On y rencontrait notamment cette forme de dotation en terre qui

(1) Voir ROMANIN, t. IX, pp. 136, 138.

(2) On peut trouver des détails à ce sujet chez GLORIA, *Agricoltura nel Padovano*.

constituait une sorte de récompense héreditaire accordée au
service militaire et était nommée « arimanie ». Non moins
fréquent était le « feudum ministerii ». Celui qui en était le
détenteur rendait au seigneur différents services personnels,
tels que port des lettres, garde des forêts, etc. En dehors des
tenures féodales la majeur partie des terres du Frioul se trouvaient entre les mains de paysans, chargés de corvées et
de redevances au profit des seigneurs. C'étaient ce qu'on appelait des fiefs censuels, acquittant des censives et un rachat
spécial dit *laudemium*, qui donnait au paysan le droit de
disposer librement de son lot et le délivrait de la servitude
personnelle (1). Les propriétaires fonciers jouissaient encore
d'un autre droit, qui leur appartenait d'ailleurs dans toute
l'Europe féodale, celui du retrait seigneurial, limité cependant par la prescription légale; cette dernière était fixée à
30 ans par le statut vénitien (2). Le retrait féodal permettait aux grands propriétaires d'arrondir leurs terres, en dé-
truisant les enclaves, conséquences fàcheuses mais nécessaires
du régime de la possession villageoise. Elles n'attirèrent l'attention des économistes que lorsque, avec la préoccupation
de la culture intensive, apparut aussi l'idée de la suppression
de la propriété communale.

Nous n'étudierons pas en détail la nature des rapports de
propriété dans les autres parties du territoire vénitien, où
l'agriculture se trouvait reléguée au second plan, comme par
exemple en Dalmatie et en Albanie. Quant aux îles Joniennes,
elles étaient trop éloignées de la métropole et trop peu peu-
plées, pour y établir de grandes exploitations agricoles. Zante,
comme nous l'avons vu, commençait à jouer un rôle industriel
de plus en plus important, grâce aux dépenses considérables
entreprises par la seigneurie en sa faveur. Mais les plantations
y étaient limitées comme étendue et n'appartenaient pas, en
majeur partie, aux nobles de la métropole.

---

(1) Voir Accenni intorno ai feudi del Friule. I feudi in Friule; indirizzo della
congregazione provinciale di Udine al commissario del Re. Pag. 60.

(2) Statuto patrio del Friule; del retratto, in quali contratti e casi abbia
luogo. Cap. XCI.

La Terre Ferme et le Frioul doivent donc seuls être pris
en considération dans l'étude des destinées de la propriété
terrienne en Venécie.

Le peu que nous avons dit sur le compte de leurs institutions économiques et juridiques suffit pour reconnaître que la
formation des latifundia se heurtait ici à des obstacles sérieux : c'était, d'une part, le système, déjà ancien, des alo-
tissements des terrains faits au profit des colons ou métayers,
soit à long terme, soit héréditaires, et toujours réglés par
la coutume ; de l'autre, la culture extensive de la terre, avec
le système de trois assolements et de varennes abondantes,
servant de pâturage aux troupeaux. Ce dernier trait appa-
raissait surtout dans le Frioul et le Feltrin, aussi est-ce là
que commença l'agitation des économistes réclamant une culture plus rationnelle.

L'initiative de ce mouvement appartient à Zanon. Dans ses
trois lettres sur l'utilité de l'agriculture il se livra à une critique sévère des conditions dans lesquelles était placée la propriété terrienne dans sa patrie. Il entreprit une campagne
ouverte en faveur de la possession des biens immobiliers par
les paysans, réclama le partage des communaux, la faculté pour
les particuliers d'enclore leurs terres, le dessèchement et l'as-
sainissement du sol et la réduction de l'élevage au profit de
l'agriculture. « Nos paysans sont libres, s'écrie-t-il, mais leur
situation n'est pas meilleure que celle des esclaves chez les
Romains ; car ils ne possèdent point en propriété la moindre
parcelle du sol. Il en résulte qu'ils mettent peu de zèle à le
cultiver, se contentant de livrer juste la somme de labeur
nécessaire pour acquitter la rente du propriétaire et satisfaire
aux besoins de leur misérable existence. Quant aux améliorations, ils n'en font pas, de peur de voir augmenter, avec le
revenu, le prix des fermages (1) ».

On ne veut pas, continue Zanon, voir dans l'agriculture un
art ayant ses règles basées sur l'expérience et qui diffèrent
selon la qualité du terrain et le climat. Les propriétaires

---

(1) *Economisti classici italiani*, parte moderna, t. XVIII.

ignorants confient le soin de leurs champs à des cultivateurs non moins ignorants qu'eux, et ces derniers suivent aveuglément la tradition de leurs pères et grand'pères tout aussi ignorants (1).

Pour notre auteur, comme pour les physiocrates français, le modèle des perfectionnements agricoles est donné par l'Angleterre. Elle a compris la première cette vérité que l'agriculture est la source principale de la richesse des nations (2). Un des obstacles aux progrès de l'agriculture est la règlementation des prix par le gouvernement. Voyant que les produits de la terre, grâce à cette cause, leur rendent à peine l'équivalent de leur travail, les agriculteurs délaissent les champs et cherchent d'autres occupations, tandis que la liberté de vendre au prix convenu avec l'acheteur, en d'autres termes à un prix aussi élevé que possible, ne pourrait que favoriser le relèvement de l'agriculture. Un autre moyen serait la suppression des communaux et la liberté de clôturer les terres privées. Pendant neuf mois de l'année les communaux sont livrés aux troupeaux qui empêchent l'herbe de croître. Dans le Frioul des inconvénients de la propriété communale se font sentir tout particulièrement, et cela sans parler des conflits et des discordes intestines qu'elle provoque. On pourrait prouver qu'elle fait plus de mal que de bien aux paysans eux-mêmes. Le partage seul rendra possible l'établissement de prairies artificielles, qui ont déjà donné tant de profits dans le Cador, en Carynthie et au Tyrol. Ce n'est pas sans raison que le parlement anglais croit devoir autoriser les enclos toutes les fois qu'on lui en fait la demande (3).

Zanon se sépare aussi des économistes du Moyen Age dans la question de savoir, s'il faut interdire ou non l'accaparement des blés. Il croit que cette pratique, que le peuple regarde avec méfiance et avec haine, peut cependant avoir quelque profit : elle permet d'éviter jusqu'à un certain degré les fluctuations

(1) Ibid., pp. 20 et 21.
(2) Ibid., p. 30.
(3) Ibid., pp. 52, 53, 55.

des prix et assure la formation de provisions pour les cas de mauvaise récolte et de famine (1).

Zanon se prononce en faveur de la formation des académies agricoles qui, en accordant des prix aux meilleurs ouvrages sur l'économie rurale, favoriseraient le progrès de la culture (2).

D'accord en cela avec l'abbé Genovesi et les membres de l'Académie des Géorgophiles de Florence, il regrette que la noblesse se soit trop habituée à la vie urbaine, au lieu de résider au sein des campagnes et de donner aux paysans voisins l'exemple d'une culture rationnelle. Il adresse le même reproche aux membres du clergé et les engage à acquérir des notions d'agriculture; en s'adonnant à cet art, ils ne dérogeraient point à la parole divine, ni au caractère de leur ministère (3).

Zanon n'est pas le seul économiste italien, qui ait professé de pareilles idées; elles se rencontrent sous une forme diverse chez Vasco, chez Verri, sans parler d'écrivains plus anciens, tels que Genovesi. Répondant à la question posée en 1767 par la Société Libre d'Economie Politique de S.ᵗ Pétersbourg: « Est-il plus utile que les paysans aient la propriété de leurs terres ou qu'ils ne possèdent que des meubles, et dans ce dernier cas quelle serait la limite de leurs droits sur le sol »? — Vasco se prononce en faveur de la petite propriété rurale. La prospérité, écrit-il, est répartie d'une manière plus égale là, où les cultivateurs sont maitres du sol (4). Il ne croit pas cependant qu'il faille accorder à tout le monde des parcelles suffisantes pour assurer leur existence; car dans ce cas les terres de ceux qui ne peuvent se passer de salariés resteraient en friche et on perdrait tout espoir d'une culture plus

---

(1) Ibid., p. 62.

(2) *Trattato dell'utilità morale, economica e politica delle Accademie di agricoltura, arti e commercio*, t. XIX, p. 143.

(3) Ibid., pp. 193 et 197.

(4) *Economisti classici italiani*, parte moderna, t. XXXIV. — *La felicità publica considerata nei coltivatori di terre proprie* di GIAMBATTISTA VASCO, torinese, ch. VI, p. 60. — La totale felicità di una nazione è più egualmente distribuita fra membri dove il contadino possiede terreni.

intensive (1). Une trop petite propriété est désavantageuse, car
pour la cultiver il faut tenir la même paire de bœufs qui
suffirait à l'aménagement d'une parcelle de dimensions moyennes. Le législateur ne doit point par conséquent admettre
la liberté des partages, soit qu'ils se produisent au moment
de la succession, ou par la voie des contrats. Il est nécessaire
d'établir une limite à la division des terres, en n'admettant
pas le parcellement de lots qui n'exigent pour leur mise en
valeur que le travail d'un homme adulte (2). Vasco voudrait
aussi poser des bornes à la concentration des terres entre les
mains d'une seule personne. Il croit que la loi ne devrait point
autoriser un homme marié à acquérir plus de huit manses,
c'est-à-dire une surface exigeant le travail de huit ouvriers.
Les célibataires doivent se contenter de la moitié (3). On dira
que de telles mesures menacent de faire disparaître la noblesse et la propriété aristocratique; et bien, répond Vasco,
rien ne me prouve que l'Etat ait un besoin réel de ces familles fastueuses. Une telle supposition n'est qu'une pure
extravagance de la cervelle humaine (una pura stravaganza
dell'opinione degli uomini), l'utilité de la noblesse terrienne
pour l'Etat est absolument problématique (4). Pour maintenir
l'égalité dans la répartition de la propriété, Vasco préconise
l'interdiction aux célibataires d'acquérir des terres nouvelles,
si leur propriété a déjà atteint les dimensions prescrites; il
recommande également la remise d'une partie des impôts à
ceux qui, n'ayant pas eu de terres, viennent d'en acquérir
pour la première fois, ainsi que la priorité de droit accordée
lors de ventes légales aux acheteurs qui n'auraient pas de
terres (5).

Verri, dans ses « Méditations sur l'économie politique », combat également les trop grandes inégalités, mais il ne veut pas,
en même temps, que les lois s'opposent à l'arrondissement des

(1) Ibid., p. 69.
(2) Ibid., p. 74.
(3) Ibid., p. 81.
(4) Ibid., p. 86.
(5) Ibid., p. 106.

propriétés dans l'intérèt d'une exploitation plus rationnelle, ni au partage des terres entre héritiers. On ne peut poursuivre cela que d'une manière indirecte. Toute mesure contraire serait une atteinte au principe de la propriété (1).

Beccaria dans ses « Eléments de l'économie publique » proteste de son côté contre la monopolisation de la propriété foncière entre les mains d'un petit nombre de familles, mais sans réclamer des mesures législatives contre les accapareurs et en niant la possibilité de l'égalité parfaite des conditions (2).

Si des lombards et des vénitiens nous passons aux économistes napolitains, qui mieux que tout autres connaissaient les inconvénients de la grande propriété mal utilisée, il faudra nous arrêter avant tout aux œuvres de l'abbé Genovesi et à sa protestation contre les latifundia. Une grande inégalité dans la répartition des terres, dit-il dans ses « Leçons sur l'économie civile », est un obstacle à l'accroissement de la population; la grande majorité des citoyens ou bien perd toute propriété, ou bien n'en a pas assez. Mais l'égalité absolue est une chimère, et tout ce qu'on peut désirer, c'est qu'il n'y ait pas trop d'inégalité (3).

La défense si non de la petite propriété, du moins de la moyenne, distingue avantageusement les économistes italiens des physiocrates français, qui, dans la personne de Quesnay, se sont prononcés pour les exploitations agricoles les plus grandes possibles, à telle enseigne que l'« Ami des hommes » lui-même, Mirabeau l'aîné, pour conserver l'intégrité de la doctrine, a dû faire taire sa sympathie pour les paysans propriétaires.

Ce besoin d'éviter les trop grandes inégalités de fortune et d'obtenir un aménagement plus économique du sol a fait naître en Italie, à l'inverse de l'Angleterre, l'agitation en faveur du partage des communaux. En Angleterre la tendance à enclore

---

(1) *Economisti classici italiani*, t. XV, pp. 61-65.
(2) *Economisti classici italiani*, t. XI, p. 131.
(3) *Econ. cl. ital.*, t. VII, *Lezioni di economia civile*, pp. 149 et 150.

les propriétés et à faire disparaître les champs ouverts résulta du désir des grands propriétaires de passer de l'agriculture à l'élevage comme étant plus lucratif, et des tenures perpétüelles et héréditaires au fermage à court terme (1); en Italie, et spécialement à Naples, au Frioul et en Lombardie, l'agitation agraire fut provoquée par des raisons quelque peu différentes notamment par le désir de mettre un terme à l'usage commun des pâturages et des varennes afin de pouvoir les mettre en culture règlée.

Parmi les causes qui s'opposent aux progrès de l'agriculture, écrit Palmeri, les plus importantes sont: l'absence de la propriété, ou son abus. La propriété seule peut communiquer à l'agriculture la force vitale, indispensable à son énergie. L'agriculture ne saurait exister dans les pays où la propriété individuelle est inconnue. Même lorsque pour s'accomoder temporairement elle est forcée à se soumettre à l'indivision et à la jouissance commune, elle devient inerte et peu productive avec le manque de la propriété individuelle. C'est ce que nous avons constaté sur les terres communales, dites Demani, de l'Apulie. Cette vérité réconnue depuis longtemps par les autres nations (allusion aux Anglai set aux Français) ne l'a été par nous que bien tard.

Il est admis maintenant, dit le même Palmeri, que les terres communales doivent être divisées entre les citoyens. Il est temps d'en finir avec une coutume vieillie et barbare, conservée au détriment et au déshonneur de la nation. Seule la difficulté de s'entendre sur la manière de faire ce partage en empêche encore l'éxécution. Palmieri proteste contre ces retards. Faites-le comme vous voudrez, dit-il, mais faites-le au plus tôt. Vive la propriété individuelle à la place des communaux, quelqu'en soit le détenteur, pourvu qu'il désire et qu'il fut en état de cultiver le sol. C'est l'unique principe qui doit présider au partage. Pour défendre les communaux on allègue

---

(1) Voir mon ouvrage sur *La constitution sociale de l'Angleterre au XV siècle*, et l'article intitulé *Le tourment de l'histoire de l'agriculture anglaise*, publié par moi dans la *Revue historique* du prof. Karéiew, t. III (en russe).

qu'ils sont utiles aux pauvres; mais je pense, répond Palmeri, que ceux à qui nous devrons l'amélioration du sol mériteront surtout l'amour et l'estime de la société. D'ailleurs, l'expérience a démontré que les communaux ne sont avantageux qu'aux riches, les quels pour cette raison se sont toujours opposés à leur partage. Le même souci du sort des pauvres a fait naître l'idée de diviser les communaux en petites parcelles et de les distribuer aux indigents; mais donner de la terre à ceux qui demandent du pain, c'est comme si on leur offrait une pierre à manger. Oui, le sol donne du pain, mais pour l'obtenir il faut avoir les ressources nécessaires pour couvrir les premières dépenses que nécessite la culture du sol, puis celles qu'elle exige annuellement, sans même parler de ce qui est nécessaire à la subsistance du propriétaire jusqu'au moment de la récolte: or s'il en est ainsi, l'attribution des terres aux pauvres n'a de raison d'être que si on leur donne en même temps de l'argent (des capitaux): autrement, elle ne leur fera que du mal, à eux et à la nation tout entière. Non seulement le sort des pauvres ne sera pas amélioré et la productivité des terres accrue; mais l'un et l'autre, vont, au contraire, empirer. Quelle que soit la solution de la question des partages, le pauvre y trouvera toujours son profit, si la terre n'est donnée qu'aux riches, ou plus exactement, à ceux qui sont en état de l'exploiter. La demande du travail et sa remunération vont s'accroitre; tout l'argent dépensé par les riches pour la culture du sol passera entre les mains des pauvres. D'ailleurs, personne ne songe à exclure ces derniers, mais en général, le souci exclusif de leur assurer des avantages a l'inconvénient de faire perdre de vue le bien général, qui seul doit diriger le partage, d'où il résulte que la terre ne devrait être donnée qu'à ceux qui peuvent et veulent la cultiver.

Palmeri croit que le partage des communaux peut donner naissance à la petite propriété. Toutes choses égales d'ailleurs, il faut — dit-il — donner la préférence à ceux qui n'ont pas de terre, mais en même temps c'est une erreur de croire que la propriété à elle seule peut remédier à la pauvreté. Il n'est pas nécessaire d'avoir de la terre; la propriété en peut de-

venir nuisible ou utile, selon les qualités de celui qui l'aura
reçue. En répétant ce que Turgot (1) avait dit avant lui, Palmeri observe : « Il est aussi absurde de demander que tout le
monde soit propriétaire, que de vouloir faire des entrepreneurs
de tous les ouvriers. Si l'on donnait satisfaction à ce désir,
l'agriculture et l'industrie disparaitraient forcément; on re-
tournerait brusquement à l'état où elles se trouvaient à l'é-
poque de leur naissance. Si vous voulez améliorer la situation
des paysans, donnez aux propriétaires les moyens de mieux
cultiver leurs terres (2) ». Il est difficile de ne pas reconnaître
dans ces lignes l'effet de l'influence exercée par la doctrine
physiocratique, d'après laquelle les propriétaires ne sont que
de simples distributeurs des valeurs, et le produit net des
terres, c'est-à-dire, l'excédent des revenus sur les dépenses,
constitue le fond des salaires.

Palmeri ne demande d'ailleurs point le partage de tous les
communaux. Il y a des terres — écrit-il — qui ne doivent
point être mises en culture. Il faut conserver les pàturages
et les forèts qui fournissent des glands, du combustible et des
matériaux de construction. En Apulie il serait utile de garder
les landes et les prairies qui nous procurent l'herbe, nécessaire à l'élevage des brébis à laine fine, et en Calabrie et dans
les Abruzzes, certaines plantations d'arbres qui y donnent plus
de revenus que les terres arables (3).

Verri se prononce d'une manière encore plus catégorique
contre le maintien de la propriété collective sous une forme
quelconque. Tant qu'il existe dans l'Etat — écrit-il — des
terres non cultivées, des communaux (fondi comunali), des pàturages qui une fois ensemencés permettraient de nourrir un
plus grand nombre d'hommes, il restera encore beaucoup à
faire dans l'intérèt de l'agriculture. Pour qu'elle atteigne son

(1) Voir *Les origines de la démocratie contemporaine*, t. 1. *Doctrines
sociales*.

(2) Voir *Della richezza nationale* di GIUSEPPE PALMERI. *Economisti
italiani*, parte moderna. t. 38, pp. 175-180.

(3) Voir *Riflessione sulla publica felicità relativamente al regno di Napoli* di GIUSEPPE PALMERI, napoletano. Ibid., parte moderna. t. 37, p. 113.

plein épanouissement, il faut que les terres incultes disparaissent, que les communaux soient cultivés et que les pâturages et les prairies fussent réduits à l'étendue indispensable pour nourrir le bétail de labour et de consommation ; même l'élevage des moutons est consideré par Verri comme un signe du mauvais état de l'agriculture. Les troupeaux qu'on détient dans le seul but de fournir de la matière première aux manufactures — écrit-il — empêchent l'accroissement de la population ; plus ils sont nombreux, et moins il y a d'habitants dans l'Etat (1).

Mais personne ne se prononce d'une manière aussi catégorique contre toutes les formes de la propriété collective que Filangieri, l'auteur du traité célèbre à l'époque, sur « La science de la législation » (La scienza della legislazione). Filangieri se donne lui-même pour un élève de Montesquieu, mais il peut être considéré comme un adhérent de l'école française toute entière, sans distinction entre les physiocrates et les encyclopédistes. Pour lui comme pour Quesnay, l'état florissant de l'agriculture est le signe certain de la densité de la population et de la prospérité du pays. Pareil en cela à Verri, il croit que l'existence des forêts, des terres incultes et de misérables pâturages couverts d'une herbe sauvage, est le fait d'une agriculture pauvre et d'une population peu dense. A l'exception de quelques petits Etats de l'Italie (allusion à la Toscane), tous les pays de l'Europe lui semblent se trouver encore dans ces conditions. L'abondance des terres incultes, ou mal cultivées, est à son avis la cause de la modicité des salaires. Ces derniers dépassent rarement dans le royaume de Naples vingt sous par jour, même en dehors de la morte saison, et comme le travail manque pendant les deux tiers de l'année, on peut dire que toute la famille est obligée de vivre de dix ou douze sous. Plus nous nous éloignons des villes — centres de l'industrie et du commerce — et plus nous apparaît misérable

(1) *Meditazioni sulla economia politica* di Pietro Verri, milanese, con annotazioni di Jean-Rinaldo Carli. *Economisti classici italiani*, parte moderna. t. XV, pp. 232-233.

la situation de ceux qui sont forcés de gagner leur vie en travaillant. Quelle est donc la cause de cette misère, si non l'état de dépérissement où se trouve l'agriculture? Les grandes propriétés en portent la responsabilité. Il n'y a pas de meilleur stimulant pour l'initiative individuelle que la propriété; et les latifundia font que la majorité des citoyens en est privée. Mais ils nuisent encore à l'agriculture, en empêchant l'accroissement rapide de la population, du fait qu'une partie des terres reste à l'état sauvage en dehors de toute culture. En diminuant de deux modii la quantité de semailles annuelles, on enlève à l'état la possibilité d'entretenir toute une famille. Qu'on juge alors quelle perte d'habitants produisent ces énormes forêts qui servent presque exclusivement aux chasses des grands seigneurs? Parmi les obstacles à l'accroissement de la population et au perfectionnement de l'agriculture, un des plus importants sont les biens communaux dits « fondi demaniali ». Appartenant à tout le monde, écrit Filangieri, ils ne reviennent à personne. Tout de même partout où l'esprit pastoral (spirito di pastura), qui est visible dans nos lois barbares, s'est encore maintenu, ces biens communaux continuent à subsister malgré l'évidence du mal qu'ils causent et qui se traduit par la diminution du nombre des propriétaires. Encore plus nuisible sont les vaines pâtures. « Dans beaucoup d'Etats de l'Europe, au dire de Filangieri, nous trouvons des lois qui paraissent n'avoir d'autre but que de nuire à l'agriculture. A leur tète je mettrai celle qui empêche les propriétaires d'enclore leurs champs. La raison et l'expérience ont prouvé que les enclos favorisent l'abondance des récoltes, rendent la culture plus aisée et plus intensive. En Angleterre le revenu des terres encloses est supérieur d'un quart à celui des terres qui restent ouvertes. Il suffit d'avoir vu ces dernières pour se persuader combien l'interdiction de les retirer de l'indivision paralyse l'énergie du cultivateur. Le bétail y cause des dégàts qui font perdre la moitié du revenu et qu'il est impossible d'empêcher ou de prévenir; et combien est grand le tort fait au sol par les voitures, qui, pour éviter les mauvais chemins, passent sur les terres labourées sans épar-

gner les semences. L'absence de haies laisse enfin toute liberté
aux voleurs, qui sont, ainsi, comme protégés par la loi. Un jour,
ajoute Filangieri, en causant avec un villageois intelligent,
je lui demandai: Pourquoi ne plantez-vous pas de mûriers, ils
seraient si avantageux en vue du développement de la sérici-
culture? Il m'a répondu en soupirant: je comprends parfaitement le profit que cela me donnerait, mais que voulez-vous que
je fasse, si la loi s'y oppose. Il est vrai que rien ne m'empêche
de planter sur ma parcelle ce qui me convient, mais en même
temps la loi m'interdit d'entourer mon champ d'un mur. Or,
sachez que dix boucs, qui y auront pénétré par hasard, suf-
firont pour détruire cinquante rejetons; et si même j'avais le
droit de ne pas laisser les troupeaux paître dans mon champ,
ce que la loi ne me permet de faire que pendant un nombre
déterminé de mois, il me serait encore impossible de le protéger contre le bétail de passage. Il serait donc déraisonnable
de faire des dépenses pour des perfectionnements, puisque les
lois elles-mêmes ont voué l'agriculture à la stagnation. Qu'on
me donne vis à vis de mon champ la même liberté que celle
dont je dispose par rapport à ma maison, et vous y verrez,
dans l'espace de quelques mois, des rejetons de mûriers et
d'oliviers, et en général tout ce que le sol peut produire ». Je
fus frappé de cette simple réponse, ajoute Filangieri; elle m'a
ouvert les yeux sur les obstacles que la loi crée aux progrès
de l'agriculture et sur l'atteinte qu'elle porte aux droits sacrés de la propriété. Je ne comprends pas que le législateur les
ait si peu respectés. La loi qui interdit les enclos me semble
une injustice et une violation des prérogatives inséparables
de la propriété.

Ces dernières lignes méritent une attention particulière. Elle
nous présentent Filangieri, non seulement comme un partisan
des droits naturels et inaliénables, en premier lieu du droit
de propriété, mais aussi comme un des premiers adversaires
de la doctrine qu'on désigne, aujourd'hui, du nom de socia-
lisme catholique.

Il ne faut pas, écrit-il, confondre les lois qui régissent une
communauté de moines, avec celles qui doivent présider à la

vie civile. Dans un couvent tout appartient à tous, et rien n'est à personne, le monastère représente à lui seul un tout unique, une personnalité, qu'il contienne 20, 30, 60, 1000 ou 10000 hommes. Il n'en est pas de même de la société civile, où chacun constitue un être indépendant, détient une propriété particulière, partie de la richesse générale, qu'il administre seul, dont il peut user et abuser à son gré. Même si le bien général exigeait qu'on fît de la propriété un usage déterminé, le législateur n'aurait pas le droit d'y contraindre le détenteur. Il devrait recourir aux moyens indirects, faire en sorte que le propriétaire trouva lui-même du profit à donner à sa terre une destination conforme au bien de tous.

Je ne crois pas qu'un autre écrivain italien du XVIII siècle eut exprimé d'une manière plus catégorique la théorie de la liberté illimitée du propriétaire et se soit permis de dénaturer à ce point les termes de la jurisprudence romaine, en donnant à l'expression *usare* et *abusare* un sens qu'elle n'avait pas chez les juristes qui ont été les premiers à l'employer. L'origine historique de la propriété, la prépondérance jadis des formes collectives de sa possession et de son exploitation, Filangieri n'en fait aucun cas, comme il ignore aussi les limites posées par Locke à l'appropriation individuelle du sol et qui consistent à exiger que cette appropriation ne devienne pas funeste au prochain et qu'elle lui laisse la quantité nécessaire d'objets de même valeur. Filangieri est tout aussi absolu dans son culte de la propriété que l'ont été les physiocrates et que l'est encore l'école bourgeoise d'économie politique représentée par Thiers et Bastiat. Pour lui, comme pour ces deux derniers, le propriétaire doit jouir d'une liberté illimitée.

En partant de ce principe, c'est-à-dire de la reconnaissance du caractère sacré de la propriété *(sacrosanta proprietà)*, Filangieri réclame le partage des communaux, qui augmenterait, selon lui, d'un tiers la somme des valeurs produites d'année en année.

Ce qui s'oppose à ce partage, ainsi qu'à la liberté d'enclore des champs, c'est la crainte de nuire aux intérèts des citoyens pauvres. On ne veut pas comprendre que le progrès de l'agriculture qui en résulterait tournera avant tout au profit des moins fortunés. « Pauvre humanité! la barbarie, l'ignorance, les préjugés, la commisération elle-même, tout conspire à perpétuer ta misère »! Tels sont les mots par lesquels Filangieri termine sa philippique contre les vestiges du communisme archaïque qui abondaient encore en Italie vers la fin du dernier siècle. Ses fervents appels se sont trouvés d'accord avec l'argumentation logique et plus froide des autres économistes. Et comme cette nouvelle théorie correspondait parfaitement à l'appétit foncier de la classe moyenne et qu'elle donnait satisfaction à sa tendance à un aménagement du sol plus lucratif et exigeant l'emploi de capitaux, il n'est pas étonnant que, non seulement les législateurs, mais encore les membres des communes rurales, directement intéressées au sort de la propriété communale, aient prêté une oreille complaisante aux conseils de l'économiste napolitain.

L'influence des auteurs que je viens d'analyser ne s'est pas d'ailleurs manifestée tout à coup; plusieurs lustres se sont écoulés avant que les gouvernements de l'Italie se décidassent à suivre leurs préceptes. Cela ne se fit pas sans l'intervention de l'étranger. Les transformations politiques de l'Italie, à l'époque de son rapprochement forcé avec la France, ont amené, au milieu d'autres conséquences, la consécration législative de la doctrine physiocratique, qui considérait la propriété collective comme nuisible à l'agriculture. Le 23 février 1792, sous le règne de Ferdinand IV de Bourbon, la question du partage des communaux fut résolue dans un sens affirmatif. La loi qui fut promulguée à cette époque ordonnait le partage des *demanî* entre les pauvres n'ayant pas de terre.

L'ouvrage de Filangieri a été imprimé à Venise, et, à en juger par la littérature pamphlétaire des dix dernières années du siècle, il exerça une influence considérable sur l'évolution des idées sociales. On retrouve, par exemple, ses arguments en faveur du partage des communaux dans une brochure, publiée sous les auspices de la Société agricole d'Udine, et qui conseille de procéder à la dissolution de la propriété collective dans le Frioul (1).

L'accumulation des richesses immobilières dans la classe marchande trouvait un obstacle sérieux dans ce préjugé, très répandu, que le tiers état ne devait exercer d'autre profession que le négoce et l'industrie. Dans sa brochure sur les causes de la grandeur des entreprises commerciales à Venise, Zanon déclarait par exemple que la décadence définitive de sa patrie, au dire des contemporains, avait commencé au moment où les hommes riches, et à leur tête les familles les plus anciennes de la ville, se sont décidés à placer leurs capitaux disponibles dans le sol et se sont mis à en acheter dans la Terre Ferme. Zanon refute cette opinion et démontre que les acquisitions de biens, faites par le tiers état, non seulement seront profitables à l'agriculture, mais qu'elles serviront aussi de garantie sérieuse pour les entreprises industrielles et commerciales. Cependant le préjugé était si puissant que Tron, dans son discours déjà cité par nous, considérait la tendance des capitaux à délaisser le commerce pour l'agriculture comme un malheur social. A cet égard d'ailleurs, Venise n'était pas en désaccord avec le reste de l'Europe et en particulier avec la France, où presque à la veille de la Révolution on était généralement convaincu que l'agriculture convenait à la noblesse, et le commerce et l'industrie à la bourgeoisie. Mais, tout comme en France, où le tiers état protestait contre son exclusion du domaine de l'économie rurale et réclamait la sécularisation de la propriété ecclésiastique, en Italie, et particulièrement en Vénétie, les descendants enrichis des anciens navigateurs et en général la haute bourgeoisie demandaient avec une insistance chaque jour plus grande que les terres des corporations religieuses exemptes d'impôts et inaliénables, fussent vendues aux enchères publiques.

Ce mouvement se manifeste dès l'époque des guerres contre la Turquie. Sous ce prétexte, qu'ils étaient chargés de mener la lutte contre les infidèles dans l'intérêt de toute la chrétienté, les

(1) Gervasio, *Sui beni comunali.*

Vénitiens obtinrent du pape Alexandre VII en 1656 la suppression de quelques couvents, dont les terres furent vendues et procurèrent au trésor public pas moins d'un million de ducats (1).

Mais la question de la sécularisation ne fut posée définitivement qu'en 1766, lorsque, le 12 avril, le sénat se décida à ressusciter certaines vieilles lois, qui, dès 1258, interdisaient le passage de la propriété immobilière aux couvents, et aux églises autrement que sous la réserve des droits de l'Etat *(nisi salva ratione communis)*. Les lois de 1536 et 1605 abolirent la liberté de tester et celle de faire des fondations en immeubles en faveur de l'Eglise; elles interdirent aux congrégations religieuses d'acquérir des terres nouvelles sans le consentement du sénat (2). Tout cela avait pour but de réduire le nombre des terres exemptes d'impôts et de charges publiques. C'est sous l'empire des mêmes considérations qu'en 1766 le sénat ordonna une enquête sévère de tous les cas où les prescriptions que nous venons de citer avaient été violées. Il fut reconnu que les communautés religieuses avaient acquis dans les siècles précédents tant de propriétés nouvelles, que leur revenu, qui en 1564 ne dépassait pas 1.190.000 ducats dans la Vénétie même et 1.181.000 dans les possessions d'outre-mer, présentait en 1767 un excédent de 8.657.000 ducats. Ces chiffres ne comprennent que les rentes régulières de la propriété immobilière, mais la loi de 1564 ayant ordonné la vente, dans l'espàce de deux ans, de toutes les fondations récentes, des capitaux considérables s'étaient accumulé entre les mains des communautés religieuses, ce qui porta la somme totale de leurs revenus réguliers, sans compter le casuel et les aumônes, à 85.057.000 ducats. Dans l'espàce de dix ans à peine, de 1755 à 1765, les legs en faveur de l'Eglise atteignirent, dans les limites de la Vénétie, la somme de 2.400.000 ducats.

Pour obvier aux inconvénients d'un pareil état de choses trois mesures furent proposées au sénat par une commission

---

(1) Voir Bartolomeo Cecchetti, *La Republica di Venezia et la Corte di Roma,* t. I, pp. 213, 357.

(2) Ibid., t. II, *Documenti,* pp. 121, 123, 125.

nommée *ad hoc :* interdiction pour les couvents et les églises
de posséder des terres et des rentes perpétuelles, réduction de
la masse de leurs biens immeubles à ce qu'ils possédaient à
l'époque de la promulgation des prémières prohibitions, enfin,
répartition des moines entre les couvents proportionnellement
aux revenus de chaque maison. Une seule de ces propositions
nous intéresse en ce moment, celle qui concerne la réduction
des propriétés foncières des églises et des communautés religieuses à ce qu'ils possédaient à l'époque des premières prohibitions. Par le décret du 10 septembre 1767 le sénat décida
de procéder au plus vite à la vente aux enchères de l'excédent
de ces terres et déclara que leur concentration était « préjudiciable au trésor public, et pernicieuse aux pauvres ». La
vente publique commença seulement en 1770 et fut continuée
jusqu'en 1793 (1).

Cent vingt sept couvents furent supprimés de la sorte. Quant
aux terres qui ne trouvèrent pas d'acquéreurs, on proposa de
les déclarer propriété du trésor et de les répartir ensuite entre
les villes, châteaux et bourgs à la charge pour eux d'entretenir le clergé des paroisses. Mais tous ces conseils ne furent
pas entendus ; les terres furent vendues en pleine propriété aux
particuliers, qui les payèrent, au total, 3 millions de ducats (2).

Les autres Etats de l'Europe sécularisaient aussi, à la même
époque, tous ou partie des biens de l'Eglise et la commission
ad pias causas de Venise, qui était chargée d'élaborer des mesures contre les latifundia des couvents, pouvait invoquer les
exemples de l'Espagne, de l'Autriche, de la Bavière et d'autres
Etats allemands, de la Toscane, de Milan, Gênes, Modène,
Lucques, Parme et Mantoue (3).

Ce mouvement général, qui entrainait les nations de l'Europe dans une lutte ouverte contre la puissance matérielle
de l'Eglise, avait eu sa source dans le désir, partout éveillé,

(1) Ibid., t. I, pp. 224, 225.

(2) Ce chiffre est donné par Andrea Tron dans son discours au sénat du
29 mai 1784. — Romanin, t. IX, p. 106.

(3) Cecchetti, t. II, p. 145.

du tiers-état de se procurer des terres, et dans celui des gouvernements d'augmenter les revenus du fisc par l'application des impôts aux propriétés qui, jusque-là, en avaient été exemptées. Il devait donc trouver nécessairement l'approbation des économistes, ces alliés les plus intimes du tiers-état et de l'absolutisme éclairé, ces champions de la nouvelle doctrine de l'égalité de tous devant l'impôt, ces adversaires déclarés de tout privilège ou monopole en matière de propriété. Il est tout naturel que Turgot et les encyclopédistes français, ainsi que leur partisan italien Filangieri, et avant lui l'abbé Genovesi, aient approuvé ouvertement la politique de sécularisation.

Genovesi est, peut-être, le premier qui ait soulevé dans ses leçons la question des inconvénients et des dangers des latifundia ecclésiastiques; il se plaint que les deux tiers des terres se trouvent entre les mains des congrégations qui ne peuvent pas les aliener (*manimorti*, biens de mainmorte), et qu'un neuvième à peine de toutes les terres sont la propriété de ceux qui les cultivent réellement (1). Il insiste sur les conséquences funestes de la concentration des immeubles entre les mains de l'Eglise, concentration qui entrave l'intensité de la culture, et, par suite, l'accroissement naturel de la population.

Cependant Genovesi ne conclut pas à la sécularisation des propriétés de l'Eglise. Ce n'est pas un révolutionnaire, mais un réformateur, et, de plus, dans ses projets, il obéit tout autant à l'influence des traditions du Moyen Age, qu'aux exigences réformatrices du siècle. Il ne trouve d'autre moyen, pour combattre les latifundia, que de revenir aux formes médiévales des tenures à long terme et héréditaires, aussi termine-t-il sa critique par une prière au pape et aux dignitaires de l'Eglise de recommander aux couvents de louer leurs terres à des paysans tenanciers acquittant une rente en nature (2).

(1) Voir *Ragionamento intorno all'agricoltura con applicazioni al regno di Napoli* (*Scrittori classici italiani di economia politica*, parte moderna, t. IX, Milano, 1803, p. 317 et suiv.).
(2) Ibid., p. 319.

Filangieri est beaucoup plus radical en ce qui concerne la question de la propriété ecclésiastique. Les latifundia, écrit-il, sont la base de ces asiles du célibat et de la stérilité que sont les couvents. Ces sortes de propriétés n'entrent pas en circulation, elles sont libérées de tout impôt et ne fournissent à l'Etat aucun revenu. Combien de salariés pourraient devenir propriétaires, si l'Etat voulait abolir l'inaliénabilité des biens de l'Eglise (1) !

Mais cette tendance générale du siècle à supprimer les richesses immobilières de l'église n'entraîne point Gian Maria Ortes, que nous avons déjà trouvé plus d'une fois en opposition ouverte avec les doctrines nouvelles. La législation de 1767 trouve en lui un adversaire résolu. Dans ses lettres à Michel Ciani, du 24 mai 1783 et 31 janvier 1784, il se déclare ouvertement partisan de toutes sortes de fidéicommis, fondés soit au profit de la noblesse, soit à celui de l'Eglise.

A en juger d'après le but primitif de leur institution, qui était d'assurer l'existence des familles aristocratiques, l'exercice du culte et les secours aux pauvres, les fidéicommis sont « excellents »; cependant, eux aussi peuvent dégénérer.

Ortes publie tout un ouvrage pour défendre les fidéicommis de l'Eglise. La tendance même à les supprimer, observe-t-il justement, ne procède que du désir d'ouvrir un champ d'action plus vaste aux hommes entreprenants et de leur faciliter la tâche de s'enrichir. « Mais il me semble — dit-il — que c'est celà précisement qu'il faudrait éviter, car, si l'on donne à tout homme entreprenant la faculté d'acheter autant de biens qu'il voudra, la richesse nationale se concentrera inévitablement entre les mains des hommes les plus cupides, les plus avares et les plus ambitieux. Et tous ceux qui sont moins entreprenants deviendront leurs clients et leurs esclaves (2) ». L'argumentation d'Ortes en faveur de la propriété ecclésiastique ne repose pas uniquement, comme chez les écrivains anglais ou français, sur cette considération, que les couvents sont lse « protecteurs des pauvres », que leur propriété est aussi sacrée

(1) *La scienza della legislazione.*
(2) ORTES, t. IV, pp. 421, 422.

·et inviolable que toute autre, et que les conditions qu'ils posent à leurs tenanciers sont plus douces et plus humaines que celles ·des autres propriétaires. Le dicton populaire disait: « il fait ·bon vivre sous la crosse »; les économistes et les écrivains ·agricoles du XVI et du XVII siècle expliquaient qu'il en était ainsi, parce que l'Eglise, en vertu même de son institution pour tous les temps à venir, se préoccupe moins de la quantité, ·que de la perpétuité et de la constance de ses rentes. Cela lui fait préférer la tenure héréditaire, réglée par la coutume, au ·fermage à terme. Les écrivains anglais et français, qui se chargeaient de la défense de la propriété ecclésiastique, développaient de toutes les manières cette thèse, que les communautés monastiques, ·désirant vivre en paix avec leurs ouailles et favoriser leur bonheur tant spirituel, que matériel, laissent tout naturellement la terre à ceux qui la cultivent depuis des générations et se déclarent en faveur de l'emphytéose perpétuelle ·avec l'invariabilité des rentes qui la caractérise, système qui ·contribua infiniment à la prospérité des paysans au Moyen Age, en faisant profiter les descendants les plus éloignés des ·efforts des aïeux. On ne rencontre pas de considérations de cette nature dans l'ouvrage d'Ortes, intitulé: *Des erreurs populaires ·concernant l'économie nationale et spécialement la question de la propriété foncière de l'Eglise.* Adversaire de la méthode ·historique et partisan de la déduction pure, Ortes établit sa défense de la propriété ecclésiastique sur le principe fondamental ·de toute sa doctrine. Si la richesse d'une nation est proportionnelle à la population, ou, ce qui revient au même, au nombre ·des consommateurs, alors il est indifférent, qui produit les valeurs; une seule chose importe: c'est que cette production permette l'accroissement de la consommation, ou — ce qui revient au même — augmente le nombre des habitants. Il en résulte que la suppréssion des biens de l'Eglise, rendant possible l'enrichissement du petit nombre des hommes cupides et entreprenants, réduira en fin de compte, la consommation et ·diminuera par conséquent la richesse nationale (1).

(1) *Errori popolari intorno all'economia nazionale considerati sulle presenti controversie tra i laici ed i chierici in ordine al possedimento de'*

§ 4.

Nous avons conduit notre esquisse de l'état économique de la République de Saint-Marc jusqu'à la veille des événements qui forment le sujet des chapîtres suivants.

Comme dans la déscription de la constitution politique, nous nous sommes efforcés de montrer dans quelle mesure les institutions économiques de Venise étaient d'accord ou en désaccord avec les doctrines dominantes du XVIII siècle. Nous savons maintenant à quel point les principes nouveaux de la liberté et de la propriété, de l'égalité devant l'impôt et la loi, de la tolérance, de la participation du peuple à la législàtion et au gouvernement, correspondaient aux idées qui dominaient à Venise et aux institutions qui y étaient en vigueur.

En ce qui concerne les réformes sociales projetées, et en partie accomplies par la Révolution, elles étaient toutes débattues par les publicistes de Venise et se seraient indubitablement réalisées, même sans l'intervention étrangère. Le lecteur aura sans doute pu se convaincre que les problèmes sociaux que la France se posait à la veille de 1789, intéressaient dans la même mesure les sujets de la République de Saint-Marc. L'égalité pénétrait graduellement dans les moeurs, se traduisant par la similitude des vêtements, par la fréquentation égale des cafés et des cercles, par l'intérêt général que suscitait la lecture des encyclopédistes français et des écrivains indigènes qui, marchant dans la même voie qu'eux, traitaient des questions économiques, industrielles, commerciales, au point de vue du bien-être général. On reconnaissait de plus en plus l'impossibilité de maintenir les bornes artificielles créées entre les professions par les lois et les moeurs. Les familles patriciennes,

---

beni, di GIAMMARIA ORTES, veneziano. *Oeuvres,* t. V, pp. 118, 119 : « Quanto sarà con questa impedito ne' chierici l'aumento delle ricchezze o quanto ne sarà tolto, tanto sarà tolto o impedito de ricchezze nella nacione intiera, della quale effettivamente son tutte le rendite, di qualunque genere, specie o ceto di persone, sian esse nominate o acquistate » (Ibid., p. 193). Comp. aussi l'étude LAMPERTICO, *Sur Ortes et sa doctrine,* pp. 152 et 156.

se souvenant des hauts faits de leurs ancêtres dans les lointaines expéditions maritimes et des bénéfices que leurs galères leur rapportaient de ces voyages, prêtaient une oreille attentive aux conseils des économistes et étaient prêtes à revenir au commerce et à la navigation. L'auteur d'une relation manuscrite sur l'état de la ville et de la république à la fin du XVIII siècle dit que les nobles de Venise participent à de nombreuses entreprises industrielles et mercantiles, rarement d'ailleurs sous leur propre nom, mais en qualité d'associés de quelque marchand ou fabriquant (1). Le tiers-état manifestait d'autre part, comme nous avons vu, le désir d'acquérir des propriétés foncières, et le réalisait par l'achat des biens ecclésiastiques sécularisés.

Le clergé lui-même, directement dépendant de l'Etat et des fidèles et se recrutant en général dans le bas peuple, n'était pas divisé comme en France; ses couches supérieures ne penchaient pas vers la noblesse et, étant privées de tout pouvoir politique, vivaient d'une vie commune avec le peuple. La différence de la richesse et de la pauvreté, la seule qui a survécu à la Révolution, ne se manifestait pas dans les relations des classes entre elles, mais au sein de chaque classe en particulier. Les « barnabotes » malgré leur noblesse, étaient très accessibles aux idées nouvelles; les seigneurs de la Terre Ferme, noblesse de sang, mais privée de toute participation au gouvernement, constituaient un groupe nombreux de mécontents, prêts à s'unir à la bourgeoisie pour réclamer des réformes politiques. La conscience de l'égalité de tous devant la loi était soutenue par l'impartialité de la justice civile, et les dérogations que la seigneurie, sous l'empire d'un intérêt politique, faisait à la rigueur des peines en faveur des patriciens, provoquaient un vif mécontentement.

Le principe de la participation de tous les citoyens aux charges publiques n'était pas violé à Venise d'une manière aussi flagrante qu'en France, où l'exemption de l'impôt directe

---

(1) *Relazione della città e republica di Venezia*, Padova, Bibl. universitatis, MS. 132.

ou de la taille était accordée, non seulement au clergé et à la noblesse, mais, selon la juste observation de Turgot, à tous ceux qui, s'étant achéte une fonction, acquéraient par là même la noblesse. Cette injustice criante ne pouvait se produire dans la République de Saint Marc, parce que son système fiscal, basé pendant longtemps uniquement sur l'imposition des objets de consommation, n'a jamais reçu d'autre complément qu'une sorte d'imitation laïque de la dîme. Perçu au profit de l'Etat sur tous les immeubles sans distinction, ainsi que sur le revenu des industries, cet impôt n'épargnait ni la noblesse ni le clergé. Il frappait exclusivement les propriétés des vénitiens de naissance et de ceux qui avaient leur domicile soit dans la métropole, soit sur son territoire le plus ancien, dit « Dogado ». On faisait la répartition de cette sorte de dîme tous les dix ans. Quant aux habitants de la Terre Ferme, ils payaient une espêce de « taille » à la française, et qui portait même ce nom dans les provinces situées sur la rive droite du Mincio, et celui de « dada » sur la rive gauche. En outre la République recourait à la perception des subsides ordinaires et extraordinaires, dont le nombre augmenta dans les dernières années de son existence. Les immunités de la noblesse et du clergé ne s'étaient maintenues que sur la Terre Ferme. Les provinces et les villes passaient sous la domination de la République avec leurs statuts et leur constitution sociale. Venise s'engageait à les leur conserver plus ou moins intacts. Quant à la métropole même, ou ce qu'on appelait *dominante*, l'Eglise et les patriciens acquittaient les dîmes de leurs terres, maisons et manufactures, tout comme les autres citoyens (1).

Cela ne veut point dire, évidemment, que les charges publiques y aient été réparties également entre tous; l'existence des monopoles de la mouture et des taxes sur l'huile d'olives, le vin, le sel, prouve déjà que la législation, au contraire de la tendance actuelle, ne cherchait pas à dégrever les objets de première nécessité. Mais il est évident que l'inégalité en matières fiscales n'avait pas une forme humiliante pour le peuple,

______

(1) Voir ROMANIN, *Storia documentata di Venezia*, t. VIII, p. 363.

que le payement des impôts ne constituait pas, comme ailleurs,
un stigmate de roture. Il n'est donc pas étonnant que l'agitation, visant la réforme du système financier, n'ait pas eu
pour but à Venise de créer un impôt foncier unique, frappant
tous les immeubles, sans excepter ceux de la noblesse et du
clergé. Les économistes vénitiens déclaraient, par la bouche
d'Ortes (1), que ce qu'il fallait imposer, ce n'était pas le revenu présumé, mais le revenu réel, revenu représenté par les
objets de consommation, employés à un usage personnel, ou
bien cédés à autrui. Si cependant les gouvernants de l'Europe
tendent actuellement — dit-il — à soumettre à l'impôt avant
tout les terres de leurs sujets, c'est uniquement parce que la
terre, plus que tout autre bien, donne la garantie d'un revenu
constant (« perchè i terreni sono i fondi più stabili ») (2). Mais
rien, continue-t-il, n'est plus arbitraire qu'une pareille répartition de l'impôt: la productivité des terres augmente ou diminue
sans cesse, selon les conditions du temps et selon les rapports
de toute sorte qui interviennent entre les nations et les Etats
(autorisation ou interdiction d'importer du blé et, en général,
liberté des échanges ou protection). Il en résulte qu'on ne
peut pas imposer les terres d'une manière juste, sans connaître
les conditions de chaque propriétaire. Mais les fonctionnaires
qui établissent la répartition sont incapables de le faire, et
la voie la plus courte serait de s'adresser aux propriétaires
eux-mêmes. Ainsi Ortes arrive à conclure à la nécessité de
faire participer directement les possesseurs du sol à la solution
des questions d'imposition. En général, il est plutôt en faveur
de l'impôt sur le revenu que de l'impôt foncier unique, rêvé par
les physiocrates. Etant données les variations de la producti-

(1) « Che ogni parte dei beni che a titolo sia d'offerta sia d'imposizione
passi dai sudditi al sovrano, per ogni regola di ragione dee esser tolta dai
beni attuali o dalle rendite annuali e consumabili per se o per altri da ciascun
possedute, e non mai dai possibili o dai fondi ed altri capitali stabili dai
quali posson ritrarsi quelle rendite attuali; perchè i beni attuali son qualche
cosa e i possibili come tali non son nulla, e da cosa si può trar cosa, ma
da nulla non si può mai trar nulla ». ORTES, t. III, p. 377.

(2) Ibid., pp. 379, 380.

vité, aucune répartition ne saurait être juste pour longtemps.
Ortes recommande donc de s'adresser le plus souvent possible
aux propriétaires pour leur demander le montant réel de leur
rente. Mais cela ne revient-il pas à la périodicité de la répartition des impôts — avec le concours des propriétaires, que
réclamaient les auteurs des cahiers de 1789 et les hommes
de la Constituante ?

Si nous passons du domaine social dans le domaine politique, nous ne trouvons pas, évidemment, dans la constitution
vénitienne, la reconnaissance du principe moderne de la souveraineté nationale; mais un autre principe, qui ne fut pas
moins cher aux hommes de 1789, le principe de la séparation
des pouvoirs, y trouvait une large application. L'autorité du
Doge, évidemment, n'avait rien de commun avec l'absolutisme
monarchique. Responsable, sinon pour sa politique, du moins
en cas de haute trahison et aussi de soustraction des sommes
déstinées à rehausser la splendeur et la magnificence de sa
charge (1), lié, dans ses actes, par la présence constante des
membres du Collège, sans lesquels il ne pouvait recevoir ni
un envoyé étranger, ni un administrateur provincial, électif
et soumis à la prestation du serment d'office, dont le texte
était soigneusement revu et complèté par des « correcteurs »
spécialement nommés à cette fin, le Doge ne pouvait plus être
envisagé que comme l'ombre de l'autocrate qu'il fut jadis, c'est-
à-dire dans les premiers siècles de la République. Il se rap-
prochait parfaitement du type d'un monarque constitutionnel
possédant un pouvoir fortement limité. Les larges bases sur
lesquelles la puissance de l'aristocratie vénitienne était assise,
telles que la présence personnelle de tous les patriciens au
séances du Grand Conseil, leur participation à la confection
des lois et à l'élection des magistrats, les fonctions adminis-
tratives confiées à des conseils plus étroits; l'indépendance,
enfin, des juges élus et exerçant leur fonction d'après le principe collégial, tout cela était de nature à faire naître dans

(1) Voir Gianone et Contarini, *Les chapitres sur le Doge.*

l'esprit des sujets de la République, et jusque chez les étrangers, la persuasion que tous les organes de la Constitution
étaient équilibrés entre eux et ne pouvaient empiéter les uns
sur les autres. Ajoutons que la bourgeoisie, ou du moins
ses couches les plus élevées, n'étaient pas tout-à-fait exclues
des affaires, que les fonctions importantes et étendues de chancelier, d'ambassadeur et de secrétaire d'Etat, étaient confiées
à des personnes ne faisant point partie du Grand Conseil, donc
autres que les patriciens, et nous serons encore plus frappés
par la ressemblance des institutions vénitiennes avec celles
des gouvernements mixtes de l'antiquité, qu'on persistait a
croire parfaites.

La constitution vénitienne instituait la séparation des pouvoirs, non seulement en proclamant l'indépendance réciproque
du législatif, de l'exécutif et du judiciaire, mais encore en
fractionnant la souveraineté entre la personne du chef de l'Etat,
un petit nombre d'« aristocrates » et la masse, sinon de tous
les citoyens jouissant de leurs droits, du moins de ceux qui
déscendaient des premiers colons, ayant contribué à la force et
à la grandeur de la patrie. Le patriciat vénitien, il ne faut
pas l'oublier, n'était pas, au fond, autre chose qu'une bourgeoisie ancienne, bourgeoisie exclusive, qui, si elle admettait
des citoyens nouveaux, ne leur accordait qu'une situation su-
bordonnée, pareille à celle qu'avaient, par exemple, dans les
vieux cantons de la Suisse ou dans la République de Genève
les « domiciliaires » ou « manans », « Beisassen » ou « Hin-
tersassen », à la différence des « Gross-bürger », ou « citoyens
d'ancienne date ».

La contradiction de ces institutions, avec la participation du
peuple au gouvernement à côté du roi et de la noblesse, re-
vendiquée par les publicistes du XVIII siècle, était moins frap-
pante, puisqu'en Angleterre même, ce modèle des novateurs
politiques, le « peuple » admis au gouvernement se composait
uniquement de propriétaires satisfaisant aux conditions d'un
cens électoral assez élevé, et qui ne devenaient députés que
grâce au patronage de quelques familles aristocratiques.

La République de Saint Marc répondait aussi à l'idéal d'un

Etat laïque, idéal poursuivi par les philosophes, et, parmi eux, non seulement par Voltaire et les encyclopedistes, mais aussi par Montesquieu et Rousseau.

On peut dire avec assurance qu'il n'y avait dans le monde catholique aucune autre monarchie ou république qui fût moins soumise à l'influence cléricale que Venise. Nous avons vu que le clergé, même supérieur, était exclu de ses conseils; plus encore: si un patricien devenait cardinal, ou acceptait une autre fonction élevée à la Curie romaine, tous les membres de sa famille était immédiatement éloignés des affaires, privés du droit de siéger aux conseils et d'exercer des fonctions publiques (1). Nulle part aussi l'inquisition ecclésiastique n'avait moins d'influence qu'à Venise; nulle part elle n'était forcée de céder une partie aussi considérable de son pouvoir aux organes laïques, notamment aux fonctionnaires chargés de poursuivre le blasphème *(bestemmie)*.

La tolérance, sinon la liberté des cultes, ne pouvait que gagner à cet état de choses: tandis que les huguenots étaient chassés par dizaines de mille de la France, et les vaudois du Piémont, tandis qu'en Espagne les bûchers flambaient et les biens des hérétiques étaient confisqués au profit de l'Eglise, à Venise grecs, arméniens, juifs, turcs, luthériens et huguenots, avaient le droit d'exercer leur culte, les uns (les grecs et les juifs) publiquement dans des temples et des synagogues, les autres (les luthériens et calvinistes, les turcs, les arméniens) dans des chapelles privées. Leur état civil était reconnu, leurs mariages n'étaient pas assimilés au concubinat, comme en France les mariages des huguenots, avant les lois de Louis XVI sur l'état civil des dissidents, ou comme en Irlande, où les adhérents de la « religion romaine » n'avaient ni naissance légitime, ni pouvoir paternel, avant 1792, époque où Pitt le jeune proclama leur émancipation.

L'inviolabilité de la propriété, autre droit naturel reconnu en 1789, trouvait aussi à Venise une garantie sérieuse dans

____

(1) Décret du 19 juillet 1487. — *Leggi Venete intorno agli ecclesiastici sino al secolo XVIII* etc. da ANGELO PAPADOPOLI, Venezia, 1864.

l'indépendance des juges, l'impartialité de la justice civile et l'interdiction aux inquisiteurs ecclésiastiques de décréter des confiscations au profit de l'Eglise.

De tous les droits proclamés par la célèbre déclaration de 1789, seule la liberté personnelle, dans ses diverses formes, subissait à Venise des entraves dans l'intérèt de la sécurité de l'Etat, à laquelle veillait avec un soin jaloux le Conseil des Dix et sa commission éxécutive, ou tribunal suprême des inquisiteurs laïques. Mais ceux qui souffraient des rapports secrets, des perquisitions nocturnes, des exils prononcés par voie administrative et entourés d'un profond mystère, ce n'était pas le bas peuple de Venise, mais la catégorie peu nombreuse des partisans des idées nouvelles, ou bien encore les adhérents des divers coups d'état, tramés de temps en temps par quelque gentilhomme démagogue aspirant à la tyrannie. Les patriotes, comme par exemple le célèbre Foscarini, ne se déclaraient-ils pas partisan de la police politique, y voyant le moyen de défendre le peuple contre les conspirations des nobles (1)? Cependant la conscience publique protestait et se révoltait contre l'injustice et l'arbitraire des inquisiteurs, alors même qu'elle les savait dirigés contre les ennemis de la patrie et inséparables d'une procédure rigoureusement secrète et manquant de garantie judiciaire.

Il courait des bruits éxagérés sur l'omniprésence des espions vénitiens, sur les sbires prèts à commettre tous les crimes par ordre des inquisiteurs, sur l'horreur des prisons souterraines et des casemates disposées sous le brûlant toit de plomb du palais des doges, sur les raffinements des tortures, sur les emprisonnements et les noyades exécutées, disait-on, encore à la fin du siècle, sur un seul mot des tout-puissants oligarches.

Les aspirations libertaires qui ne disparaissent jamais complètement, en même temps que le mécontentement de la bourgeoisie et de la noblesse continentale en raison de leur nullité politique, ont éveillé chez les Vénitiens du siècle dernier un

(1) *Marco Foscarini e Venezia nel secolo XVIII*. Discorso del dottor EMILIO MORPURGO, 1877.

intérêt pour les doctrines venant de France. Ils y ont vu non une révélation nouvelle, mais le développement et le perfectionnement de leurs anciennes institutions politiques, qui avaient autrefois donné à leur patrie la prépondérance sur terre et sur mer, institutions qui avaient subi une corruption manifeste, depuis quelque temps seulement, par suite d'un concours malheureux de circonstances et surtout grâce la naturelle dégénération de l'aristocratie en oligarchie. « L'esprit des lois » de Montesquieu était traduit en italien et commenté par des écrivains tels que Filangieri et Beccaria. Les ouvrages des physiocrates et des autres écrivains sur le commerce et l'industrie étaient cités par pages entières dans les leçons de Genovesi et les traités de Zanon. D'autre part la philosophie de l'histoire, ainsi que le droit naturel avec sa doctrine de la justice, principe suprême, qui doit présider à la distribution des biens tant spirituels que matériels, avaient trouvé en Italie un représentant de grand talent, pour ne pas dire de génie, dans la personne du napolitain Vico, l'auteur non seulement de la « Scienza nuova », qui est universellement connue, mais aussi d'un traîté, moins répandu hors les limites du pays. « De uno universo juris principio et fine uno » (1). Montesquieu lui-même, contrairement à l'affirmation de Franck, avait appris, lors de son séjour à Venise en 1728, l'apparition de la « Science nouvelle » (2); ce qui lui permit dans la suite d'y puiser sa théorie de la chute naturelle et inévitable de tout gouvernement qui ne répond plus aux mœurs, à l'esprit, au caractère et aux besoins de la nation (3). Il y a chez Vico des pages remarquables sur le criterium d'un bon gouvernement: il le trouve dans la seule attribution du pouvoir aux hommes

(1) Voir les œuvres latines de Vico. Milan, 1837. La doctrine de Vico sur la justice, la charité et la liberté a été exposée par M. FRANCK dans son ouvrage: *Réformateurs et publicistes de l'Europe au dix-huitième siècle*, 1893, p. 65 et suiv.

(2) FRANCK, ibid., pp. 126, 129.

(3) Nous trouvons dans le *Voyage en Italie* la notice suivante: Acheter à Naples: Principii d'una nova (sic) scienza di Jean-Baptista (sic) Vico. Napoli, p. 15.

les plus sages, les plus vertueux et les plus influents de l'Etat. Ainsi la domination des patriciens était juste tant qu'ils possédaient toutes ces qualités. Les nations les plus civilisées ont besoin de liberté et d'égalité civile, qui n'exclue d'ailleurs point la possibilité d'une direction suprême venant de l'aristocratie intellectuelle (1).

Ces lignes sont empreintes déjà de l'esprit de 1789.

L'attitude des plus éminents penseurs de l'Italie, par rapport aux nouvelles aspirations politiques, nous explique pourquoi à Venise même les idées égalitaires de France n'ont pas trouvé seulement des adversaires, mais aussi des hommes prêts à les examiner sérieusement et même à en recommander l'application, au moins partielle. Tandis que Ortes s'efforce encore de faire revivre, sous une forme nouvelle, la théorie médiévale des deux flambeaux et des deux glaives, en l'appliquant aux relations entre l'Eglise et l'Etat et en condamnant à ce point de vue tout essai de sécularisation du gouvernement (2), Pietro Mocenigo dans son traité de philosophie politique, intitulé « De l'homme à l'état libre (naturel) et dans la société » affirme déjà en 1744 la nécessité de l'égalité civile.

« Les privilèges de classe, écrit-il, ne font que détourner les citoyens de l'amour du gouvernement, ouvrent le champ aux abus les plus funestes, augmentent les charges des sujets ». Mocenigo est partisan de la publicité des actes de l'administration, il réclame la publication du budget, disant que le peuple paie plus volontiers quand il voit clairement l'universalité et l'utilité de ses sacrifices (3).

(1) FRANCK, p. 129.

(2) Le traité d'Ortes est intitulé : *Lettres sur la religion et le gouvernement des peuples,* il fut réimprimé dans le tome V de ses œuvres, *Economisti classici italiani,* t. XXV. L'idée maîtresse en est résumée dans une lettre à Michele Ciani de la façon suivante : « Tout gouvernement pour être vrai, a besoin de deux organes différents et remplit une double mission. L'Eglise représente la raison dans le gouvernement, le pouvoir laïque — la force matérielle ; là où un de ces deux organes est subordonné à l'autre il ne peut y avoir que simulation et imposture ». Lettre du 1ʳ avril 1780, Œuvres, t. IV, p. 575.

(3) *Riflessioni sull'uomo in società,* 1784, pp. 62, 67.

Dans la préface à un autre de ses livres, le « *Traité philosophique, politique et moral sur les devoirs des hommes dans la société* », paru en 1783, le même auteur conseille à la noblesse « de soutenir par tous les moyens la justice, indissolublement liée à la vertu ». Quelques années plus tard il publie le « *Discours sur les novateurs politiques* », où il réclame la conciliation des principes nouveaux avec l'expérience et les conditions du temps, tout en sauvegardant l'obéissance à l'autorité de la patrie et de la religion (1). En général, Mocenigo n'est pas opposé aux réformes, mais il voudrait qu'elles fussent exécutées d'en haut (2).

Dans les domaines plus étroits de la législation criminelle et de la procédure, Marco Barbaro démontrait, en même temps, la nécessité d'accorder à l'accusé les mêmes garanties qu'à l'accusateur, glorifiait l'abolition de la torture, demandait la supression de l'emprisonnement pour dettes, protestait contre la dureté de la détention préventive, réclamait la publicité des actes de la justice et la restriction de la peine de mort à des cas de plus en plus rares (3).

Après tout ce que nous avons dit, on comprend que les Vénitiens aient refusé de reconnaître aux Français la qualité de representants d'une nouvelle doctrine de liberté et d'égalité, qu'ils n'aient pas vu dans les soldats de Napoléon des apôtres d'un dogme nouveau, mais des gaulois sauvages, venus pour détruire leur civilisation séculaire. Même après le triomphe de la révolution démocratique soutenu par les chefs français, un vénitien, Barzoni, parlant des actes des soidisants libérateurs de l'Italie, croyait pouvoir faire une allusion transparente aux Romains, se conduisant en Grèce, pays de haute civilisation, mais divisé, en barbares n'ayant point perdu leur sauvagerie primitive (4).

(1) Discorso ragionato sopra gl'innovatori politici. 28 avril 1788.
(2) Voir Romanin, p. 70, t. IX.
(3) *Le orazioni criminali in difesa* (1786). Extrait chez Romanin, t. IX, pp. 61-63.
(4) Barzoni, *I romani in Grecia*.

CHAPITRE III.

L'état de la République de Saint Marc
à la veille de l'arrivée de Napoléon.

§ 1.

La Révolution française s'était déclarée pour la paix et
la concorde internationale. L'Assemblée Constituante, par la
bouche du philosophe Volney, avait proclamé sa volonté de
mettre fin aux conquêtes et de n'entreprendre désormais que
des guerres défensives. Si l'Europe ne l'avait pas provoquée,
la France démocratique serait, selon toute probabilité, entrée
dès le debut dans la voie de ce développement pacifique qu'elle
suit actuellement. Mais la crainte d'une invasion des impé-
riaux, préparée par la reine de concert avec un « Comité
autrichien » plus ou moins imaginaire, poussa les Français
à abandonner ce programme et à s'assurer le concours de
tous ceux qui, de l'autre côté de Rhone et des Alpes, mani-
festaient leur mécontentement des gouvernements établis et
tendaient à la séparation ou à la révolution. Pour fomenter
une pareille union, il était indispensable de recourir au puissant moyen de la propagande. Camille Desmoulins un des premiers en reconnut l'utilité. En donnant à son journal l'entête
de Révolution non seulement française, mais « brabançonne »,
il indiquait par là que le soulèvement des nationalités, provoqué en Belgique par les réformes maladroites de Joseph II,
n'était point indifférent aux partisans du nouveau régime
en France; que les évènements de Bruxelles non seulement
étaient le complèment de ce qui venait de se passer à Paris,
mais donnaient aussi la garantie qu'en cas de conflit avec
l'Europe la France ne resterait pas isolée et trouverait un

appui naturel dans les mouvements intérieurs des nations voisines. La cause de la propagande révolutionnaire était servie par les nombreuses sociétés secrètes, se rapprochant plus ou moins du type des loges maçonniques, qui couvraient de leur réseau la plupart des monarchies européennes. Quelques années avant la Révolution Mirabeau, au congrès des francs-maçons à la Haye, avait déjà proposé tout un programme de réformes sociales et politiques qui devaient être soutenues par les loges. Presque à la veille des événements qui accompagnèrent l'ouverture des Etats généraux à Versailles, le comte de Virieu, partisan du régime anglais, acquérait, au congrès des Illuminés à Ingolstadt la convinction que l'Europe était menacée dans un avenir prochain d'un profond ébranlement, et que les sociétés secrètes étaient appelées à jouer à cette occasion un rôle important. Enfin, au centre du catholicisme, à Rome, Joseph Balsamo, plus connu sous le nom de Cagliostro, en présence du cardinal de Bernis, maçon comme lui-même, prédisait la révolution et même l'éxécution de Louis XVI (1).

Il n'est pas étonnant qu'aux premières nouvelles de la coalition qui se préparait contre la France, les membres des sociétés secrètes étrangères présents à Paris, avec le fameux baron prussien Anacharsis Clootz à leur tête, et non sans entente préalable avec le club des Jacobins, crurent pouvoir faire une maniféstation destinée a démontrer la solidarité de tous les peuples dans l'œuvre de la Révolution. Malgré le côté comique de cette procession solennelle, où l'on vit des français déguisés en assyriens, cette incartade de Clootz, grâce au caractère sérieux que l'Assemblée nationale lui attribua, n'a pas peu contribué à éveiller les soupçons des représentants des puissances étrangères. Voici comment dans sa dépêche du 21 juillet 1790, l'envoyé vénitien Antonio Capello raconte la mascarade nationale, organisée par Clootz dans le but de démontrer la sympatie dont la démocratie française jouissait à l'étranger : — « Comme il y a Paris — écrit-il — beaucoup d'étrangers, provenant non seulement des divers pays de

---

(1) Costa de Beauregard, *Le comte de Virieu,* ch. I et II.

l'Europe, mais aussi des autres parties du globe, et comme
ce sont pour la plupart des vagabonds n'ayant pas le sou et
bannis de leur pays d'origine, on les a poussé à force d'argent et de toutes sortes d'insinuations, à envoyer une députation à l'Assemblée nationale pour la féliciter de la liberté
conquise. Cette députation a en même temps exprimé le vœu
de voir tous les peuples suivre l'exemple de la France ». —
Dans ses dépêches postérieures Capello revient plus d'une fois
aux mesures prises par les Français pour répandre leurs idées
au déhors. Il parle des émissaires envoyés par le club des Jacobins en Hollande et en Prusse, et de la fondation d'une société (« Club de 1789 »), qui s'intitule: Club pour la propagande
de la liberté. Son but avéré, écrit-il, est de répandre les idées
révolutionnaires par l'intermédiaire d'agents de basse extraction, tàchant de pénétrer dans les couches sociales les plus
diverses, d'éveiller et de soutenir le mécontentement des sujets
contre les gouvernants. Dans le même but ce club favorise
la publication de livres qui propagent les doctrines pernicieuses du droit de résistance aux autorités, de la liberté et
de l'égalité illimitées. Beaucoup de députés à l'Assemblée Nationale, tels que Lafayette, Bailly, Mirabeau, Sieyès et autres,
en font partie. Quelques uns de leurs adhérents se sont rendu
en Brabant pour y contribuer à l'affermissement de la démocratie, et pour promettre aux insurgés l'appui de l'Assemblée
Nationale. Le plus éminent parmi eux était Hugues de Se-
monville, qui joua plus tard un rôle important, d'abord comme
envoyé extraordinaire à Constantinople, ensuite comme ministre plénipotentiaire en Hollande. — Des émissaires du
même ordre étaient répandus également en Angleterre, en
Hollande, en Allemagne, en Italie, en Espagne. Certains gouvernements, et avant tous celui de l'Espagne, crurent nécessaire de préserver leurs Etats de l'influence néfaste pour eux
des idées françaises, en interdisant l'entrée dans le pays de
tout ce qui s'imprimait en France. J'ai pu, écrit Capello, me
procurer une brochure, intitulée: « Rapport à tous les gouvernements européens sur la conspiration contre leur tranquillité ». Cette brochure contient toutes les règles de con-

duite de cette « institution diabolique ». L'ambassadeur vénitien traite ainsi le « Club de 1789 ». A côté de cette société, dont les membres dans le domaine de la politique intérieure ont toujours été partisans des solutions modérées, il en existe une autre qui leur est hostile: le club des Jacobins. « Là on trouve les frères Lameth, le duc d'Aiguillon, Barnave, Robespierre, Péthion, Duport. Ils ont en vue d'enlever au roi tout pouvoir, et de le concentrer entièrement aux mains de l'Assemblée. Les deux clubs ont des correspondants et des sections dans presque toutes les villes de la France. Séparés d'opinion sur des points nombreux, ils ont, cependant, tous les deux le même désir, de préparer le plutôt possible, par les moyens de la presse et de la corruption, l'avènement de la révolution universelle ».

Ce rapport inquièta tellement la police de Venise, que Pisani, le successeur de Capello, reçut l'ordre de donner des renseignements nouveaux et plus précis sur les agitateurs expédiés de France; les inquisiteurs d'Etat lui communiquaient en même temps un bruit qui leur était arrivé de l'étranger, on disait que 150 émissaires allaient être envoyés de Dijon en Suisse, en Italie, en Espagne, en Allemagne et en Hollande (1). Trois semaines plus tard les inquisiteurs font savoir à Pisani qu'à Venise même on a tenté de former un club à l'image des Jacobins et d'engager une correspondance régulière avec Paris. Ils ordonnent à l'ambassadeur de se procurer les noms des sujets vénitiens qui servent d'intermédiaires dans ces pourparlers (2). Pour donner satisfaction aux inquisiteurs, Pisani fait de nouvelles démarches dans le but de découvrir les voies secrètes par lesquelles les révolutionnaires français arrivent à répandre leurs doctrines à l'étranger. Les résultats de son enquête sont exposés dans sa dépêche du 20 juin 1790 (3).

---

(1) *V. Les archives de l'Etat à Venise* (Inquisitori di Stato. Dispacci degli Ambasciatori in Francia).

(2) Ibid., Inquisitori di Stato: Leur lettre à Pisani, à la date de 21 janvier 1791.

(3) Ibid., lettre de 11 février 1791.

« Aucune société, ayant pour but la propagande d'idées révolutionnaires à l'étranger, n'existe en France; mais il ne s'en suit pas que le danger de la contagion soit éphémère; je le crois au contraire fort grand, aussi est il de mon devoir de vous communiquer avec détail tout ce qui se fait en France dans le but de conquérir l'Europe à ses idées. Si les statuts des deux clubs — celui des Jacobins et celui de 1789 — ne contiennent pas directement l'obligation pour leurs membres de faire de la propagande active, cependant beaucoup d'entr'eux, poussant jusqu'à la rage leur amour pour la liberté, considèrent comme un service rendu au genre humain de répandre partout les idées révolutionnaires et d'appeler tous les peuples à l'insurrection. A cette fin plus d'un se charge de missions secrètes à l'étranger. Les uns entreprennent ces voyages à leurs propres frais, d'autres reçoivent l'argent qui leur est nécessaire de la part de quelques fanatiques. Comme beaucoup de membres des deux cercles font partie de l'Assemblée Nationale, ses comités se sont naturellement servi de ces émissaires pour se procurer des rapports d'espionnage. On peut juger des dimensions prises par la propagande par ce seul fait que les deux cercles dont il a été question entretiennent une correspondance avec non moins de deux cents cercles provinciaux, sans compter plusieurs autres établis à l'étranger et particulièrement en Angleterre (Pisani avait évidemment en vue le Club Constitutionnel et celui des Amis de la Révolution de 1688). De toutes ces sociétés les émissaires reçoivent des recommandations et des secours. Avec de l'argent ils arrivent facilement à trouver des correspondants parmi les sujets des pays qu'ils visitent, d'autant plus que beaucoup de ces sujets ont les mêmes principes qu'eux et sont prêts à apporter du secours à ceux qui en prennent la défense. Actuellement il ne s'agit plus de la simple diffusion de maximes fanatiques, mais de préparer des insurrections contre les gouvernements étrangers dans l'espoir que les désordres intérieurs les empêcheront d'intervenir dans les affaires françaises ».

Lorsque les événements du 10 août 1792 déterminèrent Pisani à quitter la cour de France et à se réfugier en Angleterre, la République de Saint Marc s'assura, conformément à son conseil, les services d'un agent secret, Giovanni Pavolari. Il lui fut ordonné de renseigner de Paris de sept en sept jours le sécretaire des inquisiteurs Giuseppe Gradenigo sur le cours des évènements, en attachant une attention spéciale à tout ce qui touchait d'une manière ou d'une autre aux intérèts de Venise, ou qui pouvait contribuer à y faire naître une agitation révolutionnaire. La correspondance de Pavolari s'est conservée dans les archives des inquisiteurs de l'Etat, dans la division des rapports de personnes jouissant d'une confiance spéciale (Riferte dei Confidenti) (1).

Sachant à qui il avait affaire et à quelles résponsabilités pouvait l'exposer un simple soupçon de sympathie envers la démocratie française, le correspondant des inquisiteurs déclare dès sa première lettre que son désir de voir la tranquillité réapparaître dans le royaume ne procède nullement d'un sentiment de bienveillance pour les institutions françaises, que ses principes restent invariablement ceux qui ont créé la prospérité de sa patrie, et que, s'il désire la fin des troubles dans la ville où il demeure, c'est avant tout parce qu'il espère que le relèvement du crédit public lui permettra de regagner sa fortune, momentanément compromise par la dépréciation des assignats (2).

Les dépêches de Pavolari nous donnent peu de faits nouveaux quant à la marche générale des événements. L'intérèt de ses communications s'accroît toutes les fois que la Convention se met à discuter des questions touchant, ne fût-ce qu'indirectement, aux affaires d'Italie et à son avenir. Ainsi, par exemple, le 27 novembre, en faisant connaître aux inquisiteurs le discours du peintre David, qui par haine de la monarchie, demandait à la Convention de faire disparaître les bustes des rois à l'école française de Rome, Pavolari croit nécessaire de donner en même temps l'extrait suivant de la réponse de Barras: « Le pape, en voyant ces idoles tomber, fera

(1) Busta, N. 125, Archivio di Stato, Inquisitori, Riferte dei Confidenti.
(2) Lettre du 30 octobre 1792.

sentir son irritation aux artistes et aux élèves peintres français. Ne vaut il pas mieux attendre le moment où le général Kellerman entrera en vainqueur à Rome et portera le coup fatal au pape lui même » ?

Espérant la perte prochaine de la République Française, les inquisiteurs s'intéressaient beaucoup au manque complet ou à la cherté des vivres, au succès des conspirations monarchistes et des révoltes locales, enfin à la dépréciation des assignats. Les rapports de Pavolari sont pleins de renseignements sur toutes ces matières. C'est ainsi que dans sa lettre du 27 novembre il mande que les députés des départements de la Loire-et-Eure, de la Sarthe, de la Seine-et-Marne, de l'Indre-et-Loire, du Loiret et de la Corrèze, ont attiré l'attention de la Convention sur le mécontentement causé par la cherté du pain. A Romorantin, disaient-ils, les pauvres sont forcés de se nourrir de malt, de choux et de pommes de terre; ces aliments misérables sont souvent difficiles à trouver: une femme est revenue trois fois du marché les mains vides, elle est rentrée chez elle, a poignardé ses enfants et s'est tué elle même ensuite. La Convention, écrit Pavolari, fut terrifiée par ce récit. Dans la même séance les députés des mêmes départements déclarèrent qu'à Vendôme quelques mille hommes, entrés par force dans la ville, ont fixé le prix du pain à vingt-huit sous le boisseau (de 16 livres); ils ont aussi établi le maximum pour les autres objets de première nécessité. Bientôt à Paris même une agitation se produit en faveur de l'établissement du maximum. Dans sa dépêche du 4 décembre 1792 Pavolari communique des extraits du discours prononcé à la Convention par un délégué de la Commune. « Législateurs, a-t-il dit, la coalition des capitalistes qui accaparent les objets de première nécessité et empêchent leur libre circulation sur le marché, est la seule cause pour laquelle le bois, le charbon, le pain, le vin et les chandelles ont atteint des prix fous; ainsi une charrette de bois, qui suffit à peine pour un mois, coûte 27 livres; un sac de charbon de 16 stères — 5 livres; une livre de bougies — 1 franc; une bouteille de vin de qualité inférieure — 12 sous; une livre de pain — 3 sous ». Hors Paris, ajoute le correspondant, les prix sont encore plus élevés et les marchandises moins bonnes. En imputant cette cherté aux capitalistes, le délégué de la Commune de Paris prédit la formation, dans un avenir prochain, d'une aristocratie nouvelle, « celle de la richesse ». La liberté du commerce menace de mort le peuple; il n'y a pas d'autre moyen de rétablir l'abondance et la tranquillité que de faire fixer par les autorités les prix de tous les objets de première nécessité.

En février 1793 la cherté provoque déjà des désordres sérieux à Paris et dans les départements. Le 25 de ce mois une foule, composée pour la plupart de femmes, attaque les épiceries et procure de cette façon, aux prix fixés par elle-même, du sucre, du savon, des bougies, du café, etc. à ceux qui en font la demande. Ainsi, le sucre que les marchands vendaient trois livres 5 sous, était distribué à 25 sous, le savon à 15 sous au lieu de 30, les bougies à 12 sous au lieu de 20, le café a 20 sous au lieu de 50. L'intervention de la garde nationale fut nécessaire pour mettre fin aux désordres et assurer la liberté du commerce. Le chef de la garde nationale, Santerre, accusait ouvertement les royalistes d'avoir été les instigateurs de ces désordres et affirmait que la plupart de ceux qui y prirent part étaient des émigrés ou leurs domestiques. Mais le peuple ne pouvait se contenter de cette explication. Dans les proclamations affichées sur les murs, à côté de sorties monarchistes dans le genre de celle-ci: « Messieurs les députés, ne craignez pas pour vos 18 francs par jour, vous recevrez un Louis », on trouvait des déclarations purement anarchistes. « Les riches — disait une de ces proclamations — ont beaucoup gagné à la Révolution: elle leur a assuré la liberté et l'égalité. Mais les pauvres ne savent que faire de leur liberté; car, avant de vivre libre, il faut vivre. La Révolution ne sera point terminée tant que le peuple n'aura entre ses mains la propriété. En même temps commencèrent à se montrer sur les chapeaux les cocardes monarchistes portant le mot « univers », avec la lettre *L* intercalée au milieu, ce qu'on pouvait lire: « unis-vers-Louis ».

La misère régnait non seulement dans la capitale, mais aussi

dans les provinces, comme à Nantes et à Grenoble. Avec ses
120.000 habitants Nantes s'attendait d'un jour à l'autre à la
famine. Au mois de mars 1793 un des députés demanda à la
Convention une subvention d'un million huit cent mille livres
pour lutter avec la misère. On avait déjà donné des subven-
tions pareilles à Marseille et à Lyon. Le 16 avril le pain coûtait a Grenoble neuf sous la livre, tandis qu'à Paris son prix
restait encore 3 1/4 sous; il est vrai qu'à sept heures du soir
on ne pouvait plus en trouver à n'importe quel prix. Les paysans ne voulaient point porter leur blé dans la capitale, car ils
étaient forcés de recevoir en échange des assignats dépreciés;
la Convention esperait briser toute résistance, en décrétant 6
ans de prison contre quiconque refuserait de les accepter (1).

Malgré toutes ces difficultés intérieures, la République recevait souvent de l'étranger des assurances de sympathie et
des promesses de secours. Le 27 novembre une députation des
Anglais et des Ecossais habitant Paris se présenta à la bare
de la Convention, pour declarer qu'elle désire ardemment la
formation d'une alliance entre la Grande Bretagne et la République Française dans l'intérèt de la liberté et de la paix
de l'Europe.

Deux heures plus tard les délégués du club « des Amis de
la révolution à Londres » vinrent proposer six mille paires
de chaussures pour les soldats français. « Ce don est arrivé à
Dunkerque on ne peut plus à son heure. Le président de la
Convention a remercié la députation au nom des Français et
a exprimé l'espoir de pouvoir bientôt saluer la Convention de
la nation anglaise (2) ».

Dans sa dépèche du 4 décembre Pavolari annonçait une
nouvelle bien inquiétante. Les journaux français prétendaient
que Gênes était prête à s'unir à la France, et qu'en même
temps il s'y formait un cercle populaire sous le nom de « club
de la liberté », dont faisaient partie, à côté des résidents français, des officiers de la flotte gênoise. Dans une lettre anonyme

(1) Lettre du 16 avril 1793.
(2) Lettre du 4 décembre 1792.

arrivée de l'Italie au commencement de janvier 1794 et dont
Pavolari a réussi à se procurer la copie pour la communiquer
aux inquisiteurs de Venise, on écrivait textuellement ceci :
« Le Piémont attend avec impatience l'arrivée des troupes
françaises. Gênes voudrait secouer le joug de 30 oligarches.
Milan palpite d'indignation en voyant ses trésors prendre le
chemin de Vienne, Parme est lasse de l'incapacité de son Bourbon, qui remplit des devoirs de sacristain au lieu de s'occuper des affaires du gouvernement. Modène déteste son prince
pour son avarice. Venise est indignée du joug que la seigneurie lui impose. Les sujets du pape ont déjà plus d'une
fois fait pâlir leurs tyrans vêtus de pourpre. Toscane désire la
liberté et ne veut point rester soumise à la domination de Léopold d'Autriche. A Naples, où le féodalisme subsiste encore
et où le roi flatte la foule pour mieux l'enchaîner, le peuple,
indigné de l'arbitraire et des vices de la reine, de la nullité
du roi son époux et de l'insolence des ministres, est plein de
mécontentement et prêt à s'insurger. Ainsi tous les peuples
de l'Italie réclament la liberté. La curie romaine a pu s'approprier leurs trésors, elle a été impuissante à abaisser leurs
âmes. Les Italiens ont été toujours moins superstitieux et
moins pieux que les autres nations catholiques : ils vivent
trop près du grand charlatan (le pape) (1) ».

Les nouvelles, communiquées de Paris par un autre correspondant secret, Joseph Le-Roy, ne sont pas moins inquiétantes (2). Dans la séance du 26 mai 1793, écrit cet agent,
on a lu au Comité de Salut Public une lettre de l'émissaire
français, Tilly, qui se plaint que la France a tardé à envoyer
sa flotte pour occuper Gênes. Il en résulta des persécutions
contre les patriotes, nom par lequel on désignait déjà à cette
époque les partisans de la France et de ses principes démocratiques. Tilly écrit que les parents des patriotes emprisonnés
l'ont prié de faire des démarches pour obtenir leur libération,

---

(1) Lettre du 15 janvier 1793.
(2) Venezia. Archivio di Stato. Inquisitori di Stato. Riferte dei Confidenti.
Busta n. 630. Le-Roy (Giuseppe).

mais qu'il n'a pu les satisfaire, étant d'avance persuadé qu'il ne recevra qu'un refus à sa demande. Le correspondant du Comité de Salut Public écrivait en même temps que les partisans de la France à Gênes étaient toujours très-nombreux, qu'ils témoignaient tous beaucoup de zèle, mais que cependant le drapeau de la révolte ne serait pas hissé tant que la France, conformément à sa promesse, n'occuperait point Savone. L'émissaire français insiste pour qu'on exécute le plus tôt possible cette promesse et reçoit pour réponse que le Comité a déjà pris toutes les mesures nécessaires à cette fin. Le lendemain arrive de la part du résident à Florence une lettre, par laquelle celui-ci fait savoir que le grand-duc de Toscane, tout en laissant les Anglais entrer dans le port de Livourne, se déclare prêt à ouvrir aux troupes françaises le passage de ses états dans le cas où elles voudraient pénétrer dans l'intérieur de l'Italie (1). Ainsi la seigneurie vénitienne était prévenue de bonne heure de l'éventualité d'une invasion française dans la péninsule Apennine et ses craintes à ce sujet semblaient au commencement de 1794 être partagées par les autres gouvernements italiens, sans en excepter celui de Naples (2).

Il est à remarquer que déjà en juillet 1794 Tilly, en se plaignant de la lenteur avec laquelle le gouvernement français préparait la Révolution à Gênes, demandait avec insistance qu'on lui envoyât Bonaparte pour s'entendre avec lui sur le plan de la prochaine campagne. Il conseillait en même temps d'occuper simultanément Savone par l'armée et Spezia par la flotte. Par Massa et Lucques on pourrait en ce cas pénétrer en Toscane et lui imposer une contribution de 20 millions. Le Comité de Salut Public répondit que Robespierre le Jeune, qui se trouvait auprès de l'armée de Nice en qualité de com-

(1) Ibid., Lettre du 28 juin 1793.

(2) Francesco Apostoli, un correspondant secret de Giuseppe Gradenigo, lui fait savoir qu'il a reçu, à la date du 19 janvier 1793 une lettre de Naples, où il était dit : « L'Italie est menacée d'une invasion et d'une commotion intérieure ». (L'année vénitienne commençait par le mois de mars, de sorte que le 13 janvier 1793 des vénitiens équivalait au 13 janvier 1794 de notre calendrier).

missaire de la Convention, venait d'être rappelé à Paris; que tous ses projets concernant l'occupation militaire de l'Italie y étaient approuvés et que la campagne commencerait aussitôt que serait terminée la troisième levée, qui devait fournir les contingents nécessaires à la formation de l'armée d'Italie (1). Venise pouvait donc s'attendre à voir bientôt les troupes françaises s'approcher de son territoire, mais rien, évidemment, ne lui en faisait prévoir l'occupation. Tout ce qu'on pouvait craindre, c'était que la propagande révolutionnaire ne devint plus forte et qu'il ne se formât dans les limites de la République un parti pénétré des principes de 1789. Ceci devenait d'autant plus probable, qu'un autre agent, Dagobert Gwisendorfer, suisse d'origine et envoyé à Paris par Rocca Sanfermo, le résident vénitien à Bâle, affirmait qu'il avait rencontré à un dîner Robespierre et Couthon et qu'ils lui avaient fait part de leur dessein de n'envahir l'Italie, qu'après y avoir créé une propagande favorable à la France et à ses principes. On aurait dépensé 11 millions à cette fin. En ce qui concerne particulièrement Venise, on n'allait pas l'attaquer directement, mais à mesure que les troupes françaises s'approcheraient de ses frontières, on saurait y provoquer des troubles civils, et cela tant en province que dans la capitale, ce qui tôt ou tard « ouvrirait le chemin au cœur même du pays (2) ».

(1) Lettre de Le-Roy du 12 juillet 1794. — Les nouvelles inquiétantes communiquées par les agents étaient tout-à-fait justifiées. Le Comité de Salut Public songeait en effet, au commencement de 1794, à occuper militairement l'Italie. Ses correspondants secrets lui faisaient entendre que ce pays pourrait devenir facilement la proie d'une armée conquérante quelconque; à leur dire il abondait en objets de toute sorte qui assureraient aisement l'approvisionnement de l'armée. Robespierre l'Aîné s'était prononcé pour la guerre. On devait la commencer par l'occupation de Gênes. Le gouvernement de cette république, écrivait Robespierre, ne peut être contenu que par la crainte. Il faut lui faire peur pour le forcer à manifester ouvertement envers la République et ses armées la déférence qu'elles doivent rencontrer partout. (V. SOREL, *L'Europe et la Révolution française*, quatrième partie, p. 70).

(2) Dispaccio del secretario Rocco Sanfermo da Basilea, 6 giugno 1794, agli Inquisitori di Stato. ROMANIN, *Storia documentata di Venezia*, t. XI, documenti, n. 24.

§ 2.

La seigneurie vénitienne s'efforçait, autant qu'il était en son pouvoir, de combattre la diffusion des idées nouvelles et lui arrivant de l'étranger. A cette fin les inquisiteurs adressaient à Antonio Capello et à Almorò Pisani des questions sur les noms des personnes envoyées en Italie en qualité d'émissaires. Le 7 avril 1792 le même Pisani réçut l'ordre de s'enquérir si la correspondance entre l'académie de Paris et les sociétés savantes de Venise ne recelait point des envois d'écrits jacobins : on lui rappelait que Bailly et Condorcet, des révolutionnaires avérés, faisaient partie de l'académie (1). En même temps le gouvernement prenait des mesures énergiques afin de surveiller la conduite de ses propres sujets et des agents diplomatiques de la France : ceux-ci étaient en 1792 et 1793 d'abord Félix Guenin, ensuite Noël et Jacob. Pisani ayant quitté Paris à la suite de la révolution du 10 août, le gouvernement français dut aussi rappeler son ministre plénipotentiaire et confier la gestion des affaires à des agents subalternes. Les inquisiteurs les entourèrent d'une surveillance particulière, on les considéra comme une sorte d'émissaires, prêts à soulever les sujets contre le gouvernement, de répandre parmi eux la passion de la liberté et de la démocratie. Des espions, connus à Venise sous le nom de « confidents », reçurent l'ordre de surveiller chaque pas fait par les membres de la mission française, de tenir la liste des vénitiens qui entraient avec eux en relations plus ou moins suivies, de surveiller la conduite des français habitant Venise et des personnes qui y arrivaient de l'étranger, de visiter les cafés, les maisons de jeu, les pharmacies et les épiceries, de s'y mêler aux entretiens des visiteurs, afin de se rendre compte des sentiments des sujets envers les démocrates français. Des agents du même ordre étaient nommés également dans les autres villes de la Terre Ferme : à Padoue, Vérone, à Brescia, à Bergame, etc.

(1) Lettre des inquisiteurs du 7 avril 1792. Archivio di Stato. Inquisitori di Stato. Filza 545.

Les rapports de ces « confidents » nous sont parvenus dans leur intégrité. En les parcourant on se rend compte de l'état d'esprit des habitants de la République Vénitienne au moment de l'invasion française et on constate la croissance, d'abord lente, puis de plus en plus rapide, dans leur milieu de principes républicains.

Padoue avait depuis longtemps la réputation de la plus agitée des villes, non seulement à cause de sa noblesse, qui, privée qu'elle était de toute participation au gouvernement, se montrait de plus en plus mécontente de l'ordre existant, mais aussi et surtout à cause de ses étudiants, qui facilement inflamables et très nombreux, constituaient un élément des plus dangereux pour le maintien de l'ordre public. Dans les rapports officiels et privés, rédigés plusieurs dizaines d'années avant la Révolution, on lit: « de tous les habitants de la Terre Ferme personne n'est si hostile à Venise que les padouans (1) ».

Les mémoires privées font souvent mention d'émeutes fomentées par les étudiants. Une actrice, protégée par les autorités, est sifflée: excellent prétexte pour faire des perquisitions domiciliaires dans le but d'enlever aux étudiants les armes, qu'ils avaient le droit de porter, à la différence des autres habitants de la Terre Ferme. Cela, évidemment, provoque de nouveaux désordres. Pétitions tumultueuses, soutenues par une foule immense, intervention inefficace des professeurs, fermeture des magasins, ordre aux soldats de disperser les révoltés, fusillade, arrestations, exclusions, mesures policières approuvées par l'autorité universitaire, les professeurs interrompant précipitamment leurs cours dans l'espoir de mettre fin aux désordres, — en un mot, tout ce qui se repète de nos jours encore dans des cas pareils, se produisit à Padoue en janvier 1788 (2).

(1) Padova. Bibl. univ. class. 132. Relazione della città e republica di Venezia (XVIII s.).

(2) Bibliothèque municipale de Padoue, ms. *Compendio istorico degli avvenimenti accaduti nella città di Padova o ad essa appartenenti,* scritto da Girolamo Polcastro, padovano. Libro II, p. 9.

Cette soi-disant « émeute » reprimée non sans difficulté, a évidemment laissé des traces de mécontentement dans la classe éclairée, la même qui fréquentait volontiers les cafés, devenus nombreux à cette époque. Dans le journal manuscript d'un padouan, Girolamo Polcastro, on trouve, à la date de 29 mars 1787, cette digression curieuse. « Combien les cafés se sont multipliés de nos jours : on en compte 77. Ils ont remplacé les cabarets, où les gens du peuple commençaient leur journée par un verre d'eau-de-vie, et les boutiques des droguistes, où les plus aisés de nos pères venaient chercher des épices et passaient souvent une heure à causer des nouvelles du jour ». En décembre 1790 les cafés sont remplis d'étudiants. Le même témoin oculaire se plaint que l'absence de discipline se fait sentir de plus en plus dans la conduite de la jeunesse. Elle passe son temps à des jeux et des réjouissances bruyantes, qui se prolongent bien au-delà de minuit, elle continue au théâtre à siffler les actrices avec insolence. Les places et les rues retentissent la nuit des cris de joyeux étudiants (1). Cette jeunesse turbulente constituait un milieu tout indiqué pour la diffusion des idées égalitaires. Un des premiers agents de cette propagande fut un médecin juif, nommé Salomon. On lit en effet dans le journal de Polcastro : février 1793 (cela équivaut à février 1794 d'après notre calendrier); à midi le docteur Salomon a été arrêté par un sbire et conduit en prison. Bientôt après nous l'avons vu reparaître, chaînes aux mains et aux pieds et la tête recouverte d'un capuchon. On le fit monter dans une voiture en compagnie d'un autre sbire et on le conduisit à Venise. Sa culpabilité est évidente, car il se prononçait ouvertement en faveur de tout ce qui se passe en France. On dit même qu'il entretenait une correspondance secrète avec les membres de la République Batave. Si cela est vrai, que Dieu lui envoie le châtiment qu'il mérite (2) !

La nombreuse population de Vérone, ville qui comptait en 1795 jusqu'à 50.000 habitants, se tenait beaucoup plus tran-

---

(1) Ibid., livre I, p. 60; livre IV, p. 258.
(2) Ibid., livre VI, p. 36.

quille (1). D'après un des « confidents » des inquisiteurs, Francesco Agdolo, l'état général des esprits y était encore en décembre 1794 « très-satisfaisant ». Le peuple n'est point entamé par la propagande révolutionnaire, écrit Agdolo, mais dans la classe moyenne il y a déjà des maçons, que l'on rencontre surtout dans deux cafés : le café des Ciompi et le café Garbin.... Prenant Agdolo pour un des leurs, certains visiteurs de ces cafés lui ont fait des signes maçonniques. La noblesse de Vérone, bien que soigneusement exclue par les Vénitiens de toute fonction publique, comme du reste cela se passait dans toutes les autres villes de la Terre Ferme, restait cependant, d'après les dires de l'agent, pénétrée d'un « bon esprit ». Le sentiment religieux lui était commun ; aussi le gouvernement pouvait-il compter sur elle, car « la croyance en Dieu comporte toujours l'obéissance aux autorités ». Les maçons étaient encore peu nombreux parmi les nobles et méprisés de la majorité des bons citoyens (2).

Tout de même des tendances démocratiques se manifestèrent parmi les représentants des professions libérales bien avant l'arrivée de l'armée française à Vérone. Dans l'arrêt des inquisiteurs condamnant un avocat de Vérone, Ludovico Compagnolo, à trois ans de prison à Zara, il est dit que l'accusé combattait tous les gouvernements, y compris le gouvernement vénitien, qu'il les traitait de tyranniques et leur préférait le gouvernement français ; qu'il blasphémait, en traitant la religion catholique de préjugé, et qu'il écrivait des horreurs contre la vie pieuse (3).

Dans les villes voisines de la Lombardie autrichienne, à Bergame et à Brescia, l'état d'esprit des habitants en général ne faisait point prévoir, d'après les rapports des « confidents », la proximité de la commotion révolutionnaire. Cependant le ré-

(1) Bibliothèque municipale de Vérone, Ms. n. 2051. *Stato delle anime della città di Verona, nel 1795.*

(2) Archivio di Stato. Riferte dei Confidenti, busta n. 543. — Rapports de Francesco Agdolo de Vérone, de 1784 à 1797. Voir spécialement les rapports du 6 et du 27 décembre 1794.

(3) Inquisitori di Stato. Annotazioni, 1793-97. Fol. 115.

sident vénitien à Bàle, Rocca Sanfermo, communiquait une nouvelle alarmante : le Comité de Salut Public a envoyé, écrivait-il, en qualité d'émissaire un homme d'origine italienne, d'un grand talent et d'une grande perspicacité. Il doit arriver à Bergame d'un jour à l'autre, pour y préparer les esprits à l'adoption des principes français, c'est-à-dire des principes de 1789 (1). Le gouvernement s'efforça en vain d'apprendre le nom de cet auxiliaire dangereux de la révolution. Les efforts faits par les autorités locales dans ce but restèrent sans effet; ce n'est qu'à la veille de l'insurrection qui amena la perte de Bergame, que les inquisiteurs se décidèrent à y arrêter quelques démagogues, entr'autres Carlo Pepoli, qui passait pour être l'âme d'un cercle, dont faisaient partie également le gentilhomme Francesco Nocatemghi et l'avocat Rota-Vitali, « partisans de l'égalité, adversaires de la religion et de la suprématie de la République de S.ᵗ Marc, détracteurs audacieux du tribunal des inquisiteurs d'état ». Leur chef Pepoli fut condamné aux *piombi* (2).

Ces précurseurs, en somme peu nombreux, de la révolution qui approchait, inspiraient aux inquisiteurs moins de crainte que les succès de « l'esprit du temps », esprit de Voltaire et de l'Encyclopédie. La voie lui avait été ouverte par la seigneurie elle-même. Pour défendre les intérêts de l'Etat laïque contre les empiètements du clergé, les gouvernants de l'Italie, à commencer par Philippe de Bourbon à Parme, n'avaient-ils pas pris des mesures énergiques tendant à limiter les possessions immobilières du clergé et à diminuer le nombre des moines? Les décrets du Sénat vénitien de 1767 et 1768 avaient amené, également, la clôture de bien des monastères; le nombre des moines était descendu, grâce à eux, de 5798 à 3270. Les biens des couvents, qui n'avaient pas été vendus aux enchères, une fois devenus propriété de l'Etat, lui avaient permis, entre autres choses, de porter le traitement des curés des paroisses de 57 à 250 ducats par an. En même temps on avait supprimé la source principale des richesses du clergé régulier: on avait interdit la quête à tous les ecclésiastiques, sauf aux ordres mendiants.

La suppression des jésuites, effectuée en juillet 1773 par le pape Ganganelli, avait permis de transporter aux laïques la tâche de l'éducation de la jeunesse. On avait chargé le pédagogue Gozzi de préparer un projet de réforme pour les écoles laïques de Venise et de Padoue. L'instruction supérieure recevait chaque année une extension nouvelle, et, tandis que dans la première moitié du siècle on n'avait fondé à Padoue que deux nouvelles chaires, dans l'espace de quinze ans, à partir de 1759, il en fut créé sept.

L'esprit d'analyse et de critique avait pénétré peu à peu jusque dans l'enseignement de matières telles que le droit public de l'Eglise romaine, et cela à tel point, qu'en 1772 les réformateurs préposés à l'université crurent devoir déstituer un professeur du nom de Fabro, coupable à leur avis de « théories inconsidérées et dangereuses », exposées dans des « termes ambigus et railleurs et qui ne pouvaient que nuire à la religion catholique et l'abaisser » (1).

N'étaient-ce pas là autant de manifestations de l'esprit du temps? Et dans le domaine politique ne se montrait-il pas également? Est-ce que Angelo Querini, l'ami de Voltaire, ne cherchait pas à enrayer la corruption de l'aristocratie vénitienne et sa transformation en despotisme de quelques oligarches; est-ce qu'il ne tentait pas à limiter le pouvoir des inquisiteurs au profit du Grand Conseil? Les contemporains eux mêmes ne s'y sont pas trompés. Querini fut accusé d'avoir voulu profiter des droits attachés à sa fonction d'avocat de la Commune, fonction qui par son caractère ressemblait beaucoup à celle des tribuns du peuple à Rome, pour protester contre un grand

(1) Giuseppe Occioni-Bonaffons, la cattedra di Gius publico ecclesiastico e il prof. Angelo Antonio Taboro, contributo alla storia della Università di Padova, in *Atti del R. Istituto veneto di scienze, lettere ed arti.* Tomo VII, serie VI, Venezia 1889, di pong. 29.

nombre de mesures prises par les inquisiteurs et le Conseil
des Dix. Il considérait en effet que ces mesures violaient les
lois et constituaient un abus d'autorité. Pour empêcher ces
empiètements, il se proposait de demander la nomination de
réformateurs ou « correcteurs » *(corretori)* spéciaux, ainsi que
cela avait été déjà fait plus d'une fois quand il s'était agi de
reviser les lois organiques de Venise.

Une correspondance privée, conservée au nombre des manuscrits de la bibliothèque de Saint Marc, dit que les inquisiteurs,
et à leur tête surtout Dona, l'ennemi personnel de l'avocat
de la Commune, affirmaient, d'après les bruits que des agents
secrets, des « confidenti », leur avaient communiqués, que Querini avait préparé un véritable coup d'Etat. Prévoyant que
son discours serait interrompu et lui-même forcé de quitter
la tribune, l'avocat de la Commune aurait engagé ses partisans à l'entourer au nombre de 25 ou 30 et à empêcher de
force le secrétaire du Conseil de donner l'ordre de clôturer
les débats. Pour prévenir une pareille perturbation de la paix
publique, les inquisiteurs prirent des mesures pour arrêter
Querini prèsqu'à la veille de la séance. Au moment où, selon
son habitude, il allait à un cercle, situé dans la paroisse de
Saint Moïse, où il comptait passer la nuit, il fut abordé par
un serviteur de l'inquisition, Ignace Beltram; celui-ci lui
communiqua l'ordre du Tribunal Suprême de le suivre immédiatement. Querini eut à peine le temps d'envoyer deux mots
à son frère Vincenzo et à un ami Giustiniani. Conduit à
Fusine dans une gondole des inquisiteurs, il fut transporté
ensuite dans la prison de Vérone. Tout cela se passa vers le
milieu du mois d'août 1761 (1).

L'arrestation de Querini ne mit point de terme à l'agitation; ses partisans réussirent à faire passer au Grand Conseil
sa proposition quant à l'élection des « correcteurs » ou revi-
seurs des lois; mais cette élection fut peu favorable à ceux

---

(1) V. Bibl. Marciana. Relazione delle cose occorse e delle tenute in Major
Cons. per la Correzzione del Eccelentissimo Consiglio di X seguite l'anno
1762, estesa in 12 lettere da N. Balbi. — Lettres du 15, 22 et 29 août 1761.

qui voulaient limiter les fonctions des inquisiteurs. Les voix se partagèrent d'une façon inégale; trois se prononcèrent pour l'extension des pouvoirs du Conseil des Dix et des inquisiteurs; deux seulement en faveur de la limitation du pouvoir de ces derniers en ce qui concerne la juridiction sur les nobles et les dignitaires faisant partie du Grand Conseil. Ils voulaient que les inquisiteurs ne pussent condamner de leur propre gré un noble vénitien à une peine dépassant la simple expulsion de l'état ou deux ans de prison. Les inculpés devaient avoir le droit d'exiger que leur affaire fût immédiatement transmise au Conseil des Dix, qui seul pourrait statuer dorénavant dans tous les cas comportant une peine plus sévère, ainsi que dans tous ceux visant un dignitaire siégeant au Conseil.

Les deux projets, celui de la majorité et celui de la minorité, furent présentés à l'Assemblée générale des patriciens: les motifs dont le premier était accompagné, témoignent de l'influence de l'esprit du temps sur ceux-là même qui apparemment auraient dû lui résister le plus. Ces motifs déclaraient que la non-soumission des nobles à la juridiction des inquisiteurs était incompatible avec le principe de l'égalité. Pour démontrer la nécessité de conserver aux inquisiteurs le droit de faire arrêter et juger secrètement les aristocrates eux mêmes, on eut recours aux écrits de Machiavel, qui avait reconnu jadis une des causes de la chûte de Florence dans l'absence d'accusateurs publics capables de rendre les nobles responsables de leurs actes. La majorité ne voyait dans la diminution du pouvoir des inquisiteurs que le premier pas vers la supression totale d'abord de cette charge et ensuite du Conseil des Dix.

Les partisans de la réforme invoquaient à leur tour avec respect l'autorité de Montesquieu, qui avait déclaré le tribunal des inquisiteurs tyrannique et conseillé de réduire ses fonctions à la préparation du rapport et de l'acte d'accusation. Ils prétendaient que l'existence ultérieure du tribunal des inquisiteurs était incompatible avec la liberté, qui exige l'obéissance aux lois et non à l'arbitraire. L'intervention inattendue d'un partisan secret de Querini, le conseiller Paul Renier, demandant qu'on conservât l'ancien état des choses à la seule condition que l'affaire fût soumise à l'examen du Conseil des Dix, détermina l'échec du projet de réforme tout entier; il ne fut repoussé, il est vrai, qu'à la majorité de deux voix, mais la foule qui en grand nombre, sept mille personnes au moins, avait envahi dès le matin la place de Saint Marc et qui saluait maintenant de cris enthousiastes la victoire des inquisiteurs, ne laissait aucun doute sur ce fait que l'idée de liberté politique, ne s'étendant d'ailleurs qu'à la seule noblesse, ne rencontrait pas la moindre sympathie dans la masse populaire (1).

A une époque déjà plus voisine de la révolution on fit encore à Venise des efforts pour rajeunir les institutions existantes, en introduisant plus d'égalité et de liberté entre les citoyens: ces efforts sont liés aux noms de George Pisani et de Carlo Contarini. Leurs partisans se réunissaient au café de Londres; on y causait souvent de la perte prochaine qui menaçait la République et dont elle ne pouvait être préservée que par une réforme immédiate de son régime politique. Les conspirateurs — ils l'étaient du moins aux yeux des inquisiteurs — se déclaraient prêts à braver le tribunal suprême de la République. Ils exprimaient l'espoir de secouer bientôt le joug de ce tribunal et de rendre à la République la liberté perdue (2). Leurs principales doléances étaient la cherté des vivres, qui avait diminué le bien-être populaire, le développement excessif du luxe, qui menaçait de ruiner la noblesse et entraînait à sa suite la corruption des mœurs. Ils tenaient en même temps à remanier la constitution dans le sens de l'élargissement des bases sur lesquelles s'appuyait la domination de l'aristocratie vénitienne. Ils proposaient à cette fin

(1) Voir FRANCESCHI, *Storia della correzione del Consiglio de' Dieci.* 1761. Cod. DCCLXXVI, à la bibliothèque de Saint Marc. Romanin s'en est servi dans sa *Storia documentata di Venezia.* T. VIII, pp. 108-138.

(2) Annotazioni, 30 mai 1780, ms. Archivio di Stato, cité dans la brochure de GIUSEPPE OCCIONI-BONAFFONS, *La Republica di Venezia alla vigilia della rivoluzione francese,* p. 21.

d'admettre la noblesse de la Terre Ferme dans le Grand Conseil, qui ne se composait plus, grâce à l'extinction graduelle des anciennes familles, que des représentants de 220 familles (1).

Cette fois encore on songea à faire élire des correcteurs pour effectuer la réforme. La proposition en fut faite par George Pisani et adoptée par la majorité du Conseil dans la séance du 18 août 1775.

Au mois de janvier de l'année suivante les correcteurs ordonnèrent la fermeture des maisons de jeu et des cercles. Ils résolurent en même temps d'augmenter les appointements des fonctionnaires subalternes et d'admettre au Grand Conseil 40 familles appartenant à la noblesse de la Terre Ferme. Ce dernier projet fut adopté par la majorité du Conseil, mais neuf familles seulement profitèrent de la possibilité qui leur était offerte d'entrer dans les rangs de la classe dirigeante: tel était, observe Romanin, le changement qui s'était operé dans l'opinion publique depuis l'époque de la guerre de Candie, où beaucoup de personnes avaient encore été prêtes à payer 100.000 ducats pour acquérir un titre de noblesse vénitienne (2).

Cinq années durant les noms de George Pisani et de Carlo Contarini furent attachés, avec plus ou moins de raison, à tous les projets de démocratisation de la République. L'attention des inquisiteurs fut surtout éveillée par le discours prononcé par Contarini au Grand Conseil le 3 décembre 1779. Il dénonçait comme étant les causes de la décadence de Venise: la pauvreté du peuple, le luxe de la noblesse et les rapines des fonctionnaires, trop mal payés pour être intègres.

L'orateur blàmait aussi l'insuffisance de l'instruction reçue par la noblesse et le manque de tout contrôle sérieux de ses mœurs. Toute la noblesse déchue, tous les Barnabotes, appuyaient chaudement Contarini et réclamaient l'élection de nouveaux *correctori*. Cette fois les reformateurs furent appuyés également en dehors du Grand Conseil. Lorsque Pisani,

---

(1) Li nobili tutti uniti si contano al numero di 200 circa famiglie (Relazione della città e republica di Venezia) Padova, Bibl. Univ., ms. 132.

(2) Romanin, t. VIII, p. 210.

élu le 8 mars 1780 procureur de Saint Marc, se rendit au palais du doge, il fut accompagné d'un cortège composé de 352 nobles et d'une foule populaire innombrable. Cela suffit pour éveiller les craintes des inquisiteurs. A peine à un banquet organisé par ses partisans au quartier populaire de Bragora, Pisani eut-il prononcé les paroles: « Soyons fermes et tout ira bien! », que le 31 mai les inquisiteurs ordonnèrent son arrestation ainsi que celle de Contarini. On conduisit Pisani à la citadelle de Vérone, d'où on le transfera plus tard à Brescia; Contarini fut enfermé dans la forteresse de Cattaro. En même temps des mesures sévères furent prises contre toutes les sociétés suspectes et particulièrement contre les maçons (1). Mais ce n'est qu'en 1785, lorsque le bruit se rép ndit à Venise qu'on méditait l'incendie de l'Arsénal, que fut définitivement fermée la loge vénitienne, dont les réunions s'étaient succédées rue Marin, au domicile d'un certain Colombo.

A la tête de cette loge, dont les membres étaient pour la plupart des nobles, mais où on trouvait aussi quelques abbés et même quelques curés des paroisses, se trouvait un napolitain, Michel Sessa. La loge de Venise était en correspondance avec celles de Padoue, de Vicence et de Vérone. Il parait que les inquisiteurs n'ont rien trouvé à relever dans les actes des francs-maçons, car aucun d'entre eux ne fut inquiété. On se borna à faire brûler leurs emblèmes et leurs ornements. Ce qui paraissait dangereux chez les maçons, ce n'était pas la nature de leur doctrine, mais leur caractère de société secrète, discutant dans ses séances des questions religieuses et politiques.

Craignant de nouvelles agitations, le gouvernement résolut d'interdire à ses sujets toute conversation sur les affaires courantes; on introduisit des agents secrets dans les clubs, les cafés, les pharmacies et même les officines de coiffeurs. Dans un rapport spécial sur l'état intérieur de la métropole, un des « confidents » attira l'attention des inquisiteurs sur la nécessité

---

(1) Sur les maçons à Venise voir DANDOLO, *La caduta della Republica di Venezia*, annexe, pp. 1-15.

qu'il y avait de surveiller étroitement tous ces établissements, d'abord pour exterminer le vice, ensuite pour empêcher des conversations dangereuses, qui donnent naissance, dit-il, à toutes sortes d'entreprises insensées contre la paix et la prospérité de la République. « Le gouvernement, écrivait-il, ne doit pas perdre de vue l'accroissement rapide du nombre des cafés, qui permettent aux oisifs de discourir sans cesse et de critiquer tout ce qui se passe autour d'eux; rien n'échappe à leur censure, ni la conduite des dignitaires honorables, ni les décrets du Sénat, ni les arrèts des tribunaux. Ils s'efforcent de tourner en dérision les principes les plus sacrés de la religion et les décisions les plus sages du gouvernement (1) ».

Les boutiques des coiffeurs ont besoin de la même surveillance; « les barbiers, incrimine l'auteur du mémoire, ont pénetré dans toutes les familles et jouissent de la protection des femmes, qui ont souvent recours à leur entremise; ce sont eux qui répandent les premiers des principes contraires aux bonnes moeurs et empreints de l'esprit jacobin. Ces libertins ne craignent ni Dieu, ni la religion, ni les lois ». Figaro n'existait pas que dans l'imagination de Beaumarchais! — « S'il est impossible de les supprimer totalement, continue l'auteur, on peut du moins empêcher à l'avenir l'augmentation de leur nombre ».

Dans la catégorie des ennemis de la paix publique, soumis comme tels à une surveillance étroite, furent également classés les juifs, dont le nombre en 1780-90 n'était pas inférieur à 3200 familles (2). Leur situation dans la République était rien moins qu'assurée d'habitude. De cinq en cinq ans on leur renouvelait l'autorisation de séjourner à Venise; une déclaration expresse déterminait chaque fois leurs droits et leurs devoirs. Celle qui fut promulguée en été 1778 stipulait, entre autres choses, que les juifs n'auraient pas le droit de fabriquer et de vendre des marchandises nouvelles; en outre il leur était

___

(1) Voir Archivio di Stato. Inquisitori di Stato, busta 207. Relazione al Tribunale sopra lo stato della Republica, della Metropoli e del Governo.

(2) Romanin, t. IX, p. 122.

enjoint d'ouvrir dans la ville trois banques au capital de 200.000 ducats chacune, qui prêteraient sur gage et à cinq pour cent; il leur était interdit d'augmenter cet intérêt, de prendre pour gage des vêtements de soie et des parures, enfin de prêter sur gage plus de 3 ducats. « Beaucoup de juifs se livrent à Venise à des opérations de crédit et sont en rélation avec des capitalistes dans le monde entier, lisons-nous dans une relation privée sur la ville et la République, d'autres remplissent les fonctions de médecin. Malgré tous les efforts, qu'on s'est donné, ajoute l'auteur, on n'a pas encore réussi à leur enlever le droit de faire des placement d'argent lucratifs ». Le même auteur nous apprend un détail curieux sur le profit que les patriciens de Venise tâchaient de tirer des juifs. « Il n'y a pas de gentilhomme, écrit-il, qui n'ait un agent d'affaires juif, pas de juif qui n'ait un gentilhomme pour protecteur. Beaucoup de juifs ont leurs entrées dans les maisons des nobles. Ceux qui s'occupent du commerce sont souvent victimes des rapines des gentilshommes. Les patriciens pauvres prennent chez les juifs tout ce dont ils ont besoin à titre gratuit. Les juifs n'osent point refuser, ou porter plainte devant les tribunaux, pour ne pas se créer des ennemis dans la personne de ceux qui avaient été leurs protecteurs » (1).

Dans ces conditions, il est naturel que l'ordre établi ne fut pas très sympathique aux fidèles de la loi de Moïse, et que d'autre part les nobles plus ou moins endettés fussent, ouvertement ou secrètement, hostiles à ceux qui souvent avaient été les agents de leur ruine. L'auteur du mémoire sur l'état de Venise à l'entrée de la révolution donne l'expression suivante à cette haine séculaire, accrue encore par la crainte de la débâcle prochaine. « Il n'y a pas de sectes, écrit-il, qui ne fasse des néophites, mais ce qu'on n'a jamais vu, c'est qu'un chrétien embrassât le judaïsme. N'est-ce pas là la meilleure preuve que les dogmes des juifs s'appuient sur la perfidie et le mensonge. Les gouvernements ne peuvent attendre.

(1) *Relazione della città e repubblica di Venezia (XVIII S)*; Bibliothèque municipale à Padoue. MS. 132, p. 260.

pour eux que des calamités de la part de ce peuple essentiel-
lement dangereux. Ils se mêlent de tout et ont des rélations
secrètes avec tous les pays du monde. Je soutiens, sans crainte
de contradiction, qu'ils sont les principaux émissaires des jacobins et de l'Assemblée Nationale de France. Il n'y a pas de
loge maçonnique sans deux, trois, ou un plus grand nombre
de juifs. La liberté de l'industrie et du commerce a fait qu'ils
se sont emparés de toutes sortes de métiers et de négoces.
Grâce a leurs capitaux et à leur usure ils dominent le peuple.
Ils profitent de chaque occasion pour étendre leur influence,
et bien que la loi ne les tolère que dans un seul quartier de
la ville, peu à peu ils se sont étendus aux autres. Se servant
d'un chiffre secret, affirme le témoin que nous citons, les juifs
vénitiens entretiennent une corréspondance avec le monde
entier; ils connaissent tous les ressorts les plus secrets des ca-
binets européens et leur politique est si habile qu'ils ne craignent pas d'être découverts. Je ne dis pas cela à la legère,
mais preuves en main, en vertu de l'expérience, devant l'évidence des faits ».

Les libraires sont considérés également comme de grands
ennemis de l'ordre établi; grâce à eux l'esprit d'incrédulité
pénètre à Venise sous forme de traductions, d'adaptations ou
encore d'emprunts faits aux articles et aux livres de Voltaire,
de Rousseau, de Holbach, etc. Le conseiller des inquisiteurs
attire leur attention sur la nécessité de surveiller étroitement le commerce de la librairie. L'avocat Carlo Antonio Pi-
lati, qui fut poursuivi en 1769, avait été l'éditeur d'un grand
nombre d'ouvrages, où les moines n'étaient pas moins attaqués
que les adversaires de toute réforme politique (1).

L'exemple d'André Querini, qui traduisit plusieurs poèmes
de Voltaire en langue italienne et servit d'intermédiaire pour
la correspondance du philosophe de Ferney avec son oncle, le
cardinal Maria Querini (2), montre jusqu'à quel point les idées

(1) V. *Riflessioni di un italiano;* Riforma d'Italia. — *Il matrimonio di
fra Giovanni* (GIUSEPPE ACCIONI-BONAFFOUS, p. 19).

(2) V. ANDREA QUERINI, *Studio biografico di Vittorina Barbon,* p. 10.

des philosophes français du XVIII siècle avaient pénetré dans la littérature vénitienne. Une autre preuve de cette infiltration se trouve dans les compilations des œuvres de Rousseau qui nous sont parvenues et où, malgré des abréviations et des omissions, il est facile de démêler, du moins dans ses traits essentiels, la nouvelle doctrine si contraire à l'esprit des institutions vénitiennes ainsi que de l'Eglise catholique.

On peut s'en convaincre, enfin, par les traductions de « L'esprit des lois » et en voyant l'autorité de Montesquieu invoquée plus d'une fois dans les discours prononcés au Grand Conseil. La diffusion des idées nouvelles se faisait surtout par les livres et les brochures, très peu par les journaux. Quiconque a eu entre les mains le « Nouveau courrier de Venise » ou un autre journal de l'époque, comprendra difficilement les appels à la persécution de la presse périodique, que l'on rencontre si souvent sur les pages des mémoires adressés aux inquisiteurs par les « confidents », tellement le contenu de ces journaux est plat et insignifiant. « Je n'admets pas, écrit un des « confidents », qu'on tolère la publication de gazettes, remplies qu'elles sont des principes de la philosophie nouvelle et d'horribles attaques contre la religion catholique ». « Malgré des interdictions innombrables, les typographes et les libraires se permettent de mettre en circulation des traités, des romans, des poèmes, des gravures qui offensent le sentiment religieux, la morale et les lois. Une telle littérature fait naître dans les esprits des idées subversives, déchaîne les passions et menace de dissolution toute la société » (1).

Une circonstance a puissament favorisé la diffusion des idées égalitaires parmi les jeunes patriciens, sinon de Venise même, du moins de ses provinces continentales. C'est qu'ils faisaient habituellement leurs études à l'étranger. Les contemporains notent ce détail et se plaignent que les nobles de la Terre Ferme, ayant passé la première moitié de leur vie dans un milieu qui n'a presque rien de commun avec celui de leur patrie, ne se pénètrent pas assez de cet attachement aux ins-

(1) Inquisitori di Stato. Busta 209.

titutions qui seul peut faire de bons citoyens (1). Cette circonstance explique en partie la raison pour laquelle la noblesse de la Terre Ferme a pris une part si considérable aux mouvements démocratiques par lesquels Bergame, Brescia, Crémone, etc. se séparèrent de la République de Saint Marc.

Quant aux patriciens de Venise proprement dits, la loi du 28 juin 1709 leur avait interdit de sortir du territoire de l'Etat sans en recevoir la permission. Cela n'empêchait point beaucoup d'entre eux de voyager, non seulement en Toscane, la quelle grâce à Léopold était devenue un foyer de réformes démocratiques, mais aussi en France, où, non seulement les Querini, mais aussi d'autres hommes éminents des dernières années de la République, comme Battaglia, puisaient tous les élements de leur critique de l'ordre établi. Certains gentilshommes, réfractaires à des ordonnances de retour, devenaient l'objet d'un intérèt spécial pour les inquisiteurs, qui n'usaient envers eux que de mesures de coërcition morale. Nous en trouvons un exemple frappant dans le sort fait à Alvise Zenobio, lequel, pour ne pas avoir voulu retourner de Londres dans sa patrie, fut d'abord rélégué dans ses terres, et ensuite, après avoir reçu une nouvelle autorisation qui lui permettait de séjourner en Angleterre et en France, fut soumis à la surveillance secrète de l'envoyé vénitien Querini (2).

On voit par conséquent que longtemps avant la Révolution il y avait a Venise des causes nombreuses de dissentiment entre le gouvernement et la société, ou plutòt entre le gouvernement et les classes supérieures, qui souffraient des atteintes portées à leur liberté personnelle et étaient entrainées

(1) Dans la *Relazione al Tribunale dei Inquisitori sopra lo stato della Repubblica* etc., on lit: « È di tutta evidenza, che li nobili sudditi possidenti sono mal'affetti al proprio suo principe; necessario sarebbe che abbiano da esser educati nello stato e non altrove imbevendosi di massime contrarie a' nostri principi di governo e prendendo affetto alle massime dei principi esteri ».

(2) DARMANO DOMENICO, *Inediti documenti sulle vicende di Alvise Zenobio*, nell'*Archivio Veneto*, III, 278-300. — Voir aussi Inquisitori di Stato, Annotazioni, fol. 65 (al 1795, 30 luglio).

par l'esprit général du temps et le souffle démocratique venant de France. Ces éléments n'étaient pas très dangereux en eux mêmes, parce que la masse du peuple des villes et des campagnes prenait résolument partie pour le gouvernement. La marche des événements a montré quel dévouement portaient à la République de Saint Marc les paysans des bords du lac de Garde et les Slaves de la Dalmatie. Les Pâques sanglantes faites par le peuple de Vérone aux troupes françaises et à leur partisans secrets, l'empressement montré par le bas peuple vénitien à défendre par les armes l'indépendance de la mère patrie, prouvent à l'évidence que dans les villes les classes inférieures étaient peu entrainées par la propagande révolutionnaire. Il en était autrement à Venise même, où à la populace qui exerçait presque exclusivement la profession de gondoliers, s'ajoutaient des artisans et des ouvriers étrangers. Tandis que les premiers étaient le plus souvent des clients et parfois des frères de lait des patriciens qu'ils servaient, les autres formaient le noyau de la classe ouvrière, qui souffrait le plus du renchérissement des vivres et de l'insuffisance des salaires. Ces derniers, ainsi que le prouvent les mémoires presentés aux inquisiteurs en 1790 et 91, dépassaient rarement vingt sous par jour, ce qui, étant donné la cherté des objets de première nécessité, cherté, qui ressort des mêmes mémoires, plaçait les ouvriers dans un état voisin de la misère. Des raisons économiques déterminaient par conséquent l'existence au sein du peuple d'une classe nombreuse de mécontents, n'ayant aucun lien avec le passé, aucun attachement aux institutions existantes, et par conséquent prête à soutenir tout mouvement qui lui promettait l'amélioration de son propre sort. Mais cette classe ne formait pas la majorité; les gondoliers avaient la prépondérance numérique. Grâce aux relations de clientèle, qui s'étaient établies entre eux et les patriciens, ils restaient le ferme soutien de l'aristocratie. Le clergé, a peu d'exceptions près, marchait d'accord avec les masses populaires, surtout parce qu'y étant recruté il était pénétré de leurs préjugés et de leurs superstitions. Presque tout le clergé paroissial, écrit l'auteur de la rélation, sou-

vent citée par nous, sur l'état de Venise au XVIII siècle, est
de « sang vil », ignorant et pauvre. Dans les mouvements populaires qui ont marqué les dernières années de l'indépendance, les amis et les ennemis étaient d'accord pour attribuer
aux prêtres le rôle d'instigateurs et de guides, affirmant que
c'est grâce à leur fanatisme que la République a été si refra-
ctaire aux justes exigences de la révolution qui approchait.

La classe industrielle et commerçante, placée entre la noblesse et le peuple était divisée en deux parties. Ses couches
supérieures furent favorables au mouvement de réforme qui
devait finalement leur donner des droits politiques. Le rapprochement se fit entre elles et les patriciens les plus avancés,
grâce à la direction commune des entreprises commerciales
et industrielles. Bien qu'il existât à Venise le même prejugé
qu'en France quant à la manière de vivre noblement de ses
rentes seules sans se préoccuper d'aucune entreprise industrielle ou commerciale (1), beaucoup de familles aristocratiques s'associaient aux négociants et leur confiaient leurs
capitaux (2). La démocratisation des mœurs et des habitudes,
qui précède toujours la démocratisation des institutions, donnait lieu à des rélations quotidiennes entre les jeunes nobles
et les couches supérieures de la bourgeoisie. En vain les partisans du passé se plaignaient-ils de l'habitude contractée par
les patriciens de se montrer dans la foule avec des vêtements
qui ne convenaient pas à leur dignité et de fréquenter les
cercles et les cafés de la bourgeoisie; en vain invitaient-ils
les inquisiteurs à prendre de nouvelles mesures contre ces partisans de l'égalité ; l'esprit du temps faisait son œuvre, et la
noblesse vénitienne, pendant les loisirs que lui laissaient les

---

(1) Le général Marbot s'exprime de la manière suivante sur le devoir
qu'avait la noblesse d'éviter toute profession ayant le gain pour but. « Selon
l'expression du temps, la famille Marbot vivait noblement, c'est à dire de
ses propres revenus, sans y joindre aucun état ni aucune industrie » (*Mémoires du général Bazon de Marbot*, t. I, p. 1).

(2) « È cosa nota che li nobili si trovano a parte in moltissimi negozii della
città. I sudditi, per non cadere nella loro disgrazia, è forza che le ricevano
tacitamente a parte del negozio, e gli servano come fattori ».

affaires du gouvernement, se mêlait aux riches marchands dans la recherche des réjouissances et de la popularité (1).

§ 3.

L'esquisse que nous avons donné des diverses classes de la population vénitienne, au point de vue de leurs sentiments politiques, explique la raison pour laquelle la police secrète des « Confidenti » s'efforçat de pénétrer tant dans les palais des patriciens que dans les cafés populaires; elle entourait en même temps de sa sollicitude spéciale les étrangers, surtout les français, ces émissaires présumés des jacobins.

Déjà en septembre 1792 les inquisiteurs décident d'attacher des « confidents » à la personne des agents de la République Française pour apprendre avec qui ces representants du gouvernement révolutionnaire entraient en rapports, chez qui ils rencontraient des sympathies et l'offre d'un concours. Certain Domenico Casotto surveillait Jacob, le nouveau secrétaire de la légation. Dès le moment de son débarquement, son serviteur, un certain Le-Roy, payé par l'agent, lui fait connaître le caractère de son maître. D'après ses dires, c'était un jacobin fanatique qui ne le cédait pas par le radicalisme de ses principes à l'ancien envoyé français Guenin. Froissé de ce qu'on lui avait fait prêter serment à la nouvelle république, Le-Roy revèle que les diplomates français accrédités à Venise entretiennent une correspondance suivie avec certains habitants de la Terre Ferme, qui propagent les doctrines françaises de liberté et d'égalité. Bientôt à Venise même il est question

(1) L'auteur du *Mémoire sur l'Etat de Venise au XVIII siècle* indique les maisons de jeu, ou *ridotti*, comme étant des lieux de réunion habituels de la jeunesse; il parle aussi de la coutume de se cotiser plusieurs pour entretenir une maîtresse. Entre les rivaux non seulement il n'y a pas de discorde, mais au contraire une amitié s'établit; ils se soutiennent mutuellement; l'influence de pareilles associations se manifeste même lors des élections.

de discours dithyrambiques sur la révolution qui vient d'éclater en France. Le comte Cataneo entend dans une loge voisine de la sienne « des exagérations étranges » dans la critique des actes du gouvernement, et il s'écrie: « Même à Paris on n'adresse pas de pareilles insultes aux gouvernants »! Les coupables étaient masqués et il fut difficile de les retrouver.

A Padoue, selon le témoignage du même Le Roy, l'ancien ambassadeur français, le comte Durfort, est entouré de maçons et il est impossible de pénétrer au fond de son âme (1).

A peine M\r Noël, le nouvel agent diplomatique de la France, arriva-t-il de Paris, qu'il fut dénoncé aux inquisiteurs comme propagateur d'idées révolutionnaires. Cette fois ce ne sont pas les *confidenti* seuls qui répandent ce bruit. Un émigré de l'entourage du comte de Provence, plus tard Louis XVIII, le comte d'Antraignes, qui résidait à Venise en qualité de membre de la légation espagnole (2), fait savoir à la Seigneurie que le nouveau diplomate est un correspondant du club des jacobins fondé a Gênes, et de pair avec le ministre autrichien il exprime son étonnement de ce que la République de Saint Marc tolère la présence d'un envoyé des régicides. L'exemple de la France, qui sous Mazarin avait soutenu Cromwell, ne doit pas se renouveler; une infamie ne mérite point d'être imitée. Le régent refusera d'avoir à Venise un ministre plénipotentiaire, tant que la République de Saint Marc voudra lui imposer le voisinage d'un représentant de la Convention (3). Prévenu de la mission secrète de Noël, l'agent Domenico Casotto surveille ses rélations, envoie près de lui un prêtre du nom d'Alessandri et apprend par son intermédiaire qu'à la question de Noël qui à Venise nourrit le plus de sympathie

(1) *Archivio di Stato*. Confidenti, busta N. 562, lettres de Domenico Casotto du 6, 9, 10, 23 et 26 novembre 1792, et aussi du 25 février 1793.

(2) Voir *Un agent secret sous la révolution et l'empire. Le comte D'Autraignes* par Léonce Pingaud. Paris, 1893, p. 103.

(3) Les lettres d'Autraignes furent transmises aux inquisiteurs par Casotto dans l'annexe de son rapport du 2 juillet 1793.

pour la révolution française, il fut répondu : Battaglia, Zuglian, Grimani (1).

Evidemment, rien ne prouve que ces dénonciations aient
été véridiques, mais ce qui nous importe à nous, c'est que
Battaglia, qui plus tard sera consideré comme un partisan
secret des français, et Zuglian, un des membres futurs de la
municipalité démocratique, jouissaient déjà à cette époque de
la réputation de démagogues. L'arrivée attendue à Vérone du
comte de Provence, accompagné de toute une foule d'émigrés,
détermina le gouvernement de Venise a y envoyer également
des agents spéciaux.

Domenico Casotto fut chargé d'en recruter un certain nombre
afin de pouvoir nommer des « confidents » subalternes à Vicence et à Padoue. Dans toutes ces villes les inquisiteurs de
l'Etat espéraient découvrir les restes de loges maçonniques,
qui présentaient toujours à leurs yeux un terrain favorable
à l'agitation. Nous suivrons bientôt un des hommes choisi par
Casotto et les inquisiteurs dans sa mission à Vérone; mais
il nous faut d'abord nous arrèter aux indications d'un autre
confidente, Giuseppe Joachini, concernant les sympathies françaises qui se faisaient connaître à Venise même. Les inquisiteurs ne se fiaient pas en général au témoignage d'un seul
agent et avaient l'habitude de les faire contrôler l'un par
l'autre. Joachini, de même que Casotto, eut pour mission de
surveiller les français séjournant à Venise, y compris leurs
domesticité. Ses rapports consistent habituellement à dire que
tel valet de chambre ou tel riche commerçant français, faisant des affaires à Venise, parle en faveur des jacobins et
glorifie l'exécution de Louis XVI. « Il déclare que les autres
gouvernants méritent le même sort, sans en excepter les
membres de la Seigneurie, qui coûtent aux sujets plus cher
qu'une monarchie quelconque ». Les français se connaissent
entre eux, passent leurs soirées ensemble, en discutant bru-
yamment dans les cafés et sur les places publiques. Joachini
les suit partout: au café Florian et dans d'autres établisse-

(1) Ibidem, lettre du 18 juillet 1793.

ments analogues situés sur la place de Saint Marc (1), ou bien dans la paroisse de Saint Moïse. Il met l'oreille aux serrures, entend prononcer dans les conversations le nom de Pisani, dont le parti aurait lutté récemment pour la même cause que la révolution en France, mentionne des attaques contre la justice vénitienne, mais au fond n'apprend à ses correspondants rien de sérieux quant à l'agitation supposée des émissaires français (2). Les craintes du gouvernement s'accroissent encore depuis l'arrivée à Vérone du prétendant au trône français. Il semble à première vue que la qualité même des personnes qui entouraient le comte de Provence aurait dû écarter tout soupçon. Il aurait été étrange de supposer que les partisans de la monarchie seraient devenus à l'étranger les propagateurs d'idées révolutionnaires. Mais la majeure partie étaient besogneux, et certains soupçonnés de servir en même temps le prétendant et le gouvernement révolutionnaire de Paris. L'expérience a prouvé plus tard que les émigrés français, et surtout les prêtres catholiques, non assermentés, pouvaient devenir des agents utiles en Italie. Nous avons à cet égard un témoignage de Napoléon lui-même qui ne laisse planer aucun doute. Dans une de ses lettres adressées au Directoire, le vainqueur d'Italie demande l'autorisation de mettre à profit ces ennemis déclarés de la révolution une fois qu'ils se montraient prêts à lui offrir leurs services. Il les déclare même les auxiliaires les plus sûrs de toute propagande révolutionnaire à l'étranger.

Cela fait comprendre pourquoi en 1794 la Seigneurie vénitienne a cru nécessaire d'envoyer des agents spéciaux, non seulement à Vérone, mais aussi dans toutes les villes voisines jusqu'à la frontière de la Lombardie autrichienne. Les rapports des *confidenti* sont d'abord fort rassurants. La population de Bergame, écrit à la date de 11 novembre 1794 un agent secret, Da-Ponte, est trop profondément attachée au

---

(1) Il n'y en avait pas moins de deux cents sur cette place seule.

(2) Inquisitori di Stato. Riferte dei confidenti. Busta n. 605. Rapports du 16 mai et 18 juin 1793, 3 et 25 janvier 1794.

gouvernement vénitien, dont la protection l'a rendue prospère pendant tant de siècles, pour que les changements qui ont eu lieu en France puissent diminuer si peu que ce soit son dévouement à son prince adoré (il s'agit du doge); j'en suis tellement convaincu que je puis le garantir sur ma vie. Evidemment, les nouvelles venant de France peuvent agiter quelques nobles et quelques bourgeois, car les uns et les autres se trouvent engagés avec la France dans des rélations constantes de commerce. Je ne nierai pas que les premiers actes des français, dirigés contre le déspotisme des courtisans, contre l'injustice et le poids des impôts, qui engendraient le contraste de l'extrème misère et des richesses incalculables, aient provoqué une certaine sympathie chez nos journalistes. Cette sympathie aurait pu devenir dangereuse pour la paix publique, si le loyalisme de la population n'avait décidément prévalu et si, d'ailleurs, l'influence des gazettiers ne fut en somme fort insignifiante. Ce qui attirait surtout les esprits, c'était l'égalité, c'était ce principe en vertu duquel le talent, à l'exclusion de tout autre facteur, devait ouvrir l'accès des fonctions publiques. L'élan des imaginations s'arrêta néanmoins bientôt, l'enthousiasme disparut à mesure que le zèle patriotique des Français prenait la forme d'un despotisme nouveau. On était pris d'horreur en voyant combien la démocratie naissante exigait des victimes. Des abus de toute sorte, la dévastation des provinces, la terreur qui s'est emparée des esprits, et surtout la menace de l'invasion des armées françaises en Italie, n'a pas peu contribué à provoquer un refroidissement marqué. L'interdiction par la Seigneurie de la circulation des journaux français, qui contribuaient à la diffusion de l'incrédulité et de l'athéisme, est venue d'ailleurs à point pour arrêter la propagation de la mauvaise doctrine. « Actuellement nos publicistes discutent les affaires de France aussi tranquillement, que s'il s'agissait de celles de l'Autriche, de la Prusse, de la Russie ou de la Sublime Porte ». Malgré sa confiance dans le bon esprit de l'opinion publique, le correspondant des inquisiteurs leur propose néanmoins tout un programme de mesures, qui pourraient, à son avis, empêcher tout désordre à l'avenir. « Cen-

sure sévère de tout ce qui s'imprime de l'autre côté des Alpes;
poursuite contre quiconque lancerait des bruits alarmants, surveillance des émigrés, et parmi eux spécialement des prêtres,
car ceux-ci se trouvent le plus près du peuple et jouissent de
sa confiance, interdiction des spectacles mettant en scène l'arbitraire du gouvernement ou l'insurrection du peuple contre la
tyrannie, enfin, publication de livres instructifs contenant une
sorte de catéchisme des diverses obligations des sujets envers
le gouvernement et notamment de l'obéissance absolue et du
sincère dévouement qu'ils lui doivent. Les mêmes recommandations peuvent être faites par les prêtres des campagnes dans
leurs sermons et exerceront sans doute une heureuse influence
sur la conscience des bons chrétiens (1) ».

Des nouvelles non moins rassurantes arrivaient en même
temps de Vérone de la part du comte Francesco Agdolo (2).
C'est à cet agent qu'on avait confié la surveillance de la cour
du comte de Provence; il avait aussi la mission de communiquer aux inquisiteurs tout ce qu'il aurait appris par les
émigrés sur les affaires de France. Les rapports d'Agdolo sont
donc curieux à trois points de vue: d'abord, parce qu'ils nous
donnent le tableau de la vie des royalistes français à l'é-
tranger; ensuite, parce qu'ils nous font connaître les bruits,
parfois invraisemblables, qui couraient parmi eux sur l'immi-
nence d'une nouvelle révolution, cette fois monarchiste; enfin,
parce qu'ils nous montrent l'état d'esprit de la population de
Vérone pendant les derniers mois qui ont précédé l'occupation française. Agdolo se répand en éloges au sujet de la
conduite du prétendant, qui demeurait à Vérone sous le nom
de comte de Lille: il mène une existence solitaire, ne va ni
au théâtre, ni dans les autres lieux de réunion publique, ne
fréquente personne et passe tout son temps en travaux, lec-

<hr>

(1) Archivio di Stato. Inquisitori di Stato, busta n, 625. Rapport de Bergame du 11 novembre 1794.

(2) Nous savons cela par une lettre de Francesco Agdolo lui-même, datée
du 5 novembre 1794. Archivio di Stato. Inquisitori. Riferte dei confidenti.
Busta n. 543.

tures et méditations dans la solitude de son cabinet. Il lui
est difficile de compter sur le concours actif des armées coa-
lisées, car les puissances ne songent qu'à une chose: au démembrement de la France. Si cela pouvait avoir lieu, l'Angleterre deviendrait maîtresse des mers et s'emparerait du
commerce de l'Europe, de l'Amérique et des Indes; mais un
démembrement de la France est impossible: la fierté de la
nation s'y opposerait. La Convention ne peut vouloir la paix,
ne fût-ce que parce que les démagogues qui la dirigent craignent qu'au retour des armées Pichegru ou Jourdan ne deviennent de nouveaux Cromwell et, forts du dévouement des
troupes, ne fassent un coup d'état (1). Voici pourquoi l'Italie
est menacée de l'invasion de l'armée française: les lettres
des officiers qui arrivent ici en parlent déjà ouvertement. Tout
le monde en pâtira, mais ceux-là moins que les autres qui,
comme le sage gouvernement de Venise, n'ont pas irrité les
Français par des mesures d'hostilité. Agdolo exprime à cette
occasion l'espoir, partagé par un grand nombre de gens, que
les Français ne pourraient entrer en Italie, que les armées
de la coalition les arrêteraient en route et que les conditions
physiques elles-mêmes, surtout l'abondance de neige dans les
montagnes, s'opposeraient à leur invasion. Ce « confident » ne
croit pas non plus que la République Française, comme un
grand nombre de personnes n'hésitent pas à l'affirmer, soit
sur le point de se consolider. Un gouvernement ne peut pas
pousser de racines profondes sans le concours de la religion;
l'union au sein de la Convention est une chimère, ainsi que
la fermeté dans la politique d'une nation, dont le caractère
est fait d'inconstance et de légèreté (2). Agdolo, bien qu'on
lui écrive encore de France que le nom de monarchie y est
prononcé avec horreur, subit peu à peu l'influence de l'optimisme des émigrés. Communiquant à son gouvernement le
moindre détail de tout ce qu'il voit et entend, il lui fait part,
entre autres choses, d'une heureuse nouvelle, rapportée par

(1) Lettre du 14 février 1794.
(2) Lettre du 9 février 1794.

le médecin qui a arraché une dent au comte de Provence : sur la racine de la dent, par un jeu de la nature, on pouvait lire le mot : Roy. Dans une autre lettre il écrit qu'à Paris plus de trois cents prêtres non assermentés célèbrent ouvertement le service divin devant un public nombreux ; on peut espérer que, grâce à l'influence exercée par la religion, le peuple exterminera bientôt les membres de la Convention et la monarchie sera restaurée spontanément.

Agdolo apprend aussi par l'intermédiaire des émigrés que la force des Français à l'étranger est faite par les maçons. On les trouve aussi bien dans l'armée que dans les conseils des gouvernements, et en général dans toutes les classes de la société à l'exception du bas peuple des villes et des campagnes. Ce renseignement sera confirmé d'une manière éclatante par le mot suivant de Napoléon adressé au chef de l'armée piémontaise, Colli : « Les Français ont des partisans partout, puisque le pays est plein de maçons ». Agdolo conseille aux inquisiteurs de faire revivre les interdictions des papes et de mettre ainsi un terme à la multiplication des loges maçonniques et à la popularité de celles qui existent déjà. A Vérone, écrit-il, on trouve des maçons, on peut les rencontrer dans les cafés ; pour les reconnaître, Agdolo avait l'habitude de faire un signe, en conduisant la main de l'oreille au menton. Souvent on lui a répondu de même ; mais, par précaution, il n'a pas osé demander les noms des personnes qui le faisaient. En général, l'état des esprits à Vérone est excellent ; on n'aime pas les français, leur arrogance et leur galanterie. Seules quelques dames de la haute société les protègent par compassion pour leur triste sort et touchées de leur grâce, leurs talents et l'élégance de leurs manières. Agdolo s'empresse d'ajouter que parmi les émigrés il y a incontestablement des émissaires du gouvernement révolutionnaire. Beaucoup ne l'étaient pas au début, mais la misère et l'inconstance de caractère les a rendu sensibles à l'or français. La Convention ne peut pas négliger leurs services, même au cas où elle ne songerait pas à la conquête. Elle ne peut pas se désintéresser de la diffusion des principes susceptibles de causer beaucoup de difficultés aux gouvernements de l'Europe (1).

Le nombre des besogneux au sein de l'émigration est assez considérable, mais la majorité a de quoi vivre sans avoir besoin de secours. Il est remarquable qu'il n'y a pas d'union étroite entre les Français; ils s'assemblent peu. Beaucoup d'entre eux passent leur temps à se promener seuls dans les environs, les autres restent chez eux près de la cheminée, lisent et écrivent pour tuer le temps.

A juger selon les apparences, ce sont pour la plupart des hommes faux et méchants. Les dames de la société française ont beaucoup d'esprit et pourraient par conséquent, si elles le voulaient, utiliser leurs talents pour des buts néfastes. Agdolo ne trouve aux émigrés ni les traits de vrais royalistes ni ceux de véritables démagogues; les premiers, doivent être rares, parmi eux; quant aux autres, ils portent le masque. Les meilleurs sont de fous demoiseaux qui voudraient avoir à eux toutes les femmes. Ce qui inspire beaucoup de soupçons à Agdolo, c'est que les Français ne rencontrent à Vérone un bon accueil de la part de personne, si ce n'est des maçons. A leur nombre appartient, par exemple, le médecin du comte de Provence, Colomb ou Colon. Il a l'intention d'aller à Venise; Agdolo recommande de le bien surveiller et de s'assurer s'il ne cherche pas à avoir une entrevue avec le résident français ou son secrétaire, ce qui est d'autant plus vraisemblable que Colomb doit habiter chez un maçon et fait en général l'impression d'un homme de principes pervers (2).

Le *confident* vénitien a pu apprendre que le comte de Provence, qui continue à vivre solitairement, ne recevant ses compatriotes que le jour de l'an ou à l'occasion de l'anniversaire de la mort du Louis XVI, a confiance en ses serviteurs et leur donne des papiers importants à copier. Agdolo espère pouvoir se procurer à l'avenir de ces copies. Tout ce qu'il entend jette une lumière très favorable sur la figure

(1) Lettres du 5 novembre et 6 décembre 1794.
(2) Lettres du 20 et 27 décembre 1794 et du 12 janvier 1795.

du futur roi Louis XVIII. Le comte de Lille possède toutes les qualités nécessaires à un chef d'Etat: une mémoire extraordinaire, beaucoup de lecture, la connaissance des forces matérielles des diverses nations, de leur forme de gouvernement, de leurs intérêts dynastiques et relations internationales. Les princes de sang, émigrés à l'étranger corréspondent sans cesse avec lui. En février 1794 il se produisit un changement considérable dans la conduite du comte de Provence. Le 17 il rendit visite à la comtesse Marioni, dont la maison fut une des plus hospitalières aux émigrés. Il commença depuis à se montrer en public, au grand étonnement des français eux-mêmes, qui y voyaient la preuve de son assurance qu'une nouvelle révolution était prochaine et que bientôt leur exil prendrait fin. Les hommes de sa suite se mirent à porter leurs uniformes et leurs croix qu'on n'avait pas vus depuis longtemps. On peut affirmer avec assurance, écrit Agdolo, que les Bourbons ont mis actuellement tout leur espoir dans une révolution intérieure en France. Ils la préparent par des émissaires envoyés en province et par des prêtres non assermentés, qui propagent dans le peuple des journaux et des proclamations royalistes. Ils veulent profiter de ce que les armées se porteront vers les frontières pour résister à la coalition. Il est possible que les événements tourneront en faveur de la monarchie, car la Convention n'a pas d'ennemi plus grand que l'église catholique. La misère, un hiver dur, un gouvernement insensé et tyrannique — tels sont les meilleurs auxiliaires du clergé. Que la nation se pénètre seulement de cette conviction que l'égalité tant vantée se concilie avec la tyrannie, que la liberté mène à la violation des lois, et que la fraternité promise n'est qu'une fraternité de Caïn, et elle se détournera avec horreur des principes qui l'ont noyée dans le sang, en la faisant mourir de froid et de faim (1).

Le gouvernement vénitien était également tenu au courant de la contre-révolution qu'on préparait en France par des

(1) Lettres du 18 et 25 février 1795.

renseignements venus d'une autre source, par les communications du comte d'Autraignes, communications que Domenico Casotto copiait et expédiait au tribunal des inquisiteurs. Le correspondant de d'Antraignes était un certain abbé Le Roy, dont Agdolo avait annoncé aux inquisiteurs, le 27 décembre 1794, le départ de Vérone avec des instructions pour Paris. Ce Le-Roy était curé de la paroisse de Saint-Côme à Paris.

Ses communications embrassent l'époque qui a suivi la chute de Robespierre et jettent une certaine clarté sur la propagande des royalistes. Dans sa dépêche du 23 août 1794 Le-Roy faisait savoir entre autres choses que Tallien était en hostilité ouverte avec Barrère, Collot d'Herbois, Lindet et autres terroristes du Comité de Salut Public, et qu'il s'entendait pour toutes les affaires avec Treilhard, le vrai chef des modérés. Le parti de Tallien, auquel appartient une partie des nouveaux membres du Comité de Salut Public, tient tous les jours des réunions secrètes au Luxembourg. Pour augmenter le nombre de ses adhérents, ce parti a décidé de réformer le club des Cordeliers et de l'opposer aux Jacobins. Voici le raisonnement que le correspondant du comte d'Antraignes attribuait à Treilhard et qu'il aurait exprimé le 15 août dans une conversation avec un des amis secrets des émigrés : il est indispensable de restaurer la guillotine dans l'espàce de trois jours ; si le rasoir national ne reconquiert pas ses droits, la queue de Robespierre nous exterminera à Paris et dans les armées. Les anciens amis de Robespierre jouent encore au dictateur et empêchent toutes les bonnes mesures que pourrait entreprendre le Comité. Tallien veut guillotiner tous ces messieurs pas plus tard que le 17, et je partage entièrement son désir (1). C'est dans ces dissensions au sein même du Comité que les royalistes plaçaient leurs espérances. Parlant de cette époque, Thibaudeau raconte que les salons aristocratiques furent ouverts et qu'on s'efforçait d'y attirer les républicains, de les amadouer et de « corrompre leurs opinions » (2).

---

(1) Archivio di Stato. Confidenti. Busta N. 630 la dépêche de Le-Roy de Paris à la date de 16 août.

(2) THIBAUDEAU, *Mémoires,* p. 139, t. I.

Lareveillère-Lepeaux, dans ses mémoires récemment publiés, accuse ouvertement le parti de Tallien de négociations secrètes avec les Bourbons. Les extraits, cités par nous, de la correspondance de Le-Roy, sans confirmer directement cette allégation, témoignent cependant d'une grande intimité entre Treilhard et les autres partisans de Tallien, d'une part, et les monarchistes, de l'autre. Les correspondants secrets attribuent même à Treilhard l'intention de restaurer la Constitution de 1789, de proclamer Louis XVII roi et de devenir, à la faveur de sa minorité, le maître effectif du gouvernement de la France (1).

Bientôt la mort inattendue du Dauphin, en conférant la future dignité royale au comte de Provence, détermina celui-ci à publier à Verone une déclaration, qui d'après l'opinion même des partisans de la restauration, tels que Mallet-du-Pan (2), ne pouvait que nuire à la cause royaliste. Cette seule circonstance que la déclaration ne promettait point le pardon aux régicides, du nombre desquels étaient les principaux membres du parti de Tallien, devait nécessairement détourner de la monarchie ses partisans secrets au sein de la Convention et les faire passer dans le camp républicain. Dès lors l'émigration ne devait plus compter que sur le succès des insurrections provinciales à Rouen, à Lyon et dans le Midi de la France. Se laissant aller aux illusions dont les refugiés étaient pénétrés, Francesco Agdolo s'empresse de faire savoir aux inquisiteurs que le comte de Provence se transportera au mois d'août en Vendée, et ensuite, par la Bretagne et la Normandie, se dirigera sur Paris. On dit qu'il est déjà reconnu par l'Angleterre, et que les cours d'Autriche, d'Espagne et de Russie sont prêtes à le traiter désormais en roi (3).

La cour espère pouvoir s'assurer le concours d'un des généraux des armées françaises, Pichegru (4). Le duc de Nassau,

(1) Correspondance du même Le Roy.

(2) Voir ses lettres à l'empereur d'Autriche à la date de 16 juillet, 16 septembre et 28 octobre 1795.

(3) Lettres du 30 juillet et 1 août 1795.

(4) Lettre du 3 août 1795.

le comte d'Antraigues, le maréchal de Castries, l'evêque d'Arras, l'envoyé de l'Espagne, Las-Cases, et celui du Piémont, Guerardini, sont arrivés et tiennent des séances secrètes avec le prétendant (1). Les émigrés font courir le bruit que, dès son arrivée en France, Louis XVIII convoquera les Etats Généraux tels qu'ils étaient avant la Révolution, pour bien démontrer qu'il ne veut pas être un roi absolu. L'Angleterre est tellement assurée du succès prochain du prétendant qu'elle a envoyé à Vérone un agent diplomatique. S'il ne fut pas reçu officiellement, c'est uniquement parce que le roi ne l'a pas voulu. Il arrive même des nouvelles quant aux succès des royalistes à Quiberon. On s'attend d'un jour à l'autre à l'occupation de Nantes par le comte d'Artois. Le 15 août 1795 Agdolo prédit déjà que, avec le concours de Pitt, la monarchie sera restaurée en France avant six mois.

Il est vrai que la nouvelle de la prise de Quiberon n'est pas confirmée; au contraire, il apparaît que les émigrés y ont essuyé une défaite complète. Mais la cour de Vérone ne perd point tout espoir, parce qu'une lettre de Catherine II au comte de Provence, apportée par un courrier de S.ᵗ Pétérsbourg, porte comme adresse les mots « Au roi de France » (2).

Les coalisés, à en croire les émigrés, ne promettent leur concours qu'en échange de cessions de territoires. Le cabinet de S.ᵗ James demande pour lui la Corse, la Normandie, la Bretagne et l'Amérique française; l'empereur — l'Alsace, la Lorraine et les Flandres. Le comte de Provence refuse de sacrifier quoi que ce soit de l'héritage des aieux; il ne lui reste donc qu'à compter sur l'action qu'aura sur les esprits son propre manifeste, dont on a déjà tiré, écrit Agdolo, 40.000 exemplaires et dont on en imprime encore 36.000 (3).

Le prétendant, loin de brusquer les évènements, attend que ces derniers tournent en faveur de la cause qu'il représente. De Paris, le ministre plénipotentiaire anglais Mac-Cartney re-

(1) Lettre du 2 août 1795.
(2) Lettre du 19 août 1795.
(3) Lettres du 31 août et 9 septembre 1795.

çoit la nouvelle de la défaite des sections qui s'étaient prononcées contre l'exclusion du tiers des membres de la Convention des futures assemblées législatives. On s'attendait au triomphe des royalistes, non de ceux auxquels le comte de Provence avait lié son sort, mais des partisans de la monarchie constitutionnelle, qui espéraient ressusciter les principes de 1789. Dans ces conditions, il ne fallait pas seulement une grande énergie de la part du prétendant, mais encore, écrit Agdolo, il était nécessaire pour lui d'abandonner toute prétention au pouvoir absolu. Il ne fallait pas aussi repousser, mais au contraire, attirer vers soi des hommes, tels que Mounier ou Mallet-du-Pan, mais la cour de Vérone n'avait pas le courage de se prononcer ni dans un sens ni dans un autre. Envain l'évêque d'Arras — on l'apprend par la correspondance du même Agdolo — disait au comte de Lille: « Sire, les brebis doivent au besoin devenir des lions »; il répondait: « Je ne sais pas être lion » (1).

Agdolo communique, d'après les dires des émigrés, qu'un tiers des conseils du Directoire est composé de personnes qui n'auraient jamais accepté d'être candidats s'ils n'avaient gardé l'espoir de restaurer le pouvoir royal, si non absolu, du moins limité. Le malheur est que le comte de Provence ne veut point entendre parler du « trône constitutionnel », et l'appelle « trône de paille » (2). Pendant ce temps, les émigrés entretiennent l'agitation dans les provinces du Midi et du Centre; Condé est en rélations avec les royalistes de la Franche-Comté, et l'insurrection devient menaçante dans l'ancien Lyonnais. La misère à Paris et dans toute la France est terrible, d'après les dires de la femme de l'envoyé génois Spinola, arrivée en décembre de Londres. Personne ne veut accepter d'assignats; dans les stations des postes il est difficile de trouver des chevaux; les paysans ne veulent pas moins de quatre louis d'or pour transporter les voyageurs d'une station à une autre (3).

(1) Lettre du 16 novembre 1795.
(2) Lettres du 14, 16, 18 et 28 novembre et de 26 décembre 1795.
(3) Lettre du 9 décembre 1795.

Bien que Mac-Cartney assurait encore à la fin de décembre que pour le carnaval le prétendant serait sur le trône à Paris, bien que Pichegru, d'après les dires des agents étrangers, fut prêt à se déclarer partisan de la monarchie constitutionnelle de 1789, néanmoins l'insuccès de l'insurrection de Lyon, éteinte aussitôt qu'allumée, fait supposer à Agdolo, dès janvier 1796, que les affaires du comte de Provence vont mal (1). Cette opinion devient bientôt également celle de la Seigneurie vénitienne.

Le Directoire, mécontent de ce que le prétendant eut engagé plus ou moins ouvertement des négociations diplomatiques, et recevait des envoyés de l'Espagne, du Piémont et de l'Angleterre, profita du manifeste publié à Parme, dans lequel le comte de Provence avait pris le titre de roi Louis XVIII, pour représenter au Doge et à ses conseillers combien leur tolérance était incompatible avec les principes de la neutralité et le desir de bonne entente dont ils se déclaraient animés à l'égard de la France. En effet, il était difficile de concilier cette conduite avec l'envoi d'un ministre plénipotentiaire, Alvise Querini, à Paris, avec la réception à Venise d'un envoyé du Directoire français, Lallemand, et avec l'échange d'assurances amicales qui eut lieu lors de la réception de Querini.

La Seigneurie vénitienne résolut donc de donner satisfaction à la demande du gouvernement français et d'expulser le prétendant de Vérone.

Elle y fut déterminée en partie par les bruits de plus en plus alarmants qui arrivaient de la Rivière de Gênes et faisaient prévoir d'un jour à l'autre l'occupation des provinces italiennes par les Français. Déjà en 1794, on avait pu apprendre la décision prise par le Comité de Salut Public d'envahir l'Italie en commençant par Savone (2).

---

(1) Lettres du 26 et 31 décembre 1795 et de 9 janvier 1796.

(2) Le 15 août, écrit le Roy, le Comité de Salut Public résolut que, de gré ou de force, on s'emparerait de Savone; on a expressement décidé une invasion en Italie. (Archivio di Stato. Inquisitori di Stato. Riferte dei Confidenti. Busta 630. Dépêche du 16 août).

Sous le prétexte que le roi de Sardaigne et l'empereur s'apprêtaient à s'emparer de cette ville, Treilhard et Laloi déclarèrent à l'envoyé de Gênes qu'il était nécessaire de l'occuper par les troupes françaises. La Convention s'y décida d'autant plus volontiers que le ministre plénipotentiaire, Tilly, et l'agent secret, Sallicetti, écrivaient qu'à Savone même on attendait avec impatience l'arrivée des Français (1).

Bientôt il se présenta une occasion favorable qui permit de trouver dans les actes du gouvernement gênois un prétexte pour lui déclarer la guerre. Malgré la neutralité de Gênes hautement proclamée, une frégate française « Le Modeste », ne put trouver dans son port un abri contre la poursuite de l'escadre anglaise. La frégate fut saisie et emmenée vers la haute mer. Robespierre le Jeune, un des commissaires auprès de l'armée d'Italie, représenta le 13 octobre à l'Auguste assemblée qu'il était nécessaire de sévir immédiatement. La révolution du 9 thermidor cependant remit à peine à quelques mois la réalisation de ce conseil. Bien que Gênes eût consenti à payer les indemnités exigées d'elle et à chasser de son port les navires anglais, en même temps que l'agent de la Grande Bretagne, Drake, bien que, obéissant à la demande du gouvernement de Paris, elle eût expulsé tous les émigrés de son territoire, le général Bonaparte n'en reçut pas moins l'ordre, en juin 1794, de se rendre dans la ville et d'insister sur l'observation plus stricte de la neutralité, d'exiger, entre autres choses, qu'il fût défendu aux Autrichiens de construire un chemin stratégique de Ceva à Savone dans le but évident de faire avancer avec plus de vitesse les troupes vers les frontières de la France. Le Doge accéda à toutes les demandes qui lui furent faites et Bonaparte se forma cette conviction que l'oligarchie génoise, grâce à sa faiblesse, ne montrerait pas à l'avenir une résistance sérieuse (2).

Le 16 février 1795 Agdolo écrit déjà de Vérone que la flotte

---

(1) Le comité, sur le dire de Tilly et de Sallicetti, croit avoir des intelligences sures dans cette place et pouvoir la prendre à volonté. (Ibid.).

(2) GAFFAREL, *Bonaparte et les républiques italiennes*, p. 59 et suivantes.

française de Toulon sera bientôt envoyée contre Gênes, mais
ces bruits ne se confirment pas. Le 16 septembre de la même
année il communique des nouvelles encore plus alarmantes,
mais également prématurées : l'armée française des Pyrenées
serait dirigée contre l'Italie; la Vendée une fois pacifiée, la
Convention aurait l'intention de diriger toutes ses forces
contre la péninsule apénnine; elle compte que l'armée y trouvera beaucoup d'or; on croit que Gênes ne pourra pas conserver sa neutralité. A Vérone, ajoute Agdolo, on n'aime pas
les Gênois, car on les accuse d'avoir introduit les premiers en
Italie ceux qu'on appelle les « patriotes » (1).

Toutes ces nouvelles devaient inquiéter le gouvernement de
Venise qui néanmoins à cette époque déjà tenait obstinément
à sa neutralité et déclinait toutes les offres d'action commune
qu'on lui faisait de Naples, de Turin et de Rome (2). Aussi
décida-t-il d'entrer de nouveau avec la France en relations
diplomatiques régulières, relations interrompues un certain
temps par le départ d'Almoro Pisani pour Londres à la suite
de la révolution du 10 août. Cette circonstance, jointe à l'arrivée de l'ambassadeur français a Venise, releva le courage
des partisans secrets de la France. A Vérone, dont Agdolo garantissait encore récemment le loyalisme, se firent entendre
soudain des discours tout à fait contraires à cette hostilité
aux nouvelles doctrines démocratiques, dont l'agent des inquisiteurs avait tant parlé. Ne sachant que faire, il demanda
lui-même de nouvelles instructions. Jusqu'ici, écrit-il, je croyais
de mon devoir d'attaquer énergiquement les principes français
et surtout ce qu'on appelle la république démocratique; dans
ce but je me servais des arguments empruntés aux dissertations de Burke et aux *Actes des Apôtres* (journal royaliste
publié à Paris en 1791 et 1792). A l'avenir j'agirai dans le
même sens, tant que je n'aurai pas reçu l'ordre de me taire (3).
Cet ordre apparemment ne fut pas donné, car tous les rapports

(1) Lettre du 16 septembre 1795.
(2) Parzoni, *Rivoluzioni della Republica Veneta*, t. I, p. 31.
(3) Lettre du 14 mars 1795.

postérieurs d'Agdolo sont remplis de dénonciations contre les personnes ayant montré de la sympathie envers les « patriotes ».

Sur la liste de ces derniers nous trouvons non seulement des plébéiens, mais aussi deux gentilshommes: les frères Padovani; un d'eux, Antonio, était absent de Vérone pendant quelques semaines; et des lettres qui arrivaient de lui on pouvait conclure qu'il visitait les camps français à Savone et à Saorgia (1). L'abbé Roveredo est indiqué également comme suspect. Bien qu'il parla tranquillement des événements de France, « il fit cependant des signes maçonniques » (2). Un jeune négociant, Tosi, qui passe son temps en compagnie d'un prêtre, dont Agdolo n'a pu apprendre le nom, est passionné pour les Français. Le prélat est plein de talent; on dit qu'on lui a interdit de dire la messe, en effet « les pères de l'église sont pour lui Puffendorff, Rousseau, Voltaire et Mirabeau ». Il avait pénetré dans la maison du comte Giuliani en qualité de secrétaire et bientôt il y était devenu maître; mais il fut démasqué et chassé. Mais possédant une fortune indépendante, il n'a d'ailleurs besoin de personne (3). Le nombre, sinon des vrais jacobins, du moins des gens à qui ils sont symphatiques, s'accroît à Vérone d'un jour à l'autre. Au café Gorbin, fréquenté par des employés et des commerçants, quand arrivent des nouvelles annonçant les succès des patriotes, on entend dire: voilà de bonnes nouvelles. « Oui, ajoute Agdolo, je me suis bien trompé sur le compte des Véronais. Les hommes dévoués aux vieux principes ne sont nullement en nombre parmi eux. Le bas peuple, le clergé sont sûrs; mais les nobles, les bourgeois, les négociants et les boutiquiers ne sont pas tous fidèles aux saines idées; beaucoup d'entre eux sont des patriotes français déguisés » (4). Les gazettes favorables au gouvernement français sont beaucoup lues; elles arrivent de Lugano

(1) Lettre du 30 mars 1795.
(2) Lettre du 4 avril 1795.
(3) Lettre du 11 avril 1795.
(4) Lettre du 29 août 1795.

et de Zurich. Celles qui sont connues comme royalistes s'impriment à Mantoue et à Milan; le « Postillon vénitien » appartient à cette dernière catégorie (1).

L'antipathie qu'inspirent les émigrés augmente encore la sympathie des Véronais pour les patriotes. Elle explique aussi pourquoi la conduite de la Seigneurie envers le comte de Lille, à qui a appartenu le beau rôle dans toute cette affaire, n'a point provoqué de la part de la population les protestations qu'elle méritait. Le marquis Carlotti fut chargé en avril 1796 de déclarer au prétendant que la République de Venise ne pouvait plus tolérer sa présence sur son territoire et l'invitait à s'en retirer le plus tôt possible. « Je le ferai, fut la réponse, mais à deux conditions: c'est d'abord qu'on me présente le livre d'or de la noblesse de Venise, afin que je puisse rayer de ma propre main le nom des Bourbons; c'est ensuite qu'on me rende les trophées dont mon ancêtre Henri IV a fait don à Venise en signe de son amitié. Dites au Doge que s'il oublie ce qui m'est dû, je ne puis pas moi oublier qui je suis » (2).

L'impression produite sur les habitants de Vérone par le départ du comte de Lille est racontée de la manière suivante par Agdolo. La population est ravie. Beaucoup voient dans cet événement l'annonce de la paix, d'autres, la garantie que la République Française sera reconnue par les puissances, et que la forme démocratique du gouvernement s'installera peu a peu chez tous les peuples. Les uns expriment l'espoir que, grâce au départ des émigrés, les vivres deviendront moins chers; les autres se réjouissent en pensant qu'ils ne verront plus de français, dont ils détestent l'orgueuil et l'arrogance.

Agdolo lui-même ne résiste pas au sentiment de la majorité et déclare que le prince qui vient de partir est un homme faible de caractère et capable de suivre de mauvais conseils (3).

(1) Lettre du 5 mars 1796.

(2) *Histoire de la révolution de la république de Venise et de sa chute totale, consommée par le traité de Campo Formio.* Torino. Par N. A., N. P., p. 125.

(3) Lettres du 18 et 20 avril 1796.

Tout en satisfaisant ainsi le gouvernement de Paris, la Seigneurie s'empressait en même temps d'affaiblir l'impression fàcheuse, que l'expulsion du comte de Lille devait produire dans les pays monarchiques.

L'ambassadeur de Venise à S.ᵗ Pétersbourg, Nicolò Venier, fut chargé de faire des déclarations en conséquence au vice-chancelier Ostermann, mais on voit par sa dépêche que la cour de Russie n'était pas portée à admettre des circonstances atténuantes. Lorsque Venier, dans une audience chez le vice-chancelier, expliqua que le comte de Lille a été prié de quitter le territoire de la République de Saint Marc uniquement parce que, abandonnant sa ligne de conduite antérieure, il avait agi en roi de France, Ostermann répondit que l'impératrice reconnaissait ce titre au comte de Lille et se comportait vis à vis de lui comme s'il fût déjà monté sur le trône (1).

(1) Dispacci del nobile di Pietroburgo. Nicolò Venier, 1794-97. — Dépêche du 1 août 1796.

CHAPITRE IV.

L'occupation française.

Les complaisances dont le gouvernement vénitien faisait montre envers la France victorieuse n'impliquaient nullement l'abandon de la lutte qu'il avait entreprise contre la propagation des principes de 89 parmi ses sujets.

Au contraire, jamais les inquisiteurs ne se sont efforcés davantage à découvrir les liens secrets pouvant exister entre les novateurs vénitiens et les patriotes français, que depuis la réception solennelle de Lallemand, l'ambassadeur accrédité à Venise par la Convention.

Dès son arrivée, le 6 février 1795, on attacha à sa personne Domenico Casotto. Celui-ci sut si bien gagner sa confiance que plus d'une fois il lui arriva de communiquer aux inquisiteurs des détails précieux sur les partisans des principes jacobins à Venise et sur les dissentiments entre la politique du Directoire et celle du chef victorieux de l'armée d'Italie, Bonaparte.

En lisant les rapports de Casotto, qui sont du plus haut intérêt, on a parfois l'impression que Lallemand se doutait du véritable rôle que devait jouer auprès de lui l'ami vénitien. Il s'en servait lui même pour donner par cette voie non officielle certains avis, susceptibles de maintenir Venise dans cette neutralité bienveillante qui était encore pour un certain temps si nécessaire au succès des armes françaises.

Comment expliquer autrement de la part du diplomate français des déclarations pareilles à celle-ci: « Nous voulons, monsieur Casotto, voir la République de Saint Marc florissante et respectée par tout le monde, nous sommes pénétrés envers elle du plus grand respect, et qu'est-ce qu'on nous donne en

·échange? Pas la moindre satisfaction à toutes nos demandes, refus de rendre la liberté à nos compatriotes emprisonnés! Venise, hélas, suivra l'exemple de Gênes, qui n'est devenue attentive à nos représentations que lorsque nos troupes s'en sont approchées. Notre armée n'est pas loin de Milan, et bientôt elle sera dans le voisinage de Bergame et de Brescia. Vous entendrez parler le canon, et je cesserai alors de montrer tant d'indulgence » (1). Casotto écoute perplexe de pareils discours. Plus on est voisin de l'occupation de la Lombardie par les troupes françaises, et plus ces prédictions de Lallemand deviennent fréquentes. « Avant un mois, dit-il le 22 février 1795, nous serons à Milan ». — Mais, objecte Casotto, l'armée autrichienne vous barrera la route. — « Pas du tout: elle prendra la fuite ou sera battue. Alors nous penserons à ce qu'il nous faudra faire de Milan; vraisemblablement nous le donnerons aux Génois. Nous nous occuperons aussi de la conduite que tient ici le comte d'Antraignes et les autres émigrés. Je ne veux pas pour le moment en dire plus long ». — Le ministre français fait part a Casotto de l'impression fâcheuse produite à Paris par la tolérance du gouvernement vénitien envers le prétendant et par l'admission de d'Antraignes en qualité d'agent semi-officiel des Bourbons. Le comte de Lille prend ouvertement le titre de roi, s'entoure de gardes, leur fait porter l'uniforme, confère à leurs chefs des grades militaires, et en général accomplit tout ce qui rentre dans les attributions d'un monarque, de façon a justifier le titre de « roi à Vérone », que lui donnent les patriciens de la ville. Comment, demande Lallemand, le gouvernement de Venise peut-il tolérer des abus semblables? d'autant plus que, d'après les informations que je reçois de certains émigrés de Vérone, on y attend bientôt l'arrivée des royalistes de la Vendée (2).

Tandis que la République donnait satisfaction à ces exigences et expulsait le prétendant de ses limites, le nombre

(1) Rapport du 7 février 1795. Archivio di Stato. Inquisitori di Stato. Riferte dei Confidenti, Busta 563.

(2) Rapport du 18 janvier 1795 (Ibidem).

des Français augmentait sensiblement tant dans les rues que sur les places publiques. Le bas peuple de Venise leur était hostile, et les agents secrets signalaient souvent aux inquisiteurs des incidents provoqués par les injures que le peuple adressait aux Français. Les familles patriciennes ont une conduite tout-à-fait différente. Lors du carnaval de 1796 beaucoup d'entre elles reçurent des Français dans leurs loges. Mocenigo, fils du gouverneur de Vérone, s'entourait d'officiers de l'armée française (1). Lallemand prie Casotto de trouver un logement pour le général Bonaparte dont il attend l'arrivée au mois de mai. En même temps il lui exprime plus d'une fois le désir du gouvernement français de recevoir un prêt de quelques millions, auquel pourraient servir les capitaux déposés à Venise par le duc de Modène. Vous donnez bien de l'argent aux Autrichiens, dit-il, en vous contentant d'un intérêt de 2 p. 100, et nous sommes prêts à vous payer 3 p. 100. Lallemand se plaint de la patience avec laquelle Venise supporte les violations de neutralité, que se permettent les armées autrichiennes, en occupant, par exemple, la forteresse de Peschiera qui lui appartient. Il dit que les Français sont toujours prêts à venir en aide au lion de Saint Marc et il prie Casotto de vouloir bien répandre ce bruit parmi les gens qui fréquentent les cafés de Venise (2). En juin, lorsque la République de Saint Marc, préoccupée de l'entrée des troupes françaises à Peschiera, qui venait d'être abandonnée par les Autrichiens, paraît se résoudre à rompre avec le système de neutralité et à réunir des troupes pour sa propre défense, Lallemand s'empresse de nouveau d'ouvrir son âme à l'espion qu'on a placé à ses côtés. Quel aveuglement des deux parts, déclaret-il! Si les Français se sont emparés de Peschiera c'est uniquement parce qu'elle avait été occupée par les Autrichiens. Cette conquête n'est pas faite sur la République de Saint Marc, mais sur l'ennemi qui s'était emparé illégalement d'une forteresse vénitienne. Nous avons réparé ses murs et renforcé

(1) Rapport de Domenico Casotto du 6 mars 1796. (Ibid.). Busta 564.
(2) V. les rapports de Casotto du 17, 19 et 21 mai 1796.

ses moyens de défense. Elle paraît être à nous; mais la guerre terminée, nous la rendrons aux Vénitiens, en les indemnisant de tous les dommages (1). Avec une naïveté simulée, l'agent de la France se plaint de l'inutilité de ses efforts pour arrêter le développement des sentiments de défiance et d'hostilité, qui se manifestent de plus en plus clairement dans les relations quotidiennes des sujets de la République de Saint Marc avec les soldats français. Je crains, ajoute-t-il, d'encourir le soupçon d'une bienveillance exagérée pour vos concitoyens (2).

L'hostilité envers les Français devenait en effet de jour en jour plus marquée; les domestiques mêmes de l'ambassadeur subissaient de graves insultes de la part des Dalmates (Schiavoni) faisant partie de l'armée vénitienne.

Les cocardes républicaines tricolores étaient souvent arrachées et Lallemand entendait les soldats vénitiens menacer de mort ses compatriotes. Dans les cafés on ne tarissait pas en injures à l'adresse des Français (3).

Tout cela, prophètisait-il, amènera nécessairement une rupture ouverte entre les deux Républiques. Et en effet, au fur et à mesure que les armées françaises pénétraient à la poursuite des Autrichiens dans le territoire de la République de Saint Marc, les paysans et le bas peuple des villes, excités secrètement par les patriciens de Venise, leur devenaient de plus en plus hostiles. Les motifs de conflits ne manquaient pas. Les requisitions de guerre suffisaient à elles seules pour indisposer les paysans envers l'armée de Bonaparte. De Vérone Francesco Agdolo annonçait presque tous les jours de nouvelles exigences de la part des Français, tout en faisant remarquer combien vite l'opinion publique de favorable devenait hostile aux envahisseurs. Je fus éveillé dans la nuit, écrit-il à la date du 1ʳ juillet 1796; on m'apprit que les Français devaient arriver aujourd'hui. La terreur s'empara de la ville, d'autant plus que les nobles ont reçu la permission de partir

(1) Rapport du 20 juin 1796.
(2) Rapport du 23 juin 1796.
(3) Rapports du 28 juin et 7 juillet 1796.

et beaucoup en ont déjà profité. Agdolo ne peut admettre que la défaite des Autrichiens n'ait été provoquée par quelque cause inconnue. Il croit les maçons coupables de tout le mal; ils se sont introduits, déclare-t-il, dans les bureaux des ministères et dans les corps des troupes; partout ils s'efforcent de trouver des alliés aux jacobins (1). Le commandant de Vérone, Foscarini (2), avait été prévenu par Bonaparte que, pour punir la ville de l'hospitalité offerte au comte de Lille, une partie en serait livrée aux flammes. Toutes ces menaces, écrit Agdolo, n'avaient d'autre but que de procurer au généralissime français 12 millions de rançon. D'après l'appréciation d'Agdolo, le nombre des soldats entrés dans la ville ne dépasse pas six à sept mille; mais pour effrayer les habitants par le nombre des troupes, mises à la disposition de Bonaparte, on ordonna de fausses entrées et de fausses sorties. Les cafés sont à l'heure qu'il est remplis de Français, on ne cause que du comte de Lille, des émigrés, et la formule: liberté, égalité et fraternité, court de bouche en bouche. Les patriotes ont de l'argent et payent tous leurs achats. Le 2 et 3 juin les Français se conduisent encore fort bien, mais vers la fin de la deuzième journée les violences commencent. Ceux qui, au dire d'Agdolo, ont surtout le droit de se plaindre d'eux, sont les propriétaires des cafés et les femmes.

Agdolo donne le conseil d'envoyer au plus tôt des armes et un chef pour commander le corps des Dalmates établi en garnison dans la ville. Les armes doivent être déposées au fond de bateaux chargés de farine, de biscuits, de fromage, etc.; on pourrait les décharger pendant la nuit. Il serait bon aussi de renforcer la garnison, en introduisant dans la ville successivement des détachements de 15 hommes chaque et provenant des garnisons de Vicence et de Brescia.... Les discordes et les violences continuent et augmentent même de jour en jour. Les transfuges passent dans l'armée française; plusieurs jeunes filles ont disparu; on dit que deux habitants ont été assas-

---

(1) Lettre du 1ᵉ juin 1796. Riferte dei Confidenti. Busta n. 542.
(2) Son titre était *proveditore generale*.

sinés; les paysans des environs sont bien à plaindre: on les force à transporter, en les chargeant sur leurs bœufs, des armes et des provisions, et on ne leur donne en échange que des coups. Agdolo trouve cependant une consolation dans les injures et malédictions proférées à l'adresse des Français. Il y voit la preuve de la haine du peuple pour les principes révolutionnaires et de son dévouement au gouvernement établi (1). Bien que Bonaparte ait promis de respecter la religion et la propriété, il ne se passe pas de jour sans que l'une et l'autre ne soient gravement atteintes. Dans un grand nombre de villages les églises ont été pillées, les vases sacrés et les vêtements ecclésiastiques emportés. L'inviolabilité du domicile n'a guère mieux été respectée. Si les Français restent encore longtemps ici, écrit cet agent plein de sollicitude, il faudra absolument envoyer des femmes publiques à Vérone. Elles manquent ici, et les français les aiment. S'ils n'en ont pas, ils feront revivre les péchés de Sodome (2).

Le 8 juin, Agdolo écrit, que les paysans trouvent dans les fossés beaucoup de pains moisis. Les Français continuent à en exiger des quantités énormes, toujours dans le but de faire naitre une idée exagérée de leur nombre. Ils jettent ensuite le surplus dans les fossés.

La crainte des Français est passée, mais la haine qu'ils inspirent, s'accroît de jour en jour; surtout le peuple, les paysans et les dalmates ne peuvent les souffrir. Dans l'armée française Agdolo trouve pas mal d'émigrés, les mêmes qui pendant le séjour du comte de Lille ont fréquenté la maison hospitalière de la comtesse Marioni. On dit que l'armée française contient plus de cent cinquante déserteurs du régiment « Royal Etranger ». Tout le mal provient des maçons, répète Agdolo, en revenant à sa thèse favorite. Les gouvernements de l'Europe finiront par s'en convaincre. A Vérone rien ne se fait sans le concours des maçons. Il semble à Agdolo que le marquis Alexandre Carlotto et son frère appartiennent à leur nombre.

(1) Voir la lettre du 4 juin.
(2) Dépêches du 6 et 7 juin 1796.

On entend dans les rues des chansons révolutionnaires, non seulement françaises, mais également italiennes. Une de ces chansons dit: « San Marco sommeille, l'empereur est à la mort, vivent les Français, maîtres du monde (1) ».

D'après les informations données à Agdolo par un des médecins de l'armée française, l'accueil qui lui fut fait par le peuple de Crémone et de Brescia a été infiniment plus sympathique que celui de Vérone. Cette ville n'a pas réalisé les espérances qu'on se faisait; on comptait que beaucoup de volontaires s'engageraient ici dans l'armée de Bonaparte, mais en réalité on n'y compte pas plus de sept à huit cents Lombards et Vénitiens. Le peuple regarde les Français avec méfiance, il ne peut pas admettre qu'ils soient véritablement ses amis, ses frères (2). Les Dalmates se battent souvent avec les soldats de Napoléon pour délivrer les femmes de leurs mains.

Le général Bonaparte lui même n'est pas épargné par Agdolo. A ces yeux c'est un aventurier vulgaire, un coquin sans honneur, ayant peu de souci de sa propre réputation. Par les mensonges et la trahison il a pris dans ses filets le peuple mécontent et accablé d'impôts. Il le nourrit de promesses, mais ne tient point sa parole (3).

Les conflits entre les troupes vénitiennes et françaises se multiplient de plus en plus. Les généraux de l'armée de Bonaparte se plaignent que depuis qu'ils sont entrés sur le territoire de la République de Saint Marc, ils ont perdu plus de 500 hommes. Leur disparition est imputée aux paysans qui, en les tuant, veulent se venger des rapines faites par les envahisseurs. A la fin de juin la population de Vérone commence déjà à recriminér contre la Seigneurie vénitienne qui, à son avis, tarde à envoyer des renforts à la ville. Les Français deviennent tous les jours plus audacieux; à mesure que leurs poches se vident, ils cessent de payer et en même temps augmentent leurs exigences. Leurs chefs se sont établis à domicile dans les

(1) Lettre du 9 juin 1796.
(2) Lettre du 15 juin 1796.
(3) Lettre du 12 juin 1796.

maisons des premiers habitants de la ville; les comtes Pellegrini, par exemple, sont obligés d'entretenir quarante chevaux
et ne reçoivent en échange que des assignats. Le comte Giovanni Emili, qui a la réputation d'être le père des pauvres,
non seulement a perdu tous les revenus de ses terres situées
aux environs de Mantoue et dévastées tant par les Français,
que par les Autrichiens, mais il est encore obligé d'entretenir
chez lui des généraux avec leur suite et leurs chevaux. Croyant
que les Français ne resteraient pas plus de quelques jours, la
noblesse a donné à leurs chefs les meilleurs appartements et
les a invités à s'asseoir à sa table; aujourd'hui elle n'ose plus
retirer ce qu'elle a offert (1).

Les Français sont tout particulièrement haïs par les soldats
dalmates. Les conflits avec eux deviennent fréquents; parfois
ils ont une issue fatale; dans les villages voisins de Vérone les
Français sont souvent massacrés. Le commandant de Vérone
n'a pu que difficilement sauver de l'incendie deux villages
qu'on voulait punir du meurtre des Français. Agdolo, ne regrette pas ces faits de justice sommaire, il pense, au contraire,
que si on laissait faire les paysans, ils pourraient, grâce à
leur nombre (ils ne sont pas moins de 300.000), venir facilement à bout des sept ou huit mille Français de Bonaparte (2).

Ces derniers cherchent à se garantir contre l'éventualité
d'une insurrection populaire. Ils exigent d'abord que les régiments dalmates soient désarmés, puis, qu'on les éloigne de
Vérone. Agdolo conseille de ne point se plier à ces demandes.
Les Français déclare-t-il ne cèderont qu'à la force. Quelles que
soient les représentations faites par l'ambassadeur de Venise
à Paris et les ordres envoyés à Bonaparte par le Directoire, le
généralissime ne fait que sa volonté propre. Son arrogance
n'a pas de bornes. Il s'est conduit envers le gouverneur de Vérone, Foscarini, d'une manière indigne; il augmente ses exigences de jour en jour: aujourd'hui il demande l'éloignement
des Dalmates, demain il voudra qu'on désarme la population,
et il ne lui restera bientôt plus qu'à imposer une contribu-

(1) 23 juin 1796.
(2) Lettre du 4 juillet 1796.

tion à la ville et à s'emparer de force du château de Vérone.
Agdolo insiste sur le danger qu'il y aurait à faire naître chez
les habitants de la ville le soupçon que le gouvernement de
Venise n'a pas à leur égard la sollicitude nécessaire. Se croyant
abandonnés, ils prendraient aisément des décisions inattendues
et dangereuses (1).

Les prédictions d'Agdolo se réalisent peu a peu : les Dalmates partis, les Français commencent à traiter Vérone en
ville conquise. Ils occupent la citadelle, y établissent leurs
canons, placent des sentinelles aux portes et aux ponts, tout
cela au grand mécontentement des habitants, qui sont découragés au point de vouloir émigrer en masse. Je n'ose même
pas repéter, ajoute Agdolo, tout ce qui se dit ouvertement sur
le compte de la Seigneurie vénitienne. Je m'attends à des évènements terribles, même à la perte de toutes les possessions
continentales de la République (2).

Le 12 juillet les Français exigent que la population de la
ville soit désarmée. A ce seul bruit un grand nombre de familles nobles s'empressent de quitter Vérone. Le 18, Agdolo
signale aux inquisiteurs une mesure importante prise par les
autorités locales, mesure qui, comme nous verrons plus tard,
n'a pas peu contribué à faire prendre aux événements une
tournure fâcheuse pour la République de Saint Marc.

Il parle d'une proclamation, publiée à Vérone et signée par
le gouverneur Foscarini et le commissaire spécial de la Seigneurie, Battaglia. Il y était question de l'établissement dans
les campagnes de quelques postes militaires afin de prévenir
la possibilité de conflits à main armée entre la population indigène et les Français. Agdolo observe judicieusement que cette
mesure aura pour conséquence la distribution d'armes aux
paysans. A son point de vue, rien n'est plus désirable, et il voudrait voir l'édit en question appliqué également à Vérone. On
remplacerait de la sorte les troupes qui manquent et il deviendrait possible de repousser la force par la force (3).

(1) Lettre du 9 juin 1796.
(2) Lettre du 10 juillet 1796.
(3) Lettre du 18 juillet 1796.

Pendant que les autorités vénitiennes discutent les moyens de prévenir tout conflit ultérieur avec les Français, les exigences de Bonaparte croissent de jour en jour. Il ordonne de fournir aux troupes, dans l'espace de 24 heures, du vin, du vinaigre, de l'eau de vie, du pain et du foin; en cas de desobéissance, il sera permis aux soldats de se procurer eux mêmes les provisions nécessaires par des recherches domiciliaires. Ce qui provoque tout particulièrement le mécontentement, ce sont les réclamations quotidiennes de charrois. Une épizootie bovine sévissait en ce moment dans les campagnes, les paysans étaient, par conséquent dans l'impossibilité de se conformer aux ordres qu'ils venaient de recevoir. On les entendait déclarer à haute voix qu'ils aimaient mieux tuer leurs boeufs que de les faire mourir de fatigue (1). La situation des habitants ne s'ameillore après l'abandon de la ville par les troupes françaises, car elles sont remplacées par les autrichiennes. Le 30 ces dernières entrent à Vérone, où elles sont accueillies avec enthousiasme. Les hussards s'élancent à la poursuite des soldats français qui n'ont pas encore eu le temps de se retirer et la populace applaudit en les voyant arrêtés. Mais si le peuple est unanime dans sa haine des Français, il y a, parmi les nobles de Vérone, beaucoup de francs-maçons prêts à les servir. Chose plus dangereuse encore: dans l'armée vénitienne elle-même les Français trouvent des partisans déclarés. Le 7 août, au soir, Vérone est de nouveau occupée par l'armée de Bonaparte. Seize mille Autrichiens fuient devant six mille soldats français. Les jacobins célèbrent leur victoire, écrit Agdolo; leur réjouissance prend les formes les plus insolentes. Les rapines et les violences se renouvellent, surtout dans les campagnes. Pour se débarrasser des Français, les paysans se mettent à leur approche à sonner le tocsin, et cela suffit pour mettre en fuite des détachements de trois cents ou sept cents hommes (2). Le manque d'argent pousse les soldats à attaquer la nuit les passants, à leur demander la montre

(1) Lettre du 27 juillet 1796.
(2) Lettre du 13 août 1796.

ou la bourse. Le mécontentement des paysans de Valpolicelle se manifesta d'une façon particulièrement grave. En réponse à la menace des Français de passer le curé par les armes et de mettre le feu au village pour le punir du meurtre de quelques soldats, les paysans se réunissent au nombre de dix mille hommes et essaient d'opposer la force à la force. Il est difficile d'imaginer, écrit Agdolo, combien les Français sont effrayés par le son de la cloche villageoise. Ils prévoient dans l'avenir de nouvelles Vêpres Siciliennes (1).

Malgré la déference de la Seigneurie vénitienne qui souscrivait à toutes leurs exigences, les Français se permettent des attaques très vives contre le gouvernement. Ils le traitent de tyrannique, disent que seule la folie peut déterminer les Véronais à obeir à quelques familles nobles d'une ville étrangère. Ils assaisonnent, écrit l'agent vénitien, leurs observations criminelles de railleries injurieuses. Ces conversations commencent à exercer leur influence néfaste sur les habitants. Le nombre des suspects, auparavant exigu, augmente tous les jours. Les deux tiers des femmes, qui, rappelle Agdolo, ont joué un rôle si considérable dans les événements de Paris, sont acquis aux principes français. Chose à peine croyable, de simples servantes et des paysannes se passionnent fortement pour eux. On apprend sans cesse la fuite de telle ou telle jeune fille.

Agdolo attribue aux Français l'intention, ou bien de provoquer une révolution à Vérone pour en tirer ensuite de l'argent, exactement comme ils l'ont fait à Modène, à Reggio, à Ferrare et à Bologne, ou bien de profiter du premier prétexte venu, d'une émeute populaire par exemple, pour piller la ville. Ce qui l'effraye surtout c'est qu'il est impossible de se fier aux régiments vénitiens, tellement ils sont travaillés par les maçons. Les paysans sont beaucoup plus sûrs. Si on pouvait introduire à Vérone deux mille campagnards des vallées et des montagnes voisines, aidés par le peuple, ils sauraient s'opposer à toutes les révolutions qu'on projète.

(1) Lettre du 25 septembre 1796.

Si l'influence des principes français était déjà visible à Vérone, il ne pouvait en être autrement à Brescia, où depuis longtemps couvait, comme nous l'avons vu, un mécontentement très vif contre le régime vénitien, et où le réformateur malheureux Pisani, qui y était relégué, avait su se créer beaucoup d'amis et de partisans. Les officiers eux-mêmes, écrit le gouverneur de Brescia, Alvise Mocenigo (1), expriment ouvertement leur sympathie pour les principes français. Dans les clubs, les cafés, les théâtres on peut voir des couleurs françaises. Beaucoup de personnes, comme par exemple le secrétaire San Fermo, le lieutenant colonel Rivanello, le lieutenant Zorutto, le cornet Sophietti, sont allés jusqu'à adopter le costume français; il ne leur manque plus que la cocarde. Les principes démocratiques trouvent des partisans aussi bien parmi les nobles que dans la plèbe.

Mocenigo envoie aux inquisiteurs toute une liste de suspects. Nous trouvons inscrits dans cette liste les noms des comtes Mazucchelli, Aricci et Lecchi, ceux des membres de la nombreuse famille des Querini, des Rossi, Odasi, Carrara, etc. et cela à côté de simples artisans et bourgeois, de propriétaires de cafés et de restaurants, de chapeliers, de frippiers, etc.

Chez un des suspects, le comte Aricci, soumis par les inquisiteurs à une surveillance particulière, on a fait une perquisition et trouvé un catalogue de livres destinés à la propagande et imprimés à Milan et à Crémone; Mocenigo le joint à une de ses dépêches. La plupart des brochures dont ce catalogue fait mention sont adressées aux Lombards; quelques-unes seulement à l'Italie toute entière. Voici des titres significatifs: « Lettre épiscopale à l'occasion des évènements contemporains »; « Le catéchisme civique pour l'édification du peuple des villes et des campagnes »; « Seize commandements civiques, par le citoyen Polci »; « Les intrigues de la cour de Vienne »; « L'entente secrète sur le sort de l'Italie »; « A bas le masque, ou la politique des rois »; « Les méditations quant

(1) Archivio Frari. Corrispondenza dei restori di Brescia con gli inquisitori di Stato. Busta N. 251. Dépêches du 11 septembre, du 27 octobre et 11 décembre 1796.

à la cause des maladies de femmes et la possibilité de les éviter par la suppression des couvents »; « Les entretiens philantropiques d'un citoyen avec les peuples de l'Italie »; « L'abus de la confession »; « Un républicain et ci-devant noble aux ci-devant nobles de Milan »; « Adresse aux Lombards du citoyen Bovine »; « Discours aux Milanais ayant pour but de leur ouvrir les yeux »; « Le palais de la vérité, ou vérité revélée au peuple »; « L'aristocratie terrassée par la raison »; « La confession de l'empereur François, où sont indiquées toutes les erreurs d'une mauvaise législation »; « Discours au peuple et à la commune de Bologne »; « Quel est le gouvernement le plus conforme au bonheur des Lombards ? »; « L'idée vraie du fédéralisme »; (les deux derniers ouvrages sont de Giovanni Antonio Ranza, originaire de Vercelli, publiciste républicain, le plus éminent du Piémont) (1); « Discours aux citoyens de Pavie »; « Appel au peuple italien »; « Un patriote tyrolien à ses compatriotes », etc. etc.

On peut juger de la teneur de ces brochures par les extraits suivants: « Ce n'est pas la soif des conquêtes qui a amené en Italie les phalanges amies des Français, mais le désir de conquérir la liberté au profit des descendants d'ancêtres communs (les Romains), le désir de briser les chaînes qui leur étaient imposées par le despotisme autrichien et de leur restituer leurs droits naturels, afin d'avoir en eux des alliés et des amis pour la suite des siècles » (2). « La République Française est la mère et la protectrice des Italiens; elle donne aux peuples la faculté de se servir de leur souveraineté imprescriptible et de changer la forme de gouvernement. Rome, Venise, Gênes, Lucques, Malte, doivent entendre son appel et mettre fin à l'existence de leurs aristocraties et oligarchies ». — Cependant, toutes les règles du droit politique français ne sont pas bonnes pour l'Italie. — « Si les fédéralisme a en France une action dissolvante, s'il peut amener la désagrégation du corps poli-

---

(1) Voir sur Ranza la monographie de Giuseppe Roberti, *Il cittadino Ranza. Ricerche documentate*. Torino, 1880.

(2) Discorso per l'erezione dell'albero della libertà nella municipalità di Pavia in piazza Grande avanti al pretorio, 3 luglio 1796, a. I della libertà Lombarda.

tique, déjà parvenu à l'unité, — en Italie, composée qu'elle
est de tant d'Etats, où les coutumes, principes, dialectes et intérèts sont très différents, où il existe de fortes antipathies
réciproques, toute tentative de créer un corps politique unique,
ou de promulguer une constitution commune à tous, est aussi
irréalisable que la découverte du perpetuum mobile ou de la
pierre philosophale. Renonçons à l'idée de tout changer à la
fois et procédons graduellement et par ordre. De cette façon
nous atteindrons mieux notre but » (1).

A côté de pamphlets purement politiques, circulaient en
grand nombre d'autres, dirigés moins contre la religion catholique que contre le pouvoir temporel des papes, le luxe et
les richesses du clergé, son intolérance, son abus de la confession, ou encore des écrits en faveur du divorce, du mariage
civil, de l'égalité des droits entre enfants légitimes et illégi-
times (2), etc. Quant au christianisme lui-même, les patriotes
italiens étaient loin de lui être aussi hostiles que les jacobins
français. Le Christ était représenté comme un partisan des principes de la liberté, égalité et fraternité, comme un vrai démocrate, — ce qui lui valait souvent dans les brochures du temps
le titre de « citoyen Jésus Christ » (Il cittadino Gesù Cristo) (3).

Mais revenons à Vérone et aux prédictions de l'agent des
inquisiteurs. Nous avons vu qu'il ne craint pas d'annoncer
qu'une révolution est imminente gràce au travail souterrain
des Français.

De l'impression produite sur les patriciens de Venise par
la conduite de ces derniers et la diffusion des idées égalitaires,
on peut juger en lisant la correspondance de Gasparo Lippomano avec son gendre, l'ambassadeur de Venise à Paris, Alvise Querini (4).

Le 28 mai 1796, c'est à dire dans les premiers temps de

(1) *Traités de Ranza sur la meilleure forme du gouvernement et sur
le fédéralisme.* Voir GIUSEPPE ROBERTI, pp. 101, 103.

(2) Ibid., p. 115 et suiv.

(3) Discorso per l'erezione dell'albero della libertà in Pavia.

(4) Venise, bibl. Querini Stampaglia. Classe VII, cod. 78. Lettere familiari
di Gasparo Lippomano con Alvise Querini (1795-97). Elles sont 200.

l'occupation française, Lippomano écrit déjà: « Malheureuse
Venise! Son territoire est envahi par des troupes étrangères;
ses habitants sont laissés au gré du sort et sacrifiés aux Français. Evidemment les Autrichiens sont aussi bien durs, mais
on trouve tout de même certaines règles dans leur conduite;
ils ne se permettent pas tant d'abus. Ils ont occupé Peschiera,
cela est vrai; mais ils ont promis d'en sortir après le départ
des Français; tandis que Brescia a déjà passé entre les mains
de ces derniers. Mocenigo écrit que les Français demandent des
provisions et se permettent beaucoup d'irrégularités; il doit
faire à ce sujet des représentations au général Kellerman. Vous
êtes chargé de réclamer auprès du Directoire; mais que pouvez-
vous obtenir de lui? Des mots, rien que des mots. Cela vous
donnera le droit de démontrer plus tard le désaccord entre
leurs actes et leurs promesses. Ici aussi nous obtenons de bonnes
paroles de Bonaparte et de Salicetti, mais les faits les démen-
tent. Dire: nous payerons, c'est entretenir une illusion; la
réalité est qu'on prend les provisions par force. C'est tout
simplement un miracle que nos sujets soient si patients et si
tranquilles. Nous faisons tout pour entretenir chez eux l'assurance que ce qui est pris leur sera rendu. Dans ce but il est
prescrit de tenir un compte exact de ce qu'exigent les Français. Et malgré tout notre représentant à Bergame écrit qu'il
est difficile d'éviter des désordres, que les habitants déclarent
déjà ne plus vouloir supporter les étrangers, bien qu'ils n'aient
pas encore eu le temps de souffrir suffisamment. A Milan, à
Pavie, à Lodi, des insurrections populaires ont éclaté ». Quatre
jours plus tard arrivent de nouvelles plaintes: « Nous sommes
tous anéantis de douleur et d'effroi. Crème est évacuée par les
Français, qui se sont répandus dans le Bressan. Même à Salo
(sur le lac de Garde) on exige des approvisionnements pour
des troupes se dirigeant vers le Tyrol. Aux représentations
du gouverneur Mocenigo, le général français répond par des
menaces et des plaintes au sujet de l'admission des Autrichiens
à Peschiera. Bonaparte de son côté insiste sur ce fait que les
émigrés qui vivent sur le territoire de la République provoquent la méfiance et l'hostilité envers ses soldats et peuvent

par conséquent devenir un danger sérieux pour la paix intérieure. Nous commençons a craindre que Vérone bientôt ne devienne la proie des Français, et avec elle, naturellement, toute la Terre Ferme. Nous entretenons ces doutes non seulement quant à Vérone, mais aussi quant à Venise. Dans le pays entier règne une grande agitation. On récrimine contre le gouvernement, parcequ'il n'a pas réuni à temps des soldats et des armes. De cette manière les faits ont prouvé la fausseté d'une politique qui il y a peu de temps encore était approuvée de la majorité du Conseil.

Le procureur de Saint Marc, Pesaro, est au contraire écouté avec bienveillance, lorsqu'il déclare ne pas être responsable des malheurs du temps présent; en effet, si on avait suivi son avis et si on s'était procuré des troupes, toutes les horreurs auxquelles nous assistons n'auraient point pu se produire. Le même jour, à minuit, Lippomano ajoute le postscriptum suivant à sa lettre: « Le général autrichien Beaulieu est battu et replie vers le Tyrol. C'est là un dernier coup pour Venise. Déjà dans les environs de Crême des collisions se sont produites entre les paysans et les Français. Leurs exigences exagérées ont provoqué le meurtre de quelques soldats. Le commissaire vénitien a envoyé un courrier à Bonaparte. Il fut reçu hautainement, on lui déclara que le général français voulait parler au commissaire lui-même et que celui-ci devait venir immédiatement à Peschiera, déjà occupée par les Français. Foscarini s'empressa d'obéir à cette exigence (1). Bonaparte l'a traité dédaigneusement et exprimé tout son mécontentement de la conduite des Vénitiens. Il a parlé d'eux comme d'un peuple hostile à la France, parce qu'amis de la maison d'Autriche; il leur a reproché le séjour du comte de Lille à Vérone, leur tolérance envers les émigrés, le fait d'avoir permis aux Autrichiens d'occuper Peschiera. Il a déclaré qu'il avait le droit de nous traiter en ennemis, qu'il s'était déjà prononcé

____

(1) Le récit de l'accueil fait à Foscarini à Peschiera se trouve dans le rapport du *proveditore generale* lui-même à la date du 1ʳ juin 1796. Archivio Inquisitori di Stato. Filza 207.

dans ce sens dans une lettre envoyée au Directoire et qu'il s'attendait à recevoir en réponse l'ordre de commencer la guerre contre Venise. Il a dit que le jour même il enverrait Masséna pour bombarder Vérone. Qui aurait pu prévoir cela? Quel terrible, quel tragique dénouement! Tout ce que Foscarini a pu obtenir, c'est qu'on renonçat à bombarder la ville. Aujourd'hui même les Français entreront à Vérone. Bientôt toute la Terre Ferme passera entre leurs mains. Que deviendra Venise? Telle est la question dont s'occupent aujourd'hui tous les conseils. J'espère qu'on prendra des mesures énergiques pour sa défense. On aperçoit déjà une certaine fermentation dans les armées et dans les rangs du gouvernement (1) ».

« Malheureuse patrie, malheureuse république, malheureuse capitale, malheureux nous tous, écrit Lippomano quelques jours plus tard. Les Français nous ont trahi et veulent à tout prix trouver un prétexte de rupture. La tristesse, l'incertitude, le trouble et la terreur ont envahi les diverses classes de la société et se lisent sur tous les visages. Je ne m'attendais pas à une pareille trahison. D'une minute à l'autre peut arriver la nouvelle que « l'arbre de la liberté » a été planté dans une des villes dé la Terre Ferme. Du moment que Vérone est entre leurs mains, qu'est ce qui nous restera de nos possessions continentales » ?

Au Grand Conseil on parle de faire de nouvelles représentations à Paris, de prendre des mesures de défense et de trouver les moyens nécessaires pour arrêter la marche des Français. C'est vous naturellement qui êtes chargé des négociations avec le Directoire; je n'ai pas besoin d'insister pour que vous fassiez tout ce qui dépend de vous afin de sauver la patrie. Erizzo et Battaglia sont envoyés auprès de Bonaparte, mais de lui on ne peut obtenir que des ordres provisoirs, et ce n'est qu'à Paris que peuvent être prises des décisions définitives pour lesquelles votre intervention est nécessaire. Je vous en supplie, soyez prudent et agissez de façon à ce que vos actes puissent être toujours justifiés devant votre patrie. Souvenez.

---

(1) Lettre datée de Venise du 1r juin 1796.

vous que les hommes avec lesquels il vous faudra négocier sont perfides et qu'on ne peut pas se fier à leur parole. Par conséquent tâchez d'acquérir au préalable l'assurance qu'ils tiendront leurs promesses, et pour cela insistez qu'on vous envoie des réponses écrites. On ne peut savoir ce que Bonaparte a annoncé au Directoire, ni quelle réponse il a reçu. Hélas, je prévois notre sort. Il nous faudra faire beaucoup de sacrifices. Eh bien, nous les ferons, pourvu qu'ils consistent en argent. Mon Dieu, il serait naturel de faire des concessions aux ennemis victorieux, mais les Français sont considérés comme nos amis! Notre désir, le désir de la Commission des sages qui vient d'être élue, est qu'on nous fasse de Paris une proposition quant aux conditions nécessaires pour obtenir la paix ».

« Toutes les troupes qu'il a été possible de réunir en Dalmatie et en Istrie sont sous les armes. Le gouverneur a reçu l'ordre d'expédier à Venise le plus grand nombre possible de régiments et de galères » (1).

« A Vérone, écrit Lippomano à la date du 4 juin, les Français ont placé un détachement de 500 soldats et 300 officiers, mais dans les environs ils ont 17.000 hommes de troupes; toutes les portes sont gardées par des patrouilles. Foscarini a invité Bonaparte à diner et ils se sont entretenus paisiblement. Les paroles de Bonaparte ne sont pas toujours injurieuses, mais malheureusement on ne peut pas en dire autant de ses actes. Aujourd'hui est arrivée une lettre de Foscarini, qui contient des nouvelles alarmantes sur l'état d'esprit de la population. Elle garde difficilement le calme en face d'exigences continuellement renouvellées et dont résulte une disette de vivres. Tous les jours on voit à Vérone des scènes de débauche grossière. Les Français promettent de tout payer et ne payent rien. On est forcé de puiser dans le trésor public pour satisfaire à leurs demandes, mais le trésor suffira-t-il longtemps? Mon Dieu, qu'est ce qui deviendra alors de la capitale? La fin des calamités n'est pas encore proche et nous pouvons nous attendre à tout. Les membres du gouvernement font peine

(1) Ibid., Lettre du 2 juin 1796.

à voir; tellement leur tristesse est grande. Elle est partagée d'ailleurs par tout le monde. Nous accumulons des provisions, nous prenons des mesures pour faire rentrer les arrérages, nous préparons tous les moyens de défense et faisons tous nos efforts pour trouver de l'argent. Vous savez combien cela est difficile et à quels obstacles nous nous heurtons. Mais n'importe, cette fois-ci nous donnerons tout ce qui sera nécessaire, car tous ont réacquis la conscience d'être des citoyens. Ensuite on vivra comme on pourra, pourvu que nous gardions notre territoire, notre gouvernement et nos bons sujets ».

Les Français parlent en maîtres à Vérone. « Ils veulent tout, ils menacent tout le monde ». La Seigneurie a pris des mesures pour assurer l'approvisionnement de l'armée française. Un commissaire spécial a reçu l'ordre de faire des provisions de pain, de vin, de graisse, de sel, de tabac, de foin, tout cela pour un mois d'avance; et c'est de ce fond qu'on tire le nécessaire pour couvrir les demandes des Français. On a ouvert au commissaire un crédit de 250.000 livres. Les Français continuent, il est vrai, à promettre qu'ils payeront. Mais on sait qu'ils n'en feront rien. « Malgré tous nos sacrifices, on ne fait que piller les villages et comettre des actes de violence grossière; ainsi à Castel-Nuovo l'église a été dépouillée de tous ses trésors. Du côté de l'Autriche les affaires ne vont pas mieux; nous avons les Français, nous aurons bientôt les Autrichiens ». Toutes les représentations faites à Vienne quant à l'occupation de Peschiera ont été repoussées dédaigneusement. On répond que cet acte a été imposé par les nécessités de la guerre. Les Autrichiens se plaignent à leur tour des empêchements faits par nous au passage de leurs troupes; ils protestent contre notre condescendance à l'égard des Français. On a à Vienne l'air de ne rien craindre et d'être prêts à tout. De cette façon d'un jour à l'autre notre territoire sera également envahi par les Autrichiens. Eux aussi nous demanderont de les nourrir; mais comment pourrons nous satisfaire à toutes ces exigences? Déjà maintenant nous avons de la peine à trouver de l'argent. On a voté une contribution extraordinaire du dizième du revenu. On a suspendu toutes les dépenses pour l'entretien des canaux, des chemins, des écoles, etc.; les Français affluent à Brescia en nombre toujours plus grand. Plus de dix mille hommes ont passé récemment par Chieri et sont livrés à des violences incroyables. A Virago les paysans ont tué un français; en revanche ceux-ci ont voulu incendier le village. Le 10, quatre commissaires français ont tenu à visiter l'arsénal de Venise. Gràce à la maladresse du Grimani, qui se trouve à sa tète, ils ont été introduits et ont pu connaître ainsi nos preparatifs. Quel scandale et quel danger pour le pays! Toutes les représentations faites a Bonaparte par Erizzo e Battaglia n'ont eu aucun résultat; il les a reçus pendant le trajet des troupes de Mantoue à Milan, dans la petite ville de Reverbella. A leurs déclarations il répondit à peu près ce qu'il avait déjà dit à Foscarini; ayant rappelé le séjour du comte de Lille, l'occupation de Peschiera par les Italiens, etc., il ajouta ensuite que les explications de Foscarini et l'accueil affable que l'armée avait reçu à Vérone lui ont fait abandonner l'idée de déclarer la guerre à Venise et qu'il allait écrire dans ce sens au Directoire. En même temps il a insisté pour que son armée continuàt à être approvisionnée. Les pertes que subit Vérone sont pour elle, déclara-t-il, la juste punition de l'accueil chaleureux fait au prétendant. Bonaparte se déclare d'ailleurs prèt à abandonner Vérone, pourvu qu'on lui donne des garanties qu'elle ne sera pas occupée par les Autrichiens. Les commissaires ont acquis, dans cette entrevue, la certitude que la République n'était pas menacée d'autre chose que de sacrifices d'argent et de vivres; mais cela n'empêche pas Venise de veiller a son sort. On a renforcé la garde des fleuves, des canaux, des ports, par crainte d'une occupation inattendue de la part des Français. De Paris arrive subitement la nouvelle du succès des représentations faites par l'ambassadeur vénitien auprès du Directoire. La conduite des troupes françaises à Crème et à Brescia a été présentée sous son vrai jour au ministre des affaires étrangères, Delacroix, et au membre du Directoire Rewbell chargé de la direction de la politique extérieure. Le ministre a, naturellement, répondu que le gouvernement ne voulait faire aucun tort à Venise, la tenant pour une puissance, non seulement neutre, mais amie; qu'il était bien entendu impossible d'éviter tout désordre, mais que ceux dont on se plaignait ne se produiraient plus. La nation française, déclarait-il, a à cœur de conserver des relations amicales avec les vénitiens. Un rapport sera fait immédiatement au Directoire et on enverra à Bonaparte, par le prochain courrier, l'ordre de renforcer la discipline dans l'armée, d'observer strictement la neutralité et d'indemniser Venise pour les dommages qui lui ont été causés aussitôt après la présentation au nom de la Seigneurie et la vérification par le Directoire des comptes établissant le chiffre de tout ce qui a été pris illégalement aux habitants de la Terre Ferme. Sachant par expérience, écrit l'ambassadeur vénitien, Querini, que le ministre, surchargé d'affaires, ne trouvera pas le temps de s'occuper de mon rapport, j'ai décidé d'aller voir moi-même le directeur Rewbell et de le mettre au courant de tout. Il a montré une grande indignation, en entendant mon récit, et il a exprimé le regret que la note que j'avais envoyée précedemment ne lui ait pas encore été remise. Il m'a repeté qu'il était indigné de tout ce qui se passait, qu'il désirait l'observation de la discipline et de la neutralité; qu'un soldat qui ne respecte pas la propriété, qui se permet de profaner les choses sacrées et de commettre des violences, méritait le triste sort qui lui était réservé. Ce qui s'est produit à Milan et à Pavie, où beaucoup de français sont tombés victimes de la foule irritée, devait, à son avis, servir d'exemple à l'armée. Querini a rendu visite également au président du Directoire, Lareveillère-Lepeaux, qui lui a paru prêt à reconnaître la justesse de ses réclamations (1).

Cependant de Venise arrivent de nouvelles notes concernant la conduite de l'armée française à Vérone et les menaces de

____

(1) V. les dépêches d'Alvise Querini au Sénat vénitien, N. 98. Paris, le 9 juin 1796. Ces dépêches sont conservées en deux copies: une aux Archives de l'Etat, l'autre à la Bibliothèque Querini. Stampaglia. Elles sont publiées dans ce *Recueil des dépêches des ambassadeurs vénitiens au temps de la Révolution française*, t. II.

Bonaparte. Querini revient chez le ministre et insiste de nouveau pour qu'un ordre catégorique soit donné par le Directoire au général en chef de l'armée française de respecter la neutralité. L'entretien dura cette fois plus d'une heure, et le représentant de la République de Saint Marc dût entendre des vérités bien dures. — Si tous ces maux sont arrivés, lui dit le ministre, c'est parce que les Vénitiens se sont laissés envahir par une inaction dangereuse. Les Autrichiens les ont trouvés sans défense, ils ont pu ainsi violer leur neutralité, envahir leurs frontières et occuper Peschiera. Tout cela ne serait pas arrivé, si le sénat avait armé 50.000 soldats, reparé à temps les forteresses et empêché les Autrichiens de prendre la route de l'Italie. D'ailleurs, maintenant encore les Vénitiens ne doivent pas se décourager, mais il leur faut se fier aux Français, qui ont reçu du roi de Sardaigne le droit de passage en Italie et peuvent, par conséquent, secourir Venise en tout temps. Malheureusement, il est difficile de négocier avec la Seigneurie et de lui faire des propositions directes.

Ici l'entretien fut interrompu, mais il tendait visiblement à provoquer de la part de Querini la proposition d'une alliance plus étroite avec la France. Sachant que son gouvernement était loin de désirer une pareille alliance, Querini s'est tiré d'affaire, en déclarant qu'il était toujours prêt à entendre et à communiquer à qui de droit les désirs du Directoire français. Une seule chose paraissait évidente à l'ambassadeur et lui faisait concevoir des espérances optimistes, c'est que Bonaparte n'avait point reçu du Directoire l'ordre de faire occuper militairement les provinces de la République, et que les menaces venaient uniquement de lui seul (1).

Une nouvelle entrevue avec Rewbell confirma cette assurance. Le Directeur déclara d'une manière catégorique que la France n'avait pas l'intention de changer son attitude à l'égard de Venise, que Bonaparte ne lui avait jamais proposé de déclarer la guerre à la République et que lui, Rewbell, n'admettait même pas que les soi-disants entretiens entre le général fran-

(1) Dépêche N. 99.

çais et Foscarini eussent eu lieu; il prétendait que c'étaient de simples inventions des gazettes. Quand Querini insista sur l'exactitude de ces nouvelles, Rewbell finit par dire que lui et ses collègues n'avaient été mis au courant par Bonaparte que de l'occupation de Vérone et de Peschiera.

Tout en faisant part de la marche de ces négociations, l'ambassadeur vénitien annonce dans sa dépêche que Bonaparte entretient des relations directes avec un membre du Directoire (Carnot), dont les opinions sont décisives en tout ce qui concerne la campagne d'Italie. Il en conclut que les actes du généralissime, même ceux qui violent la neutralité, la justice et le droit des gens, qu'ils fussent entrepris par lui à ses propres risques et périls, ou avec le consentement secret de Carnot, seront sûrement approuvés par le Directoire (1).

Malgré ces prévisions pessimistes, les communications de Querini ramenèrent le calme dans les esprits. Nous pouvons en juger par la correspondance de Lippomano. « Vos trois dépêches, écrit-il à son gendre (2), ont produit la meilleure impression. Tous vos actes sont approuvés. Les déclarations du Directoire ont plu extrêmement, bien qu'au Sénat on jugea de façon diverse la question de savoir quelle confiance méritent en général les promesses qui vous sont faites. Quels brigands que ces français, disent beaucoup d'entre nous; ils jurent sans croire eux mêmes à l'efficacité de leurs promesses. Quelques-uns ajoutent: ils se moquent des Vénitiens; leurs actes sont toujours contraires à leurs paroles. Et en effet, nos forteresses sont occupées, nos territoires placés entre leurs mains; l'oppression et les réquisitions continuent. Ils ne veulent rien payer, ils exigent qu'on leur fournisse quotidiennement à Vérone 200 charrois pour le transport des approvisionnements. Les paysans ne peuvent plus satisfaire à toutes ces exigences; leurs bœufs crèveront bientôt de fatigue. Nous

(1) Dépêche N. 100, à la date du 11 juin 1796.
(2) Alvise Querini a eu pour femme la célèbre Marietta, une des vénitiennes les plus instruites de son temps. Elle est connue, entre autres choses, comme peintre et comme polyglotte. Voir ROMANIN, t. XI, p. 12, note 3.

allons voir si l'on enverra à Bonaparte l'ordre de changer
sa ligne de conduite et si tous ces abus vont cesser. Ce que
vous écrivez de l'approbation que reçoivent tous les actes du
généralissime (1), est de la plus grande importance. Qu'est ce
qu'ils vont vous répondre par écrit? Venise continue à s'armer,
le Sénat reçoit des dons pour organiser la défense. La paroisse
de San Rocco a donné 50.000 lires, une autre tout autant,
Erizzo 25.000, Pesaro 10.000 ».

Le 14 juillet Querini envoie de Paris des nouvelles on ne peut
plus consolantes: « J'ai appris, écrit-il, d'une source certaine
que le directeur Barras a écrit personnellement à Bonaparte
pour lui recommander de respecter la neutralité. Etant donné
que leurs relations sont très intimes ễt que Bonaparte lui doit
même le commandement de l'armée d'Italie, j'attribue à cet
acte une grande importance. En même temps le Directoire lui
même, affirme Querini, a exigé du général en chef de la façon
la plus pressante le rétablissement de la discipline dans l'armée et le respect de la propriété » (2). Telle est la première
mention que les dépèches de Querini contiennent quant à Barras
et le personnage mysterieux qui sert d'intermédiaire entre
l'ambassadeur vénitien et le membre le plus influent du Directoire français. Cet intermédiaire n'est autre que Viscovitch,
qui jouera plus tard un rôle si ambigu dans la honteuse tentative de corruption dont Querini s'est rendu coupable et qui
s'est terminée, pour lui, par une catastrophe personnelle. A
la même époque le Directoire, dans la personne de Carnot, écrivait à Bonaparte: « Nous avons lu votre rapport, il nous annonce que Venise a laissé les Autrichiens occuper Peschiera;
le Directoire voit dans ce fait un motif suffisant pour exiger
de la République de Saint Marc le versement des fonds que
les ennemis de la France, et en particulier le roi d'Angleterre,
y gardent en dépôt. Ils doivent être livrés immédiatement,
ainsi que les navires ennemis qui se trouvent dans les ports
de la République. Le Directoire croit aussi qu'on pourrait de-

(1) Le général Bonaparte, écrivait Querini à la date du 14 juin, jouit à
Paris « d'un credito senza misura ».

(2) Dépêche du 14 juin 1796.

mander à Venise de nous prêter 5.000.000 de florins hollandais; on pourrait lui donner en garantie une partie des sommes qui nous sont dues par la République Batave. Nous estimons aussi qu'en payement des réquisitions que les circonstances vous forceront de faire, vous pourriez délivrer des créances sur les sommes déposées à Venise par le roi d'Angleterre. D'ailleurs, en tout ceci, le Directoire vous laisse liberté pleine et entière, en vous priant seulement de prendre vos décisions de concert avec les commissaires du gouvernement, Salicetti et Garot; nous vous prévenons aussi que la rupture avec Venise n'est pas dans nos intentions. Dans ces circonstances difficiles vous devrez donc agir de manière à ce que la rupture ne devienne point nécessaire » (1).

Bien que le contenu de cette note ne fût naturellement pas connu de la Seigneurie vénitienne, cette dernière ne fut guère rassurée même par les déclarations pacifiques, faites en même temps par le ministre des affaires étrangères, Delacroix. Cés déclarations furent envoyées par Querini à Venise. On les soumit ici à la discussion du Sénat. Lipomano écrit que les explications du ministre ont semblé à ses membres ne point contenir de réponse directe aux plaintes qu'on avait faites.

Plus affirmatif que Delacroix fut, dans ses négociations avec Pesaro, l'ambassadeur français Lallemand. Il promit une pleine satisfaction, il fit usage à l'égard des Vénitiens du mot amitié. En vérité, ajoute Lipomano, les Français devraient en avoir pour nous, puisque nous faisons tout ce qu'ils veulent et que notre Etat est entre leurs mains. Dans le seul Bressan leurs réquisitions nous ont valu la perte de 200.000 ducats, sans parler des rapines dont ils se sont rendus coupables. Cependant, le trésor public est mis a sec, l'emprunt est loin d'être couvert; la valeur du papier monnaie a baissé de douze pour cent. Une seule chose me console: c'est l'empressement des villes de la République à faire des sacrifices d'argent. Co-

---

(1) V. *Supplemento alla storia d'Italia* di CARLO BOTTA, contenente la corrispondenza del governo francese col generale Bonaparte, 1825, p. 41. Paris, 23 prairial, an IV (le 11 juin 1796).

negliano a offert 4.000, Udine 30.000, Chioggia, Burano, sont prêtes à se sacrifier elles mêmes à la patrie, Rovigno fournit des matelots. Les hommes privés rivalisent en générosité avec les villes. Les juifs donnent 54.000 ducats. Cet élan patriotique est provoqué en grande partie par la peur qu'on a eue lorsque le bruit se répandit que tout un détachement de français marchait sur Chioggia. La panique était telle, écrit Lipomano, qu'on a décidé de poursuivre les armements même les jours de fête. On a envoyé des renforts à Chioggia et ordonné d'accélérer les travaux de défense de la lagune. On dit que les Français, qui étaient récemment à Venise, ont affirmé que bientôt des milliers de leurs compatriotes paraîtraient en armes sur la place de Saint Marc. Cette déclaration, ajoute le correspondant de Querini, sans effrayer qui que ce soit, provoque seulement le rire (1).

Pour comprendre l'origine et la nature de tous ces bruits sur la marche des Français vers Chioggia et de leur apparition prochaine à Venise, il faut encore une fois s'adresser aux rapports des « Confidenti ». Au moment ou Lallemand continuait d'ouvrir son âme à Domenico Casotto et où il lui affirmait qu'il avait envoyé à Paris une protestation contre la conduite de Bonaparte et qu'il attendait d'un jour à l'autre de nouvelles instructions du Directoire, favorables au respect de la neutralité (2), un autre agent secret, Girotto, communiquait aux inquisiteurs des nouvelles très-alarmantes au sujet d'une conspiration ayant pour but de s'emparer de Venise, au moyen d'un débarquement des Français qui l'occuperaient avec l'aide de démagogues indigènes, armés par la légation (3).

L'âme de toute cette intrigue n'était autre qu'un consul français, répondant au nom d'Anglé. Il paraît avoir correspondu directement avec Bonaparte et contrebalancé la politique de son chef, beaucoup trop scrupuleux. Girotto affirme que toutes les tentatives de provoquer de la part des Vénitiens

(1) Lettres du 22, 25 juin 1796.
(2) Rapport du 25 juillet 1796. Busta 563.
(3) Voir Inquisitori di Stato, Riferte dei confidenti. Busta 605.

des actes injurieux à l'honneur français et pouvant servir de prétexte à une rupture, proviennent de ce consul. Quant à l'ambassadeur, il proteste chaque fois contre les offenses faites à ses compatriotes et la Seigneurie s'empresse de lui donner raison en fermant les cafés. Une pareille mesure venait de frapper le café Florian sur la place de Saint Marc, et le même sort était réservé bientôt à quelques autres, fréquentés par la noblesse. Anglé et son entourage ne dissimulent point que Bonaparte n'attend que l'arrivée d'un renfort de 30.000 hommes pour attaquer les possessions continentales de Venise. En même temps le pacha de Scutari envahira la Dalmatie. On disait que Napoléon était mis au courant des moyens de défense des Vénitiens, tant sur terre que sur mer.

On peut en conclure, ajoute le confident, qu'il a des relations avec un des dignitaires ou du moins un des agents subalternes de la République. Le même Anglé lui a dit que les Français comptaient sur le secours de la cour de Sardaigne, qui trouvera dans la conquête de quelque province de la République de Saint Marc une compensation à la perte de la Savoie. A cet égard les indications de Girotto sont confirmées par les rapports envoyés de Paris par Alvise Querini. Pour amener Venise à conclure une alliance avec la France, le ministre Delacroix parla souvent avec Querini de conquêtes à faire sur les Autrichiens, en lui insinuant chache fois que les alliés pourraient compter sur des avantages territoriaux. Les agents d'Anglé exprimaient de leur part le regret qu'après la prise de Milan on n'ait pas adopté la proposition faite par l'abbé Curti au commissaire du Directoire d'occuper Venise du côté de Campalto (1).

Pour gagner la confiance des Français, Girotto se fait passer pour un Lombard et dit que le changement de gouvernement, qui a eu lieu dans sa patrie, en a fait un partisan du régime français et qu'il se trouve à Venise en qualité d'agent, chargé de tenir les habitants de la Lombardie au courant de tout ce

(1) Cet abbé Curti est sans doute le même émissaire dont Rocca San Fermo annonçait de bonne heure de Bàle l'arrivée prochaine à Brescia.

qui se passe. Ce mensonge lui permet, écrit-il, d'apprendre tous les détails de la trahison méditée par les Français. Le Directoire aurait approuvé le plan de Bonaparte, qui consiste à pousser la République de Saint Marc à une rupture ouverte. Cela permettra aux Français de piller un pays fort riche en argent. On aurait l'intention d'envoyer quelques vaisseaux français dans l'Adriatique pour s'emparer des navires vénitiens, de soulever les corsaires, afin de couper tout commerce du côté de la mer, enfin de provoquer une invasion du pacha de Scutari en Dalmatie et de forcer ainsi les Vénitiens à y envoyer leurs régiments slaves. Pour mieux exécuter ce plan, il est nécessaire d'en détourner l'attention de la Seigneurie, et c'est à cela que servent les assurances pacifiques du Directoire. On attend d'un jour à l'autre la fin des négociations avec la cour de Sardaigne et son entrée dans l'alliance avec les Français. Curti s'est vanté, lors de son séjour à Crémone, d'avoir beaucoup de complices secrets dans les provinces vénitiennes (1).

De la même source les inquisiteurs apprennent que Bonaparte ne tardera pas à réclamer la livraison des sommes confiées en dépôt à la monnaie de Venise. Il s'agissait sans doute des trésors du duc de Modène, que les Français ont en effet reclamés sous le prétexte que le duc était en guerre avec eux. Les émigrés, au dire de ces mêmes agents, sont d'un grand secours à Bonaparte. Dispersés dans toute la Terre Ferme, ils sont chargés de l'éclairer sur l'état d'esprit des habitants, sur leur caractère physique et moral, ainsi que sur leurs conditions économiques. Cette fois encore la correspondance de Bonaparte avec le Directoire confirme ces rapports. Les émigrés, et surtout les prêtres non assermentés, ont porté à l'armée française tout le secours qu'ils ont pu. S'étant rapprochés des habitants, ils ont pénétré dans un grand nombre de maisons italiennes et y ont fait naître l'espoir d'une délivrance prochaine de la tyrannie vénitienne avec l'aide de l'armée française. Les nouvelles communiquées aux inquisiteurs par le même Girotto

(1) Rapport du 8 août 1796.

à la date du 20 août sont très alarmantes : les Français exigent, des habitants de Bologne une grande quantité de sacs et ils feront bientôt la même réquisition à Vérone. Voici à quoi ces sacs doivent servir : ils vont être remplis de sable, jetés dans la lagune, et ainsi ils permettront à un corps de troupes françaises de se transporter à Venise. Napoléon voudrait savoir quels sont les moyens de défense des Vénitiens du côté de la mer. Dans ce but un agent du Consul promet à Girotto une grande somme d'argent s'il réussit à introduire dans l'arsenal un ouvrier expert. Le choix se porte sur un français qui sert à l'arsenal depuis cinq ans et parle italien. « On le prenait pour un émigré, déclare Girotto, et c'est un républicain fanatique ». L'agent annonce aussi que Bonaparte a l'intention de mettre la main sur les monts de piété et les trésors des églises sur toute l'étendue des possessions de Venise. Dans la capitale le nombre des partisans de la France s'accroît. Deux familles patriciennes, les Albizzi et les Savorgnan, sont soupçonnées de vouloir secourir l'ennemi, soupçon qui d'ailleurs ne s'appuie que sur des indications très incertaines. Girotto affirme qu'un certain abbé Carega, corse d'origine, mais établi à Venise depuis 22 ans, lui conseillait de ne pas se montrer ouvertement hostile aux français, car cela lui porterait préjudice auprès des Albizzi et des Savorgnan. D'autres patriciens, et spécialement Giacomo Boldu, Giovanni Battista Dona, Michel Priuli, le comte Girolamo Martinengo, sont également considérés comme des amis de la France (1).

Pour être mieux renseigné sur l'occupation prochaine de Venise, Girotto achète les services des domestiques du consul Anglé. Aidés par eux, il pénètre dans sa chambre et y trouve un manuscrit intitulé : « Le plan de l'occupation de Venise du côté de Campalto, plan proposé par monsieur Courté-Beautemps (nom de guerre de l'abbé Curti), examiné et vérifié par le général Kilmaine ». Je l'ai lu plusieurs fois, écrit il aux inquisiteurs, et je puis en donner le contenu. Le plan consiste tout entier dans cette affirmation : qu'avec 80.000

______

(1) Rapports du 21, 26, 29 août 1796.

sacs de sable et quelques canots qu'on trouvera sur l'Adda,
il serait facile de créer un passage entre Campalto et Burano,
car la lagune n'a dans cette partie que 4 à 6 pieds de profondeur. La difficulté principale c'est celle que présente le
chemin de San Secondo à Canal Reggio et San Girolamo. Mais
on pourrait se fortifier sur la première île et ensuite, avec
le concours d'amis indigènes, construire un radeau flottant.
Toute cette entreprise demanderait à peine un corps de 80.000
hommes (1).

Impressionnée par ces bruits quant à l'intention des Français
de faire une descente à Venise, la Seigneurie crut nécessaire
d'armer les paysans du district de Vérone. Evidemment elle
s'y resigna avec peine, tellement cette mesure était en contradiction avec l'esprit de la législation vénitienne (2). Lipomano expose les scrupules de ses collègues en disant: quelle
sécurité avons nous que les masses populaires, une fois abandonnées à elles mêmes, garderont leur soumission nécessaire
et pourquoi ferons nous ce qu'aucun gouvernement n'a osé
faire jusqu'ici, surtout maintenant que les événements ont
montré quelle est, en général, l'issue des mouvements de la
foule (3)? Mais les circonstances prenaient une tournure de
plus en plus inquiétante. Les habitants de Brescia et de Vérone ne cachaient plus leur mécontentement, ils reprochaient
aux autorités de ne se soucier que de la défense de Venise
et de les abandonner a leur malheureux sort. On attendait des
délégations chargées d'exprimer ce mécontentement; à Venise même, on blâmait ouvertement le provéditeur général,
Foscarini, et le commissaire extraordinaire, Battaglia, de la
faiblesse qu'ils avaient montrée en présence des exigences
françaises. On leur reprochait surtout d'avoir éloigné les régi-

(1) Rapport du 30 août 1796.

(2) MONTESQUIEU dit de Venise: « On ne s'est point conformé à la nature
des choses de cette république, où le port des armes à feu est puni comme
un crime capital et où il n'est pas plus fatal d'en faire un mauvais usage
que de les porter » (*De l'esprit des lois*, livre XXIV, ch. 24).

(3) Bibliothèque Querini, Stampaglia, Class. VII, Cod. 78. Lettre de Querini du 21 juin 1796.

ments slaves de Vérone (1). Lorsque Pesaro, en rendant compte
au sénat des déclarations qu'il fit à l'ambassadeur de France,
lui dit que les sujets de Saint Marc s'agitaient, non par ce
qu'ils étaient mal disposés à l'égard des étrangers, mais parce
qu'ils avaient à se plaindre de torts matèriels apportés à leur
personne et à leur fortune, ces paroles furent couvertes d'applaudissements. Et bien qu'à la même heure, selon le témoignage de Lipomano, le nombre des abstentions au Grand Conseil
commença à s'accroître sensiblement, la gallophobie continua
à faire des conquête rapides, ce qui à la longue força l'oligarchie
vénitienne à adopter une mesure aussi extrême à ses propres.
yeux que l'armement des paysans: on créa des patrouilles soi-
disant pour la défense des Français eux-mêmes. Bonaparte et
le Directoire comprirent immédiatement le danger qui les menaçait de la part de ces corps de volontaires. Des représentations énergiques furent faites à Paris par le ministre Delacroix, à Venise par l'ambassadeur Lallemand. En septembre
un confident, Girotto, apprend du consul que les Français considèrent cette mesure comme étant dirigée contre leur armée (2).
En même temps les offences à l'adresse des hôtes malvéillants,.
deviennent plus fréquentes à Venise. Bien que Lallemand con-
tinuât à faire à Pesaro des déclarations pacifiques et à faire
entendre à Casotto que la République Française avait l'intention de faire à Venise le don de Trieste, dès que cette ville
aurait été conquise sur les Autrichiens (3), cela n'empêchait
pas l'ambassadeur et sa famille de s'entendre souvent traiter
de voleurs, de brigands, de bourreaux au cours de leurs pro-
menades en gondole (4).

La situation du diplomate français devenait chaque jour
plus difficile. Conformément aux instructions qu'il recevait,
il s'efforçait de calmer les Vénitiens, en leur promettant le

---

(1) Voir les détails dans les rapports de Foscarini datés du 30 juin 2 et 3.
juillet 1796. — Inquisitori di Stato, Filza 207, N. 24, 26, 27, 28.

(2) Rapport du 22 septembre 1796.

(3) Voir le rapport du 25 juillet 1796.

(4) Rapport du 3 août 1796 (Busta 564).

rétablissement de la discipline dans l'armée et la fin des exactions qui au lieu de cesser ne faisaient que s'aggraver de plus en plus. Parfois il lui échappait des paroles dans le genre de celles-ci: « Je joue ici plutôt le rôle de bouffon, que de représentant d'une grande puissance; je fais des promesses, je parle d'amitié, et Bonaparte fait tout à l'envers » (1). Entre l'ambassadeur et le général en chef les relations commençaient à devenir tendues; Lallemand parle de l'orgueil de ce jeune homme, et Bonaparte laisse les courriers qu'il lui envoie sans réponse (2). On peut conclure des rapports du *confident* Girotto, que Lallemand était sincère, lorsq'il niait l'existence de toute conspiration contre l'intégrité et la sécurité de Venise, car tous les plans d'occupation de cette ville par les Français lui étaient soigneusement cachés par le consul et ses agents (3). Mais alors, comment expliquer que c'est précisément dans les caves du palais de l'ambassadeur qu'étaient déposées les armes, dont devaient se servir les Français et les démagogues italiens au moment de l'occupation projetée de la capitale? C'est que, peut-être, ces armes avaient eu au début une autre destination : il se peut aussi, qu'en présence de menaces incessantes à l'adresse des Français, la légation eut songé à sa propre défense en cas d'attaque subite.

En octobre cette question du dépôt des armes préoccupait tellement les inquisiteurs, qu'ils accordèrent a Girotto le choix des moyens nécessaires à la découverte du complot. L'agent

(1) Rapport de Casotto du 27 juillet 1796.

(2) Rapport de Casotto du 1-3 août 1796.

(3) Le 13 septembre 1796 Lallemand dit à Casotto: « Jamais il n'a été dans les intentions de la République française de troubler la paix de Venise et d'y entrer par la force. Je vous l'affirme sur mon honneur ». En septembre de la même année le consul Anglé apprend à Girotto que bientôt Lallemand sera remplacé, sans doute par Salicetti, l'homme de Bonaparte. On reprochait à Lallemand d'être devenu un jouet entre les mains de certains gentilshommes vénitiens qui lui ont coûté beaucoup d'argent.

On lui imputait même l'occupation inattendue de Venise, et Anglé s'est plaint de lui au véritable coupable, Girotto. — Rapport du 27 septembre 1796, Busta 605.

commença par se faire naturaliser français, et prêta le serment civique au consulat de France. A partir de ce moment
il ne devait plus y avoir de secrets pour lui; aussi ses rapports devinrent en effet des prédictions de ce qui allait se
réaliser bientôt. Le 17 octobre il écrit: Pour apprendre où
les Français cachent leurs fusils, j'ai offert au consul de lui
fournir deux cents volontaires, prêts à se porter au secours
de ses compatriotes. Mon offre a été accuillie avec enthousiasme et m'a valu deux conversations précieuses avec un des
émissaires du général Massena; ce personnage m'a déclaré
que les armes étaient gardées au consulat sous la surveillance
du secrétaire Jacob. Il m'a promis de me montrer bientôt le
dépôt et de me délivrer des cocardes tricolores pour les conjurés. En même temps j'ai appris avec épouvante qu'on cherchait un pretexte de rupture avec Venise. Un des « patriotes »
vénitiens, Santuzzi, est envoyé à Vérone et y sera admis en qualité d'officier de l'armée française, évidemment afin de rendre
le lien entre elle et les démagogues plus étroit. Depuis son départ, un émissaire français, Calasse, vient assiduement dans la
maison d'un juif, où les conspirateurs ont l'air de se réunir (1).

Les inquisiteurs reçoivent en même temps des rapports analogues de Domenico Casotto (2). Continuant à épier chaque pas
de l'ambassadeur, Casotto avait appris que Lallemand allait
dans la maison d'un certain comte Sapi, originaire d'Imola,
marié à la fille du vénitien Borghi; que dans cette maison s'as-
semblaient les membres d'une loge maçonnique, comprenant
beaucoup de patriciens. Casotto cite les noms de quelques visiteurs, comme Barbaro et Pioveni, originaires de Vicence (3).
Lallemand, qui a du se douter de la surveillance dont il était
l'objet de la part de son prétendu ami, se plaint à lui plus
d'une fois de ce que beaucoup de vénitiens, hostiles au gouvernement, ne le laissent pas en paix jusque dans sa maison,
et viennent le prévenir des préparatifs faits par Venise en

(1) Voir le rapport du 17 octobre 1796.
(2) Voir Busta N. 564, rapport du 28 septembre 1796.
(3) Ibid., rapport du 10 octobre 1796.

vue d'une guerre prochaine avec France; on lui parle de tout
un corps de dalmates qui serait appelé à Chioggia, soi-disant
pour s'opposer à l'occupation française. Evidemment, dit Lallemand, tous ces bruits sont lancés par des hommes suspects.
« Si je ne croyais pas à la loyauté de votre gouvernement,
je serais forcé de protester et de lui faire de nouvelles représentations ». Casotto, qui est partout et sait tout, apprend en
même temps de la part du consul hollandais que Lallemand a
cherché chez lui des informations sur le compte d'un certain
abbé Arnaldi, piémontais d'origine, qui s'était très durement
exprimé sur le compte de la Seigneurie. La femme de l'ambassadeur soupçonne que cet abbé remplit auprès de son mari
la fonction d'espion et est en correspondance secrète avec le
Directoire (1). Nous apprenons par des rapports d'une date
postérieure qu'Arnaldi fut arrêté et mis en prison par ordre
du gouvernement vénitien. Après son arrestation Lallemand
dit a Casotto que l'abbé était venu lui donner le conseil de
s'emparer du mont-de-piété de Trévise, sous prétexte que les
biens des émigrés y étaient gardés. Cette proposition aurait
tellement indigné l'ambassadeur qu'il résolut sur le champ de
chasser l'abbé de chez lui (2).

Bien informés par les rapports de leurs « confidents », les inquisiteurs d'Etat prirent les mesures nécessaires pour arrêter
un nombre tellement considérable de sujets vénitiens, que le
consul français crut devoir recommander à ceux qui avaient
gardé leur liberté, d'être particulièrement prudents. Pour des
vétilles, beaucoup d'entre vous, leur dit-il, ont été cités devant
les inquisiteurs et ont dû entendre des rémonstrances sévères
et de terribles menaces; il faut donc absolument transporter
nos réunions dans un autre endroit. Le choix fut porté sur la
paroisse San Francesco della Vigna. Chez lui, le consul ne recevra désormais Girotto qu'en qualité de médecin. Pour calmer
les soupçons des Français, Lallemand l'invite à prêter le serment de fidélité à la République. Ayant reçu son consentement,
il se laisse aller à des confidences et raconte que le 13 octobre,

(1) Rapport du 31 octobre 1796.
(2) Ibid., rapport du 20 nov. 1796.

au matin, a eu lieu à Venise une réunion de démagogues et
d'émissaires français dans un des locaux de l'ambassade. Là on
a reconnu qu'il était impossible de s'emparer de la ville par
une attaque directe et qu'il était nécessaire de provoquer d'a-
bord une révolution parmi les habitants de la Terre Ferme.

On a décidé de commencer par Brescia où on s'est assuré
le concours du provéditeur général Battaglia, soupçonné depuis longtemps d'appartenir au nombre des maçons. On compte
aussi sur l'abbé Vasselli, actuellement capitaine de l'armée
française; il habite Crémone en compagnie de l'abbé Curti,
dont la réputation est faite depuis longtemps. Pour la propagande, on doit se servir du livre de cet abbé, intitulé: « L'histoire et la politique des Vénitiens »; ce livre a été imprimé
à Paris, et selon l'avis du consul français, n'a aucune valeur,
mais peut devenir un instrument d'attaque contre l'aristocratie.

Profitant de sa réputation de bon patriote français, Girotto
pénètre dans le domicile du secrétaire Jacob, où il trouve 7
canons et 250 fusils. Jacob insiste également auprès de lui sur
la nécessité d'être prudent et se plaint de la disparition subite de deux conjurés. Tous les efforts faits pour apprendre
leur lieu de séjour ont été vains; ils sont sans doute tombés
victime du Tribunal des Inquisiteurs, que Jacob traite à cette
occasion de despotique. Heureusement, a-t-il ajouté, sa fin est
proche. Jacob a appris également à Girotto qu'on ferait à Modène une levée de 30.000 hommes ce qui permettrait au Français d'enlever à Venise ses provinces de la Terre Ferme.

Bonaparte a chargé Jacob d'acheter des armes et de les
envoyer à Bologne et à Modène. Le secrétaire de la Légation
recevra bientôt une charge encore plus importante; il sera
nommé agent diplomatique à Turin dans le but d'amener le
roi à conclure une alliance avec les Français, alliance dirigée
contre Venise. Les Français, au dire de Girotto, se vantent
déjà qu'ils verront bientôt Bonaparte, Massena et Salicetti se
promener sur la place de Saint Marc (1). Le Consulat français à Venise reçoit des nouvelles toujours plus rassurantes

(1) Rapport du 19 novembre 1796.

quant au nombre des partisans que la révolution compte dans les villes de la Terre Ferme. De Vérone Santuzzi écrit que ce nombre a dépassé toutes les espérances. On pourrait commencer l'exécution du projet de révolutionner les provinces, si ce n'était le désir de se conformer aux ordres de Bonaparte, qui, dit-on, aurait résolu d'attendre la capitulation de Mantoue, afin de pouvoir ensuite soutenir le mouvement de toutes ses forces. Le Consul promet à Girotto de lui révèler, après la chûte de Mantoue, les noms de tous les conjurés, en ajoutant qu'il sera frappé de leur nombre et de leur haute situation à Venise. Leur liste a été déjà communiquée à Bonaparte (2).

Les partisans dont parlait Santuzzi, c'étaient, pour la plupart, les membres de la loge maçonnique qui tenait ses réunions à Vérone au quartier San Silvestro. Cette loge avait été fermée dix ans auparavant par ordre du gouvernement, mais elle s'était réformée sous la protection de l'armée française. Le commandant du corps vénitien, le général Salimbeni, en faisait partie. C'était le même qui avait consenti à éloigner les régiments slaves de la ville et provoqué par cela même, au dire de Lipomano, une grande indignation au sein du Conseil. Le juge Priuli, l'officier Spada, Mattei et d'autres formèrent bientôt le noyau d'une conspiration et engagèrent une correspondance avec des cercles analogues dans les autres villes de la Terre Ferme (3). Dans les limites de la République de Saint Marc les sociétés sécrètes étaient évidemment fort nombreuses; elles couvraient de leurs filets toutes les villes de la Terre Ferme. Sans cela Lallemand n'aurait pas dit, dans ses conversations avec Casotto, que Vicence, comme Padoue, allaient bientôt se séparer de Venise, « parce qu'elles se trouvaient être dans une autre voie » (4).

En réalité, la France à laquelle, dans la personne de Bonaparte, on attribuait de si sombres desseins contre l'intégrité

(2) Rapport du 2 decembre 1796.

(3) Voir OSVALDO PERINI, *Storia di Verona dal 1790 al 1822.* Vérone 1874, t. II, pp. 46 et 47.

(4) Rapport du 2 décembre 1796. Busta n. 564.

de l'Etat vénitien, songeait encore au commencement de l'année 1797 à conclure une alliance avec la République de Saint Marc, afin de mieux triompher des armées autrichiennes. Presque à la veille de la prise de Mantoue, Lallemand, se répandait en éloges sur le compte de Pesaro, l'appelait un grand homme politique, honnête, dévoué à sa patrie, sincère et incapable d'intrigues et exprimait à Casotto sa conviction que bientôt après la reddition de cette place par les Autrichiens, une alliance allait être conclue entre les deux républiques au grand avantage de celle de Saint Marc (1). En recevant le 11 février 1797 le général français Augereau et en fêtant avec lui la capitulation de Mantoue, Lallemand élevait encore son verre en l'honneur de la République Vénitienne et son toast était couvert d'applaudissements; il est vrai qu'au nombre des convives se trouvait aussi le bijoutier Louis Bardet, qui rencontrant Casotto quelques jours plus tard, lui dit les paroles suivantes: « Notre armée a passé victorieusement partout; il lui reste à occuper Venise. Malheureusement, nous avons ici un ambassadeur qui se laisse mener par le nez et ne sait pas profiter des circonstances, quoiqu'il reconnaisse lui-même que le gouvernement actuel a besoin d'être réformé » (2).

(1) Rapports du 12 janvier et du 4 février 1797.
(2) Rapport du 1r avril 1797. Busta n. 564.

CHAPITRE V.

La révolution à Bergame, à Brescia et à Crême.

Tout faisait prévoir une solution rapide et cependant elle
étonna tout le monde. Le 13 mars Battaglia écrivait encore
de Brescia à la Seigneurie: « Les habitants m'assurent de leur
dévouement à la république ». Deux jours plus tôt ce même
provéditeur général avait néanmoins reçu de Bergame une
lettre par laquelle le gouverneur de cette ville, Ottolini, le
prévenait de la révolution qui se préparait. Et le 9 du même
mois le commandant français Landrieux avait fait savoir au
secrétaire de la république, Stephani, qu'une conspiration
avait été ourdie contre l'intégrité des possessions vénitiennes
sur le continent. A Milan, écrivait-il, un club s'est formé qui
a pour but de provoquer une révolution d'abord à Brescia,
ensuite à Bergame et à Crême. Landrieux affirmait connaître
les noms des conjurés et les forces dont ils disposaient.

Le club se réunissait à la distance de deux lieues de la ville;
il était fréquenté par plus de deux cents personnes de toute
condition. A la tête de la conspiration se trouvaient les comtes
Lecchi, Gambara et Becalossi de Brescia, Alessandri, Caleppio
et Abelasio de Bergame. Leurs émissaires étaient dispersés
parmi les montagnards et portaient sur eux des papiers d'un
genre particulier, dont on avait communiqué un échantillon à
Stephani (1). Le commandant français ne semble pas avoir eu
l'intention de faire cette communication pour rien; mais comme

(1) Voir *Raccolta cronologico-ragionata di documenti inediti che formano
la storia diplomatica della rivoluzione e caduta della republica di Venezia, corredata di critiche osservazioni.* Tomo secundo. Augusta, anno
1799, p. 10.

personne à Venise ne crut devoir lui faire de proposition en
réponse à sa dépêche, il ne laissa pas Stephani partir pour
Milan, et celui-ci ne put que par lettre prévenir Ottolini du
danger qu'il considérait comme imminent.

Tout se passa selon les prédictions de Landrieux. Ce dernier
joua même le premier rôle dans tout ce mouvement, rôle qui
lui avait été offert, comme il le déclare dans sa communication à Stephani, par les conspirateurs eux mêmes. Sur un
point cependant les évènements ne confirmèrent point ses prédictions. L'insurrection commença à Bergame, et non à Brescia.
On peut trouver des détails sur sa marche dans les rapports
du ministre résident de Venise à Milan, Jean Vincent Foscarini, et du gouverneur de Bergame, Ottolini.

Le dimanche 12 mars apparurent sur la principale place de
Bergame, juste en face de la cathédrale, quatre canons; ils pro-
voquèrent une grande épouvante chez les habitants. En même
temps on remarquait une agitation au château, occupé par le
détachement français. Aux questions indiscrètes, il fut répondu
qu'en présence des troupes vénitiennes, qui faisaient, par ordre
d'Ottolini, jour et nuit des patrouilles dans les rues afin de
prévenir la révolte, le commandant avait cru nécessaire de
parer à toute éventualité. Rassuré sans doute par cette déclaration, Ottolini négligea de se mettre sur la défensive et crut
même devoir expliquer au commandant français les motifs des
mesures de police qu'il avait ordonnées. Pendant ce temps
une bande de nobles, sous la conduite d'un officier français,
Lhermitte, se rendit au palais d'Ottolini, qui était alors le
siège du gouvernement; là on proclama la séparation de Bergame de la République et on élut une municipalité. Les fonctionnaires furent invités à prêter le serment d'obéissance aux
nouveaux pouvoirs et à le confirmer par leur signature. Ottolini fut prévenu de tout cela quelques instants avant l'événement. « Nous autres sujets fidèles de la République, lui dit
le chef de la députation, sommes forcés de passer pour des rebelles. Le commandant français, Lefèvre, nous à fait appeler
il y a un instant et nous a déclaré que nous devions obéir

(1) Ibidem, p. 10.

au vœu du peuple, rétablir la liberté et réunir Bergame et son
district à la République Cispadane. En vain avons nous protesté, en disant qu'il n'y avait pas lieu de se plaindre de la
Seigneurie vénitienne, ni de celui qui nous gouverne en son
nom. Le commandant nous a dit: obéissez; vous m'en répondez
sur votre tête. Alors nous promîmes de faire tout ce qu'il
ordonnera, à condition qu'il nous fut permis de vous prévenir
d'abord comme celui qui représente à Bergame notre souverain
légitime. Il y a consenti, quoique non sans hésitation, et nous
voici devant vous pour vous demander conseil » (1). Evidemment, cette députation était composée de personnes, ou bien
n'ayant point pris part à la conspiration, ou voulant se garantir contre tout danger, entr'autres, contre celui du rétablissement de la domination vénitienne à Bergame et des poursuites qu'elle pourrait intenter en ce cas contre les rebelles.
Il est difficile de dire jusqu'à quel point la communication qu'on
vient de lire mérite créance. En tout cas, elle ne prouve pas
que la révolution ait été méditée ou exécutée par le commandant français. Pas plus tard que le 14 mars, Foscarini annonçait
à la Seigneurie que l'armée française n'avait aucune intention de favoriser le mouvement qui se préparait sur toute
l'étendue de la Terre Ferme afin de la séparer de Venise. Le
chef de l'armée française, le général Kilmaine, écrivait le 14
mars au commandant de Bergame: « J'ai appris par voie indirecte les mouvements qui se sont produits chez vous et
dont j'ignore les motifs et les tendances. Je suis étonné de
n'avoir reçu à leur sujet aucune communication directe de
votre part. Ceci d'ailleurs me fait présumer que ce qui vient
de se passer n'a pas été dirigé contre les Français. Quoi qu'il
advienne dans l'avenir, je vous défends, sous votre responsabilité personnelle, d'intervenir d'une manière directe ou indirecte dans les discordes civiles, du moment qu'elles ne menacent pas la citadelle et les troupes. Si vous vous laissez aller
à un acte quelconque contraire à la neutralité qui existe entre
les deux républiques, je blàmerai formellement votre conduite
et vous punirai comme coupable d'avoir violé mes instructions

(1) Raccolta cronologica, p. 15.

et agi contre les intentions du général en chef (Bonaparte). Accusez moi réception de cette lettre et envoyez moi un compterendu des événements de Bergame ».

En réponse à cet ordre, Landrieux présenta le rapport suivant sur la révolution qui venait de s'accomplir. Ce document corrige sur plusieurs points la communication faite préalablement au gouverneur vénitien. Le peuple de Bergame, y est-il dit, cherchait depuis longtemps l'occasion de s'affranchir du joug de Venise. Les récits enthousiastes des soldats français sur la liberté de leur patrie et la proclamation des droits de l'homme n'ont fait qu'augmenter ce désir. Le peuple ourdit une conspiration et décida de chasser le gouverneur. Ottolini fut prévenu par un espion des réunions secrètes et des préparatifs qui se faisaient. Il renforça la garde de son palais et fit parcourir les rues par des patrouilles; mais en même temps il oublia ce par quoi il aurait dû commencer, je veux dire qu'il négligea d'arrêter les conspirateurs. Son autre faute fut de ne point prévenir le commandant français de Bergame que les mesures qu'il prenait n'étaient pas dirigées contre ses compatriotes. Ne connaissant pas la vraie cause des armements, le commandant se tint tout le temps sur la défensive et c'est là ce qui le décida à placer des canons sur la place publique. Les troupes vénitiennes de leur côté furent laissées dans l'ignorance de ce qu'elles avaient à faire. Craignant un engagement, où il leur faudrait essuyer la mitraille des canons, peu habitués d'ailleurs à aller au feu et pusillanimes par nature, elles montrèrent vite leur lâcheté. Les rebelles, qui croyaient déjà la conspiration découverte et ne songeaient qu'à la fuite, voyant les troupes vénitiennes rester immobiles, commencèrent à se rassembler dans les rues; ils se portèrent ensuite en masse compacte au palais du gouverneur. Les soldats, supposant que le peuple leur venait en aide contre les Français, lui ouvrirent leurs rangs. Arrivés au palais, les insurgés ordonnèrent à Ottolini de quitter immédiatement Bergame. Il obéit à cet ordre. Les officiers de la garde furent désarmés et renvoyés en même temps que les soldats. Ce qui est fait pour surprendre, c'est que tout se passa sans violence.

Les soldats vénitiens furent autorisés à rester encore deux jours dans la ville pour emporter leurs effets. On leur permit même de garder les chevaux de la cavalerie (1).

Il est difficile de croire que cette révolution pacifique ait pu se faire, si la résistance du gouverneur vénitien avait été plus ferme. On comprend l'indignation des patriciens de Venise, lorsqu'ils apprirent la conduite puisillanime d'Ottolini et le désir qui s'empara de celui-ci de faire retomber toute la responsabilité sur les Français. La facilité avec laquelle Ottolini a obéi à l'ordre de quitter Bergame, écrit Gasparo Lippomano à son gendre à Paris, provoque à Venise la désapprobation, je dirai plus, la colère unanime. Un citoyen de la République et son représentant n'aurait pas dù si honteusement abandonner son poste et ne céder qu'à la force » (2).

Arrivé à Venise, Ottolini n'avait, évidemment d'autre ressource que d'invoquer pour sa justification l'imprévu de la révolte, la force des conspirateurs et l'aide qui leur fut donnée par les troupes étrangères. On est étonné de lire dans son rapport qu'en réponse à la communication des nobles de Bergame il s'est borné à prononcer le sermon laïque que voici: « Ce n'est pas à moi qu'il vous faut demander conseil; il vous sera dicté par votre cœur, par le dévouement que vous avez toujours témoigné à votre souverain légitime. Le moment est venu d'en montrer toute la profondeur. Souvenez vous du serment de vos pères, qui se sont spontanément donné à la République de Saint Marc. Je ne puis croire que les Français soient décidés à exécuter leurs menaces. Ils ont seulement voulu voir jusqu'où va la constance de votre dévouement; si vous aviez montré plus de résistance, ils n'oseraient pas recourir à un moyen aussi criminel. La noblesse de Bergame se serait couverte d'une gloire nouvelle aux yeux de la nation et aurait conquis des droits nouveaux à la bienveillance paternelle du gouvernement ».

(1) Archivio di Stato. Relazioni del résidente a Milano. N. 243. Rapport de Landrieux.

(2) Bibl. Querini. Stampaglia. Ms. Class. VII, cod. 78, lettre du 18 mars 1797.

Il fut naturellement répondu à Ottolini par des protestations de fidélité et l'expression de la douleur de se voir réduits à la necessité de céder à la force. Pendant cet échange d'exhortations et de regrets, dans les salles voisines du palais les insurgés prêtaient serment de fidélité au nouveau gouvernement et le scellaient de leurs signatures. Ottolini affirme que tout cela se passa en présence de deux officiers français, Lhermitte et Bouston. Le nom du premier nous est déjà connu par le rapport de Foscarini, qui le désigne comme chef des nobles insurgés. On peut croire qu'il a agi à ses risques et périls, en qualité de membre du club révolutionnaire organisé à Milan et comprenant, non seulement des italiens, mais aussi des français. Ottolini dit avoir cherché vainement dans son esprit des moyens de défense plus efficaces. Tout lui paraissait incertain et pouvant seulement élargir le cadre de l'insurrection et communiquer le mouvement aux provinces voisines. Ne sachant pas ce qui se passait à Brescia, qu'on disait aussi en proie à la révolution, et ne voulant pas agir sans le conseil et le consentement du commissaire général Battaglia, Ottolini envoya vers lui deux messages. Cependant, le commandant français continuait à réclamer qu'on décommandât les patrouilles, menaçant, en cas d'opposition, de tirer de la citadelle. Ottolini crut devoir se soumettre à cette exigence, et pendant ce temps le nombre des signatures croissait toujours, le clergé lui-même prenant part à une démonstration, qui ne présentait plus aucun danger. Le serment comprenait, dit le résident à Milan, la promesse d'une haine éternelle à l'oligarchie et de la pleine soumission à la souveraineté populaire. La nouvelle de l'événement se répandit vite dans les communes voisines; bientôt commencèrent à arriver des députations demandant à « fraterniser » avec la municipalité bergamasque. On publia une proclamation, demandant à Ottolini, de faire à Venise des démarches pour que les originaires de Bergame et de sa province qui se trouvaient en prison fussent relaxés. La nouvelle municipalité commençait à traiter d'égale à égale avec la République de Saint Marc (1).

(1) Rapport de Foscarini.

Jusqu'à son départ Ottolini continua d'écouter les condoléances
des bons citoyens, « qui lui confessèrent toute l'amertume de
leur cœur, ce qui a rempli également le sien, dit-il, de tristesse et d'attendrissement ». Au soir les portes de la ville
furent fermées et toute communication avec les communes
voisines interrompue. Et la réponse de Battaglia n'arrivait
toujours pas. Ce n'est qu'au matin qu'Ottolini fut prévenu
que ses courriers venaient d'être arrêtés et les lettres apportées de Brescia ouvertes. Tout ceci, dit-il dans son rapport,
a été fait par ordre des autorités françaises. Ottolini crut
devoir protester de nouveau auprès du commandant. La réponse fut: les circonstances ont changé, le peuple de Bergame
a conquis sa liberté et personne n'a le droit de lui résister.

« Inquiet pour ma sécurité, écrit Ottolini, le commandant
m'engagea à partir sans tarder, menaçant, dans le cas contraire, de m'arrêter et de me faire conduire à Milan. Prèsqu'au même moment se présentèrent devant moi deux officiers
français, les mêmes Lhermitte et Bouston, avec le chef élu
du peuple de Bergame, Pietro Pesenti. Ils m'engagèrent également à partir dans l'espace d'une heure sous menace d'arrestation. J'étais prêt, s'écrie Ottolini, à sacrifier ma vie pour
la patrie, si cela pouvait servir à la conservation de la province perdue. Mais que pouvais-je faire, ne sachant s'il était
possible de communiquer avec Brescia, laissé sans instructions
et sans défense? J'ai dû partir et abandonner ma famille après
m'être engagé par écrit à obtenir la liberté des bergamasques
détenus dans les prisons de Venise » (1).

Le 14 fut publié le premier manifeste du nouveau gouvernement au peuple souverain de Bergame. Il décrètait la constitution de la municipalité provisoire. Celle-ci envoya une députation spéciale à Milan avec l'adresse suivante: « Nous avons
conquis notre liberté et voulons l'unir à la vôtre. Acceptez l'expression de notre amitié et procurez nous l'amitié du peuple
que vous représentez. Vivons, combattons et mourons au be-

(1) *Raccolta cronologica ragionata di documenti*, t. II, p. 18.

soin pour la cause commune. Nous sommes prêts a conclure avec vous et avec les Français une alliance éternelle »! Ainsi la nouvelle municipalité exprimait la volonté de Bergame de s'unir à la République Cisalpine (1).

Cependant l'insurrection s'étendait aux provinces voisines, trouvant cette fois partout les autorités vénitiennes prêtes à la résistance. Déjà après la réception de la nouvelle des événements de Bergame, le commissaire général Battaglia écrivit le 14 mars aux inquisiteurs d'Etat que ces événements récents ont plongé Crème dans une profonde tristesse. Les habitants de Brescia ont manifesté les mêmes sentiments. Les plus notables parmi les citoyens, les représentants des classes les plus diverses de la société, ont protesté de leur dévouement sincère au gouvernement vénitien. Deux jours plus tard, le gouverneur de Brescia, Alvise Mocenigo, exprime les mêmes idées, en écrivant: « Au milieu de tant de vicissitudes du sort, sous le coup des événements récents et de ceux que nous traversons encore actuellement, je ne trouve d'autre consolation que la fidélité de mes administrés. A toute heure ils me parlent de leur attachement profond à la République » (2).

. Sur ces entrefaites, le courrier expédié auprès de Bonaparte revint avec une réponse rien moins que satisfaisante. Le général en chef, qui se trouvait en ce moment au Tyrol, se bornait à donner le conseil de ne persécuter personne pour ses idées politiques et de ne tenir point pour criminelle toute expression de joie causée par les succès des armes françaises (3). En même temps il invitait Battaglia à venir à son camp pour négocier. Plus tard Napoléon, en parlant des événements qui ont déterminé la séparation de Bergame et de Brescia de la République de Saint Marc, niera catégoriquement toute excitation de sa part; il aurait été insensé, dira-t-il, de provoquer un soulè-

(1) Ibid., p. 20.

(2) Dispacci dei rettori di Brescia agli Inquisitori di Stato. Archivio. Busta n. 251.

(3) Supplemento alla *Storia d'Italia* di Carlo Botta, contenente la corrispondenza del governo francese col generale Bonaparte, p. 158.

vement, et de créer par là un nouveau danger pour l'armée au moment même où l'issue de la guerre dans les provinces autrichiennes était encore incertaine et où il était nécessaire de se réserver une retraite sûre et sans danger. Cet argument est trop juste pour qu'on puisse douter de la sincérité des assurances de Bonaparte. Elles se trouvent renouvelées dans sa lettre à Battaglia, où il insiste sur la loyauté du gouvernement français et sur son désir de vivre en paix avec Venise. Mais en même temps il se permet déjà une intervention dans les affaires intérieures de la République de Saint Marc, en déclarant qu'il ne peut se faire à cette idée que quiconque n'est pas ennemi des Français doit être jeté en prison (1). Lallemand, qui ne cessait de se présenter comme l'ami et le défenseur du gouvernement vénitien, qui blâmait souvent Bonaparte pour des actes contraires à la neutralité et pouvant provoquer la méfiance mutuelle, ne recula pas cette fois devant l'idée de trahir la Seigneurie; dans sa lettre au général en chef, écrite presqu'à la même époque, nous lisons: « Il n'y a plus moyen de sauver Venise, le peuple a perdu tout respect pour l'autorité, et il ne faut qu'une étincelle pour allumer l'incendie. Nous, on ne nous aime pas, mais le mot de liberté est prononcé avec enthousiasme; il se laisse entendre partout et prédit la chute prochaine du régime aristocratique malgré l'obstination avec laquelle on le conserve ».

Dans la note annexée à cette lettre il est dit, que d'après les renseignements recueillis par l'ambassadeur, les Bergamasques et les Bressians étaient depuis longtemps mécontents du gouvernement vénitien. L'entrée des Français dans la Lombardie a fait naître dans le pays le désir de s'en affranchir. Tant que l'issue de la campagne restait douteuse, on se contint, quoique avec peine, mais la prise de Mantoue enhardit à agir plus ouvertement. Ottolini, hostile aux Français, s'est laissé aller, malgré sa faiblesse, à quelques mesures oppressives. Qui parlait en notre faveur, s'exposait à la réprimande publique et même à l'emprisonnement. Cela a revolté tout le

____

(1) Ibid.

monde. Un comité révolutionnaire secret s'est formé à Milan
et a demandé des secours aux Lombards. Il lui a été répondu
qu'il était impossible de fomenter ouvertement l'insurrection
et qu'il fallait que les habitants commençassent les premiers
la révolte.

Ayant appris tout cela, Ottolini envoya à Venise la liste
des conjurés, mais son courrier fut arrêté et on vit par ses
lettres qu'un grand nombre d'habitants étaient menacés de
l'emprisonnement ou de la proscription. Cela paraît les avoir
incité à plus d'énergie. Beaucoup de conjurés voulaient tuer
Ottolini, mais la majorité des moderés eut le dessus; on s'est
contenté de lui enjoindre de quitter immédiatement Bergame
et son comté (1). — Nous avons cru devoir ajouter cette va-
riante aux autres récits des événements de Bergame, car elle
montre que, même aux yeux d'un adversaire de la politique
de Napoléon, le mouvement insurréctionnel eut un caractere
spontané et fut seulement soutenu et encouragé par ceux qui
étaient directement interessés à son succès.

C'est encore ce même caractère de spontanéité qu'on retrouve dans la révolution de Brescia. Battaglia, que beaucoup
de patriciens de Venise croyaient partisan secret des Français
et démocrate par conviction, proclama le 16 mars une amnistie
générale, et cela afin de calmer les esprits. Sachant par le
rapport de Lallemand, combien la crainte de repressailles de
la part des autorités vénitiennes avait donné de l'énergie aux
insurgés bergamasques, il nous faudra reconnaître que la mesure prise par le commissaire général était tout indiquée. Et
néanmoins cette fois l'amnistie n'eut pas l'effet qu'on en attendait. Le jour même de l'insurrection on avait reçu de Milan
la nouvelle qu'un détachement de 300 hommes, composé de
membres de la légion lombarde et de bergamasques, était prêt
à se diriger sur Brescia (2). Ce détachement s'approcha en

(1) Ibid., pp. 159, 160.
(2) Voir le rapport de Vincenti Foscarini, ministre résident de Venise à
Milan, à la date du 21 mars 1797. — FEDERICI, *Storie Bresciane*, t. X,
1864, p. 61.

effet le 11 mars de la ville. Il était commandé par le lieutenant du général Kilmaine, le bressan Antonio Nicolini. Quelques-uns des conjurés habitant Brescia allèrent à sa rencontre. Battaglia envoya demander la cause de l'arrivée des troupes, mais il ne reçut pas de réponse; bientôt les canons amenés par les insurgés furent placés à l'entrée du palais du gouvernement, dit Broletto. Le gouverneur Mocenigo aurait voulu repousser la force par la force, mais on ne put y songer, la garde du palais ayant déposé les armes à la première réquisition. Le commissaire général Battaglia, qui ne tarda pas à être considéré à Venise comme traître, décida alors de se soumettre aux circonstances. L'historien de Brescia Odorici, dans son récit de la révolution du 18 mars, puise ses renseignements dans le journal d'un témoin oculaire, Avanzani. On y lit que tout était préparé pour recevoir la petite troupe venant de Bergame. A la tête des conjurés se trouvait le comte Faustin Lecchi, et c'est dans sa maison qu'eut lieu la première réunion des chefs, qui donna l'ordre de s'emparer de tous les bu-reaux du gouvernemet, de la douane, de la caisse publique, des monts de piété. La cavalerie tenta il est vrai de résister aux insurgés et blessa légérement trois bergamasques; il n'y eut pas d'autres victimes. Le peuple s'étant mis à crier: « Vive la liberté »; Battaglia consentit à quitter la ville, non sans avoir au préalable entendu le comte Lecchi lire une sorte de manifeste, où il était dit que le peuple bressan s'était donné autrefois spontanément au gouvernement vénitien, mais qu'aujourd'hui, révolté par sa tyrannie, il voulait revenir à son ancienne liberté. Dans la prison de la ville se trouvait à cette époque le célèbre Pisani, qui s'était prononcé jadis pour l'admission des nobles de la Terre Ferme au Grand Conseil; les insurgés le reçurent à bras ouverts et lui persuadèrent de rester avec eux. Pisani devint en quelque sorte l'incarnation vivante de la liberté reconquise et l'homme le plus populaire de la ville (1).

(1) Voir ODORICI, p. 63 et suiv. — *Histoire de la Révolution de la Ré-publique de Venise*, par A. N. P. Milan, 1807, p. 219 et suiv. — *Bonaparte et les Républiques italiennes*, par CAFFAREL. Paris, 1895, p. 124.

Il restait à organiser le gouvernement provisoire et à faire
reconnaître la nouvelle république démocratique par les habitants des comtés. Le 18 mars la municipalité se divisa en
7 comités, dont un d'approvisionnements et un d'instruction
populaire. Le blanc, le rouge et le vert furent declarés couleurs nationales. La capitation, l'impôt de la mouture et les
taxes sur la viande furent supprimés. On créa la garde nationale dont on confia le commandement à Giuseppe Lecchi et à
Francesco Gambara. Les chefs parlaient au peuple la langue
des démagogues français; ils déclaraient dans leurs proclamations que la providence avait voulu rétablir les Droits de
l'Homme et que désormais il n'y aurait plus d'autre maître
que la nation souveraine (1).

Pour effacer le souvenir de l'union séculaire de Brescia avec
Venise, on ordonna de faire disparaître de tous les édifices
publics le lion ailé, symbole de la République de Saint Marc
depuis les temps les plus reculés.

On abolit également tous les signes extérieurs de la noblesse; on proclama la liberté de la presse et on ordonna la
publicité des actes du gouvernement provisoire; l'administration fut donc rendue publique, en opposition avec la pratique des gouverneurs vénitiens qui l'avaient entourée de
mystère (2).

Mais la révolution ne pouvait triompher qu'à la condition
que les communes voisines reconnussent le nouveau gouvernement. Les habitants de Palazzolo, de Trenzano, de Lonato
et d'Iseo étaient prêts à fraterniser avec Brescia; mais il
n'en était pas de même des habitants de la montagne. Même
l'exemple de Crème, où se produisit le 27 mars une révolution démocratique analogue à celle de Brescia, ne détermina
pas les gens de Valtrompia ou de Valsabbia à sortir de leur
soumission séculaire au gouvernement de Venise, sous la tu-
telle duquel le bas peuple, comme nous avons vu, vivait assez
facilement. Les événements qui ont marqué la résistance de

---

(1) Odorici, pp. 70, 71.

(2) Nicolini, *Raccolta dei decreti del governo provvisorio bresciano*, a. 1804.

ces provinces à la tendance vers la démocratie qui l'emportait au même moment dans la plupart des provinces vénitiennes, sont exposés tout au long par Ricobelli dans ses mémoires sur l'histoire du Bressan. Nous lui empruntons les faits suivants, tout en laissant de côté le récit des événements militaires. A Valtrompia les émissaires de Brescia furent d'abord reçus amicalement. Le 21 mars on fraternisa et le syndic revêtit la cocarde nationale. Mais les riverains du lac de Garde ne suivirent point cet exemple. Là aussi, il est vrai, treize soldats commandés par Gambara réussirent à proclamer la République à Salo et à s'emparer de la personne du gouverneur vénitien, Almoro Condulmer. Comme partout, les armes de Venise furent enlevées des édifices publics, mais c'est à cela que se bornèrent les succès des démagogues. La population resta complètement indifférente, et Gambara, rentré à Brescia, dut avouer que s'il n'avait pas rencontré de résistance, il n'avait pas trouvé non plus chez les habitants l'amour de la liberté.... « Ils ne savent pas, déclara-t-il, où sont leurs vrais amis ». A peine Gambara était il parti pour Brescia, que le peuple aux cris de « Vive Saint Marc », chassa le gouvernement provisoire et rétablit les autorités vénitiennes. Ayant choisi pour chef le comte Zuanelli, les contre-révolutionnaires se préparèrent à la résistance. A Brescia on les traita, en parodiant la langue des jacobins français, « de satellites de l'aristocratie, achetés par l'or et aveuglés par le fanatisme ». Mais l'insurrection croissait, s'étendant aux vallées voisines, conquérant la Valsabbia et la Valtrompia, qui avaient pourtant déjà fraternisé avec les démagogues bressans. Les curés se mirent à la tête des montagnards. Un d'eux, Andrea Filippi, s'acquit même quelque gloire par la défense de Salo contre les bressans.

Lorsque le 31 mars Gambara, envoyé pour rétablir la soumission de ces contrées à Brescia, pénétra à Salo avec un petit détachement de 50 soldats, plus de 2000 montagnards ouvrirent subitement des hauteurs voisines un feu meurtrier et eurent raison sans peine du détachement bressan. Seize hommes furent fait prisonniers. On enleva en même temps aux bressans six canons, dont quatre furent emmenés dans la montagne, Salo avec les vallées voisines rentra sous la domination de la République de Saint Marc (1).

On peut juger de l'impression produite sur les patriciens de Venise par tous les événements que je viens de conter grâce à la correspondance de Lippomano. Il écrit le 25 mars à Querini: « Par les communications officielles vous devez avoir appris dans quelle extrèmité nous nous trouvons; Brescia, Bergame, Crème sont perdues; Salo subira le même sort un de ces jours. Tous les efforts et toutes les menaces des insurgés sont dirigés contre Vérone. Cette ville et la population voisine désirent ardemment s'opposer aux conquêtes de la révolution. Les preparatifs dans ce sens sont déjà faits. Les Véronais protestent de leur fidélité; les autorités soutiennent l'exaltation populaire. Mais qu'est ce qu'on obtiendra ainsi? Le nombre des insurgés à Brescia comme à Bergame, du moins de ceux qui le sont ouvertement, est, certes, exigu. Ils se chiffrent par centaines, non par milliers, mais ils peuvent compter sur le concours de leurs concitoyens; et si l'intervention française n'est pas encore patente, elle s'exerce secrètement en faveur des insurgés et les nouveaux gouvernements sont organisés à la française. A Vicence et à Padoue, comme dans les terres qui en dépendent, se répètent les manifestations de fidélité vis à vis de Venise et de l'empressement qu'on mettra à repousser les intrigues de l'étranger. Des députations solennelles viennent témoigner du dévouement de la population à la Seigneurie. Le Sénat a nommé un commissaire spécial pour organiser la résistance. On a aussi envoyé quelques détachements de soldats en aide aux habitants. Andrea Erizzo est nommé commissaire special; il est déjà à son poste et donne de bonnes nouvelles quant au zèle patriotique des habitants. Mais comment cela finira-t-il? Je crains que tout ne soit perdu; et la Terre Ferme, et — à Dieu ne plaise! — la capitale elle-

---

(1) V. *Memorie storiche della provincia Bresciana e particolarmente delle Valli Sabbia e Trompia* del dottore PIETRO RICCOBELLI, Brescia, 1847, t. I, p. 68 et suivantes. — ODORICI, p. 78.

même. L'épouvante me saisit à la pensée de la contagion qui s'est emparée de nos sujets, de leur empressement à se séparer de Venise, de cette explosion de mécontentement populaire, qui prend le caractère d'un torrent orageux.... La colère contre Battaglia est unanime. Il est arrivé à Vérone, mais nous ne connaissons pas encore tous les détails des événements de Brescia, et par conséquent ne pouvons nous former d'opinion définitive sur sa responsabilité. Pesaro non plus n'a pas encore donné de nouvelles sur l'entrevue qu'il devait avoir avec Bonaparte à Udine ou à Göritz. D'ailleurs, je n'espère pas que ces pourparlers puissent rétablir notre domination dans les provinces perdues; mais ils nous permettront du moins de connaître les intentions de Bonaparte à notre égard et ce qui nous attend dans l'avenir le plus proche. Les déclarations des représentants de la France à Vérone sont trop indéterminées pour qu'on puisse en conclure quelque chose. Après les événements de Bergame, Bonaparte a dit à Battaglia ces paroles très significatives: « Je compâtis à vos difficultés. Je conserverai toujours pour vous personnellement le respect et la considération que vous méritez ». Il est difficile de s'imaginer combien est grand notre désespoir. Les autorités sont en permanence. Le Sénat tient des séances presque tous les jours. Mais *quid boni ?* Une seule chose est indubitable: tous ont décidé de défendre Venise jusqu'à la dernière extremité. Malheureusement les circonstances que nous traversons sont telles que la défense ne peut venir que du ciel » (1).

Une semaine plus tard, quand l'entrevue de Pesaro avec Bonaparte avait déjà eu lieu, Lippomano, dans une nouvelle lettre à son gendre, traduit l'état d'esprit des patriciens, en disant que Pesaro, rentré à Venise, a calmé dans une mesure considérable l'esprit des habitants, en laissant entendre que les Français ne songent qu'à extorquer à la République le plus d'argent possible et ne menacent pas l'intégrité de son territoire. Quant à l'entrevue même, Lippomano communique ce qui suit: Les Sages envoyés auprès de Bonaparte l'ont rencontré

(1) Biblioteca Querini Stampaglia. Class. VII. Cod. 78. Lettre du 25 mars 1797.

à Göritz; il leur a fait une réception très cordiale; en apprenant ce qui s'était passé à Brescia et à Bergame, il déclara
catégoriquement que les Français n'y avaient aucune part. Si
l'enquête prouve le contraire, les personnes coupables d'excitation n'éviteront pas la punition. Le Sénat a le droit de
prendre telles mesures qu'il jugera bonnes pour reconquérir
les provinces qui se sont séparées de Venise. Mais Napoléon
personnellement ne peut lui recommander de faire appel à la
force, et voudrait savoir quelle sera la décision prise par la
Seigneurie. La France, ajouta-t-il, ne se mêle pas des questions
qui concernent la forme du gouvernement; elle laisse tout le
monde vivre en paix sous la protection des institutions existantes. Napoléon dit, en terminant, qu'il comprenait combien
pèsent lourdement sur la population l'entretien des garnisons
françaises et les moyens choisis par la République de Saint
Marc pour les approvisioner. C'est là la cause principale du
mécontentement des sujets. Les habitants de la Terre Ferme
croient que le gouvernement a cessé de s'occuper d'eux et les
a abandonés à leur propre sort. Il serait donc utile de changer
de système et de mettre les Français dans l'état de s'acheter
eux-mêmes les provisions; pour cela il serait nécessaire que
Venise prêtât à la France 6 millions de lires par mensualités
d'un million. Le remboursement aurait lieu après la fin de la
guerre. Si la République jugeait impossible de satisfaire à cette
demande de ses propres fonds, rien ne l'empêcherait de mettre
la main sur les capitaux des Anglais et du duc de Modène,
qui sont déposés notoirement à Venise. En passant, Napoléon
parla aussi de l'offense faite au gouvernement français par le
séjour du comte de Lille à Vérone et il termina son discours
par une offre d'alliance défensive et offensive avec la France (1).
De retour à Venise, ajoute Lippomano, Pesaro a plus d'une
fois exprimé la conviction que tout se bornerait à de nouveaux
sacrifices d'argent et que, à cette condition, nous pourrions

---

(1) Comp. avec le texte du rapport envoyé d'Udine par les deux commissaires Pesaro et Corner, le 25 mars 1797. — Voir *Raccolta cronologica di
documenti inediti* etc., pp. 58-66.

reprendre les provinces perdues, conserver intacte la forme actuelle du gouvernement et conquérir la paix intérieure et la tranquillité. Mais, ajoute le correspondant de Querini, les événements de Crème sont en contradiction avec les déclarations de Bonaparte et ne laissent aucune illusion (1) ».

En effet, la révolution à Crème, à la différence des précédentes, se fit avec la participation directe des troupes françaises et plutôt à l'encontre de la volonté des habitants que conformément à leurs désirs.

Le 27 mars, un détachement de 40 hommes, s'étant approché des murs de la ville, demanda au gouverneur Contarini de le laisser entrer, mais cette fois les Vénitiens firent une résistance énergique. L'ordre fut donné de tenir les portes fermées, tant que les étrangers n'auront expliqué le motif de leur visite. Le chef du détachement ne consentit à le faire que devant le gouverneur lui-même; après de longs pourparlers il fut admis dans les murs de la ville. Il declara être le capitaine Garouère, du régiment des hussards, et se refusa à laisser ses soldats passer la nuit en dehors de l'enceinte. Lié par les instructions, qui lui ordonnaient d'éviter tout conflit avec les Français, Contarini accèda à sa demande. Le lendemain, le 28 mars, deux nouveaux détachements de soldats français s'approchèrent de deux côtés opposés de la ville. Bien qu'il fût ordonné de fermer les portes et de lever les ponts, la division de Garouère put s'emparer de Crème grâce au concours de quelques Français qui s'étaient établis ici précédemment, et qui l'aidèrent à désarmer la garde vénitienne. Les édifices publics furent occupés par les soldats de Garouère et le gouverneur forcé de s'enfermer dans ses appartements. Bientôt apparut sur la scène le même Lhermitte, que nous avons déjà vu diriger le mouvement à Bergame. Un grand nombre de personnes avaient alors reconnu en hui un des émigrés, arrivé en Italie en même temps que le comte de Lille. Il fut décidé de conduire le gouverneur à Bergame et de l'y mettre en prison. Mais cette nouvelle provoqua un tel mécontentement dans

(1) Lettre du 1 avril 1797.

la population, qu'on fut forcé d'abandonner ce plan et même
de le faire passer pour un stratagème, destiné a s'assurer du
dévouement des habitants. On essaya d'un autre moyen: on
crut pouvoir par les menaces amener Contarini à se ranger
du côté de la révolution; mais il répondit avec dignité qu'il
ne recevait d'ordres que de son souverain légitime et qu'il
n'exercerait sa fonction qu'au nom de celui-ci. Le soir les
insurgés revinrent et enjoignirent à Contarini de quitter la
ville, mais cette fois encore il refusa d'obéir; alors il fut placé
de force dans un équipage et emmené dans la direction de Crémone. Ceci eut lieu dans la nuit du 29 au 30. Le lendemain
matin l'arbre de la liberté, orné d'un drapeau tricolore, fut
planté à Crême. Les Français et les Bergamasques dansèrent
en rond autour de lui, mais les habitants de Crême ne prirent aucune part à la fête (1).

En présence de ces faits, le gouvernement de Venise chargea
Pesaro de présenter un nouveau rapport à Bonaparte, et en
même temps le Sénat décida de satisfaire à sa demande d'argent par le prêt d'un million. Quant à l'alliance et à la médiation proposées, la haute assemblée se prononça pour la
négative. Lippomano écrit à ce propos: « Notre sort est facile
à prévoir. Les Français, se servent de nos propres sujets pour
nous détruire petit à petit (2) ». Une seule consolation reste
aux patriciens de Venise: c'est le dévouement des habitants
dans les provinces laissées intactes par la révolution. A Vérone, comme à Vicence, le peuple est furieux contre les rebelles et les Français. A Valtrompia, Valsabbia et Valmonica
les paysans sont également très montés. On reçoit à Venise
de toutes les villes et provinces des déclarations émanant des
habitants, où ils disent vouloir rester des sujets fidèles de la
République de Saint Marc et tenir leur serment. Mais en sa
qualité de patricien Lippomano ne voit dans cet élan spontané

---

(1) Ibidem, p. 76 et suivantes. — Rapport officiel sur les événements de
Crême, conservé dans les archives des Inquisiteurs de l'Etat.

(2) Li francesi, valendosi di nostri sudditi, ci distruggono, ci annientano,
e niente ci resta più di salvo.

des masses populaires qu'un nouveau danger. Le Sénat, écrit-il, soutient ces manifestations, mais à condition qu'elles soient dirigées contre les révolutionnaires, et non contre les Français, à l'égard desquels il est indispensable de conserver la neutralité. Au dire du correspondant de Querini des plaintes s'élèvent à la même époque contre le gouvernement, qu'on accuse d'imprévoyance et de trop de faiblesse. La perte des provinces a provoqué un désespoir général. L'irritation contre Battaglia est telle qu'on a employé tous les moyens pour lui enlever sa charge. Pour cela, on a décidé de le nommer au poste de procureur de la République et de mettre de nouveaux administrateurs à sa place. On appela en conséquence à exercer cette fonction deux hommes: Emili et Giuliari. L'un et l'autre joueront un rôle considérable dans les événements qui vont suivre.

CHAPITRE VI.

Les Pâques véronaises (1).

L'excitation des esprits produite par la révolution de Brescia parmi les habitants de la montagne et des bords du lac de Garde, ne tarda pas à se communiquer à ceux de la province de Vérone parmi lesquels elle prit une forme dangereuse pour les Français.

Monté déjà contre eux grâce à leurs exactions, le peuple de cette région ne douta pas qu'ils fussent les auteurs directs du démembrement de la République. Dans ses mains les armes qu'il demandait pour repousser les révolutionnaires de Brescia, se seraient volontiers retournées contre les soldats de Napoléon. Et ce fut là le moment que la Seigneurie vénitienne, jusqu'ici opposée à l'idée d'armer les paysans, choisit pour former des milices locales. Leur ayant adjoint un détachement de troupes dalmates, elle les envoya garder la frontière de l'ouest, frontière formée par le cours du Mincio.

Il arriva ce qu'on pouvait prévoir et ce que prédisait le correspondant de Querini, en écrivant: « je n'attends que des malheurs de cette levée en masses ».

Au lieu de sujets rebelles, les Véronais se trouvèrent en face des Français. Le conflit devint inévitable. Ce fut bientôt une véritable jacquerie, qui donna lieu de la part de l'armée française à une répression impitoyable. Le gouvernement vénitien montra au moment décisif la même faiblesse et le même désir d'échapper à toute responsabilité qui lui avaient déjà valu la perte rapide des provinces de la rive droite du Mincio, et la République démocratique fut installée sous la protection des armes françaises et contre le vœu de la majorité du peuple.

(1) Le sujet a été amplement traité dans un livre récent de M.ʳ Bevilaqua, au quel nous renvoyons le lecteur.

Mais suivons pas à pas les événements qui préparèrent les sanglantes « Pàques véronaises ». Les premières mesures de défense furent prises par les Vénitiens au sû de la garnison française. Le commandant de la place, Balland, consulté directement, répondit qu'il ne s'opposerait pas aux armements ayant pour but de défendre Vérone contre les révolutionnaires bressans et que ses troupes ne se permettraient jamais d'intervenir dans les affaires intérieures de la République (1).

Les nouveaux commissaires généraux, Emili et Giuliari, publièrent un manifeste invitant les paysans à envoyer des recrus à Vérone. L'évêque Avogadro fut chargé d'organiser une propagande à l'aide de son clergé, qui devait, par le moyen de sermons et d'exhortations individuelles, amener le plus grand nombre possible de fidèles à entrer, en qualité de volontaires, dans les régiments que formait la Seigneurie. Une caisse spéciale fut fondée pour recevoir des souscriptions qui permettraient de payer les frais de la défense. L'appel du gouvernement fut entendu et dans l'espace de quelques jours une armée de 30.000 hommes, prête à tous les sacrifices, se trouva constituée comme par enchantement.

Les cris de « Vive Saint Marc ! » se firent entendre de nouveau dans les rues de Vérone; la cocarde bicolore (jaune et bleu), apparût aux chapeaux de la majorité des habitants (2). Cet enthousiasme populaire effraya les patriciens de Venise. Le 20 mars, dans sa proclamation aux Véronais, le doge les avait engagés à la lutte contre quiconque oserait attenter à leur liberté; le manifeste paru deux jours plus tard faisait déjà une exception pour le cas où les rebelles seraient soutenus par une partie des troupes françaises (3). Le peuple, naturellement, ne comprenait rien à ces subtilités et ne voulut admettre aucune distinction, en sorte qu'au premier bruit que les Français allaient bientôt accorder leur secours aux révolutionnaires de Brescia et leur permettre de reprendre Salo, la haine contre

(1) Voir Osvaldo Perini, *Storia di Verona dal 1790 al 1820*, t. II, p. 130.

(2) Ibid., pp. 138, 139. Le jaune et le bleu étaient les couleurs de Venise.

(3) Ibid., pp. 142, 143.

les envahisseurs prit de telles proportions que le gouvernement
fut incapable ni de prévenir, ni d'arrêter les actes les plus
brutaux de vengeance populaire. Il faut avoir lu les rapports
des chefs des divisions françaises, Kilmaine, Chabron, Balland,
pour se faire une idée de la colère provoquée par ces actes
chez ceux, qui cependant avaient été chargés par Bonaparte
de lui assurer la retraite en maintenant la tranquillité parmi
les habitants. On croit à peine que ceux auxquels ces communications furent faites étaient des représentants d'un Etat
indépendant et encore naguère fort puissant, tellement est arrogant le ton que prennent les commandants subalternes d'une
armée étrangère quand il s'agit de parler à des patriciens de
Venise. « J'ai reçu hier une lettre du général Bonaparte, —
écrit Kilmaine au commissaire Giovanelli et au gouverneur
de Vérone à la date du 29 germinal an V (16 avril 1797); —.
Bonaparte me fait savoir qu'il a envoyé à Venise un aide de
camp pour proposer sa médiation entre la République, d'une
part, Bergame et Brescia de l'autre, et pour exiger que le
gouvernement ordonna aux paysans de déposer les armes et
de rentrer dans leurs foyers. En même temps il me prescrit
de ne tolérer sous aucun prétexte la formation de bandes armées. Je vous engage par conséquent à donner les ordres les
plus sévères pour que les paysans rentrent chez eux. On m'apprend de toutes parts les violences qu'ils commettent. Ils ont
déjà assassiné quelques français et arrêté, à votre su, l'escorte
qui accompagnait un détachement d'artillerie. D'ailleurs, ces
bandes deviennent inutiles du moment que le général Bonaparte vous propose sa médiation. Je désire sincèrement que
vous m'évitiez, par une exécution rapide de cette demande, la
nécessité de recourir à tous les moyens dont je dispose pour
châtier ces hordes d'assassins. Venise commettrait une faute
politique fatale en levant les armes contre les Français, surtout maintenant que le roi de Sardaigne a conclu une alliance avec nous et que la paix avec l'Empereur est presque
décidée. Soyez persuadé que je ne me dissimule pas la vraie
cause de tous ces préparatifs militaires, et cependant je vous
promets de faire ce qui dépend de moi pour éviter la rupture

entre les deux Républiques. En même temps je vous ferai observer qu'il est difficile de croire aux bonnes intentions de Vérone à notre égard, quand tous ceux qui passent pour être nos amis sont jetés en prison et les amis de l'empereur deviennent l'objet de faveurs particulières » (1). Cette lettre arrive à Venise en même temps que la nouvelle de la prise de Crême avec le concours direct des troupes françaises, ainsi que de la reprise de Salo sur les Bressans. Ce dernier fait est suivi du soulèvement des paysans des vallées Valsabbia, Valtrompia, Valcamonica et Vallariana. Toutes envoient des députations pour déclarer qu'ils veulent rester sous la domination de la République de Saint Marc. Les paysans de Vallariana ne se contentent pas de cette profession de fidélité. Ils descendent de la montagne, attaquent les faubourgs de Bergame et se préparent à bloquer la ville elle-même. Mais avant de mettre à exécution leur projet ils décident d'attendre l'arrivée d'instructions de Venise (2).

Si heureuses que soient ces nouvelles et si grande la joie qu'elles causent aux patriciens, elles ne peuvent néanmoins paraliser l'impression pénible produite quelques jours plus tard par la protestation du général Balland contre les offenses que quelques-uns des officiers français eurent à subir, lors de l'occupation de Salo par les montagnards. « Un grand crime a été commis, écrit le général de division dans sa lettre au gouverneur de Vérone, la grandeur de la nation française a été grossièrement méconnue, les lois sacrées de la neutralité et de l'hospitalité violées encore une fois. Il ne s'agit pas d'un assassinat secret commis par des brigands; non, les auteurs du crime commis à Salo sont des paysans armés par ordre du gouvernement vénitien et ses victimes des soldats français revêtus de l'uniforme national. A la nouvelle qu'un français a péri à Salo, un détachement a été envoyé pour prendre ses informations auprès de la municipalité. Contrairement au droit

____

(1) Archivio di Stato. Senato III Secreta. Filza. Rappresentanti di Verona Contarini e Giovanelli.

(2) Senato III Secreta. Lettere. Verona du 16 février 1796 jusqu'au 3 avril 1797.

des gens, les volontaires dont il était composé ont été assimilés aux Bressans et comme tels frappés ou capturés; deux d'entr'eux ont été tués net par les paysans, bien qu'ils n'eussent pris aucune part à l'action, et uniquement parce qu'ils étaient Français; hier encore, le 12 avril, un des volontaires a été poursuivi par quatre bourgeois de Vérone jusqu'à l'entrée de la citadelle. Cette odieuse et lâche conduite ne saurait me servir d'exemple; je suis un républicain français, je dois agir avec plus de loyauté et de dignité. J'ai par conséquent donné l'ordre au commandant de la flotille du lac de Garde de se rendre immédiatement à Salo pour réclamer les prisonniers français et d'opposer, en cas de résistance, la force à la force (1). Le crime commis à Salo ne doit pas rester impuni; non seulement la justice, mais aussi votre propre intérêt exige un châtiment immédiat ». En même temps, le commandant français à Vérone représentait au gouverneur qu'il savait parfaitement qu'on amenait en secret des armes dans la ville. « J'admets, écrit-il, que votre situation l'exige, mais je ne sais pas si cela est conforme à votre dignité: vous avez l'air de ne pas nous croire ».

Si arrogante que fût cette lettre, du moins elle ne contenait aucune injure directe à l'adresse de l'autorité suprème et était provoquée par des raisons plausibles. Mais que dire du langage employé par Bonaparte à l'égard du Doge de Venise dans la lettre que son aide de camp Junot vint apporter à Venise. La Terre Ferme est en armes. De tous côtés arrivent des paysans au cri de « Mort aux Français »! Quelques centaines de nos soldats sont déjà tombées victimes de cette haine. Vous voulez en vain éluder la responsabilité pour ces hordes que vous avez ameutées contre nous. Croyez-vous que, me trouvant au cœur de l'empire, je ne puisse imposer le respect dû à la première nation du monde? Vous imaginez-vous que mes légions souffriront plus longtemps les assassinats que vous fomentez? Le sang de mes frères d'armes sera vengé (2).

(1) Ibidem.
(2) Ibid. 13 Germinal an V (2 avril 1794). Le général divisionaire Balland à M. le gouverneur de Vérone.

Le Sénat vénitien a répondu par la trahison la plus noire à la générosité que nous avons toujours montrée à son égard. Si vous ne dispersez pas immédiatement les bandes des paysans et ne me livrez les auteurs des assassinats commis, la guerre sera déclarée. Aucun danger ne vous menace, les Turcs ne sont pas à vos portes! Vous ne cherchez que des prétextes pour réunir des hordes contre mon armée. Nous ne vivons plus au temps de Charles IX et de la Sainte Barthélemy (1).

On peut juger de l'épouvante et de l'indignation provoquée à Venise par un pareil langage. L'inquiétude générale s'accrut encore du fait que Junot, arrivé à Venise la semaine de la Passion, exigea que le Collège ducal fut réuni immédiatement, en sorte que, pour la première fois depuis leur établissement, les autorités de Venise durent siéger le samedi saint. Lippomano raconte à son gendre de la façon suivante cette séance mémorable: Junot se présenta en ambassadeur de Bonaparte et exigea comme tel qu'on le fît asseoir à côté du Doge. Ses manières dégagées, tout à fait à la française, son ton arrogant pareil à celui de la lettre, dont il était porteur, offensèrent profondément les patriciens.

Mais le moment était bien choisi. Il restait si peu de courage à Venise que même les plus fidèles de ses fils, comme Lippomano, se contentaient d'exprimer leur douleur et de faire entendre des plaintes inutiles quant à la perfidie des Français. « O mon cher Alvise », écrit Lippomano à la veille du terrible massacre de Vérone, « nous avons été trompés par les Français! Par des voies détournées et tortueuses, avec une perfidie incroyable, ils sont arrivés à nous déclarer la guerre, et ils affirment encore que c'est nous qui la voulons. Ils n'ont même pas respecté la sainteté des derniers jours du carême, en forçant les Sages à siéger le jeudi de la Passion et le Doge avec le Collège le samedi saint. Quand la lettre de Bonaparte a été lue au Sénat, on se mit à crier et à trépigner d'indignation. Une telle fureur gagna les assistants que personne

(1) *Correspondance de Napoléon I publiée par ordre de l'empereur Napoléon III*, t. II, p. 473.

ne pouvait se maîtriser. On est tout étonné de voir que les décisions prises soient frappées néanmoins au coin de la prudence et de la circonspection. En vérité, il faut beaucoup de vertu civique pour supporter patiamment des offenses injustes » (1). Les sages mesures dont parle Lippomano consistaient à répondre au ministre français, Lallemand, que le Sénat ne pouvait prendre sur le champ aucun parti étant donné l'importance du moment qu'il traversait, mais qu'il protestait de son dévouement à la paix et de son bon vouloir de rechercher et punir les coupables (2).

Le même jour on rédigea le texte d'une lettre à Bonaparte, qui fut approuvée après des discussions très vives par 156 voix de majorité. Dans ce document on affirmait également la volonté de maintenir la paix et l'amitié avec la République Française, on expliquait que seul le patriotisme et le dévouement au souverain légitime avaient déterminé la population à prendre les armes, non contre les Français, mais contre les rebelles. Le Sénat se déclarait prèt à faire tout ce qui était en son pouvoir pour punir ceux qui avaient commis des actes de violence envers les soldats français. Les sénateurs résolurent en même temps d'envoyer à Bonaparte une nouvelle députation pour lui présenter des explications de vive voix (3).

Tandis que les patriciens témoignaient ainsi de leur timidité et de leur désir d'éviter la guerre à tout prix, les Véronais ne pensaient qu'à prouver leur attachement à la métropole. Partout on distribuait des proclamations et on affichait des manifestes, où l'on exprimait en prose et en vers un amour ardent pour la République de Saint Marc et la soif de venger les injures qu'on lui faisait.

On peut trouver aux archives de l'Etat et à la bibliothèque municipale de Vérone quelques uns de ces manifestes. Plusieurs ont été publiés dans des revues locales. A la place de la formule, liberté, égalité et fraternité, formule en usage dans les proclamations révolutionnaires, les auteurs de l'Adresse au

(1) Biblioteca Querini Stampaglia. Class. 7, cod. 78, lettre de 15 avril 1797.
(2) Raccolta cronologica, t. II, p. 147.
(3) Ibidem, pp. 176, 177.

peuple de Vérone mettent les paroles suivantes : « Vraie vertu et foi inébranlable. Dévoué à mon souverain légitime et fidèle à mes principes, je jure d'exercer une cruelle vengeance contre tous les perturbateurs de l'ordre établi, contre tous les mécontents et tous les rebelles. Sachez, monstres, que vos noms maudits sont portés sur la liste, et que cent trente poignards sont prêts à transpercer le cœur de ceux d'entre vous qui, ne voulant pas se soumettre au doux joug (dolce giogo) de notre sérénissime gouvernement, ne cherchent que des prétextes pour fomenter des désordres. Vive Saint Marc, vive la République, vive notre ville natale » !

Ce manifeste nous apprend qu'il s'était formé à Vérone une sorte de société secrète, tolérée évidemment par les autorités et qui avait pour but de faire revivre, aux dépens des démocrates, la « vendetta » du moyen âge.

A côté d'appels au meurtre, l'amour de la patrie et du gouvernement existant se faisait jour sous forme d'adresses véhémentes dirigées contre les révolutionnaires et d'odes en l'honneur de la République. « Une témérité folle s'est emparée de vous, Bergamasques, lisons nous dans un de ces poèmes. Vous croyez imposer la bride au lion de Venise ! Unis aux Bressans, non seulement vous voulez vous séparer de la République, mais vous y poussez également les autres. Mais la fidèle Vérone saura briser votre orgueil ; elle donnera par sa conduite un exemple au monde entier ».

« Est-il vrai — s'écrie un autre poète anonyme, en interpellant Venise dans des vers d'une forme remarquable, — est-il vrai que toi, reine de l'Adriatique, digne de dicter des lois partout où luit le soleil, est-il vrai que tu sois devenue la victime de la foule impie des rebelles ? Ces audacieux veulent-ils t'arracher ton voile virginal et remplacer tes armes glorieuses par d'autres, prises je ne sais où : à Babylone ou dans l'enfer ? Veulent-ils t'enlever jusqu'à la vie ? A toi, charitable et juste, à toi qui as vécu dans la vertu et dans la gloire non des lustres, mais des siècles entiers ! » (1). Dans certaines proclamations

(1) Voir Archivio di Stato, Senato III secreto. Proveditione estraord. Terra Ferma, 1797.

il est dit qu'il ne faut pas craindre l'ennemi extérieur, que
tout le monde est prêt à verser son sang pour la patrie et
que les parents doivent veiller à la conduite de leurs enfants,
s'ils ne veulent pas les voir mourir à leurs yeux. D'autres encore parlent de l'origine « divine » de Venise et de tant d'ennemis dont elle avait su triompher (1).

D'après Antonio Maffei, témoin oculaire et acteur direct des
événements qui se préparent, on ne comptait pas dans Vérone
plus de 300 partisans des démocrates de Brescia (2). En présence d'un élan si unanime de sentiments patriotiques, les
Véronais cessèrent d'obéir aux conseils que leur donnaient les
autorités et qui consistaient à observer strictement la neutralité; il se trouva parmi eux un homme capable, dans l'intérêt de la défense, d'attribuer au commissaire général, Battaglia, des intentions et des désirs que celui-ci n'avait jamais
eus. L'écrit apocryphe qui invitait la milice à attaquer les
Français n'aurait pas été déplacé à Vérone, ce qui n'empêche
pas que les contemporains d'une commune voix attribuent la
publication de ce prétendu manifeste au comité révolutionnaire
de Milan. Quoiqu'il en soit, il est certain que les Français crurent à son authenticité. Il était difficile d'espérer que les paysans, auxquels il s'adressait, montrassent un sang froid qui
n'était pas dans leurs habitudes. Le mécontentement, accumulé depuis longtemps grâce à l'arbitraire et aux exactions
de l'armée étrangère, fût encore stimulé par les circonstances
extraordinaires que traversait le pays; les assassinats commis
sur des Français devinrent au milieu d'avril beaucoup plus
fréquents. Les historiens locaux qui désirent rejeter toute la
responsabilité des événements sur les Français seuls, ne nient
pas cependant que le jour où commencèrent les Pâques Véronaises, eut lieu dans les divers quartiers de la ville toute

---

(1) *Storia di Verona dal 1790 al 1822* di OSVALDO PERINI, t. II, p. 138;
voir aussi *Archivio storico veronese*, Vérone, 1880, t. VI, fasc. 16. *Documenti di storia veronese.*

(2) Manuscrit de la bibliothèque municipale à Vérone, N. 2089. *Memoria
della rivoluzione di Verona nel 1797.*

une série de conflits entre la foule et les soldats de la garnison, en sorte que le canon, qui tonna subitement du château
San Felice, fut la réponse à la provocation des Français par
le peuple de Vérone. Les premiers engagements se produisi-
rent entre les soldats dalmates, soutenus par la populace et
le poste français qui gardait une des portes de la ville (Porta
Nuova). Bientôt de nouveaux désordres éclatèrent sur la place
principale, nommée Piazza Signori. Ils déterminèrent un combat
en règle entre le détachement français et des paysans armés.
Au Ponte Nuovo l'on évita avec peine un conflit du même
genre. Le commandant français affirma plus tard que l'ordre
de charger la foule fut provoqué par la nouvelle de l'assassinat
d'un des officiers supérieurs; les premiers coups furent tirés
à blanc, pour donner le signale aux soldats dispersés dans la
ville et les faire rentrer dans la citadelle. Mais il est incontestable que bientôt après commença un bombardement en
règle, qui endommagea, entr'autres bâtiments, le toit du palais gouvernemental.

Au moment où se firent entendre les premiers coups de
canon le peuple était dispersé dans les églises. Une vraie panique s'empara de ceux qui assistaient au service divin. On
les vit courir en hâte à leurs domiciles. Mais à la distance
de quelques minutes ils reparurent, cette fois bien armés et
prêts à soutenir le combat. Le peuple se porta à l'assaut des
portes de la ville, qui toutes étaient occupées par les Français. On tuait quiconque ne voulait pas déposer les armes.
Dans quelques heures tous les quartiers se trouvèrent entre
les mains des insurgés, à l'exception des trois citadelles, de
San Felice, San Pietro et Castel Vecchio. Le nombre des
Français arrêtés n'était pas inférieur à cinq cents. Ils furent
conduits au palais du gouverneur et placés à l'étage supérieur. Le comte Francesco Emili, à la tête de six cents dalmates, de nombreux nobles et de 2500 paysans armés, quitta
son camp disposé à l'entrée de la ville et courut au secours
de Vérone. Grâce a son intervention le peuple s'empara de
la Porta Nuova et rétablit la communication avec les villages voisins. Cependant les représentants de l'autorité, surpris

par les événements au moment du déjeûner, s'empressèrent
d'exiger des explications du commandant de la citadelle de
San Felice, le général Beaupoil. Ce dernier sous prétexte
d'entrer en pourparlers avec les commissaires, mais en réalité pour se rendre compte des moyens de défense des Véronais, consentit à quitter la forteresse avec trois officiers.
La foule voulut le déchirer en morceaux; on brisa son épée
et on lui arracha le chapeau. Ce n'est que sous l'escorte d'un
détachement vénitien que l'on put l'amener sain et sauf au
palais du gouverneur Giovanelli, qui s'empressa de lui remettre sa propre épée. Protestant du désir de conserver la
paix et la neutralité, Giovanelli proposa en même temps de
mettre un terme aux hostilités, d'attribuer tout ce qui venait
d'arriver à un malentendu et de confirmer, par écrit, les engagements réciproques des Vénitiens et des Français. Beaupoil
consentit à tout, mais revenu dans la citadelle, il déclara au
général de division Balland, que celui-ci ne devait se croire
nullement lié par cette promesse, car elle fut donnée sous la
pression de la violence et ne pouvait être considérée comme
libre. A la place de la paix attendue, les gouverneurs vénitiens
reçurent l'ultimatum de désarmer la population dans l'espace
de trois heures. Tous les soldats devaient être renvoyés et
six ôtages remis aux Français. A l'exception de Francesco
Emili, prêt à continuer le combat jusqu'à ce que les Français
eussent abandonné les citadelles, tous les dignitaires vénitiens
réunis au palais du gouvernement se prononcèrent en faveur
de ces concessions.

Ce parti leur fut dicté par le désir d'éviter une rupture
ouverte avec la France et de ne pas assumer la responsabilité de la violation de la neutralité; ils craignaient aussi que
l'insurrection populaire, qui s'était déjà manifestée par le pillage du commissariat et par une attaque des hopitaux militaires, ne finît par se tourner contre les riches. La méfiance
à l'égard du peuple, qui a toujours caractérisé le gouvernement vénitien, apparut cette fois encore dans toute sa force.

Mais le peuple ne laissa pas ses préposés commettre ce qu'il
considérait comme une trahison. Force fut donc d'assiéger les

citadelles. Parmi les autorités, ni le gouverneur Contarini, ni le commissaire général Giovanelli, ni leur secrétaire Sanfermo, ne voulurent donner à ce siège une sanction officielle. Aussi à l'approche de la nuit, entourés de 60 dalmates, déguisés en paysans, ils quittèrent précipitamment la ville.

A Vicence, d'où les dignitaires en fuite crurent nécessaire d'envoyer une lettre de justification au Doge et à ses conseillers, Giovanelli et Contarini se rencontrèrent avec Auguste Verita, un gentilhomme, qui accourait de Bassano au secours de sa ville natale. Il reprocha amèrement aux gouverneurs vénitiens leur pusillanimité et s'empressa de prendre sur lui le commandement en chef des insurgés. Il sut bientôt former des bandes disparates de bourgeois et de paysans une sorte d'armée régulière qu'il mena ensuite à l'assaut des citadelles. On ne voit pas quelle aurait été l'issue de la défense héroïque de Vérone, si Francesco Emili, parti à Venise à la recherche de renforts, avait pu obtenir que la Seigneurie rompît enfin ouvertement la neutralité et opposât la force à la force. Mais toutes ses exortations furent vaines, et il fallut se contenter des secours apportés par les paysans des villages voisins, prêts à soutenir de leurs bras ce dernier soulèvement d'une population, qui avait déjà tant souffert. S'étant donné pour chef un certain Cozzo, à demi brigand, à demi tribun, la populace continua à lancer contre les citadelles de la mitraille, qui, étant impropre au calibre des canons, la plupart du temps n'arrivait pas jusqu'aux murs. C'est ce qui explique l'échec de l'attaque contre Castel Vecchio. Une des bombes ne fit qu'allumer le toit d'une maison voisine; ceci provoqua une panique générale; l'ennemi en profita pour faire une sortie, tuer des centaines d'hommes et occuper la place et les rues voisines. Giovanelli, revenu à la hâte de Vicence, entra en pourparlers avec le général Chabran, qui arrivait de Mantoue pour secourir le corps d'occupation. « Je vous engage, écrivait-il au gouverneur vénitien, d'ouvrir immédiatement à mes soldats l'entrée de la ville. Je vous donne deux heures pour refléchir. Si vous osez refuser, soyez certains qu'il vous faudra répondre devant votre République et devant le monde tout entier de la destruction de

Vérone » (1). En réponse à cet ultimatum Giovanelli crut devoir expliquer les causes de l'insurrection populaire, en in-
nocentant le gouvernement. « Le peuple, écrit-il, a pris les
armes contre les insurgés bressans. Les autorités avaient le
droit et le devoir de seconder ses efforts. Tout était tranquille
et organisé de façon à maintenir la paix. Avec l'armée française, qui jouit déjà depuis 10 mois de notre hospitalité, on
était en harmonie parfaite. Il semblait que le peuple pouvait
compter sur sa bienveillance; or, qu'est ce qui est arrivé?
Lundi dernier, sans le moindre motif, commença une canonnade, dirigée par les Français du haut des citadelles qu'ils
occupent. Elle porta la mort et la ruine à des innocents. Le
peuple voulut se défendre; il est très excité et il serait dangereux de laisser entrer en ce moment de nouveaux soldats
français ». Le général est invité par conséquent à proposer ses
conditions, sans perdre de vue que les pourparlers au sujet
du désarmement sont déjà commencés. — « Il est possible que
l'irritation du peuple de Vérone soit très grande, répondit
Chabran, mais c'est votre affaire de le calmer. Car c'est vous
qui le gouvernez. Mes conditions sont déjà connues de vous.
J'ai un ordre catégorique, et il faut qu'il soit exécuté; en vérité, il serait regrettable que je fusse forcé de pulvériser les
obstacles que les Véronais, indignés contre les veritables auteurs de leurs maux (allusion au gouvernement vénitien) ont
imaginé d'opposer à moi, français » (2).

Il fallut se soumettre à toutes ces demandes: consentir à
désarmer le peuple, à laisser entrer les troupes, à donner des
ôtages. Tous ces sacrifices douloureux accomplis, la crainte
que Vérone, abandonnée qu'elle était, ne fût considérée désormais par les Français comme ville conquise, détermina Giovanelli et Contarini à fuir de nouveau, cette fois peut être
avec l'assentiment secret de l'ennemi, qui dès lors comptait
avoir les mains libres. « Poltrons méprisables! — s'écria Cozzo

---

(1) Archivio di Stato, Senato III, secreto, lettere dei rappresentanti di Verona. Contarini et Giovanelli.

(2) Ibid., du 1 floreal, an V.

à la nouvelle de la prochaine capitulation. — Ils nous ont tous trahis, et maintenant ils veulent nous livrer. J'ai fait mon possible pour sauver Vérone, et je l'aurais sauvée, si les làches ne m'en eussent empêché! Les traîtres veulent donc la révolution, et bien! ils l'auront, et plus radicale et plus complète qu'ils ne le croient; ils veulent que le peuple descende dans la rue: il y descendra, je l'y conduirai moi-même » (1).

Ces menaces ne tardèrent pas à se réaliser. Abandonnée par les autorités, exténuée par une résistance stérile de 8 jours, ayant perdu tout espoir de sauver l'intégrité et l'indépendance de la république, la majorité de la population véronaise resta spectatrice indifférente de l'émeute organisée par quelques centaines de démagogues.

Le général Augereau, le même qui fut plus tard envoyé par Bonaparte au secours du Directoire attaqué par les royalistes et devint l'héros du 18 fructidor, arriva à Vérone pour réduire les « fanatiques » à la soumission et organiser la révolution démocratique.

Il faut dire à son honneur qu'il sauva Vérone de la dévastation, en publiant un ordre du jour, où il disait: Le pillage, les violences, les assassinats sont arrivés à leur apogée; arrêtez ces brigands et amenez les aux autorités pour qu'ils reçoivent le chàtiment légitime. Croient-ils que je souffrirai des actes qui offensent la dignité de toute la nation (2)?

Mais le même Augereau a conquis l'ineffaçable et triste gloire d'avoir supplicié des patriotes. Le 16 mai furent fusillés le comte Francesco Emili et Auguste Verita, c'est à dire les deux hommes qui ont montré la plus grande force de résistance aux étrangers et le plus de foi dans le peuple. Le 8 juin eurent lieu de nouvelles exécutions; au total 8 hommes tombèrent pour avoir tenté une dernière fois de défendre l'indépendance de la patrie (3).

(1) Voir MAFFEI, fol. 157-159.

(2) Archivio storico veronese, 1880, XI, luglio, fasc. XVI. — *Ruberie de' Francesi a Verona.*

(3) *Memorie di Girolamo Cavozocca,* Archivio storico veronese, 1880, et OSVALDO PERINI, *Storia di Verona,* 1874, t, II, p. 383 et suiv.

Les exécutions furent accompagnées du prélévement de tributs énormes, qui achevèrent la ruine des habitants. On commença par s'emparer des biens, gardés au mont de piété de la ville; selon les Français, leur valeur atteignait 50.000.000 de lires; les historiens indigènes réduisent ce chiffre à 20.000.000. Les perles et les brillants de l'aristocratie véronaise allèrent orner le personnel féminin de moralité plus ou moins douteuse qui accompagnait les généraux français dans leur campagne d'Italie (1). Le pillage fut conduit d'une façon systématique de sorte que, lorsque, quelques jours plus tard, Bonaparte ordonna la restitution gratuite des objets engagés ayant une valeur inférieure à 50 francs, il ne restait plus, selon l'aveu d'Augereau, presque rien au Mont-de-piété. Ajoutez à ce pillage l'imposition de 120.000 sequins de contribution, ce qui représente près d'un milion et demi de francs en monnaie de nos jours. L'argent continuant à manquer, on mit la main sur les ornements des églises et les bijoux des familles privées (2). Ces mesures furent décrêtées par la municipalité provisoire et par le gouvernement révolutionnaire qui la remplaça. Le 7 mai eut lieu la cérémonie démocratique en usage; on planta l'arbre de la liberté en présence de la municipalité et de l'évêque. On choisit pour lieu de réunion le marché aux légumes, nommé *piazza delle erbe*. Devant le palais des Scaliger, sur le piédestal de la colonne portant le lion de Venise, furent gravés ces mots: « La liberté ou la mort ». — « Le peuple est seul souverain ». — « A bas les tyrans ».! — « La loi doit être égale pour tous ». Devant le palais de justice on brûla sur un grand bûcher les portraits de tous les gouverneurs qui avaient administré Vérone au nom de la Seigneurie vénitienne. La journée se termina par une représentation populaire au théâtre, par une illumination obligatoire pour tous et par un bal où l'on invita les généraux français. Les jours suivants l'ordre fut donné d'enlever le lion de Venise des édifices publics et les armoiries des maisons privées, ainsi que de

(1) Ibid., pp. 352, 353.
(2) Ibid., pp. 356 et suiv.

changer les noms des rues pour effacer le souvenir même du passé. Le gouvernement révolutionnaire confisqua encore les biens du clergé et fonda un cercle démocratique sous le nom de « Société patriotique d'instruction populaire », où les débats devinrent si ardents, que les Français, craignant de nouveaux désordres, interdirent bientôt toute discussion politique.

La ruine des habitants fut nécessairement suivie de la disparition de nombreuses entreprises commerciales et industrielles. Le nouveau gouvernement y vit l'effet des intrigues secrètes des partisans de l'aristocratie; il ordonna en conséquence par un décrêt, à la date du 5 mai, aux patrons de reprendre les ouvriers qu'on venait de renvoyer. Afin de protéger plus efficacement les classes inférieures, on prit des mesures pour assurer l'approvisionnement et on interdit d'exporter du blé de Vérone. On décréta en même temps que désormais la presse serait libre; on fonda le 12 mai un journal, destiné à devenir l'organe du club démocratique (1). Nous aurons encore l'occasion de parler d'autres actes des démocrates véronais, lorsque nous raconterons les événements des derniers jours d'une liberté bien précaire. Pour le moment occupons-nous des conséquences que la triste fin de l'insurrection de Vérone eut pour la République de Saint Marc.

(1) Ibid., pp. 382, 415, 420.

CHAPITRE VII

La chûte de l'aristocratie vénitienne.

Quelles furent les effets des événements qui venaient de s'accomplir à Vérone?

Le 22 avril Lipomano écrit à son gendre: « On pouvait s'attendre à des malheurs de toute sorte; mais ceux qui nous ont accablés étaient difficiles à prévoir. Les Français nous ont trahis et ruinés. Les nouvelles de Vérone nous montrent toute l'horreur de la situation. Le peuple est en fureur et ne veut pas entendre parler de pacification ». Mais à la perte de Vérone s'ajoutera bientôt un nouveau malheur, dont parle déjà la lettre du 26 avril. Le 21 de ce mois le croiseur français « Le libérateur de l'Italie » se montrait à l'entrée du Lido et demandait à être admis dans le port; ayant essuyé un refus, il voulut pénétrer de force dans la rade. Des coups de canon furent tirés, et le capitaine du navire, Laugier, tomba tué raide. Lipomano ne prévoit pas encore les complications qu'amènera ce fait, bien que le refus opposé par les autorités vénitiennes fut tout à fait conforme aux exigences de la défense nationale et au droit que tout gouvernement a de prendre les précautions nécessaires vis à vis de vaisseaux de guerre des puissances étrangères, même amies. Pour juger sainement le cas de Laugier au point de vue du droit international, il faut observer que les Français voulaient forcer l'entrée du port et que le navire était chargé d'armes. Ce fait prouve à juste titre à Lipomano leur intention d'en finir avec Venise. « A quoi bon, écrit-il, vouloir introduire des vaisseaux chargés d'armes, alors qu'il n'existe point à Venise de conspiration contre le gouvernement; le droit de chaque Etat d'interdire l'entrée de ses ports à des vaisseaux de guerre étrangers n'est-il pas

unanimement reconnu? Quelque temps auparavant des vaisseaux anglais, s'étaient vu refuser l'autorisation qu'ils sollici-
taient. Lallemand lui-même, qui dans une circonstance analogue
avait essuyé un refus identique, n'a pas hésité, a désapprouver
la conduite du capitaine français. A Venise la fureur populaire fut à son comble. Les Français devinrent l'objet d'une
hostilité générale. « On annonce pourtant, écrit Lipomano,
qu'il y en a beaucoup encore qui veulent entrer dans la ville;
et cela au moment où tout le monde les regarde avec méfiance et soupçon. L'ordonnance qui enjoignait de ne pas attaquer les Français, à peine affichée sur les murs, fut aussitôt
lacerée par le peuple. Il arrive aujourd'hui, dit Lipomano, ce
qui s'est passé déjà au temps de la Ligue de Cambrai et de la
guerre contre Chioggia. L'amour de la patrie, la conscience de
la dignité nationale, la haine de l'étranger, se sont emparés de
tous. Périssons, mais virilement, non comme des cochons (1),
ne supportons plus les offenses, et renonçons à tous les arti-
fices habiles, voilà ce qu'on entend de toutes les bouches; en
un mot, on veut la guerre avec les Français. En vérité ils
nous l'ont déclarée depuis longtemps, mais le malheur est que
cette guerre est aujourd'hui au dessus de nos forces. Vous
même, cher Alvise, ajoute Lipomano, vous êtes de ceux qui ont
réconnu l'impossibilité pour la République de faire la guerre.
Les esprits echauffés comptent sur le soulèvement populaire,
mais à quoi nous servira-t-il, et comment le provoquer dans
les conditions où nous sommes? Vérone, il est vrai, en a fait
la tentative, mais comment cette tentative s'est-elle terminée
et qu'est ce qui en résultera encore! On a donc résolu de ne
pas faire la guerre, quoique en réalité nous la fassions déjà.
A Vérone notre armée agit de concert avec le peuple contre
les Français. Le résultat est facile à prévoir. Je crois que Vérone est perdue pour toujours. Nous plaçons maintenant toutes
notre espérance dans l'issue des pourparlers avec Bonaparte.
Depuis son entrevue avec Pesaro l'avenir nous apparaît sous
un jour meilleur. Si tout pouvait être accomodé par un sacrifice

______

(1) Perire, ma perire da forti e non da porci.

d'argent, je serais enchanté; mais espérer que les provinces perdues nous soient rendues, la constitution conservée, l'ordre rétabli, cela me semble une illusion. Quelques-uns des nos hommes d'Etat, Pesaro dans leur nombre, croient que les Français désirent que Venise entre en alliance avec les Républiques italiennes nouvellement créées, dans le but de défendre l'Italie contre la maison d'Autriche; mais une telle alliance n'amènerait que la confusion. Et cependant, comment résister à la volonté de Bonaparte? Qu'est ce que nous deviendrons, ou plutôt qu'est ce qu'on fera de nous si nous nous obstinons davantage? Le temps est venu d'accepter comme loi une volonté étrangère et de nous soumettre à la nécessité. Combien on nous humilie! Il faut être la nullité superbe, que nous sommes, pour subir pacifiement de tels affronts (1). Bonaparte est mécontent de la réponse donnée par le Sénat à son aide de camp, parce qu'on n'y parle pas du désarmement. Junot ne voulait pas partir de Venise et avait l'intention de se montrer l'épée à la main sur la place de Saint Marc, de déclarer la guerre au nom de la France et d'ordonner aux commandants de toutes les troupes qui se trouvent en Terre Ferme de nous attaquer. Dans l'Adriatique on signale la présence de vingt petits vaisseaux de guerre français. Evidemment nos ennemis veulent nous harceler de tous côtés. Les autorités prennent des mesures pour la défense de la ville; comme on a envoyé des troupes sur le continent, il s'agit de faire une nouvelle conscription en Dalmatie et en Istrie. Partout le peuple est fortement excité. Le commandant français a quitté Vicence par crainte de la populace. Il y a quelque temps, lors du passage de la division du général Victor à Padoue, des désordres sérieux se sont produits, et un soldat, qui ne voulait pas payer au cabaret, a été blessé. Les Français un moment furent sur le point d'incendier la ville; à son tour le peuple devint tellement agité qu'on ne l'a contenu qu'avec peine. Le Sénat vient d'adopter aujourd'hui une série de mesures financières. A l'exemple de ce qui s'est fait en 1646, on veut ouvrir une souscription patriotique et

(1) Bisogna esser alta nullità, come noi siamo, per tener tutto.

inviter tous les pères de famille a y prendre part. Il a été
aussi décidé de demander aux couvents un emprunt de 3 °/₀
ayant pour garantie les propriétés de l'Etat, et de grever le
peuple d'une somme de six cents mille ducats de nouveaux
impôts. On invitera les juifs à acheter des privilèges. On créera
une contribution extraordinaire de 500.000 ducats pour 4 mois;
on imposera quiconque possède une propriété. Le nouvel impôt
est de deux dixièmes. On avait eu un moment l'intention de
suspendre le payement des appointements aux fonctionnaires,
mais cette mesure, soutenue par les Sages, a été écartée en
définitive, comme impolitique et dangereuse, car elle frapperait
avant tout les nécéssiteux. La défiance à l'égard des étrangers
s'accroît de jour en jour. Le Sénat voudrait interdire aux
ambassadeurs de recevoir qui que ce soit, même des courriers,
car les Français entrent sans cesse à Venise sous prétexte d'une
communication à faire à l'ambassadeur. La peur d'une attaque
subite est telle que des matelots de l'arsenal en armes gardent
l'escalier conduisant à la salle du Sénat (1).

Se rendant compte de son impuissance, la République de
Saint Marc plaça tout son espoir dans la diplomatie. Elle attendait son salut de ses ambassadeurs à Paris, à Vienne et au
camp même de Napoléon. Ne sachant rien de la nature des
négociations engagées à Leoben entre le ministère autrichien
et le chef victorieux de l'armée française, convaincue par les
dépèches de Querini et les rapports de ses espions que le Directoire était mécontent de Bonaparte et avait une politique
toute différente, croyant en outre aux assurances de son envoyé à Vienne concernant la volonté de l'Autriche de lui venir
en aide, l'aristocratie vénitienne décida d'acheter la paix et
l'intègrité de ses possessions par de grands sacrifices d'argent.
Tandis que les commissaires envoyés à Goeritz félicitaient
Bonaparte de l'issue prompte et heureuse de sa dernière campagne et protestaient de la volonté de la République de satisfaire à tous ses désirs, Querini était chargé par le Doge
et son Collége à nouer une intrigue obscure dans le but de

(1) Lettres du 22, 26 avril.

corrompre un des membres du Directoire français, et Grimani
à Vienne recevait des instructions, dont le sens était d'empêcher les négociations de la paix d'aboutir. Les hommes d'Etat
vénitiens ne pouvaient pas admettre que l'Autriche consentît
à perdre ses possessions en Italie sans avoir épuisé tous les
moyens de résistance; de même ils continuaient à croire
qu'après tant de promesses et de propositions d'alliance et
d'amitié, la France ne se déciderait point à sacrifier un Etat
tel que Venise, d'autant plus que cette dernière avait observé
à son égard pendant toute la guerre une stricte neutralité.
Et quel intérêt auraient eu les Français à le supprimer? disait-on. La formation des Républiques Cisalpine et Cispadane
menaçait évidemment les possessions continentales de Venise.
La France triomphante pouvait exiger pour elles des cessions
de territoire. Mais la création au centre même de l'Italie d'Etats
trop puissants, qui auraient pu bientôt conquérir leur indépendance et vouloir « l'Italie pour les Italiens » semblait impossible
à des hommes habitués à baser leur politique sur des calculs de
balances et de contre-poids et qui avaient déjà acquis la conviction, que le but poursuivi par le général en chef de l'armée
française et par son gouvernement n'était nullement l'unité
de la péninsule. Au mois de janvier 1797 Foscarini mandait
en effet de Milan que la proclamation de l'indépendance de la
Lombardie se heurtait à l'opposition du Directoire, qui la re-
tardait de jour en jour sous le prétexte d'en finir d'abord
avec la domination autrichienne. Même après la prise de Mantoue les délégués envoyés à Bonaparte pour lui demander de
proclamer la République Lombarde s'entendirent repondre que
le moment n'en était pas encore venu (1).

(1) Dépêches de Foscarini de Milan à la date du 19 janvier et du 1 mars
1797. Les nouvelles données par Foscarini étaient tout à fait exactes; la
correspondance de Delacroix avec le général Clarke, attaché à Napoléon
pour les relations diplomatiques, le démontrent. Je crois comme vous, écrit
le ministre, que l'intérêt propre et le bon sens politique ordonnent au gouvernement français de ne pas hâter la solution de la question des destinées
futures de l'Italie. Cela pourrait devenir un obstacle à la conclusion de la
paix. De plus, un peuple privé d'énergie, en proie à la superstition la plus

·Précédemment Querini avait écrit de Paris qu'avec les conquêtes faites en Italie, la France comptait recompenser les services des Etats alliés ou neutres: du Piémont et de Venise. Dans sa dépêche chiffrée de septembre 1796 il donnait déjà, il est vrai, des nouvelles plus alarmantes: un agent secret allemand était arrivé à Paris pour proposer au Directoire, au nom de la cour d'Autriche, l'échange de la Bavière contre la Lombardie. La Lombardie et Modène devaient former un Etat indépendant gouverné par un prince absolu. Mais cela n'était qu'un ouï-dire, ne présentant aucun danger réel pour Venise, puisque ayant demandé à quelqu'un de bien informé si l'on comptait annexer à la Lombardie d'autres terres en plus de Modène, l'ambassadeur de Venise Querini reçut une réponse négative (1).

Dans les rapports ulterieurs du même Querini ces bruits ne reviennent plus. En novembre 1796, il écrit même que le directeur Rewbell lui déclare que les Français n'ont point de vues de conquête sur les provinces vénitiennes (2). Dans un entretien avec le ministre, Delacroix, Querini ayant fait allusion aux projets ambitieux de l'Autriche et au désir qu'on lui attribuait de s'étendre du côté des provinces dalmates de la République, il lui fut répondu que la France ne l'admettrait jamais (3). Le 27 novembre, en annonçant qu'on ne croit pas à Paris à la possibilité d'une longue occupation de la Lombardie par les Français, l'ambassadeur ajoute: « Ces membres du Directoire sont très hostiles à Bonaparte et l'accusent d'avoir dissimulé dans ses rapports la véritable situation de l'armée ». A ce

---

honteuse, pourrait difficilement remplir la tâche d'un peuple libre. Il sera toujours temps de l'émanciper complètement ou en partie, en lui donnant une constitution meilleure et plus libre. — *De Leoben à Campo Formio* par ALBERT SOREL, « Revue des deux mondes » du 15 mars 1895, p. 208.

(1) Voir la dépêhe de Querini du 28 septembre 1796.

(2) Che il governo francese non aveva sopra le di lei provincie progetti di conquista (dép. du 3 nov. 1796).

(3) Dépêche du 11 novembre 1796. — Quindi richiese a quel ministro, se la casa d'Austria in qualunque tempo s'avvisasse di verificar le viste ambiziose che gli si supponeva, la Francia l'avrebbe tollerato in pace. Egli mi rispose con forza che non avrebbe potuto mai permetterlo.

moment on ne s'attendait pas encore à la prise de Mantoue et on croyait que le général en chef exagérait l'importance de ses récents succès. D'ailleurs, même plus tard, lorsque la garnison de Mantoue avait déjà capitulé, le ton du Directoire et du ministre des affaires étrangères dans leurs négociations avec Querini ne changea point. Rewbell continuait à assurer que le gouvernement n'avait aucun projet hostile à l'ègard de Venise et de ses dépendances. De son côté, il promettait de faire tout ce qu'il pouvait afin d'amener les commandants français à traiter les sujets de la République en amis (1).

Les bruits alarmants arrivaient à Querini non de la part du gouvernement français, mais de celle de l'ambassadeur de Prusse, qui lui insinuait qu'il fallait songer à se défendre contre les ambitions de l'Autriche (2). Mais Querini expliquait ses dires par ce fait que la cour de Berlin, qui se trouvait déjà à cette époque en relations amicales avec le Directoire, poussait Venise à conclure une alliance avec la France. Ce n'est qu'à la fin de janvier 1797 que Querini reçut d'une personne, ayant, comme il écrit, ses entrées chez l'un des Directeurs, une nouvelle dont on ne tarda pas à reconnaître toute l'importance.

De l'entretien surpris par cet agent il ressortait en effet que, devant l'impossibilité de satisfaire l'Autriche par la Bavière, ce que la cour de Prusse repoussait ouvertement, le Directoire songeait à l'indemniser pour la Lombardie par des terres vénitiennes (3).

(1) Dépêche du 1ᵣ novembre 1797.
(2) Dépêche du 25 décembre 1796.
(3) Una persona che giornalmente frequenta un individuo del Direttorio ed anzi è tra quelli che formano la sua privata società, mi assicurò d'aver inteso pronunciare dallo stesso soggetto un discorso dal quale chiaramente appariva, che tale era l'interesse che il governo francese metteva nel conservar a qualunque costo la Belgica, che era disposto d'accordar all'Imperatore qualunque compenso e giacchè era impossibile di poter conceder alla casa d'Austria il possesso della Baviera a motivo dell'opposizione decisa che a tal progetto faceva il Re di Prussia, il Direttorio lascierebbe che l'Imperatore si compensasse invece sopra tutte quelle provincie, ch'oltre la Lombardia, gli potessero in Italia convenire, e m'aggiunse che specialmente indicò quelle che al Veneto dominio sono soggette, e che anzi il general Clarcke ne aveva a tal oggetto ricevuto le relative istruzioni e commissioni.

Cette constatation me semble très précieuse; elle montre, sur quelle base peu solide s'appuie l'opinion courante, qui veut que lors des négociations de Leoben la conduite de Napoléon ait été en contradiction avec les intentions du Directoire. On croit que, quand Napoléon décida d'indemniser l'Autriche par des territoires vénitiens, il avait compté sur la force du fait acompli, sur le désir universel de paix et sur la passivité du directoire, incapable de dire non, même dans les questions les plus importantes de la politique étrangère. Mais la dépêche précitée montre que les membres du Directoire songeaient déjà en janvier, c'est-à-dire prèsque deux mois avant la signature des préliminaires de Leoben, à indemniser l'Autriche au dépens de Venise; il n'y a par conséquent aucune raison de croire que les affaires d'Italie aient été arrangées par Napoléon indépendamment des instructions qu'il recevait de Paris. M. Sorel (1) cite à ce propos le texte d'une lettre écrite à Bonaparte par Barras à la date du 27 janvier (1797) et où il est question des possessions de Venise comme pouvant servir à indemniser l'Autriche.

« L'exemple des ennemis, écrit Barras, l'hostilité que nous montrent les Vénitiens et les motifs de mécontentement qu'ils nous ont donnés par leur conduite, nous dispensent de l'obligation de respecter l'intégrité de leur territoire ».

Ainsi l'idée du démembrement de Vénise au profit de l'Autriche est née à Paris et fut soutenue par celui-là même des directeurs qui sera choisi par Querini comme principal intermédiaire dans l'œuvre de pacification des provinces révoltées.

Après l'occupation de Crême par un corps français au profit des démagogues italiens, le gouvernement de Paris simule encore la désapprobation et l'indignation. Rewbell, dans l'esprit duquel le sort de Venise est déjà décidé, hoche encore la tête avec reproche en écoutant les représentations de Querini, et rejette tout sur les ennemis secrets de la France. L'ambassadeur de Venise reçoit même en avril 1797 l'assurance que le gouvernement ne tient pas à enlever à Venise ses provinces; Rewbell lui adresse des reproches pour le manque de con-

(1) Voir *Revue des deux mondes,* 15 mars 1895, p. 300.

fiance que la République de Saint Marc témoigne à sa parole (1). Mais Querini connaît déjà la valeur de ces « dires » et pour se rendre compte du véritable état des choses d'une source plus certaine, il se décide à accepter les services d'un personnage très louche. Un dalmate, Viscovitch, vient le trouver et lui déclare que deux des cinq directeurs (évidemment Rewbell et Lareveillère-Lepeaux) sont contraires à l'agitation révolutionnaire fomentée par l'armée de Napoléon dans les provinces, deux autres : Carnot et Letourneur, lui sont favorables, et le cinquième, Barras, ne s'est pas encore prononcé. Au moyen d'un sacrifice d'argent on pourrait faire pencher son avis en faveur de Venise (2). En réponse à cette communication, transmise par Querini avec plus de détails aux Inquisiteurs d'Etat le 22 avril 1797, il réçut l'autorisation de signer un chèque de 600.000 livres au profit de Barras et au nom d'un banquier génois, nommé Nicolo Ignazio Pallavicini. Cette décision fut prise par le Doge, en compagnie de son Collège, des trois présidents des Quaranties et des Sages chargés de la direction des affaires de la République, assemblée connue sous le nom de Consulta nera (3).

Tout le monde cependant ne croyait pas au succès de l'intrigue tramée par Querini. Lipomano, tout en lui décernant le titre de sauveur de la patrie, exprime le doute qu'un ordre de Barras à Bonaparte puisse arrêter l'exécution d'une décision déjà prise par celui-ci : « Bonaparte agit toujours comme il veut et ne recule devant rien » (4).

(1) Egli allora con qualche vivacità mi rispose che in quest'affare io era troppo insistente, che finalmente non toccava alla Republica di Venezia a far la legge alla Republica Francese; che tutti li miei discorsi provano, che il mio Governo non si fidava della lealtà del Direttorio, e che se ciò fosse vero, avrebbe potuto farlo pentire di tanta diffidenza. (Dépêches du 8 avril 1797). Rewbell diceva che l'accaduto in Crema era certamente contrario all'intenzione del Direttorio ed era opera certamente delli nemici della Republica Francese. (Dépêche du 17 avril).

(2) Dépêche du 17 avril 1797.

(3) Voir *Raccolta cronologica di Tentori*, t. II, p. 21. Lettre du 6 mai, portant la signature du secrétaire Andrea Alberti. Voir aussi page 231, dépêche de Querini du 22 mai 1797.

(4) Lettres du 26 avril et du 4 mai 1797.

Tandis que Querini entreprenait, avec l'assentiment de son gouvernement, de corrompre un des Directeurs, Francesco Donado et Leonardo Giustiniani, qui avaient été envoyés pour négocier avec Napoléon, faisaient connaître, de Gradisca, l'insuccès de leur mission. — Les prisonniers sont-ils mis en liberté? demanda Bonaparte. Ayant reçu la réponse que certains bressans étaient encore détenus: — Je ne le souffrirai pas, s'écria le général. Tous doivent être libérés, tous ceux du moins dont le crime ne consiste que dans leurs opinions et leur amitié pour la France, autrement j'irai moi même briser les portes des Piombi. Je ne veux plus ni d'inquisition ni d'inquisiteurs; ce sont là des institutions barbares et surannées. — Mais la liberté des opinions est elle possible, répondirent les envoyés, si l'on ne considère pas comme crimes des actes qui offensent les sentiments de la majorité et son dévouement au souverain légitime? — J'insiste, continua Bonaparte, que tous ceux qui sont détenus à cause de leurs opinions soient mis en liberté. Mais vous ne m'en avez pas présenté la liste? — Il est douteux que cette liste puisse vous apprendre s'ils sont détenus pour crimes politiques ou d'ordre commun. D'ailleurs, même les bressans dont vous réclamez la liberté sont en prison, non à cause de leurs opinions, mais pour des actes de guerre, l'attaque portée sur les habitants de Salo, qui surent repousser leur agression. — Et mes soldats que vous avez fait tuer partout, à Vérone et sur toute l'étendue de la Terre Ferme, que dites vous sur ce point? Il est vrai que le manifeste de Battaglia n'a pas été écrit par lui, mais il a été imprimé à Vérone par ordre du Sénat. L'armée demande vengeance, et je ne puis la lui refuser, si vous ne punissez vous-mêmes les coupables. — Ils seront punis, répondirent les commissaires, dès que vous nous les aurez indiqués, en précisant les détails, mais tant que ceux-ci vous demeurent inconnus, ne croyez pas aux faits eux mêmes. — Mais votre gouvernement, répondit Napoléon, a tant d'espions qu'il peut apprendre la vérité. S'il en a le nombre nécessaire qu'il punisse les coupables, et s'il ne dispose pas de moyens pour contenir le peuple, alors il n'a pas de raison d'être et doit cesser d'exister. Votre peuple haït les Français parce qu'ils sont détestés par votre noblesse. — Mais aucune police au monde, objectèrent les délégués, ne peut connaître tous les actes des millions de sujets et encore moins diriger leurs opinions, qui, de plus, comme vous dites vous même, doivent être libres. Les Français ne sont pas aimés, parce qu'on leur impute la ruine des campagnes, la destruction des biens des paysans et le pillage de leurs habitations. — Je repète, interrompit Bonaparte, que si les coupables ne sont pas punis, si les détenus pour crimes d'opinion ne sont pas libérés et les paysans désarmés, je vous déclarerai la guerre. C'est dans ce seul but que je me suis hâté de conclure la paix avec l'Empereur. Je pouvais marcher sur Vienne, et j'y ai renoncé. J'ai 80.000 hommes et 20 barges armées de canons. Je ne veux plus d'inquisiteurs, je ne veux plus de Sénat! Tant que j'avais devant moi l'archiduc Charles, je vous proposais l'alliance avec la France et ma médiation pour le retour des villes révoltées. J'en ai parlé à Pesaro à Göritz, mais il a repoussé ma proposition, voulant avoir un prétexte pour tenir le peuple sous les armes et me couper la retraite. Mais aujourd'hui les circonstances ont changés, et si vous cherchez mon alliance et ma médiation, je vous refuse l'une et l'autre. Je ne veux pas votre alliance, je veux vous dicter la loi; vous n'avez plus le temps de frauder et de temporiser, ce qui est le seul but de votre mission. Je sais très-bien que votre gouvernement, incapable d'armer le peuple pour résister aux belligérants, est aussi incapable de le désarmer, mais je viendrai le faire moi-même. La noblesse provinciale, que vous traitez en esclave, devrait avoir le droit de participer aux affaires de l'état. D'ailleurs, tout votre gouvernement est suranné et doit prendre fin (1).

Les nouvelles envoyées de Vienne par l'ambassadeur Grimani n'étaient pas plus consolantes. Le ministre des affaires étrangères, Thugut, qui encore après l'occupation de Bergame et de Brescia avait proposé à Venise l'alliance défensive contre les Français, à partir du moment où s'ouvrirent les négocia-

___

(1) Biblioteca Querini Stampaglia, MS., class. IV, cod. 585, rapport du 27 avril 1797, imprimé aussi dans la *Raccolta cronologica di Tentori*.

tions de Leoben, préféra garder le silence. En vain Grimani s'efforçait-il de lui arracher le secret sur les conditions de la paix, en faisant observer à cette fin que Venise ne pouvait être tranquille, tant que les Français ne seraient chassés au delà des Appennins; Thugut se contentait de répondre que l'Autriche n'y était pas moins interessée que la République de Saint Marc, et que la paix durable était impossible sans cela (1). A une question plus catégorique, Thugut à la longue fut amené à dire, qu'il ne pouvait donner les explications réclamées par l'ambassadeur et que tout se saurait dans 15 jours. Alors Grimani chercha des renseignements chez un autre diplomate qui également avait pris part aux négociations de Leoben: chez le ministre napolitain Gallo (2). Dans une entrevue confidentielle Gallo ne dévoila à Grimani que la moitié de la vérité: il dit: « Je sais que les Français veulent démocratiser Venise et ruiner ses provinces, après quoi elle doit s'attendre à un nouveau malheur ». Mais il cacha ce que ce nouveau malheur devait être. Cependant Grimani, semble-t-il, ne se fit pas d'illusion quant au sort réservé à sa patrie; déjà il prévoyait le moment où, « les autrichiens et les français mettront en avant les mêmes raisons qui ont servi à justifier le partage de la Pologne ».

Ainsi, les diplomates furent tout aussi impuissants à sauvegarder l'indépendance de la République de Saint Marc que la plèbe trop tard soulevée par un gouvernement défient et finalement livrée par lui à l'ennemi.

Il ne restait plus qu'un seul moyen de sauvegarder l'indépendance; c'était celui là même auquel avaient songé ceux des patriotes vénitiens qui, à Milan, ourdirent un complot en faveur de l'établissement d'une république démocratique sur toute l'étendue de la Terre Ferme. Les dépêches de Querini parlent de « patriotes italiens » établis à Paris, qui entretiennent une correspondance suivie avec leurs adhérents et expriment ouvertement cette opinion que les gouvernements de la

(1) Voir EDMOND BONNAL, *La chûte d'une république,* chapitre XI.
(2) SOREL, p. 306. *Revue des deux mondes.* Avril.

péninsule devraient prévenir la révolution qui approche, en transformant eux-mêmes la constitution de leurs états respectifs dans un sens plus égalitaire (1). Napoléon semblait le vouloir car il exigeait la suppression des inquisiteurs et l'admission de la noblesse de la Terre Ferme aux affaires du gouvernement. Ce courant d'idées l'emporta à la longue et au moment où la guerre était déjà déclarée et Bonaparte mettait en avant contre Venise une série d'accusations plus ou moins contestables dans le but de montrer que la responsabilité de la paix violée retombait entièrement sur la République de Saint Marc, les patriciens, sur l'initiative du Doge, décidèrent de sacrifier leurs privilèges et de céder le pouvoir à une municipalité démocratique. La correspondance de Lipomano et des frères Querini avec l'ambassadeur de Venise à Paris nous révèle l'état de profond désespoir où les nobles se trouvaient, lorsqu'ils commirent cet acte d'abnégation, qui devait, espéraient-ils, sauver l'indépendance de leur patrie. La décision ne fut pas prise d'un seul coup, mais après de longues hésitations, lorsque la révolte de Vicence et de Padoue, qui finirent par se donner des municipalités électives, ne permettait plus de douter que les sentiments démocratiques, directement encouragés par les Français, avaient gagné toutes les parties de l'Etat.

La guerre fut déclarée par Napoléon le 12 floreal (1ʳ mai) 1797; elle fut précédée de l'occupation de Vicence et de Padoue. « La tragédie approche de sa fin, écrit Lipomano le 29 avril. La révolution triomphe à Padoue et à Vicence. Les patriciens de Venise qui s'y trouvaient ont été arrêtés; quoique tout soit encore tranquille dans le Frioul et le Trévisan, il est indubitable que là aussi la révolution ne tardera pas à se produire. On attend d'une minute à l'autre la nouvelle de l'arrivée des Français à Fusine et à Mestre dans l'intention de pénétrer à Venise de force. Les mesures sont prises pour la défense; les préparatifs continuent avec animation. Hélas ! nous sommes menacés non seulement de l'invasion, mais aussi du soulèvement populaire, triste résultat du mécontentement

_____

(1) Dépêche du 8 avril 1797.

politique et de la misère des masses. Les hommes mal intentionnés trouveront aisément des circonstances favorables pour
l'émeute. Quant à la paix, tout fait prévoir qu'elle sera funeste à la République, et plus particulièrement à sa constitution. A Milan on a déjà célébré la proclamation de l'indépendance de la Lombardie ».

Cette solennité ne se passa pas, comme on voit par les rapports du résident vénitien dans cette ville, sans de nouvelles
manifestations de cette hostilité que les « patriotes » portaient
à la République de Saint Marc. Le 26 avril Foscarini écrit au
Doge et à son Collège: Depuis samedi soir on constate à Milan
un grand enthousiasme; les préposés des quartiers ont annoncé
la nouvelle de la paix. On a organisé une retraite aux flambeaux au son des tambours; toutes les fenêtres sont illuminées,
et on entend des cris d'allégresse, car tout le monde est persuadé que l'indépendance de la Lombardie est proclamée. —
Mais la joie populaire prend bientôt des formes offensantes
pour la République de Saint Marc et qui ne laissent plus aucun
doute, que les démocrates italiens ne veulent point tolérer
l'existence de l'oligarchie vénitienne. Au moment, écrit Foscarini, où mes domestiques allumaient les feux de l'illumination,
une foule nombreuse, composée d'hommes de toute condition,
plus particulièrement d'étrangers, armés de fusils et d'épées,
et, poussant des cris féroces, a fait irruption dans ma maison.
Ayant monté l'escalier, elle a pénétré dans la partie du palais qui portait à l'extérieur les armes de la République. Nous
ne voulons plus de Saint Marc, hurlait la foule, et dans un
instant les armes de la République disparurent. Au même moment elles étaient arrachées de deux ou trois maisons privées
occupées par un hôtel et des boutiques ». Dois-je dire, ajoute
Foscarini, combien ces actes m'ont attristé, et non seulement
attristé, mais encore combien ils m'ont fait concevoir de
craintes pour l'avenir (1).

La haine de l'aristocratie se faisait sentir non seulement
à Milan, mais encore à la distance de quelques heures de Ve

(1) Archivio di Stato. Residenti. Milano, N. 241, rapport de Foscarini du
26 avril 1797.

nise. Le 28 avril les Français entrent à Padoue. « Les jacobins triomphent, écrit l'abbé Giuseppe Gennari dans son journal. On a affiché un manifeste qui traite de tyrannique le gouvernement si doux de Venise. Beaucoup de nobles se montrent jacobins, tels les frères Lazzari di San Francesco, le comte Orsato, le comte Antonio Vigodarsero et autres. Il y a également parmi les jacobins des médecins et des prêtres; au nombre de ces derniers, l'abbé Savonarola, descendant d'une vieille famille padouane. Le lendemain le même abbé écrit: on a formé la municipalité; elle a été composée de quelques nobles, de marchands, d'artisans et de juifs. Le 30 au Prato de La Valle, célèbre par ses courses et jeux publics, on planta l'arbre de la liberté en présence de tous les membres de la commune. Le discours qui fut prononcé à cette occasion a rencontré peu d'approbation. Il n'a été applaudi que par les républicains et la populace ».

Le premier mai, le jour même de la déclaration de guerre, la municipalité de Padoue publia des manifestes dirigés contre Venise. L'auteur du journal écrit, non sans amertume: « Je suis profondément attristé, parce que le gouvernement vénitien, sous la protection duquel nous avons vécu tranquillement, un peu pressurés par les impôts, mais en revanche en pleine sécurité, est calomnié et maltraité. On peut se demander si le nouveau régime nous permettra de vivre aussi heureusement ». Et en effet, les Padouans en éprouvèrent de suite les inconvenients. Le même premier mai les Français demandèrent aux habitants 38.000 aunes de drap de bonne qualité, 50.000 aunes de toile pour chemises, 10.000 paires de chaussures, 2000 chapeaux et 400 chevaux. Beau commencement de prospérité populaire! s'écrie l'auteur du journal. Le lien entre nos gouvernants actuels et la société secrète qui se réunissait chez la comtesse Arpalico Pappafava est maintenant évident, ajoute-t-il; le peuple avait surnommé d'ailleurs depuis longtemps son salon d'union des jacobins; aujourd'hui les principaux membres de la municipalité le fréquentent. Les autres ne se distinguent ni par leur talent, ni par leur situation sociale. Un noble, Girolamo Dottori, est nommé président. On organise des re-

présentations théatrales et des bals en l'honneur des Français.
L'auteur des mémoires est allé entendre l'opéra « au théâtre
noble, pour voir Napoléon, qui lui a semblé petit, maigre, en
un mot un type de phtysique ». Le changement des institutions se manifeste aussi dans les mœurs. En vertu de l'égalité,
écrit Gennari, des femmes de toute condition prennent part
aux danses dans les bals. Les inconvénients de l'occupation
française se montrent tous les jours. Contrairement à la parole donnée, les étrangers font main basse sur le mont de
piété et en emportent tout ce qu'ils veulent. Tel est le premier don de la liberté, ajoute notre auteur. Le 8, les Français
demandent 2000 sequins à la municipalité; le 12, encore 50.000;
le 18 — 9.000. Ils imposent les mêmes contributions à Vicence, où ils ont pillé le mont de piété et pris 100.000 francs,
soi disant sous forme d'emprunt, mais sans espoir de restitution. « En vérité, les Français nous rendront égaux, en ne
laissant rien à personne; ensuite ils nous trahiront ou nous
abandonneront à notre propre sort: croissez, diront ils, comme
les choux aux champs ».

La municipalité ne se contente pas d'ailleurs de procurer
de l'argent aux étrangers; elle publie aussi des décrets démocratiques. Un de ces décrets abolit la noblesse, les titres
et les armoiries. Un autre institue un comité de salut public.
Plusieurs de ces décrets portent atteinte à la liberté qui vient
d'être proclamée: ainsi il est interdit de parler des événements qui viennent de se produire sous peine d'une amende
de 12 ducats et on promet une récompense aux délateurs.
« Messieurs de la municipalité, s'écrie l'abbé, vous qui avez
tant attaqué les inquisiteurs d'Etat, que faites vous donc de
votre liberté de parole tant vantée » ?

La liberté de déplacement subit aussi, grâce à l'intervention
des autorités françaises, des entraves considérables. Barzoni,
l'auteur de « L'histoire de la révolution vénitienne » parue à
Londres en 1799 et du pamphlet « Les Romains en Grèce » (1)

(1) *I Romani nella Grecia*. Londra. Printed by F. RIVINGTON and RO-
BINSON, 1797.

(c'est à dire, les Français en Italie), pamphlet, qui a fait beaucoup de bruit à son époque, pourra dire à bon droit: « Voulez vous savoir ce que la démocratie a fait pour moi? Un beau matin je suis parti de Milan à Venise. La nuit à Brescia passa sans sommeil, car le factionnaire cisalpin ne faisait que crier sans cesse à mon oreille: qui vive? Le lendemain au soir j'arrive à Vérone, mais comme je n'ai pas de passeport, on m'arrête et on me conduit au poste de la gendarmerie. A peine délivré et continuant ma route, la démocratie pour obéir au principe de la fraternité, m'enlève les armes, la montre, l'argent, et moi, par sentiment d'égalité, je lui cède tout ce que j'ai » (1).

Dans le texte de la déclaration de guerre, rédigée par Napoléon, il était dit que Venise, profitant de ce que l'armée française se trouvait en Styrie et voulant lui couper la retraite, avait armé 40.000 paysans, leur avait adjoint les régiments des dalmates et organisé, avec le concours des commissaires extraordinaires, le massacre de Vérone. Ensuite il était question de la persécution de tous les hommes favorablement disposés à la France, de l'indulgence montrée à l'égard des crimes commis contre les soldats et les officiers de l'armée française. Le fait de la non-admission du croiseur français « Le libérateur de l'Italie » au port du Lido et du meurtre de son capitaine Laugier était représenté comme une grave violation des principes d'humanité. Dans tous ces actes Bonaparte voyait des preuves d'une hostilité ouverte. Invoquant l'article 328 de la Constitution de 1795, qui disait qu'en cas d'un conflit commencé ou inévitable, ainsi que de menaces ou de préparatifs militaires de la part de l'ennemi, le Directoire aurait le droit de prendre toutes les mesures nécessaires pour la défense de l'Etat, Bonaparte ordonnait, en sa qualité de général en chef, à l'ambassadeur Lallemand de quitter Venise, aux agents de la République de Saint Marc de se retirer dans l'espace de 24 heures de la Lombardie et de la Terre Ferme et aux généraux de division français de traiter partout les

---

(1) Colloqui civici di Vittorio Barzoni.

troupes vénitiennes en ennemies et de « jeter bas le lion de Venise dans toutes les villes de la Terre Ferme ».

Nous n'insisterons pas sur le malfondé des prétentions françaises. Tout le récit précédent a suffisamment démontré de quel côté fut la provocation et dans quelle mesure le gouvernement de Venise était responsable du soulèvement des masses populaires, irritées par des exactions sans nombre.

Avant la déclaration de guerre, Napoléon avait écrit à Lallemand : « Le sang français coule à Venise, et vous y êtes encore. Attendez vous qu'on vous en chasse? Rédigez une note courte et conforme aux circonstances et sortez immédiatement de la ville » (1). Lallemand avait déjà menacé de quitter Venise le 25 avril; en présence de Casotto, il dit à son secrétaire : « Du moment qu'on ne veut pas recevoir nos officiers, nous n'avons qu'à partir pour Padoue ». Pesaro vous a constamment trompé, déclara à cette occasion au ministre résident le consul français Anglé, le même que nous avons vu en mars et en avril à la tête de toutes les intrigues secrètes tramées dans le but de provoquer une révolution et de s'emparer de Venise par la force. Ainsi donc, la différence entre la politique de Lallemand et celle suivie par les agents directes de Napoléon ne s'explique nullement par le désir de l'ambassadeur de conserver intacte la forme existante du gouvernement de Venise (nous avons vu qu'il s'est prononcé plus d'une fois pour sa transformation dans le sens démocratique), mais par sa conviction que tout pourrait être obtenu d'un commun accord et par voie de concessions réciproques. Dans quelle mesure fut-il trompé par Pesaro, cela est difficile à dire, car nous n'avons aucun détail sur leurs entrevues. Mais si nous nous en tenons à ce que Lallemand en a communiqué à Casotto, il n'y a aucune raison de parler d'un double jeu de la part de Pesaro.

Si plus tard Napoléon trouva bon de dire à Battaglia que les affaires auraient pris une autre tournure, si lui, Battaglia,

(1) *Correspondance de Napoléon I,* publiée par ordre de l'empereur Napoléon III, tome troisième, p. 14.

et non Pesaro, avait été chargé des pourparlers à Göritz (1);
il est difficile de voir dans ces paroles autre chose qu'une
manifestation de la haine personnelle vouée par le général victorieux à l'adversaire inflexible de la politique de concession
et de la neutralité non armée qu'avait adoptée Venise.

Lallemand parti, la charge des intérêts des citoyens français, ou plus exactement le soin de préparer une révolution
démocratique à Vénise même, échut à un agent de Napoléon,
Villetard. Avec son concours et sous sa direction les conspirateurs formèrent le plan d'une action commune. Leurs chefs,
le confiseur Zorzi et l'officier Giovanni Andrea Spada, suivirent
les indications de Villetard.

L'aristocratie ne s'est point rendue de suite. Les deux premières semaines de mai furent consacrées aux préparatifs de
la défense des îles. Les autorités restaient tout le temps en
permanence et à côté de la *Consulta nera,* il y avait des conférences fréquentes entre le Doge, son Conseil, les chefs des
Quaranties et du Conseil des Dix. Mais toutes ces conférences
manquaient de calme et de décision. Bonaparte était déjà à
Palma; ses troupes étaient en train d'occuper Padoue et on
les attendait d'un jour à l'autre à Venise. Le 29 avril Lipomano écrit à son gendre : « Je ne trouve pas de mots pour vous
dépeindre notre émotion et notre désespoir à tous. On ne veut

(1) « Pourquoi au lieu de Pesaro vous n'avez pas été commissaire de la
république à Göritz? La force des circonstances et mes arguments vous auront
convaincu de la nécessité d'avoir raison de cette oligarchie grotesque qui a
voulu couler, étant déjà près du port. Oui, je me crois en droit d'affirmer
que dans ce cas 400 ou 500 français, assassinés à Vérone, auraient gardé la
vie, et l'oligarchie vénitienne, trop en contradiction avec le niveau de la
civilisation actuelle et le mouvement qui s'est emparé de l'Europe, si elle
aurait cédé la place à un gouvernement plus humain et plus conforme aux
véritables principes de la représentation, ne se serait pas du moins désho-
norée par un crime qui n'a pas de pareil dans ces derniers siècles ». Le texte
de la lettre est imprimé dans les annexes des procès verbaux des séances
de la municipalité de Venise. « Quadro Sessioni publiche, N. 24 ». On peut
trouver l'original français dans la brochure intitulée: « Lettera ingenua ad
un amico in cui viene descritto l'avvenimento della distruzione del Veneto
Governo Aristocratico »; Zurich, 1797, p. 38, lettre du 15 messidor (3 juillet
1797).

pas croire à la possibilité d'une telle catastrophe; mais ce qui est le plus terrible, c'est la conscience de notre désorganisation intérieure et de notre impuissance à faire front aux événements. — Je ne vous donnerai pas de nouveaux détails sur nos calamités et de la trahison dont nous sommes victime, — lit-on dans la lettre du 4 mai. Comment pouvait on s'attendre à un pareil traitement à l'égard de pauvres et innocents vénitiens, toujours sacrifiés, et qui subissaient tout pour prévenir leur perte »? Le ton de la lettre montre que l'auteur n'était pas sûr, si elle arriverait au destinataire sans avoir passé au préalable par les mains des Français ou de leurs alliés, les démagogues de la Terre Ferme. Lipomano ajoute : « Nous sommes menacés par les Français de tout côté; nous les avons à Fusine, nous les avons à Mestre. La communication est interrompue avec nos domaines sur la Brenta et avec Trévise. Dimanche les hostilités ont commencé à Fusine par une canonnade. Beau passetemps pour ceux qui habitent au bord de la lagune. Malgré les nouvelles mesures de défense qui ont été prises, la ville est dans l'effroi. Mais on ne craint pas moins une perturbation civile; on a fait poster dans les rues des dalmates armés et placé des canons devant Saint Marc. Le 2 mai on a déjà envoyé auprès de Bonaparte deux délégués, Francesco Donado et Leonardo Giustiniani, chargés de traiter de la conclusion de la paix. Ils ont rencontré le général en chef à Malghera. Bonaparte d'abord n'a pas voulu les entendre, en disant qu'il ne négocierait pas, tant que le Grand Conseil n'aurait pas fait arrêter et sévèrement puni les inquisiteurs d'Etat, qu'il considère comme les auteurs principaux des conflits sanglants de Vérone et du Lido. Il demandait aussi l'arrestation de l'amiral en chef qui avait donné l'ordre de tirer le coup de canon qui emporta le capitaine du croiseur français, Laugier. En cas de refus Napoléon menaçait de s'emparer, avant deux semaines, de Venise. « Vos nobles, déclara-t-il à cette occasion, doivent s'attendre au sort de ceux de France, qui sont condamnés à errer à travers l'Europe. Je confisquerai leurs biens situés dans la Terre Ferme. Je ne serai pas retenu par les lagunes, car je les ai prévues dans mon plan de campagne ». Les commissaires eurent toutes les peines du monde à obtenir un armistice de 6 jours. Soudain le général demanda aux envoyés, qui est-ce qui gouverne Venise en ce moment? « La portée de cette question n'est pas difficile à saisir, écrivent Donado et Giustiniani, une fois qu'on se rend compte qu'il a déjà précédemment exprimé le désir que le Sénat et les inquisiteurs fussent supprimés et le gouvernement réformé » (1). Les Sages s'empressèrent de céder à toutes ses instances; seul Dona déclara qu'il préférait donner sa vie plutôt que de clôre les 14 siècles d'existence de la République par un acte aussi honteux que le sacrifice des inquisiteurs innocents du crime qu'on leur imputait. Une lettre de l'ancien ambassadeur Lallemand rassura bientôt la Seigneurie sur le sort qui attendait les inquisiteurs après l'extradition : on exigeait seulement leur arrestation et une enquête judiciaire. Pesaro, qui savait la haine de Bonaparte à son égard, chercha dès ce jour les moyens de fuir. Le gouverneur du port Correr mit à sa disposition un navire pour passer en Istrie, mais le vent contraire retarda son départ (2).

Lipomano, en parlant de ces faits, observe: « Tous s'agitent ici, tous désespèrent et voudraient fuire. Pesaro a soudain disparu de Venise, et personne encore ne sait où il s'est dirigé ». Lipomano tâche d'innocenter le procureur de Saint Marc, en disant: « La chûte de la patrie a tellement troublé son âme de citoyen qu'elle lui a enlevé même la force de résistance ». Mais le correspondant de Querini donne également des motifs plus sérieux à la disparition subite de Pesaro. Ses ennemis l'accusaient d'avoir dissimulé au Sénat une grande partie de ce qui lui avait été dit dans les entretiens qu'il eut avec Lallemand et Bonaparte. Cette calomnie se propagea très rapidement. Bonaparte fut, naturellement, le premier à la soutenir. A qui voulait l'entendre il déclarait que Pesaro lui avait promis le

(1) *Raccolta cronologica* (Tentori), t. II, pp. 358-360.

(2) *Esatto diario di quanto è successo dalli 2 sino al 17 maggio 1797 nella caduta della Veneta aristocratica Repubblica, unitamente al trattato di pace stipulato fra la medesima e la Repubblica Francese.* Basilea, 1797.

désarmement. On prétend, écrit Lipomano, qu'à Trévise le général en chef français alla jusqu'à demander la tête de Pesaro.

Le 3 mai furent rendu par la Consulte deux décisions, l'une
concernant le sort des inquisiteurs et l'autre le départ des
Dalmates. Lipomano, dont les lettres caractérisent beaucoup
mieux l'état d'esprit de l'aristocratie vénitienne dans ces derniers jours de son existence que les journaux et les mémoires
publiées en 1797 et 98 sur la révolution, annonce à son gendre
que ni le Sénat, ni le Conseil des Dix, n'osent plus se réunir,
car Bonaparte a déclaré qu'il ne les souffrirait guère. En parlant de l'extradition des inquisiteurs, Lipomano y voit l'unique
moyen de sauver la ville « du feu et du fer du vainqueur ».
A cette fin, écrit-il, on sacrifie tout: la constitution, l'honneur,
l'indépendance de l'Etat. Mais Bonaparte veut encore entrer
dans les limites de la Vénétie en triomphateur et à la tête de
son armée. « En cela, écrie Lipomano, il ne réussira guère,
car ayant fait le sacrifice de notre constitution, nous n'aurons
plus grand chose à perdre. Que le ciel envoie la fermeté et la
force nécessaires aux inquisiteurs pour qu'ils puissent coura-
geusement s'immoler sur l'autel de la patrie » !

Les propositions de Bonaparte, au sujet des changements à
introduire dans la constitution, ne pouvaient être adoptées
autrement que par le Grand Conseil, autorité suprème de la
République et source de tous ses pouvoirs.

Aussi résolut-on en définitive de le réunir le 4 mai. La
discussion préparatoire avait duré toute la nuit au sein de
la Consulta, où l'on décida de présenter au Grand Conseil un
projet tendant à l'introduction des réformes réclamées par Bonaparte. A cette occasion, écrit Lipomano, parlèrent en séance
le Doge, le membre de son Conseil, Zuane, et un des chefs
de la Quarantie, Bembo: tous demandèrent que l'on adoptât
le projet, en invoquant la nécessité de sauver la ville.

598 voix se prononcèrent pour l'affirmative; il n'y eut que
14 voix contre et 7 abstentions. Lipomano donne à cette majorité énorme plusieurs raisons: la proximité de Napoléon à
la tête de 80.000 hommes et la présence, au sein du Conseil
même, d'un grand nombre de « malintentionnés », qui désirent

le changement et la chûte du régime existant. En même temps, tous ceux qui peuvent, quittent Venise, tellement sont grands la peur et le désespoir.

« Si je ne l'ai pas fait, écrit Lipomano, c'est d'abord dans l'intérêt de ma famille, ensuite par devoir envers la patrie, enfin parceque je ne savais pas où fuir, puisque tout est déjà occupé par les Français : Feltre, Bellune, Cadore; seule reste la Polésine, mais elle aussi passera bientôt entre leurs mains. Quant à Udine et Trévise, ils ont déjà fait leur révolution, et se trouvent par conséquent au pouvoir de l'ennemi ». Lipomano interrompt la lettre pour aller assister à une nouvelle séance du Conseil qui doit décider du sort des inquisiteurs.

Le soir il termine sa missive par la communication suivante: « C'est les larmes aux yeux qu'on a décidé l'arrestation. 704 membres se sont prononcés pour, 12 contre, il y eut 26 abstencions. Les inquisiteurs, avec un héroisme étonnant, se sont déjà livrés eux mêmes aux autorités. Leur conduite provoque l'admiration générale. Les Sages sont malades de chagrin, quelques-uns semblent même avoir perdu la raison. Quant à nous, nous sommes bienportants et considérons le changement à venir avec philosophie. Mais une pensée m'effraie: c'est que de nouveaux sacrifices d'argent nous attendent. Avec quoi payerons nous, puisque tout nous est enlevé, et que nous avons perdu les provinces qui nous procuraient des revenus? Il ne nous reste plus rien que la vie ».

La proposition de livrer les inquisiteurs à Bonaparte souleva, comme nous l'avons vu, peu de difficulté. Il n'en fut pas de même alors qu'on arriva à traiter la question du désarmement des troupes dalmates. Ces derniers défenseurs de la République de Saint Marc, à la seule nouvelle qu'ils devaient quitter Venise, commencèrent à manifester un esprit inaccoutumé d'insubordination. Les patriciens prirent peur, le bruit d'une entente possible des Dalmates avec les démagogues circula dans la ville et bien que tout sembla contredire cette supposition, Villetard et ses adhérents réussirent cependant à persuader les autorités que ces soldats avaient l'intention de planter, pas plus tard que le 9 mai et de concert avec les révolutionnaires, l'arbre de la liberté sur la principale place de Venise. Les écrivains français déchargent Villetard de la responsabilité de ce mensonge (1). Mais les Vénitiens de l'époque assurent que le confiseur Zorzi, lorsqu'il persuada au Doge qu'il y avait un danger à laisser les troupes slaves à Venise, agissait de concert avec l'agent français. Cela nous parait probable, car l'éloignement de ces troupes était trop dans l'intérèt de Bonaparte et de son armée pour qu'on puisse supposer qu'ils y fussent restés indifférents. Barzoni attribue, peut-être, une trop grande importance au rôle que Villetard a joué dans la chûte de l'aristocratie vénitienne, mais uniquement parcequ'il ne voit pas ou ne croit pas devoir faire ressortir combien les circonstances elles mêmes contribuaient à la décision recommandée par les émissaires de l'agent français.

Tout parlait en faveur du passage immédiat au régime démocratique par la voie de l'abdication volontaire des pouvoirs constitués: les exigences de Bonaparte, aussi bien que la crainte des perturbations intérieures et l'échec de la tentative faite pour acheter le concours des personnes proches au général en chef, au nombre desquelles prétendait appartènir l'intendant Galler. Cet homme, qui avait souvent fréquenté le Comité de salut public et son puissant dictateur, pouvait, selon Daniel Dolfine, devenir l'instrument du salut de la République. Il ne demandait lui même que 6000 sequins comme récompense de ses services et assurait que cet argent serait distribué aux personnages influents. Galler affirmait en même temps que Bonaparte ne renoncerait à la guerre avec Venise, que si le patriciat de cette ville consentait à cèder la place à une municipalité démocratique. Une proposition d'entremise dans le même sens fut faite également par la femme du général Baragnay d'Hilliers par l'intermédiaire du gouverneur d'Udine, Mocenigo.

Il est permis de douter que l'intervention de ces tiers eût changé en quoi que ce soit la décision de Napoléon. Galler particulièrement lui était trop connu par des malversations

(1) V. *Histoire de la révolution de la république de Venise* par A. N. P. Milan, 1798, p. 311.

commises dans les approvisionnements pour qu'on puisse supposer entre eux beaucoup d'intimité et de confiance. Mais l'une et l'autre de ces propositions, quoique finalement déclinées par la Seigneurie, peuvent avoir contribué à provoquer son consentement au changement des institutions dans le sens démocratique, car elles déclaraient toutes deux que ce changement était la condition *sine qua non* du succès des négociations ultérieures (1). Le Doge et ses conseillers étaient ainsi préparés d'avance à prendre au sérieux les déclarations que Zorzi allait leur faire le 9 mai dans le but d'obtenir le renvoi des régiments slaves et la réforme politique. S'étant présenté le 8 au palais du Doge, Zorzi ne fut d'abord point admis à le voir. Il dut s'adresser à un intermédiaire. Son choix tomba sur le patricien Morosini, en compagnie duquel il revint au palais dans la nuit, reveilla le Doge et lui fit part des nouvelles, fausses ou vraies, qu'il avait apprises de Villetard. Voici en quoi elles consistaient: ayant demandé des instructions au général Bonaparte, Villetard avait, disait-il, reçu pour toute réponse que la paix ne pouvait être conclue qu'à la condition que Venise passât de son propre gré du régime aristocratique à la démocratie. On exigeait en outre l'arrestation d'Antraigues, l'agent des Bourbons, et la remise de tous ses papiers au chargé d'affaires français, la délivrance de trois prisonniers encore enfermés aux *piombi* et de tous les détenus politiques en général, l'ouverture des prisons, et spécialement des prisons souterraines, appelées *pozzi*, ou puits, qui communiquaient avec le palais du Doge par un pont dit des Soupirs, l'abolition de la peine de mort, la remise du service de la sûreté publique aux patrouilles et aux employés subalternes de l'arsenal, dirigés par un comité provisoire, dont devaient faire partie, entre autres, Morosini, Spada et le même général Salimbeni qui s'était prononcé pour l'éloignement des Dalmates de Vérone (2).

(1) Voir les détails sur la proposition de Galler dans le livre de BONNATO, *La chûte d'une république*, ch. X.

(2) « Lettera ingenua ad un amico in cui viene descritto l'avvenimento della distruzione del Veneto governo aristocratico ». Zurich, 1797, pp. 50 et 51.

En cas de refus, Zorzi prédisait une révolution violente, et pas plus tard que le jour même, disant qu'il en a été ainsi décidé chez Villetard et expliquant comment les conjurés allaient agir. D'abord ils planteraient l'arbre de la liberté sur la place de Saint Marc. Ensuite on allait créer une municipalité provisoire de 24 membres et envoyer des commissaires dans les provinces de la Terre Ferme, en Italie, en Dalmatie, dans le Levant, pour proposer à la population d'adhérer au nouveau gouvernement. Un manifeste annoncerait au peuple que la démocratie était instituée et qu'il avait désormais seul le droit d'élire des députés. Aux pieds de l'arbre de la liberté on brûlerait toutes les insignes de l'ancien gouvernement; on proclamerait l'amnistie des condamnés politiques et la liberté de la presse. La municipalité se rendrait solennellement à l'église de Saint Marc pour y célébrer des actions de grâce. On ferait occuper et garder par un corps français de 4000 hommes l'arsenal, la citadelle de Saint André, Chioggia et les îles. Les Français seraient aussi chargés de la garde de la flotte.

Le doge Manin crut à cette communication et s'empressa de réunir une conférence, à laquelle les déclarations de Zorzi furent présentées par écrit. Barzoni, dans son « Histoire de la révolution vénitienne », publiée en 1799, par conséquent sous l'impression des événements qu'il raconte, blâme le gouvernement de la hâte avec laquelle cette décision fut prise. L'égoïsme, écrit-il, toujours funeste à la République, a dicté à l'aristocratie l'idée de sacrifier la constitution et l'indépendance de l'Etat pour conserver la propriété. Les patriciens craignaient de perdre leurs domaines en Terre Ferme, et c'est cette crainte qui, en fin de compte, a déterminé leurs actes. Ils semblaient désirer que le changement exigé d'eux se fît le plus tôt possible et ne se souciaient que d'une chose, c'est qu'il n'entraîna pour eux que peu de dommages (1).

Sans nier que les gouvernants de Venise n'avaient aucune envie de joindre à la perte du pouvoir celle de leurs revenus, nous devons reconnaître cependant que les circonstances ren-

____

(1) *Rivoluzioni della repubblica veneta*. Venise, 1799, t. II, p. 122.

dirent extrêmement difficile toute résistance ultérieure. Il fallait bon gré mal gré accepter l'offre faite au Grand Conseil, et renoncer à la concentration de la souveraineté entre les mains des patriciens. Seul Guido Erizzo s'y opposa au sein de la « Consulta », soutenant l'illégalité du document invoqué par le Doge pour motiver sa proposition, et montrant la honte de cette abdication devant l'injonction étrangère. Mais au moment où d'autres membres de la Consulta prenaient la parole pour l'appuyer, on apporta soudain la nouvelle que les insurgés se préparaient à attaquer les régiments qui se trouvaient à Venise. L'effroi saisit les assistants, et sept voix seulement se prononcèrent contre la mise en discussion du document présenté par Zorzi.

La Consulta chargea Pietro Donado et Francesco Battaglia de s'aboucher avec Villetard et de lui demander ce que réclamait exactement le chef de l'armée française. En même temps l'ordre fut donné à Condulmer, préposé à la défense, de ne point s'opposer à l'entrée des troupes ennemies, ce qui devait, évidemment, provoquer une forte agitation dans les régiments slaves. Les délégués emportèrent de leur entrevue avec Villetard cette convinction, que Bonaparte n'entrerait point en pourparlers au sujet de la paix, tant que la démocratie ne serait pas installée. Que restait-il à faire, si non laisser la décision à l'assemblée dont dépendait tout le gouvernement? Mais on n'osa même pas réunir le Grand Conseil sans la permission de Villetard, tellement on craignait de mécontenter Bonaparte.

Le Grand Conseil se réunit pour la dernière fois le 12 mai, mais auparavant on prit des mesures pour le départ des régiments slaves, ce qu'on fit, comme nous allons le voir, autant pour donner satisfaction à Napoléon, que par crainte de troubles intérieurs.

Tous les pouvoirs de la République, comme s'ils s'étaient donné le mot, ne cessèrent d'insister pour qu'on.la privat le plus tôt possible de ses derniers défenseurs. Le 6 mai Battaglia, revêtu des insignes de procureur de Saint Marc, se présenta au Sénat et lui déclara, d'une voix pleine d'émotion, que le temps des compromissions était passé, qu'il fallait renoncer à toute pensée de résistance, laisser entrer les Français dans la ville et éloigner les Dalmates. Dolfin se prononça dans le même sens, en montrant le danger que pouvait avoir leur séjour ultérieur à Venise. Le 7 mai le préposé à la defense de la lagune donna à entendre que les régiments slaves étaient entamés par la propagande révolutionnaire; il provoqua des craintes sérieuses par l'annonce de conspirations, dirigées contre la paix intérieure. Le 8 Condulmer fit le tableau des succès rapides des démagogues et de leurs théories au sein des régiments, Battaglia prépara une sorte de protestation collective contre la prolongation de leur séjour à Venise et Morosini parla de la probabilité d'une révolution intérieure avec leur concours. Le 10 mai, c'est à dire après que fut faite au Doge la communication de Zorzi, le même Morosini, qui encore le 6 avait établi un poste de 200 Dalmates à la porte du quartier juif et d'autres gardes sur les diverses places publiques de la ville, provoqua une intervention directe de Villetard, qui dans une lettre à Dona, un des délégués de la conférence, parla du pillage inévitable du Ghetto par les soldats vénitiens et proposa de les remplacer par des français.

Le départ des Dalmates fut cependant différé d'un jour à l'autre, car ils ne voulaient pas quitter Venise sans Morosini. Le 12 mai seulement, le jour même de la réunion du Conseil, on les embarqua. Une des divisions, suivant une coutume ancienne, tira à cette occasion une salve avant de quitter la Piazzetta, et ce fait, insignifiant en lui-même, provoqua une telle panique au sein du Grand Conseil, qui était précisément en séance en ce moment, que ses membres, par crainte d'une révolution imminente et voulant sauver leur vie, s'empressèrent d'appuyer de leur vote l'abdication du pouvoir proposée par le Doge. Il n'y avait que 537 membres présents à la dernière séance du Grand Conseil, ce qui la rendait illégale, la constitution exigeant un quorum de 600 membres. Un grand nombre des patriciens étaient déjà partis de Venise; d'autres n'osaient plus sortir de leurs palais, car d'après un bruit qui circulait, il était question ni plus ni moins que de les massacrer.

Cette séance mémorable avait été ouverte par un discours du doge Manin, qui après avoir rendu compte des mesures prises pour la défense de la République, avouait que, dans l'opinion des autorités, Venise ne pouvait résister à l'attaque des Français. « Il faut du moins, déclarait-il, sauver nos vies, foi et fortune de la débacle générale ». Voici pourquoi, nous vous proposons de renoncer à la souveraineté. Cela vous épargnera la nécessité de verser le sang des concitoyens. Je vous supplie au nom du ciel, soumettez-vous au sort cruel qui exige que notre République prenne fin. Les malheurs que nous traversons sont grands, mais nous avons aussi des espérances considérables quant à un avenir meilleur, — nous pouvons attendre leur réalisation de la généreuse nation française. Elle nous a donné l'assurance qu'elle prendra Venise sous sa protection, qu'elle y conservera intacte la religion établie et soutiendra par des secours d'argent la noblesse nécessiteuse. Elle nous a promis également que la monnaie métallique et les billets, actuellement en circulation, conserveront leur valeur légale, et qu'une amnistie générale sera accordée, dont profiteront les inquisiteurs récemment arrêtés. La salve des Dalmates qui appareillaient en ce moment délivra le Doge de tout contradicteur. Des divers bancs de l'Assemblée partit le même cri : Assez, assez, aux voix, aux voix !

Le décret, par lequel l'aristocratie vénitienne abdiqua son pouvoir, fut adopté à l'unanimité grâce au désir général d'en finir au plus tôt et de sauver du moins la vie et la fortune. Les patriciens jetaient bas leurs manteaux et descendaient sur la place ; beaucoup, pour écarter tout soupçon, se mêlaient à la foule et couvraient de leurs applaudissements les discours des démagogues, au nombre desquels se trouvait déjà le général Salimbeni, le même qui avait été chargé de la défense de Vérone : maintenant il attendait au milieu du peuple la proclamation du décret qui devait décider du sort de la République ; à la nouvelle que ce décret venait d'être adopté, il cria d'une voix sénile : Vive la liberté ! (1).

(1) Voir BARZONI, t. II, pp. 145-162. — *Esatto diario di quanto è successo dalli 2 sino al 17 maggio 1797 nella caduta della Veneta aristocratica*

Le simple énoncé des événements qui ont marqué les derniers jours de la République de Saint Marc nous peint d'une manière très imparfaite l'état d'esprit de l'aristocratie vénitienne au moment où elle se décida à renoncer au pouvoir. Cela nous force à recourir à la correspondance privée et à y chercher quelques détails supplémentaires quant à l'état d'âme de ces aristocrates en détresse. Les faits qui s'en dégagent nous permettront en même temps de soumettre à une critique les accusations de trahison jettées à la face de Battaglia et d'autres partisans de principes démocratiques par quelques annalistes de l'époque. Le 11 mai, c'est à dire la veille de la révolution, Lipomano écrit à son gendre: « Je ne saurai pas, je n'aurai pas assez de force pour vous dépeindre, comme il le faudrait, la situation malheureuse de la ville et du gouvernement. Je ne trouve pas de mots pour cela. Tout est confusion, tout se décompose, tout va à la perte définitive. D'un côté, la défaillance et le déséspoir, de l'autre, la trahison et la terreur. Quelques-uns, comme Battaglia, Rocca San Fermo, Giacomo Grimani, sont en faveur de toutes les concessions, car ils poursuivent un but criminel; le Doge et beaucoup d'autres se prononcent dans le même sens, mais sous l'influence de la peur, car ils ont perdu tout espoir. Ils affirment qu'un conflit sanglant avec les factieux et le pillage de la ville par l'ennemi extérieur sont imminents. La panique générale fait que les rebelles paraissent beaucoup plus nombreux qu'ils ne sont en réalité et qu'on attribue à tout le monde l'intention de participer à l'exécution de leur plan criminel. De fait les conjurés voudraient bien faire des concessions et arriver à faire une révolution pacifique. Comme il s'attend d'heure en heure à l'attaque des démagogues, le gouvernement a disposé des

repubblica unitamente al trattato di pace stipulato fra la medesima e la Repubblica francese. Basilea, 1797, pp. 12-27. — *Relazione sommaria della perdita della veneta aristocratica repubblica*. Italia, 1798, pp. 72-73. — *Lettera ingenua ad un'amico aristocratico in cui viene descritto l'avvenimento della distruzione del veneto governo*. Zurich, 1797, pp. 24-27. — TENTORI, *Raccolta cronologica*, pp. 405-408.

canons sur la place de Saint Marc. Nous avons passé deux jours au milieu de craintes perpétuelles et maintenant on dit que ces mesures de défense sont encore insuffisantes, que les régiments slaves sont prêts à s'insurger, que les officiers les ont soulevés par la nouvelle qu'ils allaient être désarmés et forcés de se rendre aux Français, tout comme à Vérone. On ajoute que les Dalmates veulent piller la ville. Ainsi tout contribue à augmenter l'effroi, l'incertitude, la discorde, l'impossibilité de prendre une décision quelconque. Des réunions de fonctionnaires et de sages ont lieu à toute heure, mais elles ne font que nous conduire à la perte, beaucoup est déjà fait dans ce sens. Pendant toute une année nous avons préparé la défense, et maintenant on déclare que tout cela ne sert à rien, que nous ne pouvons résister, que nous sommes condamnés à la défaite. Parlant de la convocation du grand conseil, Lipomano ajoute : « Moi, et beaucoup d'autres, nous avons décidé de ne pas assister à la séance ». — Quelques jours plus tard, dans une nouvelle lettre, annonçant que la décision du conseil a été prise par une majorité de 504 voix, il observe : « Nous avons fini honteusement, victimes du désespoir et de la trahison ». La décision du conseil produit la même impression sur le frère d'Alvise Querini, Paolo. « Vous, qui vivez loin de la patrie, vous n'êtes pas le seul à comprendre difficilement ce qui vient d'arriver; nous ne le comprenons pas nous mêmes. En effet, comment expliquer qu'ayant cinq cents canons et sans en avoir tiré un seul coup, le gouvernement se soit rendu à la grâce des Français et ait fait de nous leurs esclaves. De plus, on n'a pris aucune garantie, ni en faveur de la religion, ni en faveur de la sécurité personnelle, ou de la propriété. Les Français disposeront de tout. Ils deviendront les maîtres de la municipalité et lui donneront des ordres. Nous sommes plongés dans la panique et ne voyons devant nous rien qu'une obscurité terrible ».

A la nouvelle de la chûte de la République, un autre contemporain écrit dans son journal : « La postérité ne croira pas qu'un Etat si célèbre par la grandeur de ses entreprises et la

longuer de son existence ait pu, dans l'espace de quelques
jours, perdre à la fois la liberté et l'indépendance » (1).

Mais tandis que les patriciens fuyaient honteusement du
conseil, renonçant à la défense des lois et de la constitution,
le peuple, oubliant que la République ne lui avait reconnu
aucune part au gouvernement et n'obéissant qu'à l'impulsion
de son cœur, préparait une dernière tentative pour la récons-
titution du pouvoir qui venait de tomber.

Une heure avant le soir quelq'un d'une fenêtre de la procu-
ratie agita un mouchoir blanc, en criant : Vive Saint Marc !

Ce cri fut repété par la foule et couvrit bientôt les voix
de ceux qui célébraient la liberté nouvellement conquise. La
populace se porta devant les palais des patriciens les plus connus, mais il ne s'en trouva aucun qui voulût se mettre à la
tête des émeutiers. Si ce soulèvement des masses profondes du
peuple eut été convenablement dirigé, il n'aurait pu prendre
le caractère d'une insurrection des pauvres contre les riches,
caractère qui reste attaché à cette dernière manifestation du
patriotisme vénitien. Au commencement l'enthousiasme fut
universel; même les femmes prenaient les armes. Un détachement de 100 Dalmates, arrêté par un vent contraire, s'empressa de s'unir à la foule en apportant un élément d'organisation dans ces rangs rapidement croissants, mais confus.
Barzoni raconte que, ayant aperçu à la devanture d'un libraire une image représentant le lion vénitien vaincu par
un enfant, la foule se jeta sur la boutique et la détruisit de
fond en comble. Cette anecdote montre à la fois l'impétuosité
de la fureur populaire et l'incapacité où se trouvaient ses
chefs accidentels de lui donner une direction plus sérieuse.
Dans ces conditions, il n'est pas étonnant que malgré leur
nombre (les contemporains parlent de 30.000 hommes) les insurgés n'entreprirent aucune action commune, mais se dispersèrent, en cherchant un butin facile dans les domiciles

(1) Journal de l'abbé Giuseppe Genari à Padoue (*La Repubblica francese
a Padova*. Frammenti di una cronaca inedita dell'abate dott. GIUSEPPE GE-
NARI). Faustissime nozze Toffolati-Marseille.

privés. L'insurrection populaire menaçait de dégénérer en pillage, dont les partisans de la démocratie n'auraient pas été
les seules victimes. Ce n'est qu'à 2 heures de la nuit que Bernardin Renier parvint à réunir 200 soldats italiens et à placer
des canons sur le pont du Rialto. Les sentinelles arrêtèrent
le corps principal des insurgés qui venait de la rive droite du
grand canal. A la question : « qui vient? », la foule répondit
par le cri de : Vive Saint Marc. Quelques salves d'artillerie
suffirent pour semer la panique dans ses rangs. Une fuite en
masse s'en suivit; 25 tués et un grand nombre de blessés
restèrent sur place; 40 hommes furent arrêtés et emprisonnés. Le calme régna de nouveau à Venise, et Villetard, qui
à la première nouvelle des troubles, s'était rendu à Mestre,
put revenir pour mener à fin l'entreprise commencée.

Ces derniers événements furent jugés de la façon suivante
par les correspondants d'Alvise Querini: Son frère, Paolo, dans
une lettre du 17 mai, croit pouvoir parler d'un rapport direct
entre l'insurrection populaire et la décision prise de mettre
fin à la République. « Nos Sages dirigeants, dit-il non sans
ironie, qui se sont résignés si facilement à transformer Venise
en démocratie, n'ont sans doute pas compris qu'à la place d'un
gouvernement il faut absolument en créer tout de suite un
autre. Ils n'y ont pas songé, et nous sommes tombés en pleine
anarchie; c'est là ce qui explique les scènes horribles qui se
déroulèrent bientôt après. Seul Morosini aurait pu arrêter ou
disperser le peuple insurgé, qui avait des poignards pour toute
arme. Mais il est parti pour Zara avec les Dalmates, et on
dit qu'il a emporté avec lui beaucoup d'argent. Pendant la
séance du Grand Conseil on avait placé des Dalmates tout le
long de l'escalier et sur la petite place devant le palais. Morosini a cru devoir choisir ce moment pour donner l'ordre du
départ. En l'exécutant, la soldatesque résolut, on ne sait pas
pourquoi, exprès ou sans intention, de décharger ses fusils.
Leur salve causa la plus grande agitation au sein du Conseil
et eut une influence considérable sur le résultat de la discussion. Mais même après le départ des Dalmates, il resta encore dans la ville beaucoup de militaires slaves, originaires de

Cattaro. Ayant appris que la République avait cessé d'exister, ils s'unirent, l'épée à la main, à la foule qui criait: « Vive Saint Marc ». Tous les passants recevaient l'ordre de se découvrir et de pousser le même cri. Peu à peu le peuple se mit à attaquer ceux qu'on appelle jacobins. A la Mercerie la foule se jeta sur un libraire qui avait exposé des portraits de généraux français et des proclamations du nouveau gouvernement. Après avoir pillé sa boutique, elle se mit à la poursuite du libraire lui même et l'atteignit près du pont Barcaioli. De là il fut conduit sur la place; menacé de mort, il dut révéler les noms des principaux jacobins. Le même libraire, la veille, avait conduit en triomphe un prisonnier récemment sorti des Piombi. En le montrant aux passants, il avait dit que ce prétendu malheureux pendant 40 ans fut la victime du Tribunal Suprème sans pouvoir obtenir qu'on lui déclara quel était son crime. De fait ce prisonnier avait été coupable de parricide et de trahison. Il s'était entendu avec le pacha de Scutari pour lui livrer la forteresse de Castro Vecchio. Maintenant les circonstances sont changées et c'est le tour du libraire de pâtir. Pour obtenir la liberté, il dut consentir à mener la foule dans les maisons des jacobins : au Casino de Giacomo Foscarini, au café « del Carro », chez le confiseur Zorzi, dans la paroisse Saint Julien, chez l'officier Spada dans la paroisse Madonna dell'Orto, chez un marchand de fromage à San Thoma et chez un tailleur qui vendait des vêtements français. Partout ce fut une telle dévastation que l'incendie n'en aurait pas produit de plus grande. Tout fut pillé: meubles, argent, bijoux; heureusement les maîtres étaient absents, aussi tout se passa sans effusion de sang ».

CHAPITRE VIII.

La démocratie vénitienne et la perte
de l'indépendance.

Il est difficile d'imaginer des conditions moins favorables
à l'affermissement de la démocratie que celles où se trouva
Venise au matin du 13 mai 1797. L'armistice était expiré dès la
veille, et d'une heure à l'autre on pouvait s'attendre à l'arrivée
de l'armée française. Même dans le cas le plus heureux, celui
de la conclusion de la paix, le nouveau gouvernement prenait
des engagements si lourds qu'il était facile de prévoir qu'il
serait bientôt impopulaire. Le peuple s'était déjà prononcé ouvertement pour l'ancien régime, en saccageant dans la nuit
les domiciles des patriotes connus et le siège de la société révolutionnaire qui avait préparé la révolution. Ajoutons que
la municipalité, à laquelle passèrent les droits de souveraineté du patriciat, ne pouvait en aucune façon prétendre à représenter régulièrement la nation. Le peuple n'avait point
pris part à son élection ; ses membres furent nommés en vertu
d'une entente entre le Doge et la conférence, d'une part, et
les chefs des conspirateurs et leur protecteur, l'agent français,
de l'autre. En vain avaient-ils insisté pour que les diverses
classes de la société, l'aristocratie et le bas peuple, tout comme
le tiers état, fussent également représentés au sein de la municipalité ; aucun des anciens chefs ne voulut lier son nom au
sort de ce gouvernement qu'ils croyaient éphémère ; tous suivirent en cela l'exemple du Doge Manin qui déclina l'honneur
de le présider. Les membres les plus éminents de la municipalité provisoire furent, outre les deux meneurs déjà cités,
Zorzi et Spada, un ancien patricien et sénateur Corner, ou
Cornaro, qui devint président ; Vidman, également ancien sé-

nateur, Bernardin Renier, vainqueur de l'insurrection du 12 mai, Leonardo Giustiniani, appartenant à une vieille famille patricienne et récemment encore un des trois Sages préposés à l'administration de la Terre Ferme. A la magistrature appartenaient deux conseillers, Francesco Grisi et Antonio Bembo, qui jusque là avaient siégé aux Quaranties criminelle et civile; à la diplomatie Almoro Pisani, l'ancien ambassadeur à Paris, jadis gouverneur à Vérone et plus tard un des procureurs de Saint Marc. Ceux qui dirigeaient cette espèce de gouvernement provisoire n'étaient pas des patriciens, mais des jacobins, tels que Vincenzo Dandolo, un plébéien n'ayant rien de commun avec la famille aristocratique qui avait donné à Venise le plus célèbre de ses Doges. Andrea Dolfin et Paulo Erizzo, étaient également sortis des rangs du peuple. Battaglia et Rocco San Fermo, qui, comme nous avons vu, avaient joué un rôle considérable dans les derniers événements, et que l'opinion populaire considérait comme partisans de la révolution, acceptèrent de servir dans des missions diplomatiques auprès de Napoléon et du Directoire. Rocco San Fermo remplaça à Paris Alvise Querini, dont le titre de *nobile di Francia* ne correspondait plus à la nature du changement qui venait de s'accomplir.

On peut dire que, dans ces conditions, la municipalité fut régie par tout ce qu'il y avait de plus éminent dans cette minorité qui au sein des sociétés secrètes et des loges maçonniques avait élaboré un nouvel idéal social et politique, idéal qui trouva son expression dans les principes maçonniques de liberté, d'égalité et de fraternité. Il ne manquait au gouvernement provisoire qu'une chose: cela même qui fait la force de toute démocratie représentative — l'appui du peuple. Ses membres ne se faisaient point d'illusion à cet égard. Ils savaient que la populace, prête à toute heure à pousser le cri séculaire de « Vive Saint Marc », ne se mettrait pas de leur côté à l'heure du danger pour s'opposer à la restauration de l'ancien régime. Dandolo lui même a reconnu avec tristesse que les foules ne se sentaient pas solidaires avec le parti démocratique. La décadence morale du peuple, déclara-t-il, est telle, qu'il ne comprend pas les biens, les dons précieux que lui apportent les principes de liberté et d'égalité (1). Il faut ajouter, à l'honneur de la municipalité, qu'elle ne manqua aucune occasion de rendre le nouveau régime populaire aux yeux de la nation et d'en faire l'instrument du progrès matériel et moral des masses populaires. C'est ainsi que le jour où les patriciens renvoyèrent leur suite de domestiques et de clients, devenus inutiles, Dandolo proposa de les astreindre au payement intégral des appointements, reçus jusque là par leurs serviteurs. Il ne fut pas arrêté par cette considération, qu'une pareille demande allait à l'encontre de la liberté des contrats proclamée par la révolution.

Une des préoccupations constantes de la municipalité fut d'assurer le bon marché des vivres par la suppression ou la diminution des impôts indirects sur le pain, le vin, l'huile d'olive (2).

Ne se contentant pas d'améliorer la situation économique des classes inférieures, les démagogues vénitiens s'occupèrent plus d'une fois à élever également leur niveau intellectuel et surtout à propager dans leur sein les nouveaux principes politiques. Ils voulaient faire servir à ce but, non seulement les gazettes et les brochures, mais encore la chaire ecclésiastique. Les curés de paroisse étaient invités à expliquer aux fidèles les principes de la souveraineté populaire, de la liberté et de l'égalité.

On promettait une prime de cent sequins à ceux qui exposeraient, dans une forme accessible au peuple, les doctrines démocratiques et rédigeraient le catéchisme civique (3). Cherchant à son pouvoir des antécédents dans le passé, la démocratie vénitienne s'efforçat de faire revivre la mémoire d'un ancien lutteur pour la cause de la souveraineté populaire: elle promit une prime de 50 sequins à celui qui écrirait une histoire do-

(1) Quadro Sessioni publiche. N. 35. Séance du 25 juillet 1797.

(2) Séance du 21 juillet 1797. Ibid., N. 30. — Séance du 25 juillet 1797. Ibid., N. 30. — Séance du 27 juillet 1797. Ibid., N. 35.

(3) Séance du 26 juillet 1797, N. 34.

cumentée de Baiamonte Tiepolo, le dernier adversaire du caractère aristocratique imprimé au Grand Conseil par la réforme du Doge Gradenigo (1).

L'élévation du niveau moral du peuple passait à bon droit aux yeux du nouveau gouvernement pour une des conditions de l'affermissement de la démocratie. Aussi renouvela-t-il l'agitation fomentée jadis par Angelo Querini et Pisani contre les jeux de hasard et ordonna-t-il la fermeture des casinos ou cercles, devenus en définitive des maisons de jeu. Enfin, pour protéger les pauvres contre la servitude, plus ou moins volontaire, dans laquelle ils étaient retenus par les usuriers, la municipalité songea à élargir le système des monts-de-piété et à abaisser l'intérêt du prêt. L'assistance publique, dont les nobles appauvris n'étaient pas exclus, devait prendre un nouve épanouissement grâce à la constitution d'une caisse commune avec l'argent retiré de la vente des biens nationaux, des confiscations et de l'attribution au trésor public d'une partie des revenus de celles des congrégations monastiques, qui, après l'exclusion des étrangers, n'auraient plus le nombre de membres réglementaire (2).

Personne n'a autant profité du nouveau régime démocratique que les sectaires et les dissidents, à commencer par les grecs et en finissant par les juifs. Les premiers demandèrent à la municipalité d'abolir une ancienne loi, par laquelle la République de Saint Marc, voulant concilier la tolérance avec l'unité de la foi et l'interdiction de la propagande religieuse, ordonnait que les dissidents morts fussent enterrés par les prêtres catholiques. Cette pétition reçut une réponse favorable, ce dont la municipalité fut remerciée par une députation solennelle, ayant à sa tête le patriarche grec (3).

La colonie juive tira de la révolution des avantages encore plus grands. Comme dans la plupart des villes de l'Italie, à Rome ou à Livourne, les juifs étaient astreints à Venise à de-

---

(1) Séance du 9 juillet, N. 24.
(2) Séance du 30 juillet 1797. Quadro sessioni publiche, N. 38.
(3) Séance du 15 juillet 1797. Ibidem, N. 27.

meurer dans un même quartier, le Ghetto, dont les portes étaient fermées la nuit. Maintenant ces prohibitions furent abolies et les portes du Ghetto brûlées. Les juifs furent déclarés égaux en droits aux autres citoyens et célébrèrent cette conquête par la plantation d'un arbre de liberté au centre de leur quartier.

Nous ne saurions exposer toutes les réformes sociales et politiques, projetées et en partie réalisées par le gouvernement provisoire; ce qui d'ailleurs n'est pas nécessaire, car en cela les réformateurs vénitiens se bornèrent à imiter les modèles français, sans rien y ajouter de neuf.

Qu'il s'agisse de la réforme du droit de succession ou d'une nouvelle organisation de la défense nationale, les principes de 89 guident les décisions des membres de la municipalité. Il en est de même, lorsqu'il s'agit de la transformation du système des impôts, des traitements du clergé, de l'ordre des nominations aux fonctions judiciaires etc. Citons quelques discours; ils nous feront connaître la similitude qui existe entre l'idéal des législateurs vénitiens et celui des constituants français. Les membres de la municipalité vénitienne imitent même le jargon des démagogues étrangers.

Comme on discutait le 28 juillet l'organisation de la garde nationale, la municipalité s'étant prononcée dès le premier du mois en faveur d'une organisation démocratique de l'armée; Vidman proposa d'accepter les bases suivantes: « Il est indispensable, dit-il, d'étendre la liberté et l'égalité à la milice. Si l'amour des principes démocratiques est désirable chez les citoyens, il l'est plus encore chez ceux à qui est confiée la défense de la patrie. Il en résulte que la compétence des tribunaux civils doit s'étendre aux délits militaires, qui, par conséquent, ne peuvent entraîner d'autres peines que celles prévues par le Code pénal, que le mérite et la vertu doivent ouvrir à tous également l'accès des hautes fonctions dans l'armée de terre et de mer et qu'une discipline militaire spéciale liée au respect du rang est non seulement inutile, mais nuisible (1).

____

(1) Quadro sessioni publiche, N. 36.

Dans le même ordre d'idées Dandolo s'écrie, en discutant la plainte du patriarche de Venise quant au préjudice causé à la religion par les attaques quotidiennes des journaux: cette pétition est contraire à la liberté et à l'égalité, elle confond la politique avec la religion. — Il n'y à pas de liberté, dit à son tour Sordina, là où la presse n'est pas libre. Toute restriction aux droits des auteurs et des éditeurs lui serait funeste. Si l'on accepte la proposition, il faudra ressusciter l'inquisition. On peut, si l'on y tient, trouver des crimes contre la foi même dans les traités de physique, de politique et d'histoire. Le « Contrat social » de Rousseau, lui-même ne pourrait pas y échapper. Rappelez vous l'exemple de Galilée. — Ces mots provoquent dans l'assistance des applaudissement frénétiques, la pétition n'est pas prise en considération, on vote le passage à l'ordre du jour (1). — Mais ce que l'assemblée ne veut pas faire dans l'intérèt de la religion et de la morale, elle s'y résout bientôt dans l'intérèt de sa propre conservation. Par crainte de la réaction aristocratique et en présence des nombreux pamphlets dirigés contre ses actes et ses principes, la municipalité porte atteinte à la liberté des opinions. Le 24 juillet le comité de salut public présente à l'assemblée un projet de loi sur la sûreté générale qui prescrit la peine de mort en cas d'excitation à la désobéissance et ressuscite le système de délation et d'espionnage, en ordonnant, aux cafétiers et aux directeurs des cercles, de communiquer aux autorités tout ce qui se dirait chex eux contre le régime établi (2).

Cependant si les circonstances exceptionnelles que traversait le gouvernement provisoire l'ont forcé plus d'une fois à déroger au principe de la liberté, elles le poussèrent, d'autre part, à appliquer, dans la plus large mesure, un autre principe, celui de l'égalité. C'était le seul moyen de s'attacher les masses populaires, trop ignorantes pour tenir dans la même mesure à la liberté de la parole ou de la presse.

(1) Séance du 1 juin. Ibid., N. 20.
(2) Séance du 24 juillet. Ibid., N. 32.

Voici les raisons pour lesquelles, même dans des questions
aussi secondaires que le cérémonial des funérailles, la municipalité s'efforça de faire triompher les principes démocratiques,
en décidant que désormais il n'y en aurait qu'un seul pour
toutes les classes de la société, et en supprimant les profits
que les prêtres retiraient de la vente des cierges (1).

Le principe de l'égalité devait l'emporter aux yeux de la
municipalité même lorsqu'il entrait en conflit avec celui de
l'inviolabilité de la propriété.

De là le projet de supprimer les monopoles corporatifs et
de donner à toutes les personnes, s'adonnant à une certaine
profession ou industrie, la liberté de s'établir dans n'importe
quel quartier de la ville (2).

De là aussi l'aversion des démocrates vénitiens, comme des
patriotes français de 89, pour toutes sortes de corporations,
qu'on déclara contraires à l'égalité. « Les principes démocratiques, dit Vidman, ne souffrent pas leur existence ». Toute
corporation, raisonne-t-il, comporte un monopole, donc une
violation de l'égalité, par conséquent, ni le barreau, ni la
société des médecins, ne doivent plus exister; les professions
libérales seront ouvertes à tout le monde (3). Le sort des
corporations était décidé d'avance; le temps manqua seulement pour les supprimer. En tout cas la municipalité put
longuement développer ses idées à leur égard en attaquant,
par la bouche de Dandolo, *l'arte di compravendi*, c'est à dire
la corporation des marchands de poisson, dont le monopole
avait été motivé par le désir de rendre les prix de cette marchandise plus stables (4). La même politique caractérise une
autre proposition de Dandolo tendant à permettre à tout le
monde de fonder des fabriques de drap, sans autorisation
préalable. L'assemblée renvoie la discussion de cette propo-

(1) Séance du 29 juillet 1797, N. 37.
(2) Séance du 27 juillet 1797, N. 35.
(3) Quadro sessioni publiche, N. 62, les séances de septembre.
(4) Ibid., N. 55, séance du 27 août.

sition jusqu'au jour où la liberté de l'industrie aura été proclamée (1).

La passion de la liberté est telle parmi les membres de la
municipalité, qu'un député, Grego, propose de l'introduire jusque
dans le costume, en interdisant le port du *tabarro* (pourpoint
de soie) et du *camelloto* (camisole); mais comme dans ce cas
l'égalité entre en conflit avec la liberté, le parti modéré parvient à faire rejeter la proposition et à faire admettre, en règle
générale, que chacun peut s'habiller comme il l'entend (2).

Le principe de la fraternité, mentionné expressément en tête
des décrets français, est remplacé à Venise par la formule plus
générale et non moins vague de « vertu civique ». Il inspire
à la municipalité l'idée de créer pour les pauvres un établissement central de bienfaisance, qui puisse rendre l'aumone
inutile, et assurer à tout le monde le pain quotidien. Dandolo
proclame le droit au travail, reconnu déjà par Turgot, en disant: « aucun citoyen ne peut être privé de moyens d'existence. Qui a des mains, doit aussi trouver de quoi vivre;
chacun doit avoir son morceau de pain ». Dans ce but tous les
établissements de bienfaisance, ceux des églises, des couvents
et des corporations, doivent être réunis en un seul tout sous le
nom de *Casa patria* — la Maison de la patrie, — maison servant non seulement d'asile aux invalides du travail, mais aussi,
en quelque sorte, d'atelier national, où le gouvernement assurerait un gagne-pain aux pauvres. Ce plan reçoit un commencement d'exécution, du moins en ce sens qu'on accepte
des offrandes. Un des premiers donateurs est Alvise Mocenigo,
membre de la municipalité; il cède à l'établissement projeté
sa maison dans la paroisse de San Vasso avec un revenu (3)
modique d'ailleurs, de 219 ducats (4).

La démocratie n'aurait pu s'enraciner à Venise qu'à condition de recupérer ses provinces et de rétablir les anciennes

---

(1) Ibid., N. 54.
(2) Ibid., N. 52, p. 429.
(3) Ibid., N. 48 et 55, séances du 15 et 27 août.
(4) Ibid., N. 55 et 58, séances du 27 août et 1ʳ septembre 1797.

frontières de la République. Nul doute qu'on y ait pensé au moment de la formation du gouvernement provisoire. Sans cela, le Grand Conseil n'aurait pas parlé dans son dernier manifeste (1) de la formation, indépendamment de la municipalité, d'une administration centrale où devaient entrer, à côté des représentants de la commune urbaine de Venise, ceux de la Terre Ferme, de l'Istrie, de la Dalmatie, de l'Albanie et des îles du Levant. Cette institution commune pour toutes les provinces reçut un nom, qui témoignait, à lui seul, de l'intention qu'on avait de s'unir à la nouvelle République Lombarde créée par Bonaparte. Le Grand Conseil parlait, dans son manifeste, de la municipalité et du département, termes évidemment empruntés à la France et prouvant qu'on voulait l'imiter aussi bien dans l'organisation municipale, que dans celle d'un Etat un et indivisible, dont les frontières, outre les anciennes possessions de Saint Marc, embrasseraient aussi le Milanais.

Dans le traité de paix, signé le 14 mai par les plénipotentiaires de Venise, Dona, Giustiniani et Mocenigo, le retour de la Terre Ferme à Venise et le maintien de son ancien territoire étaient également sous-entendus. C'est ainsi, du moins, qu'il était compris par les délégués, qui y insérèrent une clause promettant le départ des troupes françaises de la Terre Ferme aussitôt après la conclusion de la paix générale, et d'autres articles secrets, stipulant que l'échange de territoires ne pourrait avoir lieu que du consentement des deux Républiques : Vénitienne et Française. En effet, les plénipotentiaires reçurent de Bonaparte la promesse qu'il donnerait à Venise Ferrare et Ravenne, si elle cédait Bergame et Crême à la République Cisalpine (2).

On ne pense pas encore, naturellement, à l'alliance avec la République Lombarde; le gouvernement provisoire lui-même,

---

(1) Son texte est publié dans la *Storia di un lembo di terra* de MUSATTI, t. IV, p. 309.

(2) Le texte du traité se trouve chez MARTENS, *Recueil des principaux traités*, t. VII, pp. 187 et 188. Voir aussi ROMANIN, t. X, p. 201.

comme nous allons le voir, ne s'y décida pas tout de suite, mais seulement après s'être convaincu de l'impossibilité de recupérer les provinces perdues du continent.

Les premières séances de la municipalité sont occupées presque exclusivement à faire retourner à Venise les municipalités qui, à la suite d'une révolution démocratique, s'en étaient séparées. Le gouvernement provisoire adresse à Padoue, à Vicence et à d'autres villes de la Terre Ferme, un manifeste annonçant l'avènement de la démocratie à Venise. Il promet l'amnistie complète et universelle, dont seuls les gens coupables d'avoir participé au pillage du 12 mai seront exceptés, des secours en argent à la noblesse appauvrie, le payement exact des dettes de l'ancien gouvernement èt la défense, même par la force des armes au besoin, de la patrie, de la foi, de la propriété et de la sécurité personnelle des citoyens (1).

En réponse on reçut des adresses de la part des municipalités de Padoue et de Vicence et des députations des villes voisines. Les receptions des délégués, les lectures des adresses, remplissent les sessions publiques. Dans les procès-verbaux de l'assemblée on lit uniformément: les citoyens de telle ville ou de telle commune sont venus pour fraterniser; il est donné lecture d'une adresse sympathique. (Applaudissements bruyants). Un tel, membre de la municipalité, demande la parole pour répondre dignement aux félicitations. Il glorifie les vertus du peuple, l'engage à consolider dans son sein les principes d'égalité, de fraternité et la vertu qui doit diriger ces principes. Le discours se termine par la déclaration que la municipalité de Venise tendra par tous ses actes à assurer le bonheur général. Le président et un des membres de la délégation se donnent l'accolade fraternelle; la délégation est invitée à assister à la séance. En tout ceci les cités de la Terre Ferme se conforment aux usages des « patriotes » français, et de leurs imitateurs lombards. La seule particularité consiste en ce que à la place de la fraternité ils mettent dans leurs discours la vertu.

(1) MUSATTI, *Storia di un lembo di terra,* t. IV, p. 312.

Lorsqu'on parcourt dans les journaux du temps cette liste fastidieuse des effusions officielles, on finit par dégager ce fait que leur chaleur diminue, à mesure qu'on s'éloigne de la capitale. Burano, Murano, Mestre, Malamoco, Torcello, Grado, sont encore pleins d'enthousiasme; mais Padoue et Vicence cèdent déjà par l'intensité des sentiments démocratiques et fraternels qu'elles expriment à Ferrare, ville restée jusque là entièrement indépendante de Venise. Les députations municipales parlent constamment dans leurs adresses des aristocrates, qui avaient enlevé au peuple ses droits naturels, de la joie provoquée par la nouvelle que leur sceptre de fer est tombé par terre et la souveraineté nationale rétablie. Mais pas une parole ne témoigne du désir de leurs commettants de s'unir à Venise en qualité de sujets de la nouvelle République. Vérone, Brescia et Bergame n'envoient même pas de saluts (1). Les membres de la municipalité vénitienne persistent cependant à exprimer leur « doux espoir » que toute la Terre Ferme s'unira spontanément à la capitale (2).

Dans leur réponse au salut fraternel des délégués de Ferrare, les membres de la municipalité, tout en parlant de l'amitié et de la communauté d'intérèts qui réunissent les deux villes, laissent apparaître leur pensée intime et déclarent que les communautés urbaines et rurales de la Terre Ferme, confiantes dans le désir sincère de la municipalité d'assurer le bien être général, doivent y contribuer à leur tour en liant leur sort à celui de Venise (3). Trévise et Bellune seules répondent à cet appel, en termes vagues et généraux; en parlant de la fraternité et de l'amitié réciproque, de la communauté des intérêts, des profits d'un commerce étendu, de la haine invariable pour la tyrannie et de la reconnaissance éternelle qu'ils vouent aux Français, leurs libérateurs (4). D'autres villes, comme par exemple Rovigno en Istrie, expriment, par la

---

(1) Voir Quadro sessioni publiche, N. 1, 2, 3, séances du 23, 25, 27 mai.
(2) Séance du 29 mai 1797, N. 4. Discours du citoyen Galino.
(3) Séance du 31 mai, N. 5.
(4) Ibid.

bouche de leurs délégués, à la fois deux vœux peu conciliables: celui d'une fraternité étroite avec Venise et celui d'une autonomie complète (1). Il faut voir avec quel enthousiasme on reçoit le 5 juin la délégation de Portogruaro qui déclare vouloir unir son sort à celui de Venise, pour comprendre combien la démocratie vénitienne tenait à retablir ses liens avec les villes continentales. « Votre arrivée, dit Mocenigo aux délégués, a causé une grande joie non seulement à la municipalité, mais au peuple tout entier. Pourquoi supposer que les Français s'opposeraient à l'union fraternelle des sujets de Saint Marc! Ayant vengé leurs anciennes injures, ils ne pensent maintenant qu'à assurer le bonheur de tous. Que d'autres villes de la Terre Ferme suivent l'exemple de Portogruaro, qui seule, jusqu'à présent, de toutes les communes situées sur le cours du Tagliamento, nous a annoncé ses sentiments de fidélité, sentiments qui nous sont si précieux ».

Un des membres de la municipalité, Marconi, propose de rédiger une adresse et d'envoyer des délégués à toutes les villes continentales, qui avaient autrefois fait partie de la République. Dandolo et Zorzi appuient cette proposition et recommandent la nomination d'une commission de six membres pour composer l'adresse. Zugliani croit lui-même, et fait partager cette douce illusion à ses collègues, que la Terre Ferme s'unira à Venise aussitôt qu'elle aura appris que cette dernière a conquis une liberté complète (2). Quelques villes du Frioul, Montovi, Umago, Piran (3) annoncent qu'elles sont prêtes à rester dans l'ancienne union politique avec Venise, mais Padoue et toute la Terre Ferme persistent à garder un profond silence.

Déjà dans la séance du 5 juin, où parurent pour la première fois les délégués du Frioul, se répandit dans l'assemblée la fatale nouvelle que les seigneurs féodaux de cette province avaient l'intention de la vendre à Bonaparte. Les délégués de

---

(1) Séance du 1ʳ juin, N. 6, p. 44.
(2) Séance du 5 juin, N. 8.
(3) Séances du 9 et 11 juin, N. 10 et 11.

Portogruaro ne croient pas pouvoir démentir ces bruits et font passer leur arrivée à Venise pour une protestation contre les intrigues des féodaux. Ces nouvelles n'ébranlent point cependant la confiance du gouvernement envers les autorités françaises, et lorsque Baragnay d'Hilliers, envoyé à Venise, paraît le 22 juin à la séance de la municipalité, en compagnie du ministre résident, Lallemand, ils sont salués tous les deux par des cris de joie. On déclare la nation française sœur de la jeune République; le municipaliste Dandolo parle en termes émus de la nécessité du concours de la France pour conserver à Venise ses possessions séculaires en Istrie et en Dalmatie (1).

Cependant, les troupes autrichiennes, en vertu du traité de Leoben, occupent peu à peu ces provinces. Elles rencontrent plus d'une fois une résistance ouverte de la part des populations indigènes et un appui secret du côté des administrateurs nommés par la République de Saint Marc. A la tête de tous agit, dans un sens favorable aux Autrichiens, le commissaire général Andrea Querini, frère de l'ancien ambassadeur à Paris. En vain a-t-il demandé des instructions à la municipalité qui vient de se former à Venise. N'en ayant pas reçu, il est entré en pourparlers avec la cour de Vienne, ce qui lui a valu plus tard le rang de conseiller secret effectif, avec le titre d'Excellence et le commandement de l'arsenal et de la flotte vénitienne (2). Le chef de l'armée dalmate, le patricien Morosini, que nous connaissons déjà, montre la même indifférence pour l'intégrité des possessions vénitiennes. Dans une lettre privée, dont le texte fut communiqué à la municipalité, il conseille à un ami de ne prendre aucune part « au gouvernement perfide, sot et usurpateur qui dispose actuellement des destinées de sa patrie. Ne vous faites pas d'illusions, ajoute-t-il, en septembre nous nous reverrons assurément (3) ».

---

(1) Quadro sessioni publiche, N. 16.

(2) Bibl. Querini Stampaglia, class. VII, cod. 86, la correspondance d'André Querini avec son frère Girolamo. Lettre de 12 fevrier 1798.

(3) Quadro sessioni publiche, N. 33.

La conduite du peuple sur ces confins lointains présente un contraste frappant avec celle des patriciens.

La nouvelle du triomphe de la démocratie à Venise divisa la population de l'Istrie en trois partis hostiles : les uns voulaient conserver l'ancienne union, les autres tenaient à s'unir à l'Autriche, enfin le troisième parti était pour l'indépendance. Sans se soucier de ces divisions et sous prétexte de défendre les frontières de l'empire contre la contagion démocratique, ainsi que d'assurer la tranquillité et l'ordre à l'intérieur, les Autrichiens occupèrent militairement l'Istrie.

Les mêmes dissentiments se reproduisent en Dalmatie. Zara se refusait énergiquement à constituer une municipalité sur le modèle vénitien. Le commissaire du gouvernement provisoire, Zugliani, est forcé de quitter la ville en présence de l'hostilité des habitants à l'égard du nouveau régime. A Tregu on arbore le drapeau de Saint Marc. A Salemico éclate une guerre civile dirigée contre les propriétaires fonciers. De tous les habitants de la Dalmatie, seules les couches supérieures de la population de Zara, mues par la haine de la démocratie et excitées par le provéditeur général Querini, demandèrent ouvertement du secours à l'armée impériale dans le but de défendre l'ordre et la tranquillité publique. Les Autrichiens s'empressèrent de profiter de cette invite. Ils débarquèrent à Zara le 30 juin 4000 hommes et y arborèrent leur drapeau. Bientôt ils étendirent leur domination sur tout le pays dalmate jusqu'à la Bocca di Cattaro. Quant à l'attitude du bas peuple, des témoins oculaires nous la présentent comme très digne et intransigeante. Le premier juillet, lisons-nous dans le récit d'un habitant de Zara, on a enlevé les drapeaux vénitiens de la citadelle et du marché aux légumes. Au son du tambour, escortés par deux compagnies de la milice, ils furent portés avec précaution sur la place publique, où toute la milice était réunie. Le général de brigade Stratico prononça à cette occasion un discours émouvant et ordonna de déposer les drapeaux sur l'autel de la cathédrale. On chanta un *Te Deum*, après quoi Stratico, suivi de tous les soldats au nombre de 160, s'approcha du drapeau les larmes aux yeux, pour l'embrasser une dernière fois, on pleura tant, que ces drapeaux, ajoute le témoin oculaire, devinrent comme trempés d'eau. L'église résonnait de soupirs et de lamentations; le peuple était au désespoir; de la journée personne ne voulut paraitre dans la rue (1).

La population de la Dalmatie méridionale se montra encore plus dévouée. A Perasto, à Risano, à Glanovica les habitants essayèrent de résister aux Autrichiens, mais ils furent naturellement forcés de se rendre. La fin de la République de Saint Marc fut marquée à Perasto par la cérémonie touchante de l'enterrement des drapeaux sous l'autel de l'église principale. Le syndic de la commune fit en dialecte vénitien le discours suivant. « Que la postérité et toute l'Europe sachent que Perasto a défendu dignement jusqu'à la dernière minute l'honneur du drapeau vénitien. Enterrons-le maintenant, après l'avoir mouillé de nos larmes. Pendant 377 ans notre dévouement et notre vertu l'ont défendu sur terre et sur mer contre tous les ennemis de l'Etat et de l'Eglise. Pendant 377 ans nous avons sacrifié pour toi, o Saint Marc, notre fortune, notre sang et notre vie, toujours soutenus par cette idée que tu étais avec nous, et nous avec toi, car avec ton aide, nous avons été et nous serons constamment intrépides et victorieux! Personne jusqu'ici ne nous a vus en fuite, ni défaits. Si les tristes temps que nous traversons, temps marqués par l'imprévoyance, les dissensions, le bon plaisir, la violation du droit naturel et du droit des gens, ne t'avaient enlevé, o Saint Marc, toute l'Italie, nous descendrions plutôt dans la tombe avec toi que de voir ce que nous voyons. Mais maintenant il ne nous reste que de t'enterrer dans nos coeurs. Les larmes que nous versons seront ton meilleur éloge » (2).

La nouvelle de la perte de la Dalmatie plongea le gouvernement de Venise dans un grand désespoir. Ne connaissant pas l'entente de Napoléon avec les Autrichiens, la municipalité rejetà toute la responsabilité de ce désastre sur les patriciens,

---

(1) Voir Girolamo Dandolo, *La caduta della repubblica*, Appendice, p. 266.
(2) Dandolo, pp. 26, 27. Appendice.

les accusant hautement de trahison. Le nouvel ambassadeur
à Paris, San Fermo, soutenait cette conviction par ses communiqués aux membres de la municipalité. Dans la séance du
29 août on prit connaissance d'une note du ministre-résident
turque au Directoire, dans laquelle celui-ci déclarait que la
Porte ne peut rester indifférente à l'occupation de deux provinces d'une puissance amie et ne croit pas qu'elle ait pu se
produire au su et du consentement du chef de l'armée française. La Porte est convaincue au contraire que le Directoire
rendra à Venise les territoires qui lui furent enlevés. Cette
lecture provoqua des applaudissements, et le peuple, illusionné,
crut un moment que les provinces n'étaient pas perdues sans
retour (1).

Quelques jours plus tôt à la seule nouvelle de l'entrée de
l'armée autrichienne, le Comité de Salut public nommé par la
municipalité, se conformant en cela à l'exemple des Français,
proposa des poursuites contre Querini et Morosini et la confiscation de leurs biens. L'espoir du retour de l'Istrie et de la
Dalmatie ne quitta pas jusqu'au bout les membres du gouvernement provisoire. Le 3 octobre l'assemblée prend encore
connaissance de la dépêche de Dandolo, envoyé à Paris pour
s'aboucher avec Napoléon. Cette dépêche annonçait que le général en chef était favorable à la réunion à Venise de toutes
les terres qui ont appartenu à Saint Marc, y compris l'Istrie,
la Dalmatie et l'Albanie, « aujourd'hui occupées par le tyran
autrichien ».

En réalité, les Français non seulement n'entreprenaient rien
pour faire rentrer dans l'obéissance les provinces qu'ils avaient
secrètement cédées à l'Autriche, mais ils s'efforçaient encore
de s'emparer au plus vite de la part du butin qu'ils s'étaient
réservée dans ce partage des possessions vénitiennes. Comme
l'observe justement M. Sorel, Napoléon songeait déjà à cette
époque à combattre prochainement l'Angleterre en Orient et
à la chasser de la Méditerranée. Dans ce but, il tenait également à Ancône, qui le rendait maître de l'Adriatique, et aux

____

(1) Quadro sessioni publiche, N. 56.

îles Joniennes, qui dominaient l'Archipel. Dans ses lettres au Directoire il revient souvent à l'idée que la France devra se mesurer avec l'Angleterre, et que pour cela il lui faut s'emparer de l'Egypte. L'éventualité d'une rupture avec la Turquie ne l'effraie pas, car, à son avis, le partage de cet empire est inévitable et la France devra avoir sa part des dépouilles. Mais Ancône et les îles Joniennes sont situées sur le chemin du Levant, de même que Malte et Elbe. Pourquoi ne s'emparerait-on pas de l'une, et n'exigerait-on pas du Pape la cession de l'autre? Il faut empêcher que l'Autriche ne devienne maîtresse de Raguse, de Naples, d'Ancône, de Corfou, de Zante et de Céphalonie (1).

Pour réaliser une partie, du moins, de ses projets, Napoléon, dès qu'il a commencé les hostilités contre les Vénitiens, donne l'ordre d'occuper les îles de l'Archipel qui faisaient partie des possessions de Saint Marc. Dans sa lettre au général Gentili on lit: Vous ferez le possible et l'impossible pour nous gagner la sympathie de la population. Si elle manifestait le désir de garder son indépendance, il vous faudra favoriser cet espoir et parler dans tous vos manifestes de la Grèce, d'Athènes et de Sparte. L'helléniste Arnaud est chargé d'aider Gentili dans la rédaction de ces manifestes. Bonaparte lui-même écrit au chef des Maniotes, comme au digne descendant des Spartiates. Les îles sont occupées, et le 28 juin, à Corfou, le chef du clergé fait don au général français de l'Odyssée, et lui déclare: « En lisant ce livre, vous apprendrez à respecter le peuple simple et peu versé dans les sciences et les arts qui habite nos îles ». Tout a fait dans l'esprit de cette allocution, Bonaparte ordonne que le drapeau tricolore soit arboré sur les ruines du palais d'Odysseus. Le capitaine français tient tant à ses nouvelles acquisitions qu'il déclare Corfou, Zante et Céphalonie plus précieuses à la France que toute l'Italie (2). Les patriotes véni-

(1) Lettres au Directoire du 26 mai, 16 août et 13 septembre 1797. Citées en extraits par SOREL (*De Leoben à Campo Formio*, « Revue des deux mondes », 1 avril 1895, p. 495).

(2) Lettres: à Gentili du 26 mai, au chef des Maniotes du 30 juillet, au Directoire du 1 et 16 août, du 13 et 16 septembre. — Voir la *Correspondance de Napoléon I*, t. III; citée par SOREL, ibid., p. 496.

tiens sont réduits au silence. Si dans les discussions quelque membre de la municipalité se permet de mentionner la Morée au nombre des provinces perdues par Venise, quelque collègue est toujours prêt à l'interrompre et à lui faire observer que les possessions du Levant n'ont rien de commun avec les destinées de l'Italie (1).

Dans la séance du 19 août on décide même, pour la plus grande gloire de la démocratie, de publier le rapport du général Gentili sur l'occupation des îles Joniennes et la plantation par les Français de l'arbre de la liberté. Cela anéantirait, croit le délégué Sordina, les bruits alarmants qu'on fait courir sur les événements du Levant (2).

Les patriotes ne continuent pas moins à montrer beaucoup d'optimisme en ce qui concerne la réunion prochaine de la Terre Ferme et la création de toute une Confédération de l'Italie du Nord, qui embrasserait la République Cisalpine en même temps que l'ancienne République de Saint Marc.

Le 3 juillet le Comité de Salut public propose d'organiser une sorte de plébiscite en faveur d'une telle fédération (3). Ce plébiscite eut lieu le 5 juillet et donna 35.000 voix à la cause de l'union. On offrit de communiquer ce résultat au général en chef, d'inviter les villes de la Terre Ferme à envoyer chacune deux députés au congrès qui devait se tenir à Bassano, et d'y faire représenter Venise par Battaglia. A tout cela les provinces répondent par le silence et cette attitude finit par provoquer des plaintes amères de la part des membres de la municipalité. « Pourquoi, s'écrie Galino, n'avons nous pas suivi l'exemple de la France, qui, loin de transformer les départements en Etats indépendants, a fait l'unité de la nation? Quel dommage que chaque ville de la Terre Ferme désire vivre séparément; sans cela, on pourrait fonder un Etat puissant ». Zugliani estime que le meilleur moyen d'amener la Terre Ferme à l'union serait de la convaincre que tous les maux

(1) Quadro sessioni publiche, N. 60, p. 473.
(2) Quadro sessioni publiche, N. 50.
(3) Quadro sessioni publiche, N. 21.

dont elle se plaint sont venus de l'aristocratie, et que les démocrates vénitiens ne désirent que l'amitié réciproque et l'u-
nion de toutes les communes de l'Italie sur la base de l'égalité des droits. Savez vous, s'écrie-t-il, comment on a reçu
dans toute la Terre Ferme la nouvelle que nous avons perdu
l'Istrie et la Dalmatie? En riant, avec tous les symptômes de
la joie la plus manifeste. Bientôt, disait-on, Venise ne sera
plus la première entre nous! là voici forcée de courber l'échine
et de chercher notre alliance! La haine stupide et injuste
qui nous est témoignée, ajoute l'orateur, est la conséquence
des crimes de notre ancien gouvernement. Mais pourquoi nous
rendre responsables des actes odieux de nos tyrans? Nous en
avons souffert comme les autres, et même plus que les autres.
Savez vous, comment on pourrait mettre fin à cette haine? En
prouvant que la politique des ci-devant aristocrates nous est
étrangère, que nous ne voulons que l'union avec toute l'Italie,
sans aspirer à aucune primauté. Pourquoi n'enverrait-on pas
des patriotes de la municipalité en délégation à Trévise, au
Frioul, à Padoue, à Vicence, pour les inviter à prendre part
à un congrès dont sortirait l'unité de l'Italie? » (1).

Malgré ces appels répétés, la Terre Ferme s'obstine à ne
rien dire. Ce n'est pas de Padoue ni de Vérone qu'on reçoit
en réponse l'offre de fraternité et d'union, mais de Mantoue,
qui s'était trouvée jusque là au pouvoir des autrichiens (2).
Dandolo explique la résistance de la Terre Ferme par la crainte
d'être rendue responsable du déficit de 43 millions laissé par
l'ancien gouvernement. Pour la rassurer, il s'efforce de démontrer que Venise, par la richesse de ses établissements publics, par son arsenal, ses hôpitaux, sa Cour des monnaies et
sa bourse de commerce, enfin par ses métiers, présente un capital tel que la République Cisalpine ne pourait que gagner
à l'union (3). Mais tout cela ne sert à rien, la Terre Ferme
persiste dans son refus.

(1) Quadro sessioni publiche, N. 22, p. 176.
(2) Quadro sessioni publiche, N. 63.
(3) Ibid., N. 50.

Dans ces conditions, il est difficile de jeter les bases de l'organisation départementale, dont il a été question lors de la proclamation du nouveau gouvernement.

Chioggia élit, il est vrai, des députés pour siéger avec ceux de Venise, mais ceci est tout à fait insuffisant, et l'assemblée départementale ne peut s'ouvrir.

Tout aussi infructueux sont les efforts de Venise de s'unir à la République Cisalpine et de créer ainsi l'unité de l'Italie du Nord. San Fermo annonce de Paris que la chûte de Carnot entraîne le rappel du général Clarke, hostile, disait-on, à cette unification, en sorte que l'affaire ne dépend plus que de Bonaparte, au quel il suffit de demander l'union pour obtenir la réalisation de ce vœu (1). Mais Napoléon non seulement n'accorde point son appui à la demande qui lui en est faite, mais aussitôt après la conclusion du traité de Campo Formio, il fait encore arrêter les délégués envoyés par la municipalité de Venise pour informer le Directoire de son désir de faire partie de la République de l'Italie du Nord.

Battue de la sorte sur le point essentiel, dont dépendait l'avenir de la démocratie vénitienne, la municipalité est placée, en même temps, dans la nécessité de se procurer, coûte que coûte, les moyens nécessaires pour éteindre l'énorme déficit de 48 millions, laissé par l'ancien gouvernement, et faire face aux engagements financiers assumés par le nouveau au moment de la conclusion de la paix. Ces engagements consistaient dans le payement de 3 millions de francs en argent et 3 autres millions en chanvre, cordages et autres agrès de navires; ils comportaient, en outre, la cession de trois vaisseaux au choix du général en chef, de 20 tableaux et 500 manuscrits, également à son choix. Pour faire face à ces engagements, dont la première échéance, le payement d'un million, devait avoir lieu en juin, la municipalité ne pouvait compter que sur le revenu provenant de la ferme des redevances indirectes sur le tabac, le sel et l'huile d'olives. La perte de la Terre Ferme avait diminué ces revenus de plus de moitié, car on pouvait désormais importer ces sortes de

---

(1) Quadro sessioni publiche, N. 76.

produits en évitant Venise, c'est à dire par les bouches du
Pô et les ports de l'Istrie. Le peuple, qui avait souffert sous
l'ancien gouvernement de la cherté du tabac, tachait de profiter le plus qu'il pouvait des nouveaux avantages qui lui
étaient offerts; quoique le prix du tabac eut été réduit de la
moitié grâce à une entente entre le gouvernement et le fer-
mier, il fallut à la municipalité beaucoup d'efforts pour mettre
fin à la contrebande et sauvegarder un des revenus non encore épuisés par l'ancien gouvernement. On ne pouvait songer
au renouvellement de l'impòt de 10 ou 15 p. °/₀ sur le revenu,
car les habitants l'avaient déjà payé pour l'année courante
afin de subvenir aux besoins pressants de la défense. Il n'y
avait pas lieu de s'attendre à de gros bénéfices de la confiscation projetée des ornements d'églises, puisque ce moyen
aussi avait déjà été essayé, et qu'en présence de la grande
quantité de vases et de lingots d'argent accumulée par le gouvernement, et de l'appauvrissement général du pays, il n'était
pas facile de trouver de bons acheteurs. Que restait-il à faire
dans ces conditions, si non recourir à l'emprunt forcé? Le
Comité de Salut public l'ordonna dans sa séance du 28 mai
jusqu'à concurrence d'un million de ducats, en garantissant
le remboursement par un nouvèl impôt. Mais comme personne
ne se fiait à cette garantie, il était naturel que cet emprunt
rencontrât dès le début une forte opposition.

Sur les instances de Spada on décida de le remplacer à la
longue par un emprunt volontaire garanti par les lingots d'argent déposés à la monnaie et dont les intérèts devaient être
régulièrement payés. Mais par cettè voie on ne réalisa en tout
que 3.568.000 lires vénitiennes. L'impôt extraordinaire devint
inévitable, et la municipalité le décréta vers le milieu de juin,
en fixant son montant à 2.500.000 et en le distribuant de la
façon suivante parmi les propriétaires des immeubles, les négociants et les armateurs, enfin les hommes fortunés, quoique
ne possédant ni terres ni maisons: la première catégorie devait payer 1.200.000 ducats, la deuxième 1.000.000, la troisième enfin 300.000 en tout.

La contribution des propriétaires fonciers était fixée à 4 °/₀

de la valeur de leurs biens, estimés d'après le montant des
fermages, qu'on supposait égal à 4 °/₀ du capital. Evidemment,
cette évaluation ne pouvait pas s'appliquer à tous les immeubles. Les palais des patriciens habités par leurs propriétaires ne furent pas classés parmi les biens sans revenu, mais
soumis à une évaluation quelque peu différente. Le poids de ce
nouvel impôt s'accrut encore pour les patriciens du fait du
dégrèvement complet de la petite propriété agricole, dont le
revenu satisfaisait à peine aux dépenses quotidiennes des propriétaires. Quant à la contribution des négociants, la plus
grande partie en fut reportée sur les marchands étrangers.
Les turcs protestèrent, en invoquant leurs privilèges reconnus
par le traité de Passarowitz. Les allemands trouvèrent un défenseur dans la personne du général français, mû évidemment
dans cette circonstance par les mèmes considérations, que lors
de la conclusion des préliminaires de Leoben. En fin de compte,
l'impôt tomba de tout son poids sur la noblesse et la haute
bourgeoisie, leur inspirant de la sorte une haine commune
pour la démocratie (1).

Les fardeaux imposés à l'aristocratie ne se bornèrent pas
là. La municipalité décida encore de la charger de l'entretien
de la garde nationale. Chaque aristocrate fut obligé d'armer
et de nourrir à ses frais quatre soldats. Giulliani, qui en fit la
demande, ne voulait pas admettre qu'une pareille mesure fut
contraire au principe de l'égalité de tous devant la loi. Est-ce
que la propriété terrienne, disait-il, n'est pas la plus interessée
à l'établissement de ce système de défense intérieure qu'assure
l'existence de la milice, et les aristocrates ne concentrent-ils
pas les terres entre leurs mains? Il fut décidé d'obliger tous
ceux dont le revenu dépasserait 5000 ducats à choisir quotidiennement parmi eux dix citoyens chargés d'armer vingt-
cinq gardes (2).

Lésées dans leurs intérèts matériels, les familles aristrocra-
tiques étaient encore journellement atteintes dans leur amour
propre par les attaques incessantes, dirigées contre eux tant

(1) *Memorie apologetiche* di Giovanni Andrea Spada scritte da lui me-
desimo, parte seconda. Brescia, 1801, pp. 20-35.
(2) Quadro sessioni publiche, N. 81.

par la municipalité et la société de l'instruction publique, qui
devait jouer à Venise le rôle du Club des jacobins de Paris,
que par les journalistes et pamphlétaires qui repétaient contre
elle à satiété les accusations d'incapacité et de trahison, dont
elles se seraient rendues coupables durant les dernières années.
Il n'y a qu'à parcourir les procès verbaux du conseil municipal ou les discours prononcés dans les cercles pour se convaincre de la haine persistante des démagogues contre les familles patriciennes. Les quatorze siècles d'indépendance, que
Venise avait mis à profit pour se créer un empire en Orient
et s'assurer la primauté dans le commerce international, sont
traités par journaux comme une époque de honte pour l'humanité (1). Les oligarches sont accusés de s'ètre approprié
des fonds publics, d'avoir accablé le peuple d'impôts exa-
gérés (2) d'avoir complètement négligé ses besoins intellec-
tuels et secrètement encouragé ses vices, en particulier sa
passion pour les jeux de hasard, en un mot d'avoir voulu
le tenir éternellement dans la servitude de l'ignorance et
de la pauvreté, ainsi que dans la crainte des gouvernants.
Les titres seuls des pamphlets qui paraissaient à cette époque
suffisent pour démontrer que les attaques contre l'aristocratie étaient à l'ordre du jour. « Le discours au peuple
de Venise sur la conduite de ses mille Tarquins » (3), « La
conspiration des oligarches vénitiens », etc. etc., tels sont les
termes choisis de préférence par les foléculaires.

Lorsque un des membres de la municipalité, Bembo, se permet un jour non pas un éloge, mais un regret à l'adresse de
l'ancien gouvernement, le président l'arrête brusquement, en
lui faisant entendre que sa démarche est tout à fait déplacée
et que ce gouvernement ne mérite aucune compassion. Les aristocrates sont accusés en mème temps de repandre de faux bruits
quant à l'arrivée imminente de l'armée autrichienne; on donne

(1) Venezia già 14 secoli non era niente. Ora è la meraviglia del mondo.
Quadro sessioni publiché, N. 53.

(2) Sotto l'ingiustizia aristocratica i pesi erano del popolo quando i beni
reali dell'esistenza e della società erano dei proprietari. — Ibid., N. 75.

(3) Annexe au N. 23. Quadro sessioni publiche et au N. 43.

le surnom « d'alarmistes » à ceux qui veulent nuir au succès de la démocratie, en semant des craintes dans la population. Des patriotes, comme Pesaro, sont traités de « scélérats » (1); on veut confisquer leurs biens pour cette seule raison qu'ils ont quitté Venise. Pour rendre les aristocrates aussi odieux au peuple que possible, la municipalité, en réponse à une lettre privée de Morosini, qui critiquait ses actes et prédisait sa chute prochaine, non seulement prend des mesures pour la confiscation des biens de ce noble, mais ordonne encore que son image en cire soit brulée publiquement. Dans ces conditions, il n'est pas étonnant que les nobles s'empressent de quitter Venise et de se rendre dans leurs résidences suburbaines aux bords de la Brenta. Mais ceci est également consideré par la municipalité comme une conspiration évidente contre le salut de la patrie, puisqu'il n'en peut résulter que l'appauvrissement du peuple et la famine. Pour retenir les aristocrates en ville, la municipalité resuscite le système des passeports. Personne ne peut désormais sortir de Venise sans être muni d'un document spécial, « *carta di sicurezza* », portant son nom et le terme de son absence. Qui laisse passer le délai accordé, est d'abord puni d'une amende, puis sommé de revenir. Quiconque résiste à l'injonction des autorités et prolonge son absence, est privé de ses biens (2). Voici la façon dont les démagogues défendent cette mesure, qui fait revivre les pires côtés de l'ancien régime. « Ne confondons pas, dit Giulliani, la liberté avec le bon plaisir. Sous les aristocrates seuls étaient libres les espions et les druides (c'est à dire les membres du clergé). Apprenons maintenant à diriger la liberté. La mesure proposée permettra de distinguer les bons des mauvais. Le commissaire de police pourra ainsi avoir des renseignements exacts sur chacun, mais un honnête citoyen est toujours prêt à faire à la liberté le sacrifice insignifiant d'une courte arrestation ».

L'observation de Bouievitsch, que même l'oligarchie vénitienne n'a pas connu de telles entraves à la liberté de dépla-

(1) Ibid., N. 75.
(2) Séance du 11 septembre 1797.

cement, lui attire un rappel à l'ordre, sous le prétexte que l'orateur voit le règne de la liberté là où il n'y avait eu que de la servitude (perchè ricorda la libertà di tempo di schiavitù). — Mais aucun gouvernement contemporain ne connaît de pareilles vexations, s'écrie Molin. — On voit que vous n'avez pas étudié suffisamment l'histoire de la révolution française, est la réponse. Elle nous revèle on ne peut mieux la source à laquelle les demagogues vénitiens ont puisé le modèle de ces sortes de mesures purement jacobines (1).

Agissant toujours dans le même sens, la municipalité impute aux patriciens jusqu'aux accidents malheureux, comme les incendies devenus très fréquents au commencement de l'automne. En se conformant à l'exemple des Français, Sordina réclame la constitution d'un tribunal révolutionnaire pour rechercher les incendiaires (2). Les aristocrates sont aussi rendus responsables des dissentiments qui se sont produits au sein de la municipalité et qui la divisent maintenant en deux camps ennemis : les violents et les modérés. Les premiers, au nombre de 43, avaient pour chefs Dandolo et Giulliani, les seconds quelques aristocrates amis du peuple, et des patriotes tels que Spada, qui avait expié par un emprisonnement aux *piombi* son amour pour les principes démocratiques et recouvré la liberté qu'à la chûte de l'aristocratie. Bien qu'à un certain moment le président fut parvenu à reconcilier les partis hostiles, « à les jeter dans les bras l'un de l'autre », mais dès le lendemain la majorité jacobine revint aux mesures de violence vis à vis de la minorité. Le 3 octobre elle dresse une liste de personnes coupables d'avoir quitté Venise et déclare les considérer désormais comme des émigrés. Leurs biens doivent être confisqués : une part en sera attribuée à la fondation d'un hôpital central sous le nom de *Maison de la patrie* (Casa patria), l'autre, employée pour secourir les patriotes, c'est à dire les auteurs directs de la révolution démocratique. Dans leur liste, en dehors des noms de Morosini et d'Andrea

---

(1) Quadro sessioni publiche, N. 64.
(2) Ibid., N. 67.

Querini, nous trouvons encore ceux des Barbaro, Corner, Dondi, Orologgio, Dona, Soranzo, Mocenigo, c'est à dire des plus grandes familles de Venise. Tous les efforts de la minorité pour empêcher le vote de la proposition restent inutiles. Carminati motive les mesures sévères prises contre les émigrés de la façon suivante: — Quel était le but des interdictions et du système des passeports? C'est évidemment celui d'empêcher que par leur départ de Venise les patriciens ne la plongent dans la misère; il est donc indifférent qu'ils l'aient quittée pour leurs domaines ou pour Milan. Pourquoi fuient-ils? Est-ce qu'ils n'ont pas à Venise leur théâtre qu'ils aiment tant, et d'autres distractions encore.... Ils s'en vont parce qu'ils voudraient faire de la ville la proie de la famine. — Mainardi fait observer, avec un rare machiavélisme, que non seulement il ne faut pas refuser de passeports à ceux qui en demandent, mais au contraire, engager par tous les moyens les patriciens à quitter la ville; car s'ils ne rentrent pas dans le délai fixé, on pourra confisquer leurs biens. Benini trouve qu'un pareil procédé serait excessif, mais il insiste aussi pour qu'on limite la liberté de déplacement. « Donnez seulement aux patriciens la liberté de s'en aller, et ils inonderont les rives de la Brenta et du Terraglio. Est-ce que nous retiendrions ici les ennemis du peuple, si leur présence n'était pas nécessaire pour donner du travail aux pauvres? En outre, il n'est pas sans danger de les laisser partir; une fois dans leurs terres, ils pourront organiser un mouvement antidémocratique ». Les gens du peuple qui occupent les tribunes entourent Benini et lui donnent l'accolade fraternelle.

Cela se passe le 3 octobre; le 8 paraît à la séance le général Balland, qui remplace Baraguay d'Hilliers: c'est lui qui a écrasé les Véronais. Cela n'empêche pas la municipalité de lui faire une ovation, et les feuilles démocratiques vantent « son air génial ». Balland annonce de la part de Bonaparte que les inquisiteurs arrêtés par la Seigneurie afin de se conformer à son ordre, vu l'intercession du gouvernement provisoire et leur grand àge, ont été rendus à la liberté, mais à la condition que la moitié de leurs biens serait confisquée et distribuée entre les patriotes qui avaient subi des dommages lors des désordres du 12 mai. On ne tient aucun compte de ce que ces désordres ne se sont produits que lorsque les inquisiteurs se trouvaient déjà en prison et que par conséquent ils ne peuvent en être responsables.

Le général français réclame aussi l'expulsion de Venise de tous les émigrés français et, dans leur nombre, du célèbre d'Antraigues, qu'on croyait, semble-t-il, sans aucune raison d'ailleurs, avoir été l'instigateur des Pâques véronaises.

Prévoyant son arrestation, d'Antraigues était parti de Venise sous des vêtements d'emprunt et en compagnie de l'ambassadeur de Russie, Mordvinow. Il fut accompagné également par la célèbre actrice San Huberti, chargée de la garde de ses papiers. Les avant-postes arrêtent les fuyards, et quoique la San Huberti réussit à détruire deux portefeuilles, le troisième, qui contenait des actes révélateurs quant au plan des négociations secrètes entre Pichegru et les Bourbons, tomba entre les mains de Bonaparte et lui servit plus tard d'arme pour se débarrasser d'un dangereux rival, rendu célèbre et populaire par la conquête de la Hollande (1).

Les émigrés français étaient pour la plupart des prêtres non-assermentés, plus ou moins nécessiteux et sympathiques au bas peuple. Leur expulsion provoqua par conséquent un mécontentement considérable. Beaucoup sont devenus par la suite des agents de Napoléon, qui trouva en eux des auxiliaires de sa politique dans les Etats du Pape et dans les deux Marches.

Ajoutons à tous ces détails quant aux actes de la municipalité vénitienne sa passion pour les manifestations théâtrales, dans lesquelles les Français, leur grand capitaine et même sa femme, Joséphine Beauharnais, étaient traités de libérateurs de l'Italie et glorifiés « à l'égal de Brutus et de Rousseau », tandis qu'on faisait passer les aristocrates pour des tyrans et que les cendres du doge Pietro Gradenigo étaient jetées au vent. Il est facile de comprendre quelle haine une pareille

(1) SOREL, *Revue des Deux Mondes,* le 1 avril 1895, pp. 409, 500.

conduite fomentait dans les cœurs des anciens gouvernants de Venise. Elle devint à un moment donné telle que Giovanni Grimani à Vienne refusa même de présenter une protestation diplomatique contre l'occupation de l'Istrie et de la Dalmatie par les Autrichiens. Ce patricien répondit à la demande qui lui en avait été faite par la municipalité : « Je ne peux pas être ambassadeur d'un gouvernement qui n'existe pas » (1).

La correspondance de la famille Querini nous révèle l'attitude de l'aristocratie vénitienne à l'égard du gouvernement provisoire et son opinion sur les mesures prises par la municipalité. A la suite des événements du 12 mai, Paolo Querini écrit à son frère : « La municipalité sera tout simplement l'esclave des Français; quoique, en diminuant les impôts sur le pain, l'huile d'olive et le sel, et en décrétant la liberté du commerce des poissons, elle ait abaissé le prix des vivres, le peuple lui reste hostile. Il est vrai que la populace est incapable d'un soulèvement : 10.000 ou 12.000 Français qui occupent Venise la tiennent en respect. Vous ne reconnaîtrez plus votre patrie. Les canons sont disposés sur les places de Saint Etienne et de Saint Paul, ainsi que dans d'autres endroits; on entend sans cesse le son des tambours, les bataillons passent dans les rues. Dans toutes les maisons on a donné des logements aux Français, qui se conduisent partout en maîtres, au grand détriment et à la gêne de ceux qui les hébergent. On a décrété l'importation libre des marchandises, ce qui nécessite, pour remplacer les taxes, des décimes sur les propriétaires. Elles seront établies, car il faudra payer une somme énorme aux Français pour les récompenser de nous avoir donné la liberté et de nous avoir délivré du joug des aristocrates ». La conduite des anciennes provinces provoque l'indignation de Querini. Les Padouans, écrit-il, agissent en ennemis des Vénitiens; ils confisquent leurs biens meubles et immeubles. « Chose étonnante : presque partout la démocratie a été imposée de force, et cependant les nobles des villes de la Terre

(1) SPADA, *Memoria apologetica*, 2ᵉ partie, p. 52.

Ferme ont conservé leurs propriétés. Et nous, qui avons volontairement abdiqué le pouvoir et consenti à l'établissement de la démocratie, nous sommes au contraire opprimés, calomniés, dépouillés par ceux qui ont été pendant des siècles moins nos sujets, que nos amis. Padoue à cet égard a dépassé toute mesure, en nous expulsant de son territoire et en déclarant rompu pour toujours tout lien avec Venise, Padoue veut s'unir à la Lombardie. Quelle folie! Comment ne veut-on pas comprendre que, quel que soit le sort de Venise, elle restera toujours la capitale grâce à sa seule situation, à son arsenal, à son port, et que Padoue, à sa grande honte et humiliation, sera forcée de redevenir une ville sujette (1) ».

Lipomano à son tour ne tarit pas en plaintes à propos des calomnies, dont les anciens patriciens sont devenu l'objet. « A chaque instant, écrit-il, paraît une brochure ou un journal glorifiant la liberté et le régime nouveau et émettant des accusations imméritées contre l'ancien gouvernement. La tranquillité n'est qu'apparente; d'ailleurs est elle possible quand le cœur est inquiet? Les menaces, la terreur, la présence continue de la force armée, maintiennent seules l'ordre. Mais qu'est-ce que nous deviendrons, et pourrons nous conserver même ce qui est nécessaire à notre existence »?

Dans la débacle générale les questions du ventre commencent à prendre le dessus, et les lettres des anciens patriciens passent peu à peu de la discussion des questions politiques aux préoccupations de fortune. Tout conspire, écrit Lippomano le 27 mai, à anéantir notre bien-être matériel. Grâce à la perte des villes et des provinces, nous sommes devenus sujets d'autant d'Etats, que la Terre Ferme comprend de territoires indépendants. Tous, ils ont commencé par confisquer nos propriétés, mais Bonaparte s'y est opposé et a ordonné de lever le séquestre. Alors on a eu recours aux impôts extraordinaires pour couvrir les dépenses occasionnées par l'entretien des Français (2).

(1) Lettres du 17 et 20 mai.
(2) Lettre du 15 juin.

Parmi tous les membres de la famille Querini, Girolamo donne le plus de détails sur les contributions dont on a accablé les terres des ci-devant nobles. Dans un grand nombre de provinces, écrit-il, je suis forcé d'abandonner mes propriétés, ne pouvant pas satisfaire aux exigences incroyables des gouvernements. A Padoue on demande 50 pour 100 de la rente, à Vérone 200 et 300. Dans cette dernière province nous possédons un revenu de 4 ou 5 mille lires et nous sommes imposés pour 17272 lires. A Venise on exige de nous le payement anticipé du revenu annuel que nous procure la rente des maisons (il s'agit de l'impôt de 4 pour 100 dont nous avons déjà parlé). Mais ce n'est pas tout, on projette encore un impôt extraordinaire. Les contributions sont si énormes, qu'il faut une rente de 3 ans pour s'en acquitter. Nous sommes réduits à vendre la bibliothèque, le musée, les armes, les tableaux, les meubles, mais tout cela est déprécié, car tout le monde manque de fonds. Même l'argenterie se vend difficilement: l'once en est payée 7 ou 8 lires (1), — prix en effet insignifiant, vu la cherté du métal blanc à cette époque.

A côté des impôts, on donne comme motifs principaux du mécontentement la formation de la garde nationale et l'introduction du service militaire obligatoire, ainsi que la constitution de la « société patriotique », qui effraie tout le monde par son analogie avec le club des jacobins.

Les Vénitiens, déclare Lippomano, ne se considèrent pas comme soumis au service militaire, la formation de la garde nationale provoque donc le mécontentement universel. Je ne m'attendais pas à devenir soldat, écrit Paolo Querini; il ne reste plus qu'à patienter (2).

La société patriotique, lisons nous dans la même correspondance, par ses conférences publiques fait réflechir beaucoup de gens. Les propositions qui y sont faites rappelent celles

(1) *Libertà, virtù, eguaglianza, o L'ultimo ritornato dall'America*. Dialogo di Tizio con Sempronio tenuto in Venezia, al caffè di Simonetti in calle del ridotto a san Moise il giorno 5 giugno 1797, anno primo della Libertà Italiana, pp. XXI, XXII.

(2) Lettres du 17, 20 et 27 mai.

qui surgissaient, il y a peu de temps encore, au sein du club des jacobins à Paris. Les patriciens de Venise sont également révoltés par la glorification de Napoléon et des Français, par les éloges retrospectifs à l'adresse des démocrates des siècles passés, et entre autres de Baiamonte Tiépolo. Bonaparte, que l'auteur d'une des brochures les plus répandues à cette époque proclame « phénomène de la nature, homme d'une nouvelle formation, héros des héros, digne par sa vertu de tous les éloges et de toute gloire, le plus grand stratège, le plus grand mathématicien, à la fois, Archimède et Alexandre, ami de l'humanité, ennemi de l'oppression, défenseur de l'ordre, protecteur des opprimés et fléau des tyrans » (1), ne songe, à leur avis, qu'à voler l'arsenal et à mystifier les Vénitiens, en leur affirmant que l'Istrie et la Dalmatie ont été occupées par l'Autriche d'une façon arbitraire. « On veut bien le dire, mais personne ne songe à nous les rendre, observe à cette occasion Paolo Querini ». — Les manifestations démocratiques accompagnées de nouvelles offenses à l'égard des patriciens, font beaucoup de peine aux correspondants d'Alvise Querini. Le 27 mai le même Paolo parle dans sa lettre des horreurs que la presse fait circuler sur le compte de l'ancien gouvernement et particulièrement des Inquisiteurs « ces tyrans cinq fois séculaires ». Il est aussi révolté par le projet d'un bal par souscription de 4 francs, où les femmes paraîtront sans masque et les Français — en qualité d'invités d'honneur. Mais ce qui portera le coup le plus sensible à ses convictions aristocratiques, ce seront les funérailles triomphales, organisées à la fin de juin en l'honneur de Baiamonte Tiépolo. A cette occasion on arborera sur la place de Saint Marc un drapeau avec une inscription en l'honneur de ce prétendu démocrate et on rasera le tombeau de Pietro Gradenigo. « Qui oserait y croire, s'écrie le patricien offensé, nous allons voir encore des miracles » (2).

(1) Lettre du 15 juin. Bibliothèque Querini Stampaglia, Class. 7, Cod. 85. Serie di lettere di Girolamo Querini (1773-1820).

(2) Lettre du 22 juin 1797.

L'attitude des classes possédantes de la Terre Ferme n'est pas moins hostile aux nouvelles institutions. Il n'y a qu'à lire le journal de l'abbé Giuseppe Gennari, pour se rendre compte combien il était difficile à la démocratie de se concilier le peuple qu'elle prétendait avoir émancipé, étant donné surtout le fardeau exagéré des impôts occasionné par les frais de l'entretien des Français, la nécessité de restreindre la liberté et d'attenter au principe même de l'inviolabilité de la propriété, afin d'éviter des conflits dangereux avec les soidisants « amis et protecteurs de la jeune liberté démocratique ». Tous les jours, écrit l'abbé Gennari à la date du 17 mai, la municipalité de Padoue publie de nouveaux décrets; l'un défend de parler des événements du jour sous peine d'une amende de 12 ducats, l'autre promet au délateur une récompense en argent. Messieurs de la municipalité, vous qui avez tant clamé contre les Inquisiteurs, comment expliquez vous la contradiction de vos actes? Que faites vous de la liberté de la pensée et de la parole? — Le lendemain le chroniquer inscrit dans son journal : le général français exige 3000 sequins et la municipalité ne sait où les prendre. Le 19, sans doute à cause de l'inéxécution de cet ordre, les Français pénètrent dans la cathédrale et en emportent les vases en argent. En même temps la municipalité fait arracher partout les armes de Venise et défigurer le lion ailé, emblème de Saint Marc. Le 20, les Français réclament les chasses en or, où reposent les réliques des saints, ce qui fait, selon l'expression du témoin oculaire, « trembler le peuple d'horreur ». Le pillage de la cathédrale avait procuré 40.000 ducats. Encouragés par ce résultat, les Français décidèrent d'en agir de même avec les autres églises, sans en excepter celle où reposent les reliques de Saint Antoine. « Les maudits Français, lisons nous dans le journal, ont terminé le 24 mai le pillage de l'église du patron de la ville, et cela uniquement parce que les administrateurs se sont engagés à leur payer 1800 sequins; sans cela, ils menaçaient d'emporter la chasse contenant la langue et la mâchoire du saint. Et le saint se tait et ne fait pas de miracle » ! Le 25 les moines de l'ordre des carmélites payent 4000 lires pour ne pas livrer les ustensiles en argent. Le 28 le commissaire français emporte de l'église Sainte Justine 14.000 onces de métal blanc et les statues en argent de Sainte Justine et de Saint Prosdocime. Le 1 juin le couvent de Pralia est dépouillé: on en emporte 4000 onces d'argent et 4000 ducats d'or. Obéissant à l'ordre reçu, les paysans des villages voisins apportent à Padoue « les larmes aux yeux » le trésor de leurs églises.

La révolution démocratique fut marquée à Padoue, comme dans toute l'Italie, par l'essai de constituer une garde nationale et une espèce de club des jacobins. Par un décret à la date de 25 mai, tous les habitants âgés de plus de 17 et de moins de 60 ans furent appelés sous les armes, et le 29 la Société patriotique tint sa première séance à l'école de droit. Les dissensions ne tardèrent point à apparaître, surtout depuis que l'abbé Marchi y souleva la question de savoir dans quelle mesure il était permis à un prêtre de faire partie de la garde nationale. Le célèbre patriote, l'abbé Savonarolle, se laissa entrainer en répondant à des attaques personnelles.

Les événements marchent vite. Ayant noté à la date du 7 juin une séance agitée du club patriotique, l'auteur du journal écrit le 10, que les manifestes ne paraissent plus au nom du peuple souverain de Padoue, mais à celui de la République française. Le 30 le général de division, Brun, reçut en effet de Bonaparte l'ordre de déposer les membres de la municipalité et de nommer d'autres à leur place, et le 5 juillet Gennari parle déjà dans son journal des bruits qui courent quant à l'arrivée prochaine des Autrichiens (1).

La réforme du gouvernement intérieur, effectuée par les Français à Padoue le 30 juin, l'avait été 14 jours plus tôt à Vérone. Au lieu d'organiser le suffrage universel, le général Augereau ordonna que les membres de la municipalité fussent élus parmi les habitants payant au moins 300 lires d'impôts. L'intervention de la Société patriotique fit abaisser le cens à cent lires.

---

(1) *La Republica Francese a Padova....* Frammenti di una cronaca inedita dell'abb. dot. Giuseppe Gennari (Faustissime nozze Toffolloti-Marseil).

Les électeurs devaient se borner à la nomination de candidats, les Français avaient le dernier mot dans le choix des conseillers. Quand le 16 juillet on présenta à Augereau la liste des personnes auxquelles le peuple voulait confier la conduite des affaires, il crut devoir en rayer la moitié des élus (1).

A côté de Padoue, Vérone changeant entièrement d'orientation, manifesta le désir de s'unir à la République Cisalpine. Le plébiscite organisé sur cette question réunit plus de 60.000 voix. Vérone et Padoue envoyèrent des délégués au congrès de Bassano, afin de déterminer les conditions de leur union avec Milan, mais les pourparlers n'eurent aucun résultat, car Bonaparte avait déjà décidé autrement du sort de la Terre Ferme.

Le court règne de la démocratie sous l'égide de l'armée française couta à Vérone beaucoup d'argent. En juillet les habitants durent payer 3.700.000 lires d'impôt. Les deux mois de la domination française avaient déjà valu à la ville 8.500.000, dont 2.800.000 n'étaient pas encore payés. Comme l'argent manquait, il fallut recourir aux réquisitions, aux impôts extraordinaires et à d'autres exactions, dont surtout les églises et les couvents furent victimes. Douze délégués envoyés en province furent chargés d'inventorier les meules de blé et de foin, le vin gardé dans les caves et le bois à brûler. En même temps on institua un impôt sur les domestiques, analogue à celui dont parlaient en France en 1789 certains cahiers de doléances. C'était un impôt sur le luxe qui atteignait les maîtres seuls. On admettait que le nombre de domestiques était un signe extérieur du revenu et, comme on voulait atteindre surtout les fortunes supérieures à la moyenne, l'impôt fut rendu progressif jusqu'à un certain degré. Celui qui avait 2 domestiques payait 10 lires par an pour chacun, quand leur nombre montait à 4, on payait 15 lires; 7 domestiques valaient au maitre 30 lires d'impôt pour chacun, neuf — 40, onze — 60, vingt et au dessus — 80 lires.

En même temps on émit un emprunt, garanti par les biens

(1) V. *Storia di Verona*, dal 1790-1822, D. OSVALDI PERINI, t. II, pp. 427-429.

nationaux. Mais étant donné le manque d'argent et la méfiance à l'égard du nouveau gouvernement, il n'y eut presque pas de preneurs. Alors on décida de nommer une commission pour faire l'inventaire du trésor des églises; les couvents et les temples durent payer 1000 ducats chacun sous peine de confiscation. On décréta aussi une amende de 16 lires contre quiconque permettrait de s'affubler d'un titre nobiliaire; mais cette mesure offensa seulement ceux contre qui elle était dirigée, sans procurer aucun revenu au trésor public (1).

Comme à Venise, les membres de la municipalité Véronaise crurent devoir s'opposer à l'émigration des nobles et édicter des amendes élevées contre ceux qui violaient cette interdiction. Le général Brun, qui remplaça Augereau vers le milieu d'août et qui était connu dans toute l'Italie par ses rapines (2), en accédant à une pétition de la Société patriotique, interdit aux parents d'entretenir des relations avec les émigrés et surtout de leur envoyer de l'argent. Les émigrés eux mêmes furent divisés en deux catégories: ceux qui avaient quitté Vérone avant le 25 avril, date de la révolution démocratique, et ceux qui étaient partis après cette date. La confiscation frappait le revenu tout entier des premiers, et emportait la moitié seulement du revenu des seconds. Les généraux français s'attribuèrent le droit d'atténuer les peines frappant certains émigrés, ce qui, naturellement, devint bientôt pour eux une source d'opérations lucratives. La municipalité confisquait en même temps tout ou partie des biens des congrégations religieuses, en transformant leurs immeubles en hôpitaux militaires (3).

Il n'est donc pas étonnant que lors de son passage à Vérone Bonaparte, après les salutations officielles, eut l'occasion de lire une proclamation collée sur les murs et portant ces mots: « Vive le conquérant de l'Italie et le détrousseur des peuples »(4).

(1) Ibid., pp. 434-436.
(2) Voir à ce sujet les mémoires de Lareveillère-Lepeaux et particulièrement les rapports des agents diplomatiques en Italie au Directoire (t. III de ces mémoires).
(3) Ibid., pp. 443-445.
(4) Ibid., p. 449.

Longtemps Vérone, suivant en cela l'exemple des autres villes
de la Terre Ferme et de Venise elle-même, ne voulut pas croire
au bruit, qui courait déjà depuis le mois de juillet, quant à
l'arrivée imminente des Autrichiens. Le 20 octobre, à l'occasion du passage du général Berthier, envoyé à Paris avec le
texte du traité récemment conclu, Brun crut devoir annoncer
à la municipalité la conclusion de la paix, mais il lui cacha
encore le sort réservé à la ville.

Sept jours après un général autrichien arrivait pour ins-
pecter les fortifications, et le 29 Bonaparte, en revenant par
Vérone, devait entendre d'un patriote convaincu, Giacomo An-
geli, des reproches amers pour toutes les promesses non remplies et tous les espoirs déçus (1). Le 19 novembre la société
patriotique se réunit pour tenir sa dernière séance. L'abbé
Venturi prononça une sorte d'oraison funèbre; on brûla tous
les emblêmes employés par les membres. Néanmoins les autorités persistaient encore à poursuivre comme alarmiste quiconque parlait publiquement du passage de Vérone sous la
domination des Autrichiens (2). Les Français continuaient à
la piller, on emportait de son musée des tableaux, des statues,
des tentures, des livres et des manuscrits.

Ce n'est qu'après avoir pris une connaissance détaillée de
tous les mécomptes de la démocratie dans les limites de l'an-

____

(1) Ibid., pp. 467, 468.

(2) Ibid., p. 472. Nous ne raconterons pas en détail les destinées de Brescia
et de Bergame pendant l'été et l'automne 1797, car ces deux villes, s'étant
séparées de Venise, entrèrent dans la sphère d'attraction de la République
Cisalpine et leur sort devint très différent des autres provinces de la Terre
Ferme. Selon les préliminaires de Leoben le cours de l'Oglio devait être la frontière des possessions autrichiennes, et tous les territoires situés sur sa rive
droite passaient à la nouvelle République créée par Bonaparte. Il suffira de
dire que le triomphe des Français à Vérone fut le signal de la défaite définitive des mouvements insurrectionnels organisés par les montagnards de
Valsabbia et Valtrompia. Landrieux et le général français Chevalier ayant
pénétré au cœur de ces vallées, dispersèrent avec leurs canons les habitants.
Ces derniers envoyèrent des délégués à Salo pour déclarer leur soumission.
— Voir RICCOBELLI, *Memorie storiche delle valli Trompia e Sabbia*, p. 167,
t. II. *Mémoires de Landrieux*, vol. I. ch. XVII.

cienne République de Saint Marc, mécomptes dus aux circonstances exceptionnelles qu'on traversait, qu'on peut comprendre l'hostilité à son égard de la plupart des publicistes et des hommes d'Etat, vraiment éminents, tels que Pesaro et Antonio Querini (1). Leur propagande prépara ce changement dans l'opinion publique, qui permit aux Autrichiens d'occuper les provinces vénitiennes sans coup férir.

De toute la masse des brochures qui parurent en 1797 et les années suivantes et furent consacrées aux récits des destinées finales de l'aristocratie ou à la glorification du régime nouveau il faut détacher celles qui s'imprimèrent hors des frontières de l'Italie: à Zurich, à Bâle ou à Londres. Leurs auteurs se font connaître comme ennemis des Français et du régime nouveau dont ils ont doté l'Italie. Tel est le cas du célèbre historien Barzoni, de Guido Erizzo, le frère du commissaire général à Vérone, de Tonini et d'un grand nombre d'autres, dont les noms furent soigneusement cachés aux contemporains et restent jusqu'à présent une énigme pour l'historien. Autant les publicistes favorables à la démocratie se révèlent imitateurs serviles des Français, autant ses ennemis méritent d'être considérés comme des esprits originaux en tout ce qui concerne la critique des institutions et des principes du régime nouveau. Nulle part, sauf peut être chez quelques écrivains français, comme Rivarol, Necker, Mounier, Mallet du Pan, et certains anglais, en première ligne Burke, on ne peut trouver des attaques plus mordantes contre les contradictions intérieures de la politique jacobine, que chez ces derniers défenseurs théoriques des institutions vénitiennes. Prenons comme exemple l'auteur du dialogue entre Héraclite et Démocrite, dialogue

(1) Pindemonti, savant et homme de lettres bien connu, en parlant des principes nouveaux et en particulier de l'égalité, écrit à la date du 21 octobre 1797: La nature ne la connait pas, tout y est disposé par degrés. L'harmonie elle-même se définit très bien par l'expression : « dissimilium concordia ». Le temps et l'expérience montreront si l'on a raison de préférer les doctrines à la mode aux conseils des philosophes anciens et aux indications de la nature. (Nove lettere del cavaliere Ippolito Pindemonte, publicate per le nozze Cartolari-Sangiust di Teulada. Verona, 1869, p. 12).

paru en 1797 sans indication de lieu d'impression. Dans cette brochure, deux philosophes de l'antiquité, dont un est célèbre par sa manière tragique et l'autre par sa manière comique d'envisager la réalité, discutent la situation faite à Venise par la révolution du 12 mai. Chacun l'envisage selon son tempérament, mais le lecteur reçoit une impression d'ensemble tout-à-fait défavorable au régime nouveau. Dans les manifestes, se plaint Héraclite, on dit que la nature ne souffre pas de distinctions sociales, et cependant dans les actes des démocrates on voit à chaque pas la tendance à abaisser son prochain, à exagérer les anciens torts et à abuser du pouvoir. Tout le monde professe la haine du despotisme, et cependant le genre humain souffre sous un sceptre de fer. Le peuple, lit-on dans les lois, est souverain, libre et a droit au bonheur; en réalité il est opprimé et subit en pleurant toute sorte de violences. Une contagion s'est emparée des hommes dans ces derniers sept mois; elle les pousse à réclamer on ne sait quelle démocratie. Sur le trône des anciens Partecipani, Candiani, Dandoli, Orseoli, Mommi, Tiepoli, Contarini, Morosini, etc., siège une assemblée obscure, qu'on appelle municipalité; elle est composée d'hommes sans morale, sans religion, sans instruction et sans principes, de juifs fripons, de néophites intrigants, de médecins cabalistes, de juristes inconnus ou cauteleux, de misérables bateliers et de quelques hommes honnêtes, il est vrai, mais nuisibles par leur sottise. Ces prétendus législateurs terrorisent les citoyens par les lois et les proclamations qu'ils édictent au nom du peuple souverain, bien que ce peuple n'ait nullement participé a leur création et ne leur ait transmis la moindre part de souveraineté. Ils sont prêts à affirmer que le bonheur du peuple est le seul but de leurs actes, et cependant, depuis l'installation de la municipalité, la situation des citoyens a empiré à beaucoup d'égards. Tout le monde souffre d'une stagnation dans l'industrie, le commerce et la navigation; les pauvres manquent de travail, on est écrasé d'impôts qui produisent un appauvrissement général et rendent impossible tout secours mutuel. Depuis que le gouvernement a été remodelé, les citoyens se sont divisés en deux camps ennemis et ont perdu la notion d'appartenir à une même famille.

Les démocrates assurent que les nobles ont toujours eu tort; ils les couvrent par conséquent de boue, et les nobles à leur tour raillent la conduite capricieuse et inconstante des patriotes, qu'ils tiennent tout simplement pour des fous. Tous les novateurs nous parlent de fraternité, tous ne demandent qu'à s'embrasser, mais en réalité personne ne vient au secours de son prochain, chacun tàche de profiter de la mauvaise chance de son concitoyen, qu'il s'agisse de vente ou d'achat. Je déplore, ajoute Héraclite, non seulement la chute du sage gouvernement qui nous a régi, mais aussi le triomphe de la plus odieuse des oligarchies, qui tôt ou tard conduira cette malheureuse ville à sa perte. Qui ne sait qu'il y a dans la municipalité des intrigants ambitieux, qui, tout en attaquant les despotes et les tyrans, privent eux mêmes les autres du droit de vote? A eux seuls ils font des décrets, pareils en cela à des pachas musulmans; ils sèment le soupçon contre des citoyens vertueux et confisquent leurs biens. Comme la lave d'un volcan, ils répandent partout la dévastation et le désespoir. Les plus absurdes projets naissent dans leurs têtes. Aujourd'hui on veut créer on ne sait quelle « maison nationale », demain — ouvrir les tombeaux afin de « démocratiser les morts ». La société populaire créée par les oligarches, au lieu d'éclairer les ignorants, devient la pépinière du fanatisme révolutionnaire, de l'incrédulité et de l'immoralité. Au lieu de *Sala di publica istruzione*, elle devrait s'appeler *Sala di publica distruzione*.

En réponse à toutes ces plaintes Démocrite éclate de rire. Il traite de folie toutes les doléances que provoquent les changements opérés dans la constitution. Seul le caprice des hommes crée les empires et les républiques, il suffit d'un nouveau caprice pour les jeter à bas. Tout dans la vie est l'œuvre du hasard. Souvenez vous de l'ancienne oligarchie; ces vieillards honorables croyaient que ne rien faire était le meilleur moyen d'éviter tout danger. Il leur semblait que la nature fait tout par elle même. Ce fut une oligarchie d'inertie, de sang refroidi. Celle qui nous gouverne maintenant a, au contraire, un sang bouillant, le sang des fous enragés. Le meilleur nom pour le gouvernement actuel c'est *ânocratie*. — Et pour prouver son assertion Démocrite raconte ce qui se passa à une séance de la municipalité. « Citoyens, s'écria un des parleurs émérites ; il n'y a plus de ristocratie ; je suis un ignorant, je ne sais pas parler, comme ces orateurs parfaits. Ce n'est pas le moment de faire des bonbons » (allusion à Zorzi, confiseur et démagogue). — L'homme représenté par Démocrite sous un aspect si ridicule est le batelier Dabala. En réalité, il disait des choses très sensées, mais en dialecte vénitien, dans une langue d'homme du peuple et, tout en invoquant son manque de préparation, il dirigeait des attaques très violentes contre les anciens aristocrates. Il provoqua plus d'une fois les applaudissements du public par des tours de phrase humoristiques dans le genre de celui-ci : Quel est le plus grand voleur, de celui qui trouvant un sac rempli d'argent se l'approprie, ou de celui qui dérobe l'argent d'autrui pour remplir ses poches ? Sachez que les sacs d'argent sont aux bords de la Brenta (dans les villas des aristocrates). Aussi Dabala soutint-il la mise en accusation des ministres de l'ancien régime qui venaient de quitter Venise ; à ses yeux ils ont soustrait à la ville l'argent dont elle a le plus grand besoin en ce moment critique (1). Une autre fois le même Dabala provoque un enthousiasme non moins grand par sa proposition de remplacer autant que possible le latin par le patois dans tous les actes officiels. « Citoyens, dit-il, tous les projets qu'on nous présente parlent de lois et de discipline, mais personne ne comprend ce qu'ils disent, tout est en latin, rien n'est dans la langue du peuple ». Sur la demande de l'orateur, l'assemblée décide que désormais même les ordonnances des médecins devront être traduites en dialecte local (2). Le même Dabala, en attaquant les marchands accapareurs, qui faisaient tout renchérir, prononça un jour la phrase que ridiculise tant le nouveau Démocrite : « Ce n'est pas le moment de faire des bonbons » (3).

---

(1) Séance du 9 août 1797. Quadro sessioni publiche, N. 45.

(2) Séance du 13 août. Ibid., N. 47.

(3) Qua no se tratta de far confetti. Séance du 5 août, N. 48.

Le même Démocrite réproduit aussi, en leur donnant une forme bizare, certains discours faits à la Société patriotique: « Citoyens! le peuple est à deux doigts de sa perte, les oligarches et les druides, payés par eux, répandent partout de faux bruits; ils osent affirmer que sous la domination de la démocratie le peuple tombe dans la pauvreté et la misère. Menteurs! sycophantes méprisables! jamais Venise ne fut plus riche; et en voici, citoyens, la preuve algébrique. Quel est le propriétaire de cette vaste cité? Evidemment, le peuple souverain. Maintenant, je le demande aux sycophantes insensés, cette ville n'est elle pas ornée de palais en marbres, de temples magnifiques, de ponts imposants; si on vendait tout cela, combien on pourrait se procurer d'argent »? Cette fois encore, on reconnaît aisément à travers les exagérations le discours de Dandolo, qui démontrait que Venise, malgré le vide de son trésor et son déficit, restait l'appoint le plus précieux de la République Cisalpine.

La formation de la garde nationale parait au nouveau Démocrite le comble de la folie. Cette garde est par sa composition une sorte de mosaïque, elle comprend même des ennemis irréconciliables de l'ordre établi. Ils ont endossé l'uniforme et se sont munis de passeports pour se mettre à l'abri des attaques des patriotes. — Le dialogue finit par les paroles suivantes: « Ils étaient fous, ceux qui n'ont pas su conserver ce que tant de siècles avaient créé, et de même ceux là sont fous, qui croient appuyer sur une base fragile un ordre nouveau, qu'ils ne comprennent pas eux mêmes » (1).

Deux ans après la publication du pamphlet que nous venons d'analyser parût un dictionnaire « philosophico-démocratique », qui, sous prétexte de définir les nouveaux termes introduits depuis le règne de la démocratie, dressa un acte d'accusation contre le nouveau régime. L'auteur commence par des attaques violentes contre Rousseau, qu'il considère comme le père de l'école des démagogues contemporains; il s'efforce ensuite de démontrer que l'expérience a prouvé l'impossibilité

(1) Dialogo tra Eraclito e Democrito redivivi sulla Revoluzione politica di Venezia. 1797.

de concilier la liberté avec la raison, les droits de l'homme, tels qu'ils sont exposés dans la célèbre déclaration, avec ses devoirs, et la souveraineté populaire — avec la prospérité du peuple. Les philosophes sont rendus responsables de ce que, sous le nom de libérateurs, ils firent métier de tyrans; le despotisme a été ressuscité, déclare l'auteur, sous le nom de république. En appelant toute religion du nom de superstition, on a voulu la rejeter partout; sous le couvert du bonheur public, on a détruit l'indépendance et renversé le gouvernement légitime. L'égalité a servi de prétexte pour violer la propriété. L'auteur interprète dans le même sens les termes: souveraineté nationale, liberté, fraternité et tant d'autres, qui apparaissent dans les discours des démocrates. A l'opposé de Rousseau, qui place le bonheur des hommes avant la formation des états, l'auteur, se rapprochant beaucoup plus de la vérité, les représente comme étant à cette époque pareils aux animaux. Ce n'est pas le contrat, dit-il, qui les a fait sortir de cet état, mais la raison et l'intérêt bien entendu, ils ont suggéré aux hommes l'idée du gouvernement comme nécessaire à leur propre défense, tant intérieure qu'extérieure. Le Contrat social de Rousseau, conclut-il, n'est qu'une chimère, injurieuse pour l'humanité, contraire à la raison, fausse par sa base, dangereuse dans ses conséquences et absurde dans sa conception. La liberté, telle qu'elle est comprise par les terroristes, équivaut, pour l'auteur du dictionnaire, à la faculté illimitée laissée aux coquins de dépouiller et d'assassiner des citoyens honnêtes et possédant quelque chose. Dans le sens démocratique, la liberté n'est que la domination de ces mêmes coquins, c'est-à-dire le droit de tyranniser et de tenir en servitude la meilleure partie de la société. Quant à l'égalité, elle n'est qu'un son vide, dénué de toute signification. Ceux qui la préconisent croient qu'il suffit d'ôter la livrée pour assimiler le domestique au maître et de traiter le pauvre de citoyen pour le rendre égal au riche. Enlevez le titre nobiliaire, et ceci, dit-on, suffira pour faire disparaître toute différence entre un ignorant et un homme instruit, entre l'urbanité et la rusticité. L'auteur explique sa pensée par une fable intitulée: « Pétition d'un âne au conseil républicain des animaux ». — Votre frère, dit l'âne, qui vous est égal en tout, recourt à votre justice et se plaint du tort que le sort lui inflige. Mes longues oreilles et mon nom d'âne font de moi l'objet du mépris universel. Votre sagesse doit trouver un moyen contre une pareille injustice, inconciliable avec le droit naturel à l'égalité. — Suit la décision du conseil: considérant que tout signe extérieur d'humiliation est contraire à l'égalité républicaine et que, d'autre part, on ne peut donner des oreilles longues à tous les animaux, ordonnons ce qui suit: on coupera les oreilles à quiconque les a longues. En même temps, il sera désormais défendu de porter les titres de lion, d'éléphant, de cerf. — Le pauvre âne fut stupéfié, en apprenant cette décision; mais plus tard, ayant déjà les oreilles coupées, il se mit à discuter sur les affaires du gouvernement avec les lions, à parler politique avec les loups, à lutter d'agilité et de force avec les tigres. Il alla même jusqu'à s'entretenir de mélodie avec les rossignols.

Le terme de « fraternité » provoque également les saillies de notre auteur. Les actes par lesquels se manifeste cette fraternité, sont, déclare-t-il, aujourd'hui un échange de baisers, et demain un croisement d'épées et de poignards ». L'interprétation qu'il donne aux termes démocrate, démocratie et démocratiser est également fort curieuse. « Démocrate » veut dire pour lui impie, assassin et homme qui se sert du rôle qu'il joue dans le gouvernement du pays pour toutes sortes de friponneries. Au lieu de « démocratie » il écrit « démonocratie ». Quant au mot: démocratiser, dit-il, on a cru longtemps qu'il voulait dire: établir le gouvernement par le peuple, mais l'expérience a prouvé que c'était le contraire. Du moment qu'on a démocratisé les pays les plus démocratiques de l'Europe, comme par exemple les cantons forestiers de la Suisse, il a fallu reconnaître que ce mot signifiait tout autre chose: qu'il voulait dire: priver un Etat de son gouvernement légitime, quel qu'il fut; en chasser tous les hommes honnêtes et les remplacer par des fripons, faire des fripons le peuple, et du peuple — des esclaves; dépouiller le pays de tous les trésors et les transporter à l'étranger; abolir la

religion, surtout la religion catholique, opprimer ses serviteurs, etc.

La constitution même, depuis le moment du triomphe de
la démocratie, paraît à l'auteur ressembler au cochon qu'on
engraisse en vue de l'abattoir. Dès qu'une pareille constitution
démocratique eut apparu, on la proclama le comble de la sagesse politique, quelque chose de divin, la source du bonheur
populaire; on s'empressa de jurer de la défendre jusqu'à la
dernière goutte de sang. Mais une année passa, et le cochon
devint mûr pour l'abatage. Ce qui était d'abord élevé aux nues
fut déclaré bon à rien; ce qui avait passé pour conforme au
bonheur public fut considéré désormais comme la source des
maux populaires. Ce qu'on avait proclamé le *nec plus ultra*
de la sagesse politique passa désormais pour le comble de l'in-
sanité; cela n'empêcha pas chaque nouvelle constitution démocratique de se proclamer invariable, éternelle, etc. (1).

Le lecteur a pu constater que dans tous ces pamphlets on
trouve beaucoup d'allusions à la manière dont les Français et
leurs adhérents appliquaient les nouveaux principes en Italie.
Mais nulle part la satire n'est si transparente et ne s'élève en
même temps à de telles hauteurs que dans la brochure remarquable de Vittorio Barzoni, publiée à Londres sous ce titre:
Les Romains en Grèce (2).

L'idée fondamentale de l'auteur est que les Français, qu'il
nous présente sous le nom de Romains du temps de la République, sont venus implanter la civilisation dans un pays qui
leur était infiniment supérieur et où les principes par eux
glorifiés avaient déjà depuis longtemps trouvé la seule application possible et raisonnable. C'est pourquoi il appelle l'Italie
du nom de Grèce, pays admirable, ajoute-il, non seulement
grâce à la densité de sa population et à sa situation géographique avantageuse, mais aussi à cause de la sagesse de ses lois.
L'Italie du XVIII siècle ressemble encore, à un autre point

(1) V. *Nuovo vocabulario filosofico-democratico indispensabile per ognuno
che brama intendere la nuova lingua revoluzionaria.* Venezia 1799.
(2) *I Romani nella Grecia.* Londra 1797.

de vue, à l'antique Hellade: c'est qu'elle n'a pas d'unité politique et se divise en plusieurs Etats, souvent hostiles les uns
aux autres. La Lacédémone, l'Achaïe, l'Etolie, noms qui dé-
signent le Piémont, la Lombardie et la République de Saint
Marc, sont les plus puissants d'entre eux, mais dans tous on
constate également l'amour de l'honneur et de la gloire. Barzoni raconte ensuite comment se fit la campagne de Napoléon
en Italie. Celui-ci porte dans son récit le nom de Flaminius;
il vient pour sauver le pays des Autrichiens (Macédoniens).
Flaminius-Bonaparte annonce aux nombreux peuples de la péninsule que, par la volonté du sénat romain, ils seront désormais indépendants de la Macédoine et se gouverneront par les
autorités électives. L'enthousiasme s'empare des assistants. Ils
proclament Flaminius le libérateur de la Grèce. Ils se pénètrent
de cette conviction que les Romains (Français) ont pris les
armes pour la perte des tyrans et qu'eux, les Grecs, pourront
acquérir la liberté sans verser une goutte de sang. En effet, le
sénat de Rome s'empresse d'annoncer qu'il ne retiendra aucune
province pour son compte; ceci n'empêchera pas cependant Flaminius de rester en Grèce avec ses légions. Les Grecs ne s'a-
perçoivent pas qu'ayant évité le joug d'un monarque ambitieux,
ils sont devenus un jouet entre les mains de son vainqueur,
qui désormais disposera à son gré de leur sort. La cécité les a
atteints; ils n'ont pas compris que la liberté reçue en cadeau
n'est qu'une servitude masquée. Le sénat romain sait qu'il a
à faire aux hommes qu'on ne peut retenir par la seule force
des armes, mais que la flatterie et la trahison sont aussi nécessaires à cette fin: « Voici pourquoi il a choisi Flaminius. Rusé,
ingénieux, profond et impénétrable, ignorant la sainteté du
serment, la religion, comme la morale, dénué de tout principe,
et en même temps capable de prendre l'aspect de la vertu, sévère par nature, irascible, violent et en même temps enclin
à attribuer aux autres toutes les passions et tous les vices,
tel est Flaminius-Bonaparte, le libérateur des esclaves. Il lui
est aussi facile d'entrer dans le rôle de tyran que de se montrer
modéré et conciliant. Il est prêt à chaque instant à sacrifier
l'amitié, les devoirs de la reconnaissance, la gloire même,

pour atteindre le but qu'il s'est posé. Il ne dédaigne pas la calomnie dans le but d'écarter les uns, perdre les autres dans l'opinion publique, et détruire ainsi tous les obstacles à son ambition. Il est toujours prêt à promettre aux peuples tout ce qui leur est cher, pour dissimuler ses propres desseins. Comme Orphée, qui savait tirer de la lyre les sons qu'il voulait, il joue des hommes et leur arrache les secrets qui lui sont nécessaires. En un mot, c'est un nouvel Alexandre quant à l'ambition, un nouveau Pygmalion quant à l'avarice, un traître comme Lysandre et un intrigant comme Pisistrate. A peine installé en Colchide, il demande mille talents comme frais de guerre. Pour tenir les Grecs dans la servitude, il les divise en petites républiques et accorde à chacune d'elles les lois des « douze tables », sans se demander le moins du monde, si ces lois romaines sont conformes à la nature des peuples, à leurs coutumes, réligions, habitudes, préjugés, au climat même du pays. Il lui faut des fonctionnaires capables de devenir des instruments dociles de son injustice et de son despotisme. Aussi a-t-il choisi les plus vénaux et les plus corrompus et les a proclamés délégués du peuple. On leur a adjoint quelques hommes dignes de tous les éloges; mais leur situation est pareille à celle des sept sages introduits dans un lupanar. Après des tentatives infructueuses de résistance ils ont subi l'influence des mauvais. Ces coquins ont fait tout ce qui était en leur pouvoir pour se créer un parti dans le peuple. Ils se sont mis à flatter la foule afin d'acquérir une influence sur son esprit. Le mot de liberté a entraîné la masse; elle a suivi confiante ses chefs, et ceux-ci l'ont menée directement à la servitude.

C'est que sous le nom de liberté, on n'a voulu entendre que le déchaînement de toutes les passions, la violation de toutes les règles de justice, le mépris du prochain, une débauche révoltante, en un mot — l'égalité tant vantée. Les coryphées de la révolution encourageaient toujours cette folie de la foule capricieuse, ignorante et prétendue souveraine; ceci leur a permis de la diriger, de l'exciter ou de la dompter à leur gré. — Dans ces conditions, les lois des douze tables sont devenues bientôt un vain verbiage. On a reconnu l'impossibilité de les appliquer immédiatement et on s'est permis d'enfreindre leurs règles les plus essentielles. Les lois ont été remplacées par des mesures provisoires qu'on pouvait souvent tourner et violer et que finalement on a tout à fait oubliées, ce qui n'empêchait pas de les considérer comme l'expression de la volonté nationale. Les droits respectifs des sujets et des gouvernants n'étant pas strictement définis, le premier intrigant venu pouvait par des moyens quelconques se créer un grand nombre de clients et assurer le triomphe de ses principes monstrueux. Les assemblées populaires retentirent de discours sanguinaires, toujours applaudis par de nombreux satellites soudoyés et dispersés dans le public. Le premier comédien venu a pu dès lors cacher « sous l'amour de la liberté » ses visées despotiques. L'énergie républicaine devint synonyme d'une cruauté insensée. La modération reçut le nom d'inaction et la résistance au fanatisme révolutionnaire fut considérée comme un attentat au bonheur du peuple. Bientôt le code des lois fut reduit aux prescriptions concernant la confiscation des biens et la persécution des personnes. Cette ochlocratie de malfaiteurs, qui ne pouvait que ramener la nature humaine à l'état de barbarie, fut proclamée « l'ordre républicain organisé ». Les hommes, dont la tête était un vrai volcan où bouillaient les plus monstrueuses extravagances, formèrent une sorte de congrégation de sophistes démocratiques. Les orateurs ambulants allaient d'un cirque à l'autre, répétant la leçon apprise et endoctrinant le peuple. L'artisan abandonnait son outil pour discuter des questions, dont la solution régulière exigerait des siècles entiers.

Dans les assemblées populaires on jurait la haine éternelle aux serviteurs de la monarchie, aux oligarches, aristocrates et prêtres; on a même proposé de jurer la haine éternelle aux calamités naturelles — aux orages et aux tempêtes. Tout le monde devait ou approuver, ou bien chercher dans l'exil un refuge contre la mort. Flaminius regardait en souriant ces forces déchainées, dirigeait de loin toute l'intrigue et coupait soigneusement à la racine tout ce qu'il y avait encore de vivant dans les républiques créées par lui. Il occupa

de ses armées tous les pays par lui délivrés et leur imposa
des préfets, aux quels furent soumis les organes électifs des
municipalités. Aux Grecs désarmés sur son ordre, il imposa
des contributions énormes. On les levait si souvent qu'on aurait pu croire que Flaminius trouvait un plaisir particulier à
les multiplier. La fortune des peuples semblait être le butin
légitime des Romains. Suivant l'exemple donné par Flaminius
lui même, tous ses lieutenants, tribuns, prèteurs, commissaires,
et jusqu'au dernier centurion, se permettaient des exactions infinies, montrant une cupidité et une avarice, qu'on n'avait pas
vues jusque là. L'agriculture tomba en décadence, le commerce
fut anéanti. Toutes les classes de la société devinrent égales
quant à la pauvreté. Le séjour des Romains en Grèce fut caractérisé aussi par la corruption de ses mœurs, par la disparition
des anciennes coutumes, par la décadence du culte religieux.

A l'exemple des Romains, les Grecs se sont habitués à l'idée
de rapine et de violence et à la pratique de la terreur. On a
vu des hommes devenir de véritables tigres secoués par la
plus terrible des fièvres, « assoifés de sang ». Les principes
philosophiques devinrent un moyen d'extermination. Les vrais
républicains, qui jusque là avaient haï seulement le despotisme des Macédoniens, conçurent aussi de la haine pour le
nouveau despotisme de Rome. Ils ne voyaient pas l'utilité de
changer de joug et exprimaient le vœu, que leur patrie con-
quît la liberté en faisant usage de ses propres forces. Les Romains et leurs satellites s'en inquiétèrent et soumirent pour
cette raison tous les vrais amis de la liberté à une surveillance sévère. Les villes se remplirent d'espions, les tribunaux
furent envahis d'accusateurs. La Grèce se tut et n'osa même
pas gémir de ses calamités. Mais le silence lui-même pouvant
sembler un signe de mécontentement, on ne tarda pas à passer
aux louanges et on se mit à encenser les Romains et les gouverneurs nommés par eux. Au plus fort de toutes ces humi-
liations, de toutes ces calamités, Flaminius vivait en Colchide
avec la magnificence d'un satrape, entouré de sa cour, de son
armée et de sa garde. De toutes les capitales de la Grèce on
envoyait vers lui des délégués pour implorer des secours ou

des adoucissements aux rigueurs fiscales; rarement il écoutait ces plaintes, se contentant de répondre d'une façon brève et indécise. Après un grand nombre de suppliques on réussit enfin à obtenir de lui la promesse vague de tout réparer avec le temps. Sa philantropie se manifestait d'habitude de la façon suivante: lorsqu'il avait déjà pris aux habitants tout leurs bétail et tous leurs chevaux, il publiait un édit désapprouvant ces réquisitions; ayant ordonné au préalable et en sourdine le pillage des églises, il menaçait ensuite de punir les coupables comme sacrilèges. La même tactique se reproduisait à l'égard des monts-de-piété: d'un côté on encourageait en secret ceux qui mettaient la main dessus, de l'autre on les attaquait avec fureur.

Ajoutant la raillerie à la barbarie, Flaminius déclarait les Grecs incapables de liberté et dénués de l'orgueil naturel, propre aux vrais républicains (réproduction travestie des paroles de Napoléon au sujet des Vénitiens: peuple stupide, misérable et incapable de liberté) (1). Mais dès qu'un vrai républicain prononçait un mot de désapprobation à l'adresse de Rome et de Flaminius, immédiatement sa fortune était confisquée et lui-même jeté en prison. Quand un village refusait de payer une contribution exagérée, Flaminius le livrait aux flammes: Il ne pouvait pas oublier que les Etoliens (c'est ainsi que Barzoni désigne les Vénitiens) n'avaient pas voulu se prononcer en sa faveur lors de sa première apparition en Grèce. Pour les punir, il souleva les provinces contre la capitale; les Etoliens envoyèrent des délégués à Rome pour demander la pacification des provinces, mais le sénat fit semblant de ne vouloir se mêler de rien. On s'adressa à Flaminius: il donna la même réponse. Cependant les insurgés, soutenus par ses soldats, attaquèrent ceux qui restaient soumis au gouvernement de l'Etolie, et les fils d'une même mère versèrent mutuellement leur sang. Les légions romaines ne tardèrent pas à se mettre ouvertement du côté des rebelles. La colère s'empara alors des Etoliens et les poussa à prendre les armes. Ils se jetèrent sur les soldats de Flaminius et leur firent des vêpres sanglantes.

(1) Lettre au Directoire du 26 mai 1797.

A cette nouvelle Flaminius s'élança comme un tigre sur les Étoliens, menaçant d'exterminer tous les chefs. Mais comme il était plus lucratif de rendre les villes entières responsables de ce qui avait été fait par un petit nombre, il préféra remplacer la vengeance par une lourde contribution. Ne s'en contentant pas, il fit encore décapiter les vrais patriotes qui s'étaient levés pour la défense de la propriété, des lois et des foyers. Finalement, Flaminius conclut un traité avec les Macédoniens et consentit à remettre les provinces délivrées par lui sous l'ancien joug. Telle fut, termine Barzoni, cette liberté fatale que Flaminius donna aux Grecs. Une expérience amère leur apprit ce qu'est en definive une république militaire. En effet, c'est le seul nom qui puisse être donné au régime établi par les Romains chez les peuples qu'ils prétendaient avoir emancipés (1) ».

Les Français d'ailleurs ne portent point seuls la responsabilité de la chute de la République de Saint Marc. Les Vénitiens eux-mêmes y ont contribué pour leur part. Les partisans du gouvernement renversé reconnaissent cette vérité et s'efforcent de répondre comme ils peuvent à cette question : quelles furent les causes de ce fait inouï : — la décomposition d'un état puissant qui s'était formé non seulement par des conquêtes, mais aussi par le passage spontané de républiques et de seigneuries tout entières sous son « doux gouvernement » (soave governo). Les uns l'expliquent par les fautes des hommes au pouvoir, les autres par l'action dissolvante des nouvelles doctrines.

Dans la première catégorie il faut placer l'auteur du « Dialogue entre Titius et Sempronius ». Titius revient de l'Amérique et ne sait rien des événements qui se sont passés ; Sempronius, qui n'a pas quitté Venise, le met au courant de tout. L'auteur anonyme expose à cette occasion et de la manière suivante la marche de la révolution vénitienne. Il parle plus d'une fois du manque d'énergie montré par les patriciens, de leur inconséquence, en un mot de l'incapacité politique manifestée dans les dernières années de son

____

(1) *I Romani nella Grecia*, Londra, 1797.

existence par une aristocratie autrefois célèbre dans le monde entier par sa diplomatie et son entente des affaires. Après avoir raconté succinctement la révolution qui s'est produite en France, l'intervention armée des cours de l'Europe et les victoires des Français, Sempronius dit que la République qui s'est consolidée à Paris après cinq ans de guerres a forcé la plupart des Etats à conclure la paix avec elle et a lui accorder non seulement des sommes d'argent énormes, mais aussi les trésors les plus précieux de leurs musées et bibliothèques. Pour réunir tout ce que les Français se sont approprié il faudrait une vallée aussi profonde que la vallée des larmes de Josaphat. — Mais la République de Saint Marc, interrompt l'interlocuteur de Sempronius, a eu assez de sagesse pour s'abstenir de toute participation à la folie générale de l'Europe. Est-ce que je n'ai pas toujours affirmé qu'il y a de bonnes têtes au Sénat? — Ne te presse pas de conclure, répond Sempronius : Venise, il est vrai, a reconnu une des premières la République Française et a même nommé un ambassadeur à Paris; mais tu n'as qu'à lire la lettre expédiée de Turin par San Fermo à la première apparition des Français au Piémont, pour te convaincre quelle sottise tu as dite en parlant de la sagesse de nos gouvernants (cette lettre, que nous avons citée plus haut parlait de la nécessité de réagir contre les doctrines révolutionnaires propagées par les commissaires français). — Quand ensuite les Français, continue Sempronius, proposèrent à Venise de se déclarer en leur faveur, la République « fidèle aux principes » se prononça en faveur de la neutralité. — Oui, mais de la neutralité armée, interrompt Titius. — Pas le moins du monde. — Mais depuis 1740 nous avons toujours suivi les principes de la neutralité armée?! — Oui, mais tous ceux qui nous gouvernaient alors étaient morts. Une année se passa en batailles et en sièges continus, la Terre Ferme devint tour à tour le cantonnement des Français et des Autrichiens. L'un et l'autre de ces ennemis nous traitaient comme les soldats peuvent traiter une dame belle et riche. — Malheur à nous, s'écrie Titius. Mais que faisait le Sénat? — Le Sénat, plein de prévoyancè, se fit l'hôte le plus hospitalier, prêt à nourrir aux frais d'autrui quiconque l'honorait de sa visite. Il a seulement augmenté le poids des impôts, établi de nouveaux décimes, fait appel aux dons patriotiques et mis la main sur une partie du trésor des églises. Les villes, campagnes et chateaux de la Terre Ferme devaient payer tant qu'ils pouvaient et même au delà. Il n'y a qu'une chose que le Sénat n'ait point faite et c'est justement ce qu'il aurait dû faire, ne fût-ce qu'après la chûte de Mantoue. D'ailleurs, ne me force pas à dire plus qu'il ne faut. — L'auteur entend évidemment que le Sénat aurait dû se déclarer ouvertement pour ou contre les Français, et plutôt pour que contre, puisque la victoire était de leur côté. — Je comprends, dit Titius, mais qu'est-ce qui a empêché le Sénat d'agir de la sorte? — Il ne l'a pas fait par ce qu'un seul *pater patriae* s'est prononcé contre le projet. — (Il s'agit de Pesaro que Napoléon et le parti démocratique à son exemple accusaient, sans aucune raison d'ailleurs, d'avoir caché les propositions qui lui avaient été faites à Venise au nom du général français). — Pendant ce temps, la ville de Bergame, continue Sempronius, s'insurgea contre la République, chassa le podesta et se déclara indépendante. — Mais que fit le Sénat? — Le Sénat convoqua la Consulte et tint des séances quotidiennes. — Très bien, reprend Titius; et Bergame rentra dans le devoir? — Mais pas du tout; au contraire, quelques jours plus tard Brescia fit comme Bergame; le Sénat convoqua de nouveau la Consulte et se réunit pour délibérer. Salo et Crême, Vicence et Padoue se separèrent de Venise, et le Sénat chaque fois convoquait la Consulte et se réunissait pour délibérer. — O maudite Consulte!, s'écrie Titius, maudit aussi le Sénat! est-il possible qu'on n'ait rien entrepris d'autre? — On a encore envoyé divers délégués pour négocier, pour s'entendre. — Mais eux, ont ils fait quelque chose? — Rien qui fût de la moindre utilité. En tout cas, la guerre entre la France et l'Empire est terminée et un traité est conclu. — Béni soit l'empereur, s'écrie Titius, mais compte moi au plus vite les clauses de ce traité. — Personne ne les connaît, parcequ'elles sont secrètes. — Mais quelle en est la cause? — Elle aussi est secrète. — Le traité n'était pas encore conclu, lorsqu'il y eut des désordres à Vérone. — Mais que fit le Sénat? Il reunit de nouveau la Consulte et délibéra à son tour. — L'affaire se termina par une promenade armée du général victorieux jusqu'aux confins de la Terre Ferme: pour se venger il menaça Venise de lui déclarer la guerre, si elle ne voulait pas se démocratiser. — Cela est impossible!, s'écrie Titius. — Cela fut. Mais le Sénat, toujours prévoyant, disposa 300 canons pour défendre notre lagune et rendit la capitale inaccessible aux Alexandre et aux Hannibal. — Oui, dit Titius, mais les vivres viennent à la capitale du dehors? — C'est ce que précisément le Sénat a négligé de prendre en considération, tellement il était surchargé d'affaires. Bonaparte a du sans doute rire en lisant les sages décisions de nos pères conscrits. Il fallut en definitive se soumettre à toutes ses exigences: poursuivre les Inquisiteurs, ouvrir les pozzi et les piombi, rendre la liberté à tous les détenus politiques. Ensuite, par ordre de ce même Sénat, nous avons garni nos places de canons, établi des patrouilles et des piquets et placé 5600 soldats dalmates devant l'église de Saint Marc. Le 4 mai eut lieu la réunion du Grand Conseil, où il apparut que le trésor était vide et qu'il fallait demander la paix à Bonaparte. Enfin, le 12 le Conseil mourant s'est envoyé dans la tête plus de 500 balles (il s'agit des boules de vote), il s'est suicidé, pour céder la place à une municipalité provisoire. — Et cela après 14 siècles d'existence!, s'écrie Titius. — Non, après 5 siècles seulement, car avant que l'accès du Grand Conseil ne fut fermé aux membres des familles plébéiennes Venise était une démocratie. — Mais qu'est ce qui est arrivé ensuite? — Adieu titres, adieu Vos Excellences, il n'y a plus que des citoyens. Le principe du gouvernement est la souveraineté populaire, qui s'appuie à son tour sur la liberté et l'égalité. — Mais qu'est ce que sont devenus la Terre Ferme, le Levant, la Dalmatie et l'Istrie? — Ils attendent le moment de fraterniser avec nous. D'ailleurs tout dépend de notre libérateur, de l'auteur de notre bonheur (1).

(1) *Libertà, virtù, eguaglianza. L'ultimo ritornato dall'America*. Dialogo di Tizio tenuto in Venezia, al caffè di Simonetti in calle del ridotto a

Si le dialogue entre Titius et Sempronius rejette toute la responsabilité des événements sur les patriciens, Guido Erizzo, frère du commissaire général à Vérone et auteur de la lettre, déjà mentionnée sur les causes qui amenèrent la chûte de l'aristocratie vénitienne (1), attribue tout ce qui s'est produit à l'action des nouvelles doctrines mal comprises et grossièrement appliquées. Voltaire et Raynal sont cités en même temps que de Lacroix, pour démontrer que Venise appartenait au nombre des Etats les mieux gouvernés. Guido Erizzo rappelle que Rousseau lui-même a émis l'opinion que l'ancien gouvernement ne pouvait être considéré ni comme une aristocratie, ni encore moins comme une oligarchie. En effet le philosophe genevois n'a-t-il pas prononcé ces paroles mémorables: « Ce serait une erreur de tenir la République Vénitienne pour une aristocratie. Il est vrai que le peuple n'a à Venise aucune part au gouvernement, mais la noblesse y est peuple ». Mais si Venise ne pouvait être tenue pour une aristocratie pure, si, selon la juste observation du cardinal Contarini, elle était organisée d'après le type des gouvernements mixtes, considérés par les anciens comme parfaits, si Montesquieu avait assimilé le Doge au prince d'une monarchie limitée, et comparé le Conseil des Dix aux éphores, — quels motifs avait-on pour détruire cet édifice, qui avait duré pendant quatorze siècles, d'autant plus que, selon Rousseau lui-même, seules les anciennes lois sont entourées de respect universel? La source de cette erreur fatale a été la nouvelle doctrine de la démocratie représentative,

Cet idéal politique, écrit Erizzo, a de nos jours révolutionné toute l'Europe. On espère l'appliquer partout. On croit que

san Moise il giorno 5 giugno 1797, anno primo della libertà italiana. Dalle stampe del cittadino Pietro Sola in Frezzeria.

(1) Voici pourquoi je crois que l'auteur de cette lettre était Guido Erizzo: *La lettera apologetica* parle d'une lettre antérieure envoyee également de Zurich et où l'ancien gouvernement est qualifié d'aristocratique. Mais cette lettre ne peut être que la « *Lettera ingenua ad un amico sulla distruzione del Veneto governo aristocratico* », que Spada attribue à Guido Erizzo. Voir *Memoria apologetica* di Giovanni Andrea Spada, appendice, p. 22.

depuis l'apparition de l'homme sur la terre il n'y a pas eu de gouvernement plus parfait, plus conforme à l'égalité naturelle. Il est vrai, que les historiens n'en parlent point, puisqu'il n'a jamais existé, ni chez les Egyptiens, ni chez les Arabes, ni chez les Grecs, ni chez les Romains, ni chez aucune nation civilisée. Mais nos Solons et nos Lycurgues sont pleins de mépris pour l'ignorance des siècles passés et pour les nations de l'antiquité, qui se croyaient les directrices du monde. C'est notre époque qui devait créer ce précieux palladium de la liberté. Il est difficile évidemment de déterminer la somme de bonheur public qu'elle procurera à l'humanité, puisque personne ne l'a vue ni en a entendu parler dans le passé. L'expérience de nos jours ne prouve pas beaucoup en sa faveur et les philosophes politiques, dont les opinions font autorité, s'expriment à son égard d'une façon négative. Il y a 40 ans que Rousseau, croyant à la possibilité de son établissement, prévenait contre elle les Français; il disait que l'idée du régime représentatif nous avait été léguée par la féodalité, c'est-à-dire par le plus injuste et le plus absurde de tous les gouvernements. Les anciennes républiques et monarchies l'ont ignorée; « la souveraineté est indivise et inaliénable, elle ne peut donc être représentée ».

Ayant cité cette formule du Contrat Social ainsi que cette autre sentence de Rousseau: « les Anglais ne sont libres qu'à l'époque des élections et deviennent esclaves dès l'ouverture du Parlement », Erizzo ajoute : qui donc ignore que dans ce pays les voix se vendent? Si les Anglais n'avaient pas le gouvernement mixte et si le roi et la noblesse ne formaient pas chez eux le contre-poids du peuple facile à acheter, leur perte serait inévitable, et cependant c'est précisément à l'Angleterre qu'on a emprunté l'idée de la représentation nationale, idée fondamentale de ces démocraties, dont on veut couvrir la surface du globe. Douter que les députés ne soient les représentants de la nation, c'est aujourd'hui un crime énorme, digne de la guillotine, et cependant, je me hasarde à protester contre l'idée qu'un Dabala quelconque puisse être mon représentant. Je crois que ma personnalité est inaliénable et je ne puis admettre,

si bornées que soient mes capacités intellectuelles et morales,
que mes idées puissent gagner à la discussion avec des créa-
tures aussi ignorantes que ce triste échantillon de l'humanité;
et pourtant c'est à cela que se réduit, en fin de compte, le régime républicain actuel, qu'on nous a imposé avec des baïon-
nettes et des canons.

Les opinions d'Erizzo sur une autre doctrine de l'époque,
celle de l'égalité civile, doctrine qui a provoqué la suppression de la noblesse et des titres honorifiques, n'est pas moins
négative. Athènes et Sparte, dit-il, n'ont jamais levé la main .
contre les distinctions sociales. Les citoyens de Rome étaient
divisés en patriciens et plébéiens, ce qui n'a pas empêché
Marius d'être dictateur, tandis que les hommes de sang noble
restaient dans l'ombre. Je ne suis pas opposé à ce que dans
une démocratie tout le monde soit admis aux fonctions publiques, mais il n'est pas nécessaire que pour amener le triomphe
de cette égalité absolue, on prive les citoyens de leur propriété, — or les titres de noblesse en sont une. Je ne vois pas
non plus pourquoi la propriété individuelle appliquée aux immeubles serait moins contraire au droit naturel que la noblesse? L'une et l'autre sont incontestablement créées par les
conventions sociales, car à l'état de nature il n'existe pas plus
de différence entre les hommes, qu'entre le mien et le tien.
On ne peut donc nier que c'est une contradiction flagrante de
conserver la propriété et d'abolir les privilèges de la noblesse,
qui pour beaucoup de Vénitiens constituent l'unique héritage
légitime, leurs frères et aïeux ayant perdu tout leur avoir
au service de la patrie. Est-ce que, en somme, les démocrates,
en supprimant les titres, mais en conservant les différences de
fortune, n'ont pas voulu remplacer l'aristocratie de la naissance par l'aristocratie de la richesse (1)?

Ce reproche qu'on avait déjà fait en France aux membres
de l'Assemblée Constituante, les démagogues vénitiens le considèrent comme une injure, comme une odieuse insinuation

(1) Lettera apologetica sulla republica di Venezia diretta al N. H. Leonardo
Justinian Lolin, ex-municipalista di Venezia, A. Zurich.

lancée contr'eux par le gouvernement qui vient de finir. Quand
l'aristocratie était au pouvoir, s'écrie Giuliani dans la séance
du premier octobre, tous les fardeaux étaient portés par le
peuple et toute la propriété se trouvait entre les mains de
quelques favoris de la fortune. Les oligarches crient maintenant dans toutes les réunions publiques que la domination
des nobles a été remplacée par celle des riches. Ayons donc
soin d'établir les droits du pauvre. Ce sera la meilleure réponse à toutes les accusations qu'on dirige contre nous (1).

La connaissance que nous avons acquise de la littérature
des pamphlets nous a révélé l'existence à Venise, dans les derniers mois de son indépendance, d'un profond désaccord, qui
ne tarda pas à se manifester dans les discussions de l'assemblée
municipale. Dans ses mémoires intimes Spada nous dévoile la
source des dissensions intérieures, en nous parlant des deux
partis qui s'étaient formés au sein de l'assemblée et dont l'un
peut être appelé le parti des modérés et l'autre — le parti
des extrêmes. Les premiers voulaient que le passage de l'ancien au nouvel ordre fût le plus doux possible; ils prenaient
au sérieux la promesse de l'oubli total des injures et des
crimes attribués à tort ou à raison aux ex-patriciens. Cette
promesse avait été donnée au moment même de l'installation
de la démocratie; elle devait comporter non seulement une
amnistie générale, mais encore l'interdiction de toutes calomnies par la voie de la presse. Les attaques contre les partisans de l'ancien régime mécontentaient un grand nombre de
personnes. L'auteur du dialogue de Titius avec Sempronius
affirme catégoriquement qu'elles révoltaient la majorité des citoyens. « Nos cœurs, dit Sempronius, sont plus enclins à aimer
qu'à haïr ». Spada, appuyé par Galino, fait en conséquence la
proposition de restreindre la liberté de la presse, de manière
à rendre obligatoire l'indication sur les livres et les brochures
au moins du nom de l'éditeur et d'obliger celui-ci à révéler
le nom de l'auteur chaque fois qu'il en serait requis par le

(1) Quadro sessioni publiche. N. 75.

comité de l'instruction publique comité placé sous les ordres de la municipalité. Malgré l'opposition de Dandolo, cette proposition devint une loi le 18 juin 1797. Les contrevenants devaient être punis de six mois de travaux forcés (1).

Mais bientôt cette loi fut mise de côté et les attaques les plus grossières continuèrent comme par le passé à exciter quotidiennement la haine réciproque des aristocrates et des démagogues. Au sein de l'assemblée elle-même, dans les derniers mois de son existence, on n'appelait les membres de la seigneurie, du Sénat et du Grand Conseil, que de « tyrans et de Tarquins », établissant leur propre bonheur sur le malheur du peuple. Chaque jour on voyait naitre de nouvelles causes de discorde entre les anciens gouvernants et ceux qui les avaient remplacé. La carta di sicurezza dont nous avons déjà parlé, les confiscations, les projets d'impôt progressif, constituaient autant de raisons de révolte des ex-patriciens contre le régime qui venait de s'établir. En septembre, en même temps que la nouvelle de la défaite des réactionnaires en France et de la révolution du 18 fructidor, il en arriva une autre, quant à la conspiration organisée à Gênes par un moine franciscain dans le but de soulever le bas peuple contre la municipalité démocratique. Ces bruits ne font que raviver les craintes du parti extrême et de son organe, le Comité de salut public. En vain quelques modérés démontrent-ils au sein du conseil municipal que Venise est tranquille, qu'il n'y a point d'ennemis intérieurs à redouter, que les contributions sont payées régulièrement et que personne ne songe à la contre-révolution (2). Le municipaliste Giuliani, mettant à profit la publication d'une lettre ouverte envoyée par un des adhérents du parti modéré, le comte Buiovic, lettre où on avait essayé de démontrer que le Comité de salut public, en concentrant tous les pouvoirs entre ses mains, avait violé le principe fondamental de la science politique, celui de leur séparation, — accuse hautement son auteur de manquer de patriotisme. Les oligarches répandent des calomnies, s'écrie-t-il,

(1) Spada, *Memorie apologetiche*, partie II, p. 10.
(2) Séance du 23 septembre 1797. Quadro sessioni publiche, N. 70.

et vous leur procurez l'occasion de nouvelles attaques. Personne n'est coupable des discordes qui viennent de naître dans les rangs des vrais amis de la patrie, sinon les patriciens et les hommes qu'ils ont achetés et affublés du manteau républicain. C'est à ces gens là que nous devons la rupture qui s'est produite entre des patriotes tels que Dandolo et Galino. La maison de Buiovic est devenue le centre des intrigues oligarchiques (1). Chaque séance nouvelle donne lieu à des dissensions de plus en plus violentes. On se dispute même sur la question de savoir comment on célébrera la fête de la liberté: se contentera-t-on d'inaugurer la statue de Rousseau, comme du seul démocrate rigide, ou adoptera-t-on au contraire la proposition de mettre à côté d'elle le buste de Beccaria : « car en dehors de Rousseau il a existé et il existe des démocrates tout aussi intraitables » (2).

Le déchaînement des passions est tel que dans la séance du 3 octobre Giuliani se permet l'affirmation suivante : au sein de la municipalité 43 patriotes sont seuls prêts à défendre les droits sacrés du peuple. Des murmures se font entendre sur les divers bancs de l'assemblée. — Nous sommes en tout 80, s'écrient les membres de la minorité. Il faut nous considérer comme des honnêtes gens, des patriotes ; qui sont ces 43 ? nous ne tolérerons jamais une pareille injure (3) ! — Le président a de la peine à rétablir l'ordre. Le peuple présent aux tribunes prend part au tumulte. On entend des cris, des sifflets. Il faut ordonner l'évacuation de la salle ; à l'apparition des gardes un grand nombre d'assistants fuit à toutes jambes. Benini propose l'oubli des injures et la réconciliation des partis, mais les esprits sont tellement excités, que ce n'est que dans la séance du 5 octobre qu'aux applaudissements de tous les assistants on parvient à rétablir la concorde, du moins apparente, par l'échange de baisers entre tous les membres de la municipalité (4).

(1) Ibid., N. 71, p. 561.
(2) Séance du 29 septembre. Ibid., N. 74.
(3) Ibid., N. 76, pp. 600, 601.
(4) Ibid., N. 77.

Ce nouveau « baiser Lamourette » eut une action aussi précaire que son prototype. En effet dans la séance du 11 octobre on se mit à discuter la proposition de charger les riches, les oligarches, de l'armement de la garde nationale, et dans la suivante, tenue le 13 octobre, la dernière séance publique de la municipalité vénitienne, on fit la lecture d'une proclamation au peuple, déclarant que la démocratie a été sauvée la nuit précédente, grâce au patriote Balland, le triste héros des massacres de Vérone. Il a étouffé, prétendait-on, la tentative faite par « quelques amis de l'ancienne servitude », de restaurer la tyrannie. Toute la séance se passe en remerciements publics à l'adresse du général français, ainsi qu'à celle de la garde nationale et du Comité de salut public. « Vive Balland », crie la foule présente dans les tribunes ; le confiseur Zorzi propose d'envoyer une députation spéciale au héros du jour pour lui exprimer la gratitude publique (1).

Voici comment Spada (2) raconte les événements qui donnèrent lieu à ces manifestations :

Le 12 octobre la municipalité se réunit en séance privée dans la salle de l'ancien sénat. Benini proposa de passer dans l'ancien local du Doge et de son collège, où le Comité de salut public déclara qu'il allait se rendre permanent. Sur ces entrefaites arriva la nouvelle de l'arrestation de Giovovic, qu'on accusait d'avoir tiré l'épée du fourreau à une séance du conseil municipal. « Le soir moi aussi, écrit Spada, je fus mandé devant le Comité et confié à la garde d'un détachement de polonais servant dans l'armée française. Mes papiers furent fouillés et emportés, et le matin on me transféra dans la forteresse de San Giorgio, sur l'île du même nom ». Seul Giovovic fut traduit devant le tribunal suprême, mais Bonaparte mit bientôt fin à toute cette affaire : voulant éviter de nouveaux conflits au sein de la municipalité, et n'approuvant pas la conduite de Balland, il supprima la publicité des débats, révoqua le commandant du corps d'occupation et nomma à sa place le général

(1) Ibid., N. 82.
(2) Memorie apologetiche, p. 16.

Serrurier. Quelques jours plus tard Giovovic fut déclaré innocent du crime de conspiration dont on l'avait accusé. De cette façon, la tentative d'installer la terreur à Venise et d'y reproduire les scènes qui ont déshonoré les séances de la Convention française, subit un échec complet (1).

La période qui s'étend de la conclusion de la paix de Campo Formio à l'arrivée des troupes autrichiennes nous met en présence d'une série de mesures, les unes plus inefficaces que les autres et tendant toutes à détourner l'issue fatale, déjà prévue, de la perte de l'indépendance. A cette fin on a recours d'abord à l'envoi de délégations à Bonaparte et au Directoire, ensuite au lancement d'un plébiscite en faveur du maintien de la démocratie et de la résistance par la force à l'occupation étrangère. La délégation qui devait se rendre à Paris fut arrêtée avant d'atteindre le but de son voyage, et celle qu'on avait envoyée à Napoléon reçut pour toute réponse qu'il dépendait des Vénitiens seuls de défendre leur indépendance. Afin d'empêcher à l'avenir l'excitation des esprits, on mit bientôt fin aux séances de la société patriotique d'enseignement. Les aristocrates ne cachaient plus leur satisfaction, en voyant la désillusion profonde et le découragement de leurs adversaires. Les Français devenaient de plus en plus impopulaires, car on leur attribuait, non sans raison, le dénoument fatal qui approchait.

La correspondance de la famille Querini permet de juger de l'état des esprits à Venise au moment de son passage sous la domination des Autrichiens. Le 1 novembre Paolo Querini écrit: « On a envoyé quatre délégués à Paris: Dandolo, Sordina, Giuliani et Chirminati, et deux à Bonaparte: Spada et Pisani. Les uns et les autres sont chargés de déclarer que le peuple de Venise veut conserver le régime démocratique. Cette volonté a été exprimée par lui dans un plébiscite qui a eu lieu le 28 octobre; on a recueilli 23.572 votes, la majorité en faveur du maintien de la démocratie n'a été que de 1882 voix (2) ».

(1) Memorie apologetiche, p. 16.
(2) Raccolta di tutte le carte publiche, p. II, 324.

Bonaparte se trouvait à ce moment à Milan. Il ordonna l'arrestation des délégués. Le traité de Campo Formio venait d'être ratifié par le Directoire le 25 octobre. Mais les démocrates vénitiens, mal informés, continuaient à flatter les Français et à honorer leurs héros. « Aujourd'hui, écrit Querini, on célèbre un service funèbre en mémoire du général Hoche. Les membres de la municipalité n'ayant pas assez de fusils pour la garde nationale, en demandèrent au général Serrurier, mais il refusa de se rendre a leur sollicitation », évidemment parce que les Français craignent de laisser aux Vénitiens de quoi se défendre. En même temps ils continuent à piller l'arsenal. Paolo Querini déclare que cet établissement n'est plus à même de suffir à leurs exigences; la flotte, l'armée et les forteresses occupées par les troupes de Napoléon en ont tout tiré. « Les Français deviennent de plus en plus odieux, lisons nous dans une lettre du même Paolo datée du 6 novembre. Maintenant il est déjà évident qu'ils nous ont trahis. Le peuple désire que les Autrichiens arrivent le plus tôt possible. Hier quelques Français vêtus d'habits blancs, ont été pris pour des Autrichiens à Canaregio et reçus comme tels par des saluts bruyants. Le général Serrurier m'a dit que, conformément à l'ordre de Bonaparte, il évacuerait Venise dans deux semaines au plus tard ». — « Les patriotes sont découragés, écrit à son tour Girolamo Querini. Les affaires vont de mieux en mieux. Les Français eux mêmes, nos prétendus libérateurs, qui ont apporté avec eux la servitude, la dévastation et la misère, ont maintenant changé de front et nous défendent contre les patriotes, en expulsant tous ceux qui aimaient le pillage et la propriété d'autrui. Le tribunal révolutionnaire et le Comité de salut public sont licenciés. La municipalité se réunit encore, mais en pétit nombre, pour peu d'heures, et sans presque rien entreprendre. Les plus fervents parmi les patriotes ont émigré. En un mot, tout promet un avenir heureux; on dit que notre sort sera décidé vers le milieu du mois. Que la volonté, sinon de Dieu, du moins de Napoléon, s'accomplisse pour le bien du pays »! Les patriciens se réjouissent de la défaite des démocrates, qu'ils appellent déjà du nom d' « ex-patriotes ». Ils comptent désormais éviter toute confiscation de biens et gardent l'espoir de recouvrer leurs titres et dignités sous la domination de la maison d'Autriche.

Pesaro, qui avait quitté Venise, en disant: « Il n'y a pas de pays qui ne puisse servir de patrie à un honnête homme », et qui avait vécu quelques mois en Suisse, s'empresse de se rendre à Vienne, où il se rencontre avec Andrea Querini et avec l'ancien ambassadeur Grimani. Les frères Querini expriment l'espoir de le voir bientôt revenir dans la patrie, car les mesures prises pour la confiscation de ses biens sont déjà suspendues. Ils se réjouissent aussi de ce qu'un autre membre de la famille, Alvise, pourra, grâce à l'intervention des Autrichiens, sortir de la captivité où il était tombé lors de son voyage de retour. Nous avons vu plus haut que, presque à la veille de la déclaration de guerre, l'ambassadeur à Paris avait cru pouvoir tout arranger en corrompant un des directeurs français, notamment Barras. Ayant reçu l'autorisation formelle du Doge et de son collège, et confiant dans les assurances d'un agent secret, Viscovic, il avait délivré un chèque de 600.000 francs au nom d'un banquier génois. Barras, au dire de l'agent, s'engageait à forcer Bonaparte non seulement à conclure la paix, mais encore à rendre à Venise les provinces perdues. Cet engagement n'ayant pas été tenu, Querini refusa de payer la lettre de change. En conséquence il fut arrêté à son passage de Turin à Modène et soumis à un interrogatoire. Il est vraisemblable que cela se fit du su et sur l'ordre de Bonaparte. Les dépositions de Querini pouvaient fournir des renseignements non moins précieux que ceux contenus dans les papiers confisqués à d'Antraigues, et le futur dictateur aurait pu s'en servir pour fermer la bouche à ses rivaux ou pour se créer des auxiliaires forcés. Quoiqu'il en soit, on ne rencontre pas le nom de Barras dans les dépositions de Querini, mais il est expressément mentionné dans la correspondance de l'ambassadeur avec les Inquisiteurs d'état ainsi que dans celle avec Lipomano. Toutes deux confirment complètement ce fait que Rewbell, qu'on a soupçonné d'avoir trempé dans cette intrigue, y resta entièrement étranger. Barras, qui avait déjà conclu une affaire du même genre avec le ministre portugais, par l'entre-

mise de Viscovic, eut recours encore une fois aux bons offices
de ce précieux agent. Quoi qu'il en soit, l'issue de l'affaire fut
funeste à Querini. Non seulement sa famille dut dépenser beaucoup d'argent, mais l'ambassadeur lui même passa plusieurs
mois en prison et ne fut rendu à la liberté qu'à l'arrivée des
Autrichiens, grâce aux instances de son père Andrea et à l'intervention de Thugut.

Mais si pour les motifs que je viens d'indiquer, la famille
Querini désirait que les Autrichiens s'installassent au plus tôt
à Venise, elle avait d'autre part la plus grande crainte, crainte
partagée d'ailleurs par toutes les familles aristocratiques, de
rester, après le départ des Français, à la merci des démagogues.
« Laissés à nous-mêmes, nous tomberons nécessairement entre
les mains de nos brigands de gouvernants, écrit le correspondant
de l'ambassadeur Querini; il vaut donc mieux, en attendant,
quitter Venise; car qui peut garantir que les Français eux mêmes, sous tel prétexte ou tel autre, ne voulussent jouer quelque nouvelle comédie à nos dépens? Il faudra compter aussi
avec les ex-patriotes, irrités au plus haut degré, et pour cause,
contre les faux amis qui les ont tellement compromis ».

Tout prédit la chûte prochaine de la démocratie. Le 6 novembre Paolo Querini annonce la fermeture du club populaire,
la fameuse « salle de l'instruction mutuelle ». Le 10, il écrit
que l'ordre est donné de disposer les bancs dans la salle du
Grand Conseil, comme ils avaient été placés avant la révolution. Le bas peuple manifeste à cette occasion sa haine pour la
municipalité, qui, trompée elle-même, a à son tour trompé ses
espérances les plus chères. Le drapeau arboré dans la salle
a été déchiré et foulé aux pieds.

A partir du 9 novembre la municipalité fut remplacée par
une commission élue par elle et composée presque exclusivement
de modérés: Buiovic, Mocenigo, Galino, Pisani et Spada. Les
Français, avant d'évacuer Venise, et dans le but de se venger
des represailles des Autrichiens à Mayence, voulurent complè-
ter la spoliation de l'arsenal; ils détruisirent le vaisseau Vic-
toria, vendirent son matériel et brulèrent le célèbre Bucen-
taure, sur lequel les Doges avaient coutume de s'embarquer le

jour de leur élection afin de célebrer le mariage de Venise avec l'Adriatique. Ils enlevèrent aussi de l'église de Saint Marc les fameux chevaux byzantins, qui avaient orné autrefois l'entrée de Sainte Sophie à Constantinople, et qui ne rentrèrent à Venise qu'après la chûte de Napoléon. Tout cela, joint au bruit qui courait de l'incendie imminent de l'arsenal, provoquait une panique générale et faisait prévoir de nouveaux désordres. Dans le parti démocratique des exaltés refusaient de quitter la ville avant d'avoir été indemnisés avec les biens des anciens inquisiteurs pour les dommages subis lors de l'insurrection du 12 mai. Mais la commission et le comité extraordinaire de police, sur la proposition de Spada, refusèrent de s'entendre avec eux à ce sujet.

L'entrée des troupes autrichiennes, attendue depuis le milieu de novembre, ne se fit que bien plus tard. Andrèa Querini transmettait de Vienne les bruits les plus alarmants. Le 19 décembre il avait encore écrit à ses frères à Venise : « L'armée de l'empereur ne tardera pas à occuper la ville, après quoi les Français la quitteront. Je désire de tout mon cœur que cela se fasse le plus tôt possible. J'attends avec impatience le moment où les malheurs de la patrie cesseront et où moi-même je pourrai sans danger revenir au sein de ma famille ». Mais cette prédiction de l'arrivée imminente des Autrichiens ne se réalisa pas; quoique le 20 décembre le même Querini eût appris de la bouche de l'empereur que l'occupation devait avoir lieu le 30 décembre au plus tard, les Autrichiens étaient encore à cette date hors des frontières de la République. « Tout ici, écrit Andrea de Vienne, est tenu en secret, personne ne peut pénétrer ce qui se prépare. Quel sera le plan de la campagne, comment organisera-t-on le gouvernement? Tout est mystère. Mais Pesaro se remue et espère, au dire de Querini, d'obtenir quelque chose. Andrea lui même est moins optimiste. — Je voudrais me tromper, écrit-il le 23 décembre, mais l'avenir m'apparaît en noir. Il me semble que nos malheurs sont loin d'être terminés. Ce n'est que le 30 qu'il annonce la nomination d'un commissaire spécial chargé de constituer un gouvernement provisoire autrichien. Il doit examiner les changements apportés dans les derniers mois à la cons-

titution de Venise par les Français et les membres de la municipalité provisoire. Les craintes de Querini ne disparaissent
que quand il lui arrive d'apprendre qu'on mettra fin à la
démocratie et tout sera remis sur le pied de l'ancien régime.
Au poste de commissaire général, annonce-t-il, on a nommé
Pellegrini, le même qui autrefois a rempli des fonctions de gouverneur à Milan et qui, par conséquent, connaît les affaires
de l'Italie et les rapports des partis. Ce qui rassure aussi
Andrea, c'est que les membres de la commission intérimaire,
avec Dolfin à leur tête, non seulement ne jouissent pas de
la considération des Autrichiens, mais au contraire sont cor-
dialement détestés à la cour de Vienne.

Mais il est pris de nouvelles craintes au commencement de
janvier 1798. Venise devait être occupée par les Autrichiens
le 30 décembre, écrit-il, or nous sommes aujourd'hui au 6 janvier et non seulement on ne sait rien de l'occupation, mais
on n'annonce même pas que les troupes se soient mises en
marche. Nous vivons dans une tour de Babel. On ne peut
rien comprendre. Les uns disent que les troupes viendront le
3, les autres — le 10, d'autres encore — le 17, et cependant,
trois mois se sont déjà écoulés depuis la conclusion de la paix
à Campo Formio. Venise est dépouillée, l'arsenal presque anéanti, on peut s'attendre d'un jour à l'autre au pillage définitif
de la ville. Je suis profondément affligé et j'ai perdu tout
espoir. Je tâcherai un de ces jours de quitter Vienne. A distance, la marche des événements me donnera moins de soucis.
Je vous supplie d'être prudents et de ne rien perdre de vue.
Ce qu'on voit et entend nous remplit tous d'une grande inquiétude. — Les troupes n'entrent toujours pas, écrit le même
Querini à la date du 9 janvier. J'attends avec impatience leur
arrivée pour aller moi-même à Venise dans l'intérêt de mes
affaires. En attendant, les gouvernants actuels la ruinent de
toutes manières. « Pauvre pays! une poignée de malfaiteurs et une foule de poltrons et d'égoistes l'ont amené au
bord de l'abîme. Maintenant ils célèbrent la grandeur de leur
entreprise; mais la postérité les accablera d'une juste haine.

J'ajouterais encore beaucoup de choses, mais j'aime mieux me taire ».

Le 17 enfin, l'occupation, depuis si longtemps attendue et désirée par les patriciens, commence à s'effectuer sous les ordres du général Vallis. Le 21 les Autrichiens occupent Vérone, où ils sont reçus avec enthousiasme. La foule crie, agite des mouchoirs, et seuls les membres de la municipalité croient devoir, en livrant les clefs de la ville, se vêtir d'habits de deuil (1).

Spada dans ses mémoires raconte de la façon suivante l'entrée des Autrichiens à Venise : Lorsque le général Vallis débarqua sur la Piazzetta, c'est à dire la petite place devant le palais du Doge, l'ancien amiral Correr le salua par un discours au nom de la flotte — qui n'existait plus, et le général Noveller fit le même au nom le l'armée, également dispersée.

Le patriarche Giovanelli (2) reçut le général autrichien à l'entrée de la basilique de Saint-Marc, où on chanta le *Te Deum*. Le peuple se faisait voir sur la place et dans les fenêtres des deux procuraties, naguère encore surnommées de « Galèries de la liberté et de l'égalité ». Andrea Querini célèbre la fin de l'indépendance de sa patrie en disant dans sa lettre du 24 janvier: « Les Autrichiens sont reçus avec joie et avec symphathie ». Son contentement s'accroit du fait que lui-même est nommé conseiller d'État actuel avec le titre d'Excellence, commandant en chef de la flotte et inspecteur de l'arsenal. Quatre autres patriciens reçoivent aussi de hautes fonctions et le titre de conseillers d'état actuels; ce sont le patriarche d'abord, ensuite Pesaro, l'ancien ambassadeur Grimani et Agostino Garzoni, l'un des inquisiteurs. Toutes ces nominations eurent lieu seulement après le 12 février, date où fut tranchée la question qui agitait si fort tout le monde: c'était celle de savoir, s'il fallait maintenir à Venise le régime démocratique, ou y restaurer le patriciat avec les changements nécessités par le passage de la ville sous la domination autrichienne. Le

(1) *Storia di Verona,* di OSVALDO PERINI, t. II, p. 475.
(2) *Memorie apologetiche,* p. III, p. 3.

général Vallis avait reçu d'abord pour instruction de ne rien
innover ni à la forme, ni au personnel du gouvernement. A
Udine et à Trévise, à Padoue, Vicence, Rovigo et Vérone,
comme à Venise, le pouvoir fut laissé en conséquence entre
les mains de ceux des municipalistes qui n'avaient pas voulu
profiter de la facilité qui leur avait été donnée de devenir des
citoyens de la nouvelle république Cisalpine (1).

Mais au commencement du printemps de 1798 les anciens
patriciens n'avaient déjà plus de doute que l'Autriche s'ap-
puierait sur eux pour mieux dominer leur patrie. Aussi Andrea
Querini terminait-il sa correspondance avec ses frères, par ces
paroles bien senties: enfin ma patrie sera délivrée de ces coquins qui l'ont ruinée et anéantie (2).

En réalité, sa patrie devenait une province conquise et passait sous les ordres d'un monarque étranger. L'indifférence
avec laquelle cet événement fut envisagé par les cours de
l'Europe, qui avaient été témoins peu de temps auparavant
du partage de la Pologne, prouve combien le principe des nationalités avait encore peu d'importance dans les combinaisons
politiques du XVIII siècle. D'ailleurs, cette fois l'indifférence
était plus excusable. La République de Saint Marc n'avait ni
unité éthnographique, ni unité anthropologique. Composée de
toutes sortes de nationalités: Greque, Slave, Italienne, elle
ne pouvait subsister que jusqu'au jour où, au sein des peuples
qui l'avaient formée, naîtrait le désir d'une vie politique indépendante.

Tout en affranchissant les classes indigeantes du payement
d'impôts directs, Venise avait refusé l'autonomie à ses provinces et maitrisé ses sujets par une surveillance sévère de
la pensée et de la parole. La tendance à l'unité italienne,
même sous la forme d'un État fédéraliste, ne pouvait par conséquent jamais compter sur l'appui de la République de Saint
Marc. Lorsque, sous l'influence de l'exemple donné par les

---

(1) SPADA, p. III, p. 3.

(2) V. *Biblioteca Querini Stampaglia*. Class. VII, cod. 86. Lettere di Andrea
Querini.

Français et avec l'aide de l'armée de Bonaparte, il devint possible pour l'Italie de conquérir l'indépendance, les patriotes lombards virent immédiatement dans Venise plutôt un ennemi qu'un auxiliaire. Quand leurs espoirs approchèrent de la réalisation, le gouvernement démocratique qui venait de succéder au patriciat ne put faire disparaitre les préjugés qu'un long passé avait fait naitre dans leurs esprits contre la politique égoiste de Venise. La proposition d'union avec la Lombardie fut par conséquent repoussée. Mais, privée de ses possessions continentales, Venise cessait d'être un État italien. Elle devenait une agglomération de territoires et de peuples unis par la politique, et que cette politique pouvait désagréger sans dommage appréciable pour leur développement intérieur. Aussi pouvons nous constater d'une part l'attachement des Dalmates à un gouvernement qui les privait de toute autonomie, et l'indifférence des habitants de la capitale pour les destinées futures de leur patrie. Le premier de ces faits s'explique par le rôle historique de boulevard de la chrétienté, que Venise avait joué depuis la chûte de Constantinople; désormais ce rôle devait revenir à l'Autriche et à la Russie, cette dernière s'étant étendue jusqu'aux rives de la Mer Noire par la conquête de la Crimée.

Le peu de zèle que les Vénitiens montrèrent à garder leur indépendance après la perte préalable, non seulement de leurs possessions dans le Levant, de la Dalmatie et de l'Istrie, mais aussi de la Terre Ferme, trouve également son explication. Sans parler de leur haine pour la démocratie, les familles patriciennes étaient lésées dans leurs intérêts économiques depuis la perte des provinces où étaient disposé leurs domaines. La domination autrichienne reconstituait presque complètement l'ancienne unité territoriale, puisque seule la rive droite de l'Oglio était cédée à la République Cisalpine. Elle promettait, par conséquent, une protection efficace des intérêts matériels des patriciens, elle garantissait l'intégrité de leurs biens fonciers et leur enlevait le cauchemar de l'impôt progressif et des confiscations.

Quant au peuple, se trouvant dans une dépendance économique et morale vis à vis de la noblesse, plutôt forcé de se soumettre à la révolution démocratique effectuée par les Français, que directement interessé au triomphe de la souveraineté nationale, il espérait que la domination autrichienne lui assurerait la continuation du libre échange de ses produits sur tout le littoral de l'Adriatique, échange qui avait constitué pendant les deux derniers siècles la source principale de ses révenus. Il ne faut pas oublier en effet que la classe industrielle était peu nombreuse à Venise et que, depuis la découverte de l'Amérique et la conquête de l'Egypte, de l'Asie Mineure et surtout de la péninsule Balcanique par les Turcs, le commerce vénitien était limité principalement à l'Adriatique et à l'Archipel. Mais les îles de celui-ci passaient à la France. Les ports de la Dalmatie et de l'Istrie seraient, sans aucun doute, restés fermés à Venise dans le cas où elle aurait conservé son indépendance. Repoussé par l'Italie, le peuple de Venise ne pouvait trouver de garantie pour ses intérêts matériels que dans une union étroite avec la puissance qui lui assurait la liberté du commerce sur les deux rives de l'Adriatique. Ainsi les considérations économiques, s'ajoutant à l'effondrement complet de tout espoir de recouvrer les provinces perdues, l'emportèrent sur les considérations de patriotisme et d'indépendance. Elles furent la vraie cause pour laquelle le peuple, ainsi que la noblesse, considérèrent les Autrichiens comme des libérateurs et leur domination comme une source de prospérité matérielle.

APPENDICES

APPENDICE I.

Les mémoires de Landrieux. [1]

Le fait de la participation des Français aux révolutions de Bergame et de Brescia est définitivement établi par l'aveu du principal meneur de tous ces mouvements, Jean Landrieux, bien que dans ses mémoires il tente d'en rejeter toute la responsabilité sur Napoléon seul. Nous allons voir tout à l'heure, que ses accusations à cet égard sont gratuites et ne sauraient être opposées aux dénégations sérieuses du général en chef de l'armée d'Italie.

Dans ses mémoires qui furent écrits plusieurs dizaines d'années après les événements, Landrieux s'attribue l'honneur d'avoir soulevé Bergame et Brescia et nie l'existence dans ces provinces de sociétés secrètes, qui eussent pu préparer le mouvement (p. 110). Cette affirmation est en contradiction flagrante avec ce que nous savons quant à l'activité des loges maçonniques et les sympathies peu dissimulées de la noblesse et des hautes sphères de la bourgeoisie pour les Français.

Selon Landrieux, l'issue funeste pour Venise de la guerre franco-autrichienne fut due d'une part à la perfidie de Napoléon, de l'autre à la vénalité des membres du Sénat vénitien. Mais comment admettre, sans preuves à l'appui, qu'au début de la campagne le sort de la République de Saint Marc ait été résolu d'une manière identique tant à Paris qu'à l'état major de l'armée d'occupation, que déjà au moment du départ de Bo-

[1] *Mémoires de l'adjudant général Jean Landrieux,* publiés par Lionce Grasiller. T. 1. Bergame — Brescia.

naparte pour l'Italie on avait décidé de donner à l'Autriche, en compensation de la perte de ses possessions du Rhin, les territoires vénitiens, et que si les Autrichiens consentirent de si bon gré aux pourparlers qui amenèrent la paix de Campo Formio, c'est qu'ils avaient la certitude d'y gagner la majeure partie des terres de la République de Saint Marc. Quel intérêt Napoléon pouvait-il avoir à soulever derrière lui un mouvement qui, même en cas de succès, n'aurait été profitable qu'aux Autrichiens et aurait rendu plus difficile sa retraite?

Pour prouver qu'il a agi d'après les ordres du général en chef, Landrieux se borne à alléguer la conversation qui aurait eu lieu, entre le général Berthier, le général Kilmaine et lui-même, à Milan le 16 ventose an V. Cette conversation n'a pas eu de témoins et comme personne, excepté Landrieux, n'en à dit nulle part un mot, nous n'avons aucun moyen de contrôler l'exactitude de son récit. Voici le passage des mémoires de Landrieux où il conte cette entrevue: « Quelques agents autrichiens — aurait dit le général Berthier — ont mis en avant que si nous étions les maîtres de disposer des Etats vénitiens, on pourrait bien nous arranger de la Lombardie et du Mantouan, et peut être même de la Belgique, mais qu'il faudrait que l'on pût faire taire l'Europe sur un pareil traité, qui ne pourrait avoir lieu que dans le cas où Venise nous aurait donné des motifs suffisants pour renverser son gouvernement et envahir ses Etats... Le littoral seul de Venise convient mille fois mieux à l'Autriche, qui n'a que Trieste, que tout le Milanais avec le Mantouan... Si les diplomates s'avisaient de refuser de le prendre en compensation, et bien!, nous les garderions pour nous... Mais il faudrait pour cela soulever la Terre Ferme... Il faut, dès aujourd'hui, tout faire pour parvenir à ce résultat, sans vous compromettre. Venise, incapable de fournir une armée contre l'insurrection, exhortera ses montagnards à prendre sa défense, et voilà toute la Terre Ferme en feu. Alors, vous demanderez *naïvement* aux chefs de ces paysans de mettre bas les armes, en vertu du traité de Sainte Euphémie. Ils refuseront, vous attaquerez... Vous direz tout bas aux insurgés que vous êtes pour eux et leur défendrez de le publier. Ils se municipaliseront, ils s'armeront, et vous prendrez garde seulement qu'ils ne se rendent trop forts. Venise, qu'on berce de l'espoir d'un traité avec Vienne, fera l'insolente; elle maltraitera nos derrières... Vous autres, vous vous plaindrez les premiers de la violation de la neutralité... Il faut que toute l'Europe entende vos cris. N'attendez aucun ordre du général en chef ni de moi. D'ailleurs, nous ne vous écrirons pas sur ces affaires, et si nous jugions qu'il faille suspendre vos démarches, l'ordre vous en arrivera de vive voix. En attendant, et sans perdre du temps, révoltez tout, écrasez tout... ». (Chap. II, pp. 86-89).

Selon le propre aveu de Landrieux, Kilmaine ne voulait rien entreprendre de déterminé en vertu de ces récommandations, denuées visiblement de tout caractère officiel. Bonaparte et Berthier, aurait-il dit au cours d'une conversation, sont des gens rusés, auxquels il n'en coûterait rien de nous mettre dans l'embarras. Supposez que le Directoire les révoque pour une négligeance quelconque: comment pourrions nous justifier nos actes par de simples récommandations verbales? (pp. 113-114). Ebranlé par ces conseils, Landrieux aurait songé un moment à écrire à Berthier pour décliner toute participation à ces intrigues. Mais, après une nouvelle conversation, il s'arrêta, de concert avec Kilmaine, à l'idée de mener l'affaire à bonne fin, en prenant néanmoins toutes les mesures pour que l'insurrection des provinces ne pût lui être imputée. Landrieux ne dissimule pas que Kilmaine se serait plié, en tout cela, à son influence. Berthier et le général en chef, dit-il, étaient convaincus que je faisais de lui ce que je voulais (p. 118).

Mais s'attribuant ainsi l'initiative, Landrieux raconte qu'il a voulu se couvrir par une autorisation écrite de Kilmaine. En réponse à sa lettre du 4 mars, il reçut un ordre très vague et tout à fait conforme aux circonstances, qui enjoignait à tous les généraux occupant les villes et les terres vénitiennes, de se considérer désormais comme se trouvant en état de guerre avec la République de Venise et d'être par conséquent prêts à éxécuter tous les ordres donnés par lui directement ou par ses aides de camp (p. 127).

Tout lecteur impartial nous accordera que les paroles citées ne contiennent aucune sanction de l'action révolutionnaire dans les provinces de la Terre Ferme. Elles s'expliquent naturellement par l'assassinat de dizaines et de centaines de Français par les sujets de la République de Saint Marc et par l'intention qu'on prêtait à son gouvernement, de passer de la neutralité mal observée à une hostilité déclarée. Les bruits qui couraient, et d'après lesquels la Seigneurie était en train de faire venir des régiments slaves de la Dalmatie pour les diriger contre les Français, ou encore conclure une alliance avec l'Autriche, justifient pleinement les mesures de prudence recommandées par Kilmaine aux généraux qu'il avait sous ses ordres. Dans tout ce que Landrieux dit de la conduite de Kilmaine au moment des insurrections de Bergame et de Brescia, on ne peut rien trouver qui démontre la duplicité qu'il lui attribue. Le chef de la police secrète de l'armée, car telles étaient les vraies fonctions de l'auteur des mémoires, agit tout le temps de sa propre initiative et se plaint chaque fois que quelqu'un prend l'avance sur lui dans l'envoi d'agents révolutionnaires à Bergame ou à Brescia. Lorsque Lhermitte, que les Mémoires accusent d'avoir commis de nombreuses fraudes et de s'être enrichi par le commerce de faux brillants (p. 220), réussit à faire un coup d'Etat à Bergame, Landrieux écrivit à Kilmaine que Conhaud a permis à ces bandits de se couvrir du nom des Français, et de le compromettre ainsi aux yeux des Vénitiens (p. 229 et suiv.).

Au dire de Landrieux, le rapport qu'il fit sur la révolution de Bergame en mars 1797, fut convenu d'avance entre Kilmaine et lui, afin de tromper les Vénitiens et l'opinion publique de l'Europe. Mais rien ne prouve qu'il en ait été ainsi en réalité et que, lorsque Kilmaine menaçait de peines sévères les Français qui auraient pris une part directe aux troubles locaux, il voulait simplement détourner l'attention de l'agent de Venise, Foscarini, de l'auteur réel de ces troubles. Rien ne prouve non plus que l'occupation de Crème, cette fois avec le concours ouvert de Landrieux, ait été également résolue d'accord avec le général en chef de l'armée française. La désapprobation bruyante infligée par Napoléon aux actes de Landrieux et son transfert dans un autre corps ne prouvent évidemment rien par eux mêmes. Mais si nous nous rappelons ce que l'auteur des Mémoires nous dit de ses desseins ambitieux, qui, il est vrai, ne reçurent même pas un commencement d'exécution; si nous considérons que sa carrière fut brisée d'un coup et que même plus tard Napoléon et Murat le traitairent avec méfiance (1), alors l'hypothèse que nous avons déjà émise dans le texte de ce livre et qui est, que les commandants français en accordant leur appui aux révolutions de la Terre Ferme agirent de leur prope gré et non sans une arrière-pensée de lucre, paraîtra vraisemblable. La déclaration suivante de Landrieux est très caractéristique à cet égard: exposant les motifs qui l'ont déterminé à accepter de la municipalité de Brescia la nomination au poste de « commandant en chef, médiateur et plenipotentiaire de toutes les provinces de la Terre Ferme», Landrieux déclare avoir caressé pendant huit jours l'espoir de devenir le monarque héréditaire de toute l'Italie du Nord; seule l'opposition de Kilmaine et les exortations du chef de la municipalité révolutionnaire de Brescia, Porro, empêchèrent, pense-t-il, la réalisation de cet espoir (2).

Ceci nous force de voir dans l'auteur des Mémoires non un témoin impartial des événements qu'il traverse, mais l'accusé, qui cherche à noircir ses adversaires et à se blanchir soi-même. Au nombre des mensonges évidents imaginés dans ce but, il faut placer aussi la dénonciation d'un des membres du gouvernement de Vérone, Giovanelli, comme coupable de s'être vendu à Napoléon. Cette affirmation gratuite est accompagnée d'une autre, encore plus stupéfiante: pour permettre à Napoléon de déclarer la guerre à Venise, Giovanelli aurait organisé le massacre des Français à Vérone. Cette accusation est tellement absurde et contraire à tout ce que nous savons quant à la marche réelle des événements, que la refutation en devient inutile.

(1) V. l'esquisse biographique de Léonce Grasilier dans l'appendice des *Memoires de Landrieux.*

(2) Pages 366 et 369.

APPENDICE II.

La correspondance privée
du secrétaire du Conseil des Dix avec ses amis.

Mon travail était déjà terminé, lorsque le professeur Giaccoli m'a communiqué, à Venise, la correspondance du secrétaire du Conseil des Dix, Giuseppe Gradenigo, avec ses parents et l'abbé Tentori, l'auteur du recueil de documents si souvent cité par moi et concernant la chûte de la République de Saint Marc. Cette correspondance embrasse la période de la campagne d'Italie, de l'installation de la démocratie à Venise et de son passage sous la domination autrichienne. La teneur de ces lettres confirme complètement les points de vue auxquels je me suis placé pour caractèriser, en me basant sur la correspondance des frères Querini et de Lipomano, l'attitude des anciens gouvernants à l'égard de la municipalité démocratique et de l'occupation autrichienne. Et Gradenigo, et Tentori, comme nous allons le voir tout à l'heure, ne sont pas loin de considérer les envahisseurs étrangers comme une sorte de libérateurs. Depuis la perte du pouvoir, les intérêts privés l'emportent chez eux sur l'intérêt public. La préoccupation de défendre leurs propriétés contre les partisans, réels ou imaginaires, du nivellement égalitaire, les obsède de plus en plus. Le 8 octobre Gradenigo écrit à son gendre Tiepolo de Carbonera, où il s'est rendu dans l'espoir « de ne plus voir ni démagogues, ni français », qu'il y jouit de tous les biens de la vie et qu'il souhaite à son parent de passer son temps à Venise « le moins mal possible ». La lettre se termine, par une plaisanterie, la formule démocratique en vigueur: « Salut et fraternité ».

Les lettres suivantes sont datées de Venise: l'une d'elles, du vingt-neuf octobre, annonce, non sans malveillance, que le plébiscite sur la question de savoir, si Venise devait passer à l'empire ou rester une démocratie indépendante, est loin d'avoir donné une majorité aussi considérable que les patriotes le prétendent.

On dit que la municipalité en garde le secret et interdit à tout le monde de parler là-dessus. Elle a fait dire aux sections qu'il ne s'agissait point de résister par la force à l'occupation autrichienne, mais uniquement de proclamer à la face d'une nation civilisée la fermeté et la mâle vertu des Vénitiens. Gradenigo conseille à son gendre de ne pas quitter Carbonera et de vivre dans sa propriété jusqu'à ce que le sort de Venise soit décidé et que les commissaires envoyés à Paris rentrent avec une réponse affirmative ou négative du Directoire. Il s'agit de savoir si on conservera l'indépendance de Venise ou si on la soumettra à l'Autriche. Je m'attends, ajoute-t-il, à une réponse négative. Des sacrifices pénibles nous attendent dans un cas comme dans l'autre; c'est nous seuls qui devrons payer les frais de la guerre, s'il plaisait aux Français de la continuer avec les Autrichiens à cause de nous. — Gradenigo parle des plaintes qu'on entend dans les cafés et sur la place de Saint Marc, de l'impossibilité d'empêcher l'expression publique du mécontentement, et ajoute: «je ne sais pas, si c'est pour le bien ou pour le mal». La médisance n'épargne plus Bonaparte lui-même: on dit qu'il nous a trahis, que Villetard fait tous ses efforts pour nous exciter à prendre la défense, et que le général Serrurier veut pour cela même l'éloigner de Venise; car il considère sa présence ultérieure comme dangereuse à la conservation de l'ordre (1). Mais je n'en crois rien, ajoute l'auteur de la lettre. — Deux jours plus tard, annonçant le bruit que 12000 Autrichiens auraient franchi la frontière des possessions vénitiennes, Gradenigo ajoute: «je désire seulement le repos et la tranquillité, qui sont impossibles dans les circonstances actuelles. Les patriotes croient que Bonaparte contribuera, directement ou indirectement, à notre renaissance et que des combinaisons se présenteront qui nous

____

(1) Lettre du 1ᵉʳ novembre 1797.

empêcheront de périr avec honte. Ils appuient cette opinion sur cette croyance que la philosophie à la mode, qui s'est propagée dans ces dix derniers années, a inculqué aux esprits un enthousiasme capable de nous rendre vaillants et de nous faire défendre notre liberté et notre indépendance. — On lit dans une nouvelle lettre écrite le lendemain : Au café on maudit les membres de la municipalité, on se transmet un bon mot terrible : on dit que l'ancien gouvernement a engagé l'Etat, et que la municipalité provisoire, ayant trouvé le reçu, l'a avalé, ce qui fait qu'aujourd'hui il n'est rien resté de l'Etat.

Quoique tout soit tranquille, je ne suis pas rassuré, car j'entends sans cesse dire que le courage de nos patriotes émérites ne permettra pas la perte de la liberté. « Je ne sais pas où me cacher pour sauver ma peau. J'y ai tant pensé qu'enfin j'ai trouvé : je me jetterai dans les bras d'une française, madame Gerombes. Elle me sauvera des canons, de la mitraille et des épées nues de nos héros ». Dans sa lettre du 5 novembre Gradenigo célèbre la victoire du parti modéré au sein de la municipalité. Giovovic, qui avait été arrêté, comme nous le savons, pour une prétendue conspiration contre la démocratie, non seulement est relàché, mais encore reçu en triomphe au conseil municipal. La salle de l'instruction publique, cette parodie vénitienne du Club des Jacobins à Paris, est fermée par ordre du général Serrurier. Les séances du Comité de Salut public sont également supprimées. La garde nationale est soumise aux ordres du commandant du corps d'occupation. « Tout cela nous garantit le maintien de la paix et de la tranquillité ». Serrurier demande aussi comme otages plusieurs chefs des terroristes, et parmi eux Lombardo, qui contait toutes sortes d'horreurs pour exciter le peuple. Gradenigo communique aussi, avec une satisfaction évidente, la réponse de Bonaparte aux commissaires envoyés auprès de lui et du Directoire : « Votre mission est inutile, car le gouvernement a déjà donné son consentement au traité de paix ». Spada et Pisani écrivent de Bergame qu'ils n'ont trouvé chez Bonaparte aucun désir d'empêcher l'occupation vénitienne par les Autrichiens. On dit que Murano veut résister par les armes

« Je ne le crois pas, car ce serait une folie ». — Demain tous
les étrangers seront expulsés de Venise, sans en excepter ceux
qui font partie de la municipalité. « Voici une série de nouvelles, qui annoncent le changement prochain du gouvernement
et de la constitution ». Gradenigo, malgré le caractère tragique de la situation, termine sa lettre par la plate plaisanterie que voici : « J'ai été voir madame Gerombes pour la
disposer à m'accueillir en cas de besoin. Elle m'a promis sa
protection, en regrettant son manque de poitrine, mais en
m'assurant que malgré cela je n'aurai pas de raison d'être mécontent ». Le lendemain Gradenigo rédige une nouvelle lettre :
les manifestes de Serrurier invitent le peuple à ne pas
prendre ombrage des préparatifs de guerre. Ils ont pour but la
conservation de la paix menacée par une poignée de mauvais patriotes qui songent uniquement à provoquer des désordres. Il est enjoint aux étrangers de quitter Venise dans 24
heures. La garde nationale et la police sont placées sous le
commandement de Serrurier. On confirme la nouvelle que le
traité de paix a été ratifié par le directoire, que dans l'île
Saint Georges les Français chargent leurs navires de muni-
tions, qu'on a loué beaucoup de vaisseaux pour le transport
des soldats à Raguse et dans le Levant. Hier deux mille soldats sont arrivés à Venise, aujourd'hui on attend de nouveaux
détachements. Les maisons épargnées jusqu'ici par ces hôtes
n'éviteront pas cette fois-ci le sort commun, car on ne sait
pas où loger les officiers. Le matin on disait que Morosini
s'était montré à l'entrée du port avec l'escadre principale, mais
ce bruit ne s'est pas confirmé. A propos de lui, on raconte
que, se trouvant à Trieste et ayant appris qu'une barque allait
partir pour Venise, il est allé voir le capitaine, vénitien d'o-
rigine, mais qui ne savait rien des événements qui venaient
de s'accomplir, Morosini le pria de rechercher à Venise Lombardo et Stalimene (ces deux revolutionnaires avaient mis
feu à un mannequin qui le représentait), et de leur dire qu'il
était en bonne santé et espérait bientôt les tenir dans ses
bras. Le capitaine fit tout ce qui lui fut demandé, quant à
Lombardo et Stalimene, ils furent « pétrifiés » de surprise.

On a joué aussi avant-hier un bon tour au curé de la paroisse San Nicola. C'est dans cette paroisse que se trouvait la salle « de l'instruction publique ». Dans la nuit après sa fermeture deux hommes vinrent éveiller le chanoine et le supplièrent d'aller immédiatement donner les derniers sacrements à un malade en article de mort. Le prêtre se leva en réchignant et, ouvrant la porte, dit aux visiteurs: « Eh bien, conduisez moi auprès du malade ». — Ce n'est plus la peine, lui fut il répondu, puisque le malade est déjà mort. — Mais qui était-ce donc, demanda-t-il. — Le malheureux Club de l'instruction public. — Le prêtre jura, un peu tard, qu'on ne l'y prendrait plus, et revint se coucher.

Le 9 novembre Gradenigo annonce l'arrestation, par ordre de Serrurier, de Lombardo et de quelques autres terroristes. Le même sort les attend tous, s'ils ne prennent la fuite. Le texte du traité de paix va être imprimé et répandu a profusion. On dit qu'il sera lu aujourd'hui en séance publique. A Venise on rencontre à chaque pas « d'affreux visages » (musi duri). On voit que pour la municipalité sont venus des jours aussi fatals, que ceux que l'ancien gouvernement a traversés à la veille de sa chûte. On lit sur les faces des principaux meneurs et des employés de la municipalité la même expression de colère, de honte, de confusion et de désespoir qu'on trouvait, il y a peu de temps encore, sur les visages des aristocrates. Quelques uns, cependant, ne perdent pas tout espoir. Ils sont persuadés que les commissaires envoyés à Paris feront quelque chose d'invraisemblable, tandis qu'en réalité ils peuvent tout au plus se casser le cou. Hier sont arrivé plusieurs Autrichiens de distinction; des militaires dit-on; sans doute pour préparer tout ce qu'il faut pour l'entrée des troupes et prendre des mesures d'ordre. La majorité de la population se réjouit, car elle attend avec impatience la fin du régime actuel (Gli abitanti esulano, la maggior parte sono contenti, non bramando se non il momento che il cambiamento si verifichi).

Là s'arrête la correspondance de Gradenigo avec son gendre. Mais son ami, l'abbé Tentori, par sa lettre du 25 novembre nous permet encore de juger de l'état d'esprit des habitants des provinces au moment où ils se préparaient à passer sous la domination autrichienne. Tout le monde, dit-il, parle maintenant librement et attend l'arrivée d'un grand événement. Dieu mènera tout à bonne fin, il nous regardera d'un oeil miséricordieux et nous montrera sa grâce. Toute la famille, à commencer par la maitresse de la maison, sont en excellente humeur. A Trévise règne une tranquillité complète. Les membres de la municipalité, et dans leur nombre Zorzi, quittent Venise. Zorzi est, dit-on, rélégué dans la Terre Ferme par ordre de Serrurier. La municipalité est mourante. Il vient très peu de membres aux séances, et tout dépend du général français. Mais le « moment du grand changement » est proche. En attendant, nous nous trouvons complètement sous le pouvoir du glaive. Nous avons le gouvernement militaire, mais il ne menace pas les citoyens tranquilles. Au contraire, Serrurier expulse les terroristes, comme par exemple Lombardo, l'organisateur principal de la « Salle de l'instruction publique ». Le Club fut fermé le jour même où les orateurs y préconisaient la défense de la démocratie jusqu'à la mort (1).

L'abbé Tentori engage son correspondant à rester loin de Venise à Monte Belluno. « Nous sommes à la veille d'un grand changement; en attendant, tàchez de vous divertir et de passer agréablement votre temps au milieu d'une bonne société ».

(1) Lettres du 6, 7 et 25 novembre.

APPENDICE III.

Publicistes vénitiens de la dernière année
de la République.

Dans le texte de mon livre je n'ai pu exposer d'une manière
tant soit peu suffisante le contenu des brochures politiques
qui ont inondé l'Italie depuis la campagne de Napoléon. Je
ne me suis arrêté qu'à celles qui ont en quelque sorte le caractère de manifestes, publiés par les partis en lutte, ou encore
à celles qui nous font connaitre comment les contemporains
expliquaient le fait, inoui jusque là, de la chûte subite d'une
république ayant existé 14 siècles. Ici je voudrais rappeler,
dans ses traits généraux naturellement, la curieuse page de
l'histoire du développement des idées politiques, fournie par
la critique des doctrines révolutionnaires françaises, critique
entreprise par les écrivains italiens et particulièrement vénitiens. J'exclus donc de cette exquisse toute la masse de feuilles
volantes et de pamphlets qui exposaient les principes de 1789,
soit sous une forme purement didactique, celle d'instructions,
de lettres et de catéchismes, soit sous la forme de dialogues
entre les partisans de l'ancien et du nouveau régime. Je repète ce que j'ai déjà dit dans le texte: tous les écrits de cette
catégorie se distinguent par un rare manque d'originalité, tous
sont coulés dans le même moule et imitent les modèles français. Voici, par exemple, le catéchisme catholique-démocra-
tique de l'abbé Antonio Zalivani, très répandu pendant l'été
1797 et contenant un commentaire de la déclaration des droits
de l'homme et du citoyen. A la question: quel est le gouvernement qui garantit le mieux la sécurité personnelle et la
propriété? l'auteur répond dans le sens de la Déclaration des
droits de l'homme et du Contrat social: celui dans lequel le
peuple régit lui-même ses intérêts, c'est à dire le gouverne-

ment démocratique. Il est naturel qu'un prêtre s'efforce d'appuyer ses idées par des citations de l'Ancien et du Nouveau Testament. Les mêmes exemples et les mêmes expressions qui au XVIIme siècle permettaient à l'anglais Philmer, l'auteur du *Patriarca,* de démontrer la primauté et les avantages de la monarchie, sont invoqués par Zalivani en faveur du gouvernement démocratique. Les fils d'Adam, nous assure l'auteur, lorsqu'ils vivaient avec leurs familles, avaient un gouvernement démocratique. La fraternité fut violée par les fils de Caïn, qui sont devenus ainsi les premiers aristocrates. Après le déluge, la famille de Noë se gouverna sur les bases de la démocratie, mais l'ambition et l'orgueil créèrent de nouveau des tyrans et des aristocrates. Cependant Jésus Christ lui-même se prononce en faveur de la démocratie, en disant : « celui qui voudra s'élever au dessus des autres sera le dernier ». L'influence de Rousseau se manifeste dans la définition de l'idée de la loi. La loi, dit l'auteur, c'est la volonté souveraine du peuple. Elle ne peut être exprimée par ses représentants, car la volonté ou la souveraineté populaire est inalienable. Conformément à la déclaration des droits, l'auteur comprend l'égalité, non dans le sens du nivellement des conditions, mais dans celui de l'obéissance égale de tous à une même loi. Le catéchisme se termine par l'exposé des devoirs de l'homme dans la société; ils comprennent l'obligation de la défendre, de travailler pour son service, l'obéissance aux lois et le respect des autorités. L'ouvrage s'adresse au grand public, est écrit d'une façon populaire (1), mais ne contient pas une lueur d'originalité.

Autant la presse révolutionnaire est incolore, autant les écrivains réactionnaires se distinguent par leur vivacité, le talent et les aptitudes critiques de leurs auteurs. La révolution française et les institutions qu'elle a fait naître dans les pays

---

(1) V. *Catechismo cattolico-democratico,* del cittadino Antonio Zalivani, parroco di S. Nicola. Venezia, presso il cittadino Antonio Dal-Fabro libraio, registrato al Comitato di Publica Istruzione li 3 messidor 21 giugno 1795, anno I della Libertà italiana.

voisins, n'ont peut-être pas, après Burke et Mallet-du-Pan, d'adversaires plus dangereux que le vénitien Vittorio Barzoni.

Les conditions de sa naissance et de son éducation ne l'ont pas préparé à l'appréciation impartiale des nouvelles doctrines du droit naturel et de la souveraineté populaire, qui, grâce aux ouvrages de Montesquieu, de Rousseau et de leurs imitateurs italiens, comme par exemple Filangieri, commençaient déjà à agiter les esprits des patriotes vénitiens, créant dans les loges maçonniques des auxiliaires secrets de la révolution imminente. Né à Lonato, Barzoni a fait ses études d'abord au séminaire de Vérone et ensuite à la faculté de droit de l'université de Padoue. Il débuta comme publiciste par un poème didactique en prose, publié en 1794 et intitulé: « L'ermite des Alpes ». Il y représente un ascète vivant sur le sommet d'une montagne; le bruit lui parvient de ce qui se passe en France, de la révolution terrible qu'elle traverse. Un jeune homme du nom de Lorenzo, enthousiasmé par les nouvelles doctrines, rencontre l'ascète, entend de lui des vérités amères et apprend à envisager d'une manière critique la démocratie et la république. L'idée essentielle de l'auteur, exprimée par la bouche de l'ermite, est qu'il ne peut y avoir de constitution modèle, applicable à toutes les nations et à tous les Etats; seules sont bonnes les institutions qui ont des racines dans le passé, sont conformes au caractère de la population, à ses moeurs et coutumes, ont pour elles le droit historique et la force du temps.

Il suffit que les citoyens jouissent de la sécurité de leur vie, honneur et propriété; demander plus, c'est vouloir l'immobilité du tombeau, car la vie est nécessairement pleine de souffrances. Aujourd'hui tout le monde est atteint de cette folie, qui consiste à vouloir renverser ce qui existe et de créer à sa place quelque chose de nouveau.

On croit possible d'obtenir que les lois seules régissent les actes des hommes, sans comprendre que cela n'est faisable que dans un Etat d'imagination. On croit qu'une constitution démocratique rend toute répression inutile et qu'une déclaration quelconque des droits abstraits de l'homme peut le délivrer de toute oppression.

Barzoni considère comme une chimère le principe de la souveraineté populaire, « cette exaltation contemporaine, dit-il, des droits de la foule et de l'impeccabilité de ses caprices ». La vraie volonté du peuple ne peut être que la justice, mais la justice n'a été jamais la vertu des assemblées populaires. Voici la vraie raison pour laquelle la souveraineté n'a jamais appartenu au peuple.

Le principe de l'égalité trouve aussi dans Barzoni un adversaire radical. Tout affirme, selon lui, l'inégalité des forces physiques et intellectuelles entre les hommes. Alors, comment veut-on qu'il y ait égalité dans la jouissance des droits?

L'expérience prouve que les assemblées populaires n'ont en réalité jamais exercé un pouvoir souverain indépendant. Elles sont accessibles à la corruption et à la violence, ce qui signifie que le peuple n'a, en réalité, jamais été souverain. Il a toujours été au service, soit d'hommes qui flattaient ses bas instincts, comme Marat, soit de ceux qui, comme Robespierre, le dominaient par la terreur. La foule a été un jouet entre les mains de Philippe d'Orléans qui l'influençait en la corrompant, de Jules César, qui l'entraînait par ses victoires, de Démosthène, qui la subjuguait par la force de son éloquence.

L'ouvrage de Barzoni parut en temps opportun, quand tous les gouvernements et beaucoup de peuples de l'Europe étaient effrayés par les succès de la Révolution française et son prosélytisme à l'étranger. Il n'est donc pas étonnant que « *L'ermite des Alpes* » fut réimprimé plusieurs fois et traduit en plusieurs langues européennes.

Mais ce n'est pas cet ouvrage qui créa la gloire de Barzoni et attira sur lui l'attention du chef victorieux des légions françaises. La source des persécutions qu'il subit et de sa gloire de martyr fut la lettre ouverte à Bonaparte, publiée à la date du 17 avril 1797, après l'issue malheureuse des Pâques véronaises. Faisant appel à la grâce du chef victorieux, il lui parle cependant plutôt la langue d'un censeur sévère que celle d'un humble solliciteur. Barzoni insiste sur le fardeau de l'op-

pression militaire imposée par les Français à une ville libre
et innocente; il le considère comme le vrai motif de cette
explosion de la colère populaire, dont les Pâques véronaises
nous ont donné l'exemple. Les idées qu'il exprime dans cette
lettre sont développées, d'une manière plus étendue, dans un
ouvrage publié trois ans plus tard sous ce titre: « La révolution dont fut victime la République de Venise ». On y voit
dans toute sa nudité la conduite provocatrice des hôtes inopportuns, qui ont su faire de la neutralité de cet état l'instrument de leur ambition. L'ayant épuisée au préalable par leurs
réquisitions, l'ayant dépouillée de tout ce qu'elle possédait de
précieux, ces hôtes l'ont ensuite vendue aux Autrichiens. Il
faut dire, à l'honneur de l'auteur, qu'il répartit impartialement
la responsabilité entre ceux qui ont provoqué la chûte de la
République et n'en disculpe point les Vénitiens eux-mêmes. Le
désir de sécurité materielle et de paix, l'incapacité de se sacrifier, le manque de vrais hommes politiques, la faiblesse du
gouvernement, l'imprévoyance, l'abandon de toute préoccupation de l'avenir dépeint tout cela avec des couleurs vives, la
fermeté inexorable d'un juge qui appelle devant son tribunal
amis et ennemis et ne pardonne à personne ni faiblesse ni
négligence.

Nous nous sommes souvent servi de ses indications dans le
texte de ce livre, nous croyons donc inutile de nous occuper
avec plus de détails de ce traîté, plutôt historique que politique. Ce qui nous intéresse davantage en ce moment, c'est
l'activité de Barzoni en tant que journaliste: la part prise
par lui à la fondation d'un des premiers organes périodiques
parus depuis la proclamation de la république démocratique
à Venise et la constitution de la municipalité provisoire.

Son journal s'appelait *l'Egalitaire* (Equator); il s'efforçait
de tourner en dérision les nouveaux gouvernants et leurs principes. Je m'attaque, disait-il, au « génie de la démocratie,
descendu des nues sur cette meilleure partie de l'Europe, la
table des droits imprescriptibles dans sa main gauche, et la
hache dans sa droite ». Ce qu'il haït, c'est la « manière habi-

tuelle de propager l'Evangile à coups de sabre et de canon, de sacrifier la paix à des phrases constitutionnelles ».

Barzoni représente les démagogues vénitiens comme des tyrans d'un genre particulier, tyrans qui ne respectent pas leurs engagements. Une fois nommés représentants du peuple, ils sont devenus encore plus vaniteux que les aristocrates. « Hipocrites odieux, ils glorifient la liberté en paroles, alors que tous leurs actes sont arbitraires »; ils voudraient induire le peuple en erreur en prenant le masque du renoncement et de l'austérité républicaine. Il n'y a pas d'injure que Barzoni n'adresse aux nouveaux gouvernants de Venise: aventuriers, détenteurs de maisons de jeu, voleurs, brigands, prostitués, voici, dit-il, les noms que méritent ceux qui s'ornent du titre de citoyen et croient que la démocratie est un bain où l'on peut se laver de ses anciens péchés.

Quant au dernier et le plus remarquable ouvrage du rédacteur en chef de *l'Equator*, des « Romains en Grèce », nous en avons parlé longuement dans un des chapitres de ce livre.

Fin.

INDEX